「시나리오 작가를 위한 심리학」은 이야기를 주도하는 차원의 캐릭터를 만들기 위해 지금까지 내가 사용한 도구 중에서 가장 강력하다. 심리학적 지혜를 추출하여 이를 극작에 적용 가능하도록 만드는 인딕의 재능은 타의 추종을 불허한다. 덕분에 나는 더 나은 작가가 되었다.

> – 올리비아 쿠아르테로-브릭스, 스토리어 박스 설립자

영감과 계시. 인딕은 시나리오 작가들에게 프로이트, 융, 에릭슨 등 많은 학자들의 통찰력을 활용하여 복잡하고 진정성 있으며 감정적으로 공감되는 캐릭터를 만드는 방법을 제시한다. 나는 새로운 프로젝트를 위해 개발 중인 캐릭터에 대해 순식간에 수십 페이지의 메모를 휘갈기고 있는 스스로를 발견했다. 어떻게 지금까지 이런 책을 모르고 있었을까?!

> – 크리스토퍼 라일리, 시나리오 작가, 『The Defining Moment』: How Writers and Actors Build Characters and The Hollywood Standard: The Complete and Authoritative Guide to Script Format and Style, 공동 저자

「시나리오 작가를 위한 심리학」은 단순히 시나리오 작성에 관한 책이 아니다. 영화산업에 관심이 있는 사람이라면 누구나 꼭 읽어야 할 책이다. 이 책은 플롯, 캐릭터 발달, 그리고 스토리텔링 기술에 대한 심리를 이해하는 데 있어 완벽한 지침서다.

> – 로버트 C. 딜레이, 작가, 시더 그로브 엔터테인먼트 에이전시

가치 있고 포괄적이며 접근하기 쉬운 세련된 책으로, 캐릭터에 대한 귀중한 심리적 통찰력을 제공한다. 어쩌면 당신 자신도 깊게 들여다 볼 수 있다.

> – 존 L. 가이거, 『Creativity and Copyright: Legal Essentials for Screenwriters and Creative Artists』, 공동 저자

인딕은 실재 심리 이론을 바탕으로 갈등과 인격을 형성하는 다양한 접근 방식을 제시한다. 작가, 감독, 배우라면 누구나 이 책을 통해 캐릭터의 마음 속을 깊이 파고들 수 있다.

> – 제프리 마이클 베이즈, "Hitchcock Whisperer" and Suspense with a Camera: A Filmmaker's Guide to Hitchcock's Techniques

시나리오 작가는 단순한 이야기꾼이 아니다. 우리는 인류의 관찰자다. 보이는 것의 진실을 전달하는 것이야말로 우리의 책무다. 그 진실은 우리의 내면을 이해하는 것뿐만 아니라 우리가 다른 사람에게서 보는 것을 반영하는 캐릭터를 창조함으로써 발견된다. 「시나리오 작가를 위한 심리학」은 이 두 가지 것들에게 환영받는 희소한 통찰을 제공한다.

> – 제프리 D. 캘훈, 성공하는 시나리오 작가 팟캐스트

윌리엄 인딕의 훌륭한 책은 우리를 꿈같은 영화의 세계에서 위대한 정신분석 이론가들의 페이지로 안내한다… 이론적, 실용적, 사려 깊은 과정을 혼합한 몰입형 경험.

    – 폴 라이트, 시나리오 작가, 영화제작자, 블로거, 그리고 픽스 필름 제작자.
    https://thecinemafix.com/

이 책은 정말 놀랍다! 인딕이 공유하는 통찰력은 스토리텔링을 완전히 새로운 시각으로 바라볼 수 있게 해준다. 기본적인 각본의 구조를 이해하는 것과 훌륭한 스토리텔링 이면의 심리를 이해하는 것은 완전히 다른 차원이며, 바로 이것을 이 책이 보여줄 것이다.

    – 로빈더 길, 『Scriptcake Secrets: The Top 10 Mistakes Novice Screenwriters Make and How to Fix Them and host of the Scriptcake podcast』 저자

훌륭한 자료와 읽을거리.

    – 데이브 왓슨, 『Walkabout Unpound』 저자이자 무비 매터 북스의 편집자

아무리 경험이 풍부한 작가라도, 창조의 방향성을 잃어버렸거나 인간 내면의 갈등을 너무 피상적으로만 다루고 있는 각본을 집필할 때는 정작 필요한 지식을 제대로 활용하지 못하고 표류할 때가 있다. 인딕의 책은 이런 시나리오 작가의 고독한 항해를 제시간에, 그리고 예산 안에서 무사히 항구로 인도해 줄 무역풍이 되어줄 것이다.

    – 스튜어트 피쇼프, 로스앤젤레스 캘리포니아 주립대학교 미디어 심리학 저널 선임 편집장 겸 미디어 심리학 교수

심리학, 철학, 대중영화를 혼합하여 인딕 박사는 작가들이 캐릭터와 관객의 마음을 통해 자신의 이야기를 탐구할 수 있도록 돕는다.

    – 테레사 슈베겔, 작가, www.absolutewrite.com

캐 릭 터 에 숨 을 불 어 넣 는

시나리오
작가를 위한
심리학
〈개정판〉

Psychology

for

Screenwriters

—

윌 리 엄 인 덕
William Indick,
Ph.D.

—

번역 유지나

\\N
INVENTION

for Casey

CONTENTS

CHAPTER 1

지그문트 프로이트 ····························· 23
SIGMUND FREUD

CHAPTER 2

에릭 에릭슨 ································ 101
ERIK ERIKSON

CHAPTER 3

칼 융 ·································· 133
CARL JUNG

CHAPTER 4

조셉 캠벨과 영웅의 여정 ················· 167
JOSEPH CAMPBELL AND THE HERO'S JOURNEY

CHAPTER 5

모린 머독과 여성 영웅의 여정 ·············· 191
MAUREEN MURDOCK AND THE HEROINE'S JOURNEY

초판이 발행된 이후 18년 동안 시나리오 작가를 위한 심리학은 수많은 비영문판으로 출판되었고, 전 세계의 새로운 시장을 계속 두드리고 있다, 따라서 개정판에 대한 요구는 당연하다. 왜 이 책은 이렇게 강력하고 광범위한 매력을 지니고 있을까? 답은 간단하다. 여기에 제시된 이론들은 시대를 초월한 성격과 캐릭터 발달의 고전적 모델이다. 이것의 매력은 심리학 분야와 심리학이 적용되는 여러 분야에서 수십 년 동안 확립되어 왔다. 이 책은 시나리오 작가들이 적용할 수 있도록 영화 분석과 시나리오 작성의 틀 안에서 이러한 이론과 모델을 설명할 따름이다. 개정판은 초판의 내용을 훼손하지 않으면서 새로운 내용을 더했다. 편집을 통해 기존 본문의 분량을 조절하여, 다음과 같이 세 개의 새로운 챕터8~10를 추가할 수 있었다. 챕터8 '서부극을 위한 글쓰기 : 올드 웨스트 원형Archetypes of the Old West'은 『서부극의 심리학: 미국인의 심리는 어떻게 스크린에 표출되는가The Psychology of the Western』2008에 실린 장르 분석을 바탕으로 한다. 이 챕터는 서부극을 심리-신화적psycho-mythological 관점에서 조명하며, 서부극 장르를 미국적 신화mythos의 발현으로 해석한다. 챕터9 '판타지를 위한 글쓰기: 기예르모 델 토로의 〈판의 미로〉'는 『판타지 문학의 고대 상징: 심리학적 연구Ancient Symbology in Fantasy Literature』2012에 실린 판타지 장르 분석을 인용했다. 이 분석은 칼 융Carl Jung, 조셉 캠벨Joseph Campbell, 브루노 베텔하임Bruno Bettelheim과 같은 정신분석학자들의 고전적 연구뿐만 아니라, J. R. R. 톨킨J. R. R. Tolkien과 C. S. 루이스C. S. Lewis

같은 판타지 장르 거장들의 연구를 깊이 있게 참고했다. 챕터10 'SF 장르 집필: 기예르모 델 토로의 〈셰이프 오브 워터〉'는 SF 장르에 대한 나의 연구인 『싸이코 스릴러: 마음의 미스터리에 대한 영화적 탐구 Psycho Thrillers 』2006 에서 발췌했다. 나는 기예르모 델 토로의 명작들에 정신분석이론을 적용함으로써 판타지와 SF 장르 사이의 평행관계를 도출하여, 이 두 장르가 동일한 원형 archetypes 을 어떻게 각기 다른 방식으로 반영하는지 시나리오 작가들에게 보여주고자 한다.

> "드라마는 지루한 것을 잘라낸 인생이다."
>
> – 알프레드 히치콕

우디 알렌의 〈스타더스트 메모리스〉¹⁹⁸⁰에서 주인공은 죽음 판타지를 갖고 있는데, 그의 정신과의사는 그 점을 칭찬하면서 이렇게 말한다. "그는 잘못된 부인*하는 메커니즘을 갖고 있다… 그는 삶의 불편한 진실을 차단할 수 없었다… 혹은, 유명한 영화제작자 말처럼 '사람들은 너무 많은 리얼리티를 보고 싶어 하지 않는다'…"라고. 사람들은 판타지를 경험하기 위해 극장에 간다. 그들 앞에 영사되는 필름 – 판타지를 보는 동안, 그들은 스크린에 등장하는 캐릭터들에게 자신의 판타지를 투사한다. 극장 경험 그 자체는—어둡고 조용하고 동굴 속 같은—무의식을 자극한다. 인간적 상상력을 투영하는 영화는 지금까지 만들어진 가장 위대한 매체나. 영화가 탄생한 초기, '할리우드 꿈의 공장Hollywood Dream Factory'은 판타지 장사를 실현했다. 영화관에서, 무의식적 판타지와 욕망의 심연—사랑과 섹스, 죽음과 파괴, 두려움과 분노, 복수와 증오—은 창피당할 위험없이 안전하게 만끽할 수 있으며 행복한 결말까지 가상으로 보장받는다. 무의식에 관한 철저한 이해—판타지와 꿈 그리고 상상력의 탄생 공간—는 심리학적으로 공명하는 시나리오와 영화창작의 기본적인 출발점이다.

---

* 앞으로 책에서 나올 '부인'과 '부정'은 다른 개념이다. 각각 denial과 negative를 의미한다. _편주

시청각적 차원에서 생활매체보다 더 광범위한 영화의 본질적 매력은, 시각적으로나 청각적으로 매우 강력한 심리적 힘을 발휘한다는 것이다. 관객은 자신의 심리적 삶과 뒤엉키는 스크린 위에 펼쳐진 플롯과 캐릭터들에게 정서적으로 연결되면서 문자 그대로 영화 속에 빨려 들어간다. **동일시**identification의 무의식적 과정에서, 객석의 관객은 실제로 영화에 등장하는 캐릭터들이 되기도 한다. 그리하여 그들은 스크린에서 캐릭터들이 경험하는 것과 같은 심리적 발달과 카타르시스를 간접적으로 경험한다. 영화는 관객의 무의식 깊은 곳에 접근하여, 그들이 자신과 자신을 둘러싼 세상을 생각하고 느끼는 방식에 영향을 미친다. 영화 이미지와 캐릭터, 그리고 이야기를 창조하고 이해하는 심리학적 접근은 영화제작자와 시나리오 작가에게 매우 소중한 자원이다. 관객은 자신의 원초적 두려움, 어린 시절의 불안, 무의식적 문젯거리, 억압된 욕망 등이 영화적으로 활성화되면서 섬세하게 조정되는 것을 의식적으로 자각하지 못한다. 그러나 그들은 영화를 보면서 고조된 각성 상태를 경험하기도 하는데, 왜냐하면 그들은 스크린 속 캐릭터들과 이미지에 정서적, 심리적으로 통합되기 때문이다. 인간 정신의 내적 작용을 배우면서, 영화감독과 시나리오 작가는 그들 작업에 보다 뛰어난 기술과 깊이를 갖출 수 있으며, 보다 강력하고 공감이 가는 영화를 창조할 수 있을 것이다.

당신이 어떤 분야에서든 뭔가를 도전할 때—교육하기, 글쓰기, 연출하기, 연기하기 등등—성공의 열쇠는 당신의 고객을 파악하는 것이다. **지그문트 프로이트, 에릭 에릭슨, 칼 융, 조셉 캠벨, 모린 머덕, 알프레드 아들러** 그리고 **롤로 메이**, 이들의 뛰어난 이론은 모두 인간심리에 대한 우리의 지식을 향상시키도록 연구된 것이다. 심리학 이론은, 소크라테스가 "너 자신을 알라"고 믿었던 궁극적인 지성의 목표에 도달하는 '기초 과목'에 관한 공부이기도 하다. 창조적 해석과 추정을 주로 다루는 어떤 과업이란 본질적으로 주관적이며, 따라서 그것은 객관적인 과학이 아니다. 진정한 심리학은 과학이 아니라… 예술이다. 그런 의미에서, 심리학과 시나리오 쓰기는 동전의 양면이다. 두 분야 모두 캐릭터와 심리, 그리고 영혼을 관찰하고 이해하는 것을 목표로 삼는 창조적인 예술이다. 두 분야 모두 주제로 삼는 인간의 자기계발과 개성에 본질적으로 관여한다. 또한 원형적 상징과 신화적 인물의 세계에 몰두하며, 인간 경험의 무의식 영역에 확고한 뿌리를 내리고 있다.

챕터1에서는 프로이트 이론의 기본원칙을 설명하고, 그 원칙을 당신 각본의 캐릭터와 플롯에 어떻게 적용할 것인지 보여줄 것이다. 프로이트 이론의 핵심은 우리의 삶을 관장하는 쟁점, 정서, 공포, 행동의 대부분이 본질적으로 우리에게 수수께끼와 같다는 개념이다. 왜냐하면 우리는 그것을 모르기 때문이다. 프로이트식 분석의 요점은 이런 잠재적 동기부여를 의식에 드러내는 것이다. 챕터1에서는 오이디푸스 콤플렉스에 초점을 맞추는데, 그것은 프로이트식 분석의 지적인 핵심으로, 억압된 금기 욕망, 거세 공포, 그리고 유아기 섹슈얼리티로 구성된 대단히 논쟁적인 프로이트 이론들의 전조다. 오이디푸스 콤플렉스는 드라마와 갈등의 기본적 토대를 제공한다. 그것이 사랑과 섹스, 증오와 공격, 창조와 파괴, 그리고 삶과 죽음이란 쟁점을 탐험하게 만들기 때문이다. 프로이트 이론에서 신경증적 갈등이란, 우리가 갈망하는 것과 문명화된 사회의 엄격한 제약 사이에서 발생하는 내적 심리갈등을 의미한다. 아이가 성심리적 자아발달단계를 거치며 직면하는 원초적 갈등을 시나리오 작법에 해석하여 적용하면, 등장인물 간의 심리적 공명을 일으키는 외적 갈등으로 표현해 내는 매우 훌륭한 수단이 된다. 이는 곧 영화 스크린을 통해 시각화될 수 있는 내적 갈등의 표출이기도 하다. 또한, 프로이트의 딸 안나 프로이트에 의해 체계화된 이론인 자아 방어기제는 사람들이 자신의 신경증적 갈등에 대처하는 일반적인 방식으로 작용한다. 일반적으로, 그런 방식은 각본에서 캐릭터의 깊이를 더욱 심화시켜줄 수 있는 신경증적 행동의 필수적인 측면이다. 그리고 프로이트의 꿈 분석 기법인 '꿈 작업'은 영화와 꿈에 대한 경험 사이의 유사성을 이끌어내며, 시나리오에 꿈의 상징과 이미지 형상화를 어떻게 활용할 수 있는지 보여줄 것이다.

심리분석 영역은 프로이트와 함께 출발했지만, 결코 그와 함께 막을 내리는 것은 아니다. 챕터2의 주제는 에릭 에릭슨의 자아계발 이론이다. 프로이트가 억압된 섹슈얼리티와 내적 갈등에 초점을 맞춘 반면, 에릭슨은 '규범적 갈등'에 초점을 맞춘다. 그것은 개인의 '자기 자신 되기'와 그를 둘러싼 환경이 가하는 방해 압력 사이에서 벌어지는 갈등이다. 에릭슨의 8단계 자아 정체성 발달론'정체성 위기'은, 당신이 각본에서 캐릭터의 발달 구조를 발전시킬 때, 어떻게 적용할 것인지 보여줄 것이다.

원형들과 집단무의식에 관한 융 이론은 창조적인 예술가들에게 프로이트 이론보다 더 큰 영향력을 끼쳤다. 융은 보편적이거나 집단적인 심리적 이미지와 주제를 통합하고 표현하는 무의식 속에 필수적인 요소가 있다고 믿었는데, 그는 그것을 '원형들'이라고 불렀다. 역사를 통틀어 볼 때, 원형적 형상들과 이야기들은 보편적인 인간의 욕구를 묘사해왔는데, 이를테면 부모의 욕구, 성적 욕구, 사랑과 개인적 성취에 대한 욕구, 영적 치유와 다른 사람들과 연결되는 욕구, 그리고 실존적 재탄생의 욕구 등이 여기에 해당한다. 원형들이 수천 년 동안 신화, 종교, 전설, 이야기, 그리고 예술을 통해 묘사된 반면, 근대적 대중매체인 영화는 현대적 원형을 표현한 주요 도구다. 챕터3에서, 원형들은 모든 사람이 심리적으로 공감하는 영화 플롯과 캐릭터의 핵심으로 제시될 것이다. 또한 융적인 원형들을 당신의 각본에 통합시키는 방법도 제시될 것이다. 이 방법을 통해, 기본적인 무의식적 차원에서 모든 이들과 소통하게 만드는 집단적 형상과 플롯에 당신의 이야기를 연결시킬 수 있을 것이다.

조셉 캠벨은 그의 저서 『천의 얼굴을 가진 영웅』1948에서 신화적 영웅담 구조의 심리적 분석을 제공했다. 캠벨은 심리분석 이론에 관한 자신의 연구로부터 자유롭게 끌어낸 통찰을 고대와 고전 그리고 세계 신화에 대한 자신의 방대한 지식에 적용하면서, 신화적 영웅의 여정과 별개로 일련의 '단계들'을 설정했다. 조지 루카스의 〈스타워즈〉 시리즈의 대단한 성공에 상당히 기여한 캠벨 이론, 즉 이야기에서 '여정의 모델'과 영웅 구조는 전세계의 시나리오 작가와 영화감독에게 견본이 되었다. 챕터4에서는 정신분석학의 뿌리에 근거하여 여정journey 모델을 연구한다. 각 단계는 심리학적 기능의 측면에서 다뤄지며, 주인공이 이야기 결말을 향해 나아가기 위해 반드시 마주하고 통합해야 하는 원형들도 함께 살펴본다. 캠벨과 영화/시나리오 작법을 다룬 다른 저서들은 캠벨의 단계들을 단순화히는 경향이 있는데, 이는 그의 이론을 이해하기 위해 어느 정도의 심리학적 지식과 배경이 필요하기 때문이다. 개정판은 앞선 챕터1, 2, 3에서 프로이트, 에릭슨, 융 이론에 대한 필수적인 배경지식을 제공했으므로, 챕터4에서 제시되는 캠벨 모델을 단순화시키거나 재조정하지 않았다. 캠벨의 영웅 여정 모델은 『천의 얼굴을 가진 영웅』에 담긴 원형의 구성을 그대로 따랐고, 해석 또한 캠벨의 독창적인 모델에 충실했으며 용어도 그의 방식을 그대로 따랐다.

남성 영웅의 여정 모델에 있어 부정할 수 없는 진실은, 이 모델이 주로 고전 신화, 그리고 서구문화의 전통적인 전설과 이야기들에 근거하고 있다는 점이다. 이와 같이, 그 구조는 남성지배사회로부터 유래한 것이며, 영웅 원형 자체는 남성 캐릭터 이야기에서 본질적으로 남성적인 형태를 드러낸다. 챕터5에서 제시한, 모린 머덕 모델은 그녀의 저서 『여성 영웅의 탄생』1990에서 가져온 것으로, 〈에린 브로코비치〉2000를 구체적인 예로 탐구할 것이다. 여성 영웅의 여정 모델은 캠벨의 단계들을 현대의 여성 영웅들로 변형한 것으로, 여기에서 여성은 독립심, 자주성, 평등성 그리고 자기결정권 등의 문제로 투쟁한다. 남성 영웅의 여정이 정복적 분야에서 주로 승리와 변형을 다루는데 반해, 여성 영웅의 여정은 균형을 위한 현대 여성의 투쟁을 다룬다. 여성 영웅은 아이 출산과 양육, 사랑 같은 전통적 여성의 목표와 그동안 전통적으로 남성의 분야였던 개인적 야심과 경쟁 분야에서 성공을 거두려는 현대적 목표 사이에서의 균형을 추구한다.

챕터6에서는 열등감과 형제간 경쟁에 관한 알프레드 아들러 이론, 그리고 네 가지 각기 다른 '생활양식' 모델에 대해 탐구한다. 열등감 콤플렉스는 캐릭터 동기부여의 강력한 수단으로 설명되는데, 특히 어린이 주인공이 등장하는 영화들 속에서 그렇다. 상세하게 펼쳐지는 '어린이 영웅 공식'은 디즈니를 비롯한 다른 영화제작사들의 작품 속에서 어린이 영웅이 직면하는 유일한 동기부여와 목표, 갈등 그리고 장애를 명시화하면서 이 공식을 펼쳐 보인다. 아들러의 형제간 경쟁 이론은 모든 이야기와 영화에 등장하는 경쟁이란 주제의 기본 틀로 설명되며, 그의 '생활양식' 이론은 캐릭터 발달과 캐릭터 사이에서 벌어지는 심리적 갈등을 보여주는 모델로 제시된다.

롤로 메이는 실존주의 철학 개념을 심리분석의 이론과 실천에 성공적으로 결합시킨 선구적 학자이자 심리분석가다. 메이의 이론은 매우 기본적인 신경증적 갈등을 탐구하는데… 그것은 "나는 누구인가?" "왜 나는 존재하는가?"

"내 삶의 목적은 무엇인가?"처럼 본질적 질문에서 발생하는 실존적 불안이다. 챕터7은 롤로 메이의 실존적 갈등과 자의식 단계 모델을 당신의 각본에서 사용할 수 있는 캐릭터 발달과 동기부여에 관한 설득력 있는 모델로 설명한다. 롤로 메이는 20세기 말을 '자기애 시대The Age of Narcissism'로 분류하는데, 그것은 현대 미국 영웅의 자기애적 기질과 미국문화 속에서 전통적 가치의 명백한 상실과 관련된 것이다. 챕터7에서는 현대의 신화제작자—할리우드—와 20세기와 21세기 시나리오 작가들과 영화감독들이 우리에게 제공하는 현대적인 자기애적 원형들을 탐구할 것이다. 또한 공통적인 스크린 캐릭터 유형의 구성요소들을 분류하면서, 그들을 자기애 시대의 원형들로 밝혀내고 그들의 유일한 도전, 갈등, 그리고 동기유발을 설명할 것이다.

개정판 서문에서 언급했듯이, 책의 마지막 세 챕터는 서부영화, 판타지, 그리고 SF 장르에 초점을 맞추고 있다. 이 책은 우선 시나리오 작가를 위한 것이다, 그럼에도 불구하고 이 책은 모든 영화창작자, 심리분석가, 영화분석가, 심리학 전공자 또는 영화학을 전공하는 모든 학생들, 그 밖에 이 분야에 단순한 관심을 가진 누구라도 흥미를 가질 수 있는 통찰력과 이론을 제공할 것이다. 만약 당신이 시나리오 작가라면, 이 책은 각본을 발전시켜야 하는 어떤 단계에서든 도움이 될 것이다. 비록 당신이 각본으로 써낼 아이디어가 없을 지라도, 신화와 드라마, 그리고 영화에 등장했던 고전적 주제와 캐릭터를 접속시켜 주고, 아이디어나 이야기의 영감을 줄 수도 있을 것이다. 반면 당신이 각본으로 써낼 아이디어가 있다면, 플롯 구조, 캐릭터 속 갈등의 필수적인 요소 창조, 그리고 주요 인물들의 캐릭터 발달 방향 설정에 큰 도움이 될 것이다. 만약 당신이 전적으로 글쓰기 여정에 들어섰다면, 안내자이자 영감을 주는 두 가지 역할을 할 수도 있을 것이다. 심리학 이론과 신화학 이론의 풍요로운 세계는 캐릭터와 플롯에 있어서 무궁무진한 아이디어를 제공한다. 당신이 각본을 끝내고 글을 고치는 중이거나 다시 쓰는 중이라면, 플롯과 캐릭터 발달에서 약점을 찾아내 각본을 더 깔끔하게 만들도록 도와줄 수도 있을 것이다. 또한 각본의 어떤 부분이 잘 풀리지 않는 원인을 파악하고, 그것이 잘 풀리도록 각본을 수정하는 방향을 보여줄 수도 있을 것이다.

이 책의 유용성은 독자이자 작가인 당신의 욕구에 전적으로 달려있다. 프로이트에 관한 내용은 내면의 심리적 갈등의 토대를 제공하는데, 그것은 이 책 전반에 걸쳐 다뤄지고 발전되는 주제다. 만약 당신의 각본에서 강력하거나 매력적인 갈등이 결핍되었다고 느낀다면, 책에서 다루는 심리적 갈등에 관한 다양한 해석들이 그것에 필요한 영감을 줄 수 있을 것이다. 이 책에서 두 번째 중요하게 되풀이 되는 주제는 캐릭터 발달이다. 에릭슨과 융에 관한 부분은 캐릭터 발달에 있어서 또 다른 심리적 요소에 초점을 맞추는데, 그것은 완성도 높은 영화 캐릭터들을 창조하는데 매우 다르면서도 상호보완적인 접근방식을 제공할 것이다. 남성 영웅의 여정과 여성 영웅의 여정에 관한 내용은 그 형태에 좀 더 초점을 맞추었다. 그것은 전통적인 남성 영웅과 여성 영웅 이야기 구조에 나타나는 플롯의 핵심과 발달 공식을 제공할 것이다. 남성 영웅의 여정과 여성 영웅의 여정에 관한 내용은 그 형태에 좀 더 초점을 맞추었다. 그것은 전통적인 남성 영웅과 여성 영웅 이야기 구조에 나타나는 플롯의 핵심과 발달 공식을 제공할 것이다. 당신이 구조에 관한 도움이 필요하다고 느낀다면, 이 부분이 당신에게 큰 도움이 될 텐데, 비록 내가 프로이트와 융에 관한 부분을 먼저 읽으라고 제안했음에도 불구하고, 이 책은 상호보완적 아이디어의 진전을 제공하도록 구성되었기 때문이다. 마지막으로, 아들러와 메이에 관한 내용은 이야기 구조와 캐릭터 발달, 심리적 동기유발,

그리고 갈등에 대한 대안적 정신분석 모델에 초점을 맞춘다. 장르를 다루는 챕터들은 해당 장르들을 작동하게 만드는 원형에 대한 정신분석학적 통찰을 제공한다. 이러한 통찰은 당신이 자신만의 서부극, 판타지, 또는 SF 시나리오를 구성할 때 매우 귀중한 자료가 될 것이다.

당신이 어떤 특별한 도움과 통찰력을 얻으려고 이 책을 읽거나, 혹은 그저 시나리오 쓰기와 영화창작에 관한 지식의 폭을 넓히고 싶어서 읽거나, 어떤 경우든 책 속에는 당신이 고려해볼만한 풍부한 아이디어가 있다. 책에서 소개하는 학자들의 뛰어난 이론들은 지혜와 안내에 관한 완벽한 원천이기도 하다. 이러한 이론들을 배우면서, 당신에게 떠오르는 시나리오와 영화에 관한 새로운 아이디어의 물결을 발견할지도 모른다. 어쩌면 당신은 브레인스토밍을 하여 다른 상징들과 무의식적 형상들로 넘쳐나는 자신을 발견할 수도 있다. 당신이 쓰고 있는 각본을 위해서든, 만들고 있는 영화를 위해서든, 혹은 극장에서나 OTT로 보고 있는 영화를 위해서든, 그런 브레인스토밍이 일어날 수 있다. 당신 자신을 이러한 무의식적 이미지와 아이디어의 물결에 내던져보라. 이 책이 가장 훌륭한 이유는 당신 자신의 부의식적 마음으로 들어가는 입구를 제공한다는 점이다. 왜냐하면 판타지, 꿈, 그리고 영화가 태어난 곳이 바로 무의식이기 때문이다.

지그문트 프로이트
Sigmund freud

지그문트 프로이트

프로이트식 분석에서 핵심 이론은 **오이디푸스 콤플렉스**에 관한 구상이며, 그것은 오이디푸스 신화에서 가져온 것이다. 프로이트의 위대한 많은 아이디어들이 이 중대한 패러다임에 기초 작업으로 설정되는데, 이를테면 정신의 구조적 모델, 동인 이론, 거세 공포, 그리고 그 밖의 많은 이론들이 그렇다. 오이디푸스적 주제는 영화 어디에나 존재하며, 그것은 **도덕적 지혜**의 결합과 성숙한 **낭만적 관계** 형성이라는 캐릭터 발달의 가장 기본적인 두 가지 요소를 보여준다. 각본을 쓰다 보면 플롯과 캐릭터 발전의 다양한 요소들이 나타나겠지만, 이야기의 핵심 문제들은 이 두 가지 요소에서 크게 벗어나는 일이 거의 없다. 영화에서 무슨 일이 발생하건, 주요 캐릭터는 일반적으로 어떤 종류의 도덕적 승리를 목표로 삼거나, 사랑하는 대상에게 미음을 얻으려 한다. 많은 영화들의 플롯은 이러한 두 가지 요소를 모두 포함하고 있다. 오이디푸스 콤플렉스에 관한 철저한 이해는 캐릭터 발달에서 이러한 본질적인 심리적 쟁점에 호소하는 이야기를 하고 싶은 작가에게 필요한 기본적인 토대다.

프로이트의 **성심리** 관점에서, 어린 소년은 어머니와 성적인 결합을 욕망한다. 프로이트는 **유년기 섹슈얼리티** 이론에서, 아기들과 어린 아이들이 마치 어른처럼 강렬한 성적 욕망을 갖고 있다는 생각을 솔직하게 밝혔다. 그의 관점에 따르면 젖 빨기, 포옹하기, 목욕하기, 키스하기, 그리고 아기가 어머니와 나누는 여러 가지 모든 친밀한 행위는 본질적으로 성적 경험이다. 좀 더 자유로운 해석을 하면, 오이디푸스 콤플렉스는 성적 결합에 대한 욕망이라기보다 어머니의 사랑과 애정을 바라는 아들의 욕망에 관한 비유로 볼 수 있다. 프로이트 이론에 관한 종합적인 이해는 성적으로 충전될 수도 있는 사랑과 애정에 대한 욕구로서 어머니에 대한 아들의 욕망을 이해하는 포괄적 접근법을 요구한다. 결국, 아들은 청년으로 성장할 것이고, 사랑과 애정에 관한 그의 욕망은 다른 여성에게로 옮겨갈 것이다. 따라서 오이디푸스 콤플렉스의 해결은 낭만적 관계 형성에 핵심 요소가 있다.

프로이트의 아이디어는(남성적 관점과 견해에만 초점을 맞춘) 남성중심적이라는 점에서 광범위하게 비판을 받아왔다. 프로이트는 보편적인 심리학적 쟁점들을 본질적으로 남성의 쟁점으로만 설명한 자신의 경향에 대해 사죄하지 않았다. 그의 임상 작업이 대부분 여성 환자들의 분석에 독점적으로 기울어진 것이었음에도 불구하고, 프로이트는 이렇게 인정했다. "30년에 걸친 연구에도 불구하고… 여성은 무엇을 원할까?라는 위대한 질문에는 결코 답이 나오지 않아 나는 답할 수 없었다." 분명히, 오이디푸스 콤플렉스는 프로이트 남성중심주의에 관한 예다. 그럼에도 불구하고, 프로이트 수정주의자들은 오이디푸스 콤플렉스에 대한 여성적 대립항으로 **엘렉트라 콤플렉스**를 채택했다. 여기에서 어린 딸은 자신의 아버지에 대한 열정적 욕망을 발전시킨다.

어머니에 대한 아들의 갈등어린 욕망은 단지 오이디푸스 동전의 한 면에 불과하다. 아들은 어머니의 사랑과 애정을 놓고 아버지가 경쟁자라는 점을 어쩔 수 없이 깨닫게 되는데, 이 경쟁자는 자신보다 한없이 강력하다. 이런 **경쟁**은 아버지에 대한 공격성과 적개심을 불러일으킨다. 오이디푸스가 아버지 라이오스를 죽이고, 어머니 이오카스테와 결혼한 것처럼, 아들은 어머니의 사랑을 얻기 위해 경쟁자인 아버지를 파멸시키고, 어머니를 온전히 차지하길 바란다. 프로이트에 따르면, 부모에 대한 소년의 분리된 감정어머니에게는 사랑, 아버지에게는 공격성은, 두 가지 기본적인 원초적 욕망, **에로스**와 **타나토스**를 반영한 것이다. 오이디푸스 콤플렉스의 신화적 주제에 따라, 에로스와 타나토스 또한 신화적인 형상을 띠고 있다. 어머니 아프로디테의 수행원인 에로스는 사랑과 성의 신으로, '에로틱erotic'이란 표현의 그리스어 기원을 제공하고 있다. 그리스 밤의 여신 닉스의 아들 타나토스는 죽음의 화신이다. 프로이트 이론에서, 에로스는 인생사랑과 성을 창조하고 양육하는 욕망을 상징하는 반면, 타나토스는 죽음증오와 공격을 향한 욕망을 상징한다. 에로스와 타나토스 욕망 안에는 어떤 영화에서나 묘미를 더하게 만드는 위대한 극적 장치가 있다. 만약 당신이 사랑, 증오, 성, 폭력을 내적 갈등, 질투를 경쟁이 담긴 고전적 주제와 뒤섞는다면, 당신은 흥미진진한 플롯을 위한 모든 재료를 가진 셈이다.

사랑의 장애로서 신경증적 갈등

각본을 쓸 때 오이디푸스 콤플렉스의 핵심이 신경증적 갈등이란 점을 반드시 기억해야 한다. 아이는 성장하면서, 자신의 어머니에 대한 성적 욕망이 보편적인 **근친상간 터부**taboo로 인해 사회적으로 부적절하다는 것을 깨닫는다. 소년은 어머니에 대한 자신의 욕망을 억압하고, 캐릭터 속에 **내적 갈등**을 창조한다. 영화 속에서, 이러한 내면의 신경증적 갈등은 대체로 캐릭터를 사랑과 욕망의 대상으로부터 차단시키는 **외부 장애**에 의해 재현된다.

거의 모든 각본은 어떤 종류의 **사랑의 대상**을 포함시킨다. 로맨스영화에서, 사랑의 대상은 중심 플롯이다. 그러나 다른 장르에서도, 사랑의 대상이 없다면 영화는 공허하거나 무언가 빠진 것처럼 보인다. 사랑이 없는 영화는 '심장'이 없는 것과 같다. 부모-아이의 관계는 한 개인의 인생에서 **원초적인 애정관계**를 대변하는 것이기 때문에, 오이디푸스 콤플렉스는 모든 로맨스에서 본질적으로 상징적이며, 오이디푸스 콤플렉스의 해결은 한 개인의 인생에서 이어지는 모든 애정관계에 극도로 중요한 영향을 끼친다. 오이디푸스 주제에 관한 포괄적인 이해는 심리적으로 공명하는 사랑 이야기를 창조하려는 모든 작가들의 시금석이다.

아들이 어머니의 사랑을 두고 아버지를 경쟁자로 마주하듯이, 영화 캐릭터들은 그들의 사랑의 대상을 놓고 흔히 경쟁자와 마주한다. 〈졸업〉1967에서, 벤더스틴 호프먼은 로빈슨머레이 해밀턴을 경쟁자로 만나는데, 벤이 로빈슨 부인앤 뱅크로포드과 관계를 가졌기 때문이다. 그 후, 다른 차원으로 다시 등장하는 경쟁에서, 로빈슨의 딸 일레인캐서린 로스과 사랑에 빠진 벤은 로빈슨의 바람에 저항하며 일레인과 탈주를 시도한다. 유형적으로 볼 때, 벤과 로빈슨 사이의 경쟁은 분명히 오이디푸스적 경쟁과 같은 것은 아니다. 〈바람과 함께 사라지다〉1939에서, 스칼렛비비안 리은 애슐리레슬리 하워드와의 사랑을 놓고 멜라니올리비아 데 하빌렌드와 보다 직접적인 경쟁을 경험한다.

경쟁이란 주제는 로맨스 이야기에만 한정되지 않는다. 영화 캐릭터들은 다양한 목표와 목적을 놓고 경쟁자들과 흔히 마주친다. 〈제리 맥과이어〉1996에서, 제리톰 크루즈는 역겨운 경쟁자 밥제이 모어에 의해 에이전시에서 쫓겨난다. 〈록키〉1976와 〈카라테 키드〉1984 같은 스포츠영화에서 탁월한 경쟁자를 이기려는 주인공의 욕망은 영화 전체를 관통한다. 〈씨비스킷〉2003에 등장하는 말horse은 경쟁 상대인 '제독'이란 말, 즉 더 잘 먹고 잘 훈련되었을 뿐만 아니라, 더 크고 젊고, 강한 이 악명 높은 녀석을 이겨내도록 추동된다. 〈틴컵〉

1996에서, 로이케빈 코스트너는 그의 일차적인 목표골프 토너먼트 우승, 그리고 그의 애정 상대르네 루소의 마음 쟁취라는 두 가지를 놓고 경쟁자돈 존슨를 상대로 겨룬다. 이렇게 경쟁 주제에 접근하는 이중적 고난은 주인공과 경쟁자 사이에서 벌어지는 갈등의 수위를 높이 세우려는 각본의 전형적인 장치다. 결말에서, 주인공은 챔피언 자리를 따내고, 아름다운 여인의 사랑도 얻어내어 경쟁자를 누르고 승리한다.

금단의 열매

어떤 영화들은 문자 그대로 오이디푸스 콤플렉스를 어떤 식으로든 묘사하기도 한다. 바로 소년이 실제로 그의 어머니와 성관계를 원하는 경우다. 〈스팽킹 더 멍키〉1994에서, 어린 아들은 중년의 어머니에게 유혹되어 불법적인 근친상간을 저지른다. 〈올챙이〉2002에서는 고등학생인 소년이 새어머니와의 성관계를 욕망한다. 모성 콤플렉스는 흔히 어머니가 아닌 다른 여성으로 대체된다. 〈졸업〉에서, 벤은 어머니의 가까운 친구인 나이 든 여성인 로빈슨 부인에게 유혹된다. 〈해롤드와 모드〉1971에서, 해롤드버드 코트는 그의 인생 선배인 60세 여성 모드루스 고든와 성적 관계에 들어선다. 이런 모든 경우에서, 주인공들은 **정서적 결핍**과 **미성숙**의 감각을 전해준다. 그들은 성인 남자의 몸에 갇힌 어린 소년들로, 그들의 정서적 욕구를 돌봐줄 어머니 같은 존재, 그리고 그들의 성적 욕망을 만족시켜줄 유혹적인 여성을 찾는다.

이 모든 사랑 이야기의 핵심 요소는 금단의 열매에서 비롯된다. 이성적 부모가 아이에게 금지된 성적 욕망의 대상인 것처럼, 나이 든 여성과의 성행위는 문화적 터부에 대한 비유적 위반이다. 금단의 열매 요소는 사랑 이야기에

금단의 열매: 〈헤롤드와 모드〉1971의 영화 캐릭터들 버드 코트와 루스 고든은 성관계를 갖는다.

서 매우 공통적인 요소다. 이 세상에 알려진 가장 유명한 셰익스피어의 작품 〈로미오와 줄리엣〉은 몬태규가와 캐플릿가의 앙숙관계로 인해 결혼이 금지되었음에도 불구하고, 십대의 두 남녀가 사랑에 빠지는 이야기다. 금단의 열매 요소를 가진 사랑 이야기를 쓸 때, 이런 이야기들은 **비극**으로 해결된다는 것을 명심해야 한다.

로미오와 줄리엣은 자살한다. 자신의 어머니와 결혼했다는 것을 깨달은 오이디푸스는 자신의 눈을 도려내고, 이오카스테는 자살한다. 〈졸업〉에서 벤과 로빈슨 부인의 관계는 두 사람이 서로 증오하는 것으로 끝나며, 〈헤롤드와 모드〉에서 모드는 자살을 시행한다. '모든 것을 이기는 사랑'이라는 여전히 인기 있는 대단원은 외부 장애를 사랑으로 극복하는 플롯으로 작업하려 해도, 금단의 열매 이야기는 늘 거의 비극으로 끝나게 된다. 왜냐하면 내적 갈등이 관계 자체의 위법적인 속성에서 태어났기 때문이다. 갈등이 해결되기 위해, 낭만적 관계는 그 자체를 반드시 끝내거나 다른 어떤 것으로 변형시켜야만 한다.

금단의 열매 주제에 관한 가장 공통적인 적용은 **간통** 플롯으로 나타난다. 여기에서 갈등은 사랑의 대상이 가까운 친구와 혼인관계일 때 더욱 강력하다. 동일한 기본적인 감정들을 재현하기 때문에 비유적으로 오이디푸스적 성격을 띤다. 마찬가지로 캐릭터는 도덕적으로나 사회적으로 금기시된 누군가를 욕망하기 때문이다. 캐릭터는 사랑하는 대상의 배우자와 경쟁에 빠져든다. 마치 아들이 아버지에 대항하여 경쟁의 수렁에 빠져드는 것과 같다. 간통 이야기는 해결이 다소 까다롭다. 왜냐하면 관객이 금단의 열매 주제에 공감하면서도, 그들은 또한 결혼의 신성함을 존중하기 때문이다. 그러나 당신의 캐릭터는 님도 보고 뽕도 딸 수 있다(그는 엄청난 벌을 피하면서 여자를 차지할 수도 있다). 그의 경쟁자가 사랑의 대상에게 합당하지 못하게 설정되었다면 그럴 수 있다. 〈타이타닉〉1997에서, 관객은 잭레오나르도 디카프리오이 로즈케이트 윈슬렛의 마음을 얻었을 때 즐거워한다. 왜냐하면 그녀의 약혼남빌리 제인이 비열하고 둔감한 속물이기 때문이다. 이와 유사하게, 〈오션스 일레븐〉2001에서, 대니조르주 클루니가 테스줄리아 로버츠를 그녀의 약혼남앤디 가르시아으로부터 빼앗는 깃도 괜찮다. 분냉 시배석이며 교활한 부자 '갑'인 약혼남은 대니만큼 쿨하지 못하기 때문이다. 경쟁자가 **악당**이나 찌질이로 설정되면, 사랑 이야기는 주인공에게 커다란 성공을 가져다 주는 것으로 끝날 수 있다.

경쟁자가 악당으로 설정되지 않으면 성공적인 사랑 이야기를 쓰기는 힘들다. 〈언페이스풀〉2002에서, 코니다이안 레인는 그녀의 남편 에드워드리처드 기어가 매력적이며, 다정하고 여러모로 멋진 남자임에도 불구하고 열정적으로 간통에 빠진다. 코니의 갈등은 매우 골치 아프게 펼쳐진다. 그녀는 금기를 깰 뿐만 아니라 사랑하는 남자까지 골치 아프게 만들기 때문이다. 영화에서는 상황이 반전되는데, 불륜을 눈치 챈 에드워드가 아내의 사랑을 두고 경쟁자

29

가 되어 불안정한 위치에 놓인 자신을 발견하기 때문이다. 이제 이오카스테를 소유하고픈 욕망과 사랑에 추동된 오이디푸스처럼 에드워드는 라이오스를 살인할 정도의 증오와 분노에 사로잡힌다. 에로스와 타나토스라는 양면적 열정이 에드워드를 장악하게 되고, 그는 코니의 연인을 죽인다. 간통과 이어지는 살인은 이야기 속에서 잘 풀려나가지만, 코니에 대한 처벌의 부재는 플롯에 빈틈을 만든다. 오이디푸스 주제들사랑, 증오, 성 그리고 폭력은 자명한 것이기 때문에 시나리오 작가는 이것이 어느 정도 정당화가 필요하다는 점을 잘 알아야만 한다. 그럼에도 불구하고, **형벌**과 **응징**에 관한 보다 섬세한 주제는 세심하게 구조화되고 플롯으로 잘 짜여져야 한다. 〈언페이스풀〉은 비극으로 설정되었지만, 영화제작자는 결국 그렇게 하지 못했다. 아마 영화의 여주인공을 너무 엄하게 처벌하는 것을 두려워한 것 같은데, 그녀가 관객이 동일시할만한 캐릭터였기 때문이다. 그럼에도 예리한 관객이라면 비극의 극적인 구조를 무의식적으로 인식하며, 영화가 얄팍한 전개를 통해 결말에서 마땅히 선사해야 할 묵직한 감정적 충격여운을 어물쩍 앗아가 버리면, 관객들은 단번에 알아차리기 마련이다.

거세 공포

오이디푸스는 자신의 아버지를 죽일 수 있었지만, 오이디푸스 콤플렉스로 극심한 고통을 겪는 어린 소년은 그의 거대한 경쟁자에게 저항할 기회가 없다. 또한 아들은 아버지에 대한 공격적인 감정을 숨기고 있기 때문에, 아버지도 그와 마찬가지로 아들에 대한 유사한 공격성을 숨기고 있다고 추정한다. 이러한 추정은 아버지가 말을 듣지 않는 행동을 한 아들을 벌주거나 때릴 때 확인된다. 프로이트에 따르면, 어린 소년은 성적 경쟁자로 여긴 자신을 거세하고 싶은 아버지 때문에 두려워한다. 충실한 프로이트주의자도 화가 난 폭력적인 아버지 앞에서 어린 소년이 느끼는 **무력감**과 **무기력**의 감정에 초점을 맞추며, 일반적으로 '거세 공포'의 개념을 비유적으로 해석한다. 이러한 유년기 초기의 공포는 〈샤이닝〉1980에서 최대한 강렬하게 활용되는데, 영화에서, 도끼를 휘두르는 정신병자 아버지잭 니콜슨는 유령이 나오는 호텔에서 아들을 추격한다. 어린 소년은 문자 그대로 아버지가 자신을 산산조각 낼까 두려워한다.

위험한 상황에서 느끼는 무력감은 관객에게 두려움의 극렬한 반응을 끌어낼 수 있는 매우 끔찍한 경험이다. 공포영화는 흔히 사악한 남성, 괴물, 혹은 힘없는 아이나 곤경에 처한 여성을 스토킹하는 정신병자 따위의 장치를 사용한다. 〈할로윈〉이나 〈13일의 금요일〉과 같은 '슬래셔Slasher'영화들이 오랫동안 이런 장치를 지나치게 사용해왔음에도 불구하고, 이는 여전히 공포를 조장하는 힘을 발휘하고 있다. 공포영화는 위협적인 인물이 **무방비** 상태에 처한 희생자를 공격할 때 유사한 장치를 사용한다. '슬래셔'영화들에는, 희생자가 침대나 욕실, 샤워실에서, 혹은 성관계를 하는 동안에 공격당하는 장면이 늘 등장한다. 이런 순간에, 희생자들은 자신을 보호할 힘이 없다. 게다가 그들은 벌거벗은 상태이기 때문에, 예외없이 칼을 휘두르는 슬래셔 앞에 위태롭게 생식기를 노출시키고 있다. 이런 장면들에서 자신의 생식기가 잘려나갈 위험에 처한 캐릭터의 공포에 거세 공포가 문자 그대로 연결된 것이다.

돌보는 인물이 위협적인 인물로 변하는 역할 전환은 특별히 공포스럽다. 오이디푸스 콤플렉스를 경험중인 어린 소년은 아버지의 사랑과 보살핌을 원한다. 그런 그가 자신을 죽이려고 한다고 아버지를 의심할 때, 그에게는 방어 수

단도, 도움을 요청할 사람도 없다. 〈사냥꾼의 밤〉[1955]에서, 위협적인 인물로버트 미첨이 더욱 무서운 것은 그가 사냥하는 가여운 아이들이 바로 그의 양자들이기 때문이다. 〈다락방에 핀 꽃〉[1987]과 〈존경하는 어머니〉[1981]에서, 위협적인 인물들은 아이들의 어머니들이다. 〈악마의 씨〉[1968], 〈서스픽션〉[1941], 그리고 〈가스등〉[1944]에서, 병들고 겁에 질린 여성들은 그들의 위협적인 남편들이 자신들을 죽이려는 음모를 꾸민다고 의심한다. 〈미저리〉[1990]는 특히 공포스러운 영화인데, 처음에는 간호사캐시 베이츠로 나온 여성이 점차 가학적이고 사나운 싸이코로 변하기 때문이다. 반면, 그녀의 힘없는 희생자제임스 칸는 침상과 휠체어에서 **무력한** 처지로 갇혀있다. 돌보는 인물이 위협적인 인물로 변하는 역할 전환은 관객의 기대를 거역하기 때문에 공포를 촉발하고, 희생자가 홀로 함정에 빠져 도망갈 데가 없다는 점을 창조해낸다. 무의식적 차원에서, 역할 전환은 어린 시절 아버지에게 받은 형벌의 공포를 상기시킨다.

어떤 영화들은 부모와 자녀 사이에 **몸 전환**을 사용하는데, 주로 코믹 효과를 내는 경우가 그렇다. 〈프리키 프라이데이〉[1976, 2003]에서, 어머니와 딸이 마술적으로 상대방의 몸으로 전환된다. 동일한 장치가 〈하몬드가의 비밀〉[1987]에서는 같은 플롯의 남성판으로 사용되었다. 이 경우 모두, 자녀들은 단순한 아이라는 이등 시민의 위치에서 갑자기 상승하여 **자유**와 **해방감**을 경험하면서, 성인의 모든 특권을 맘껏 누린다. 〈빅〉[1988]에서 조쉬톰 행크스는 축제 때 마술게임을 통해 소원이 이루어져 하룻밤 새 어른이 되자, 처음에는 갑작스레 얻은 이 독립을 만끽한다. 〈나 홀로 집에〉[1990]에서 갑자기 큰 집에 홀로 남아 해방된 케빈맥컬리 컬킨은, 엄격한 가족들로부터 벗어나 자유를 즐긴다.

책임감 있는 부모이자 노동자라는 어른의 역할에서 벗어난 부모들도 심리적으로 해방감을 누리며, 다시 부주의한 아이로 돌아간 상태를 즐길 수 있다. 이런 영화들은 다양한 세대의 대중에게 다가가는 판타지를 제공하기 때문에 성공하는 경향이 있다. 부모와 자녀 모두 캐릭터 역할 전환에 자신을 동일시하면서 대리만족을 경험할 수 있다. 그러나 이런 플롯 장치의 단순함은 이야기 해결의 변화에 별 다른 여지를 남기지 않는다. 결국, 부모 그리고/또는 아이는 자신의 본래 위치로 돌아가야만 하며, 다른 사람의 입장에서 보낸 시간으로부터 귀중한 교훈을 배운다. 그들은 각자의 투쟁에서 존경심을 갖는다_{즉 "남의 떡이 더 커 보인다"라는 말처럼…}. 그리하여 그들은 자신의 기이한 곤경을 바로잡기 위해 같이 연대하고 일해야 한다는 것도 배운다.

영화에서 역할 전환과 몸 전환이라는 주제는 부모-자녀관계에서의 현실적인 심리적 욕구를 설명해준다. 대부분의 부모와 자녀는 많은 중대한 쟁점에 대해 자주 의견이 부딪힌다. 부모와 자녀가 의견이 엇갈리는 상황은 수없이 많지만, 이 갈등은 보통 **독립**이라는 근본적인 문제로 환원될 수 있다. 자녀들은 그들의 인생을 결정할 수 있는 자유를 원한다. 부모는 어른들 세상의 위험에서 자녀들을 보호하고 싶다는 욕망 속에서 **소유**(자녀 인생의 모든 측면을 통제하고 싶은 욕망)를 통해 자신의 보살핌을 느러낼 수 있다. 이러한 기본적 갈등은 그 속성상 오이디푸스적인데, 왜냐하면 그것은 자녀의 정서를 독점하려는 부모의 욕망을 상기시키며, 오이디푸스적 관계 속에서 갖는 사랑과 두려움의 밀실공포증적 상태에서 벗어나려는 자녀의 솟아오르는 욕구를 상기시키기 때문이다. 부모의 기대에 반하는 구혼자와 결혼하려는 딸이 등장하는 이야기보다 더 분명하게 부모의 소유욕 갈등을 보여주는 것은 없을 것이다. 이런 상황에서, 젊은 구혼자와 소유욕 강한 부모는 진정한 적수가 되며, 딸은 부모에 대한 유아적 사랑과 그녀의 구혼자에 대한 열정적 사랑 사이에서 분열된다.

〈지붕 위의 바이올린〉1971에서, 비유태인 구혼자를 선택한 딸을 용납할 수 없는 테비에토플는 딸의 사랑을 영원히 잃어버릴 각오를 하며 딸을 비난한다. 갈등은 또한 테러의 근원이 될 수도 있다. 〈싸이코〉1960에서, 매우 강하고 소유욕도 강한 노만 베이츠안소니 퍼킨스의 어머니는 심지어 죽은 후에도 노만의 정체성을 사로잡으며 그의 마음을 조정한다. 당신이 각본을 쓸 때, 경쟁과 소유욕에 관한 오이디푸스적 주제는 내적 갈등과 폭력 그리고 드라마를 위한 훌륭한 원천이란 점을 기억하라. 독창성은 갈등의 새로운 원천을 발견할 것을 요구하지 않는다. 그것은 단지 고대의 신화적 주제들을 표현하는 유일하고 창조적인 방식을 요구할 뿐이다.

신경증적 갈등

프로이트의 신경증적 갈등의 구조적 모델은 그의 오이디푸스 콤플렉스 이론으로부터 탄생했다. 이러한 내면의 심리적 갈등을 보여주기 위해, 프로이트는 무의식을 분리된 세 가지 구조로 나누었다. **이드**Id는 탄생한 유아에게 존재하는 원초적이고 동물적인 충동들을 나타낸다. 그것을 프로이트의 독일어로 표현하면 'das es'인데, 번역하면 **'그것**the it'이다. 이드는 순수한 본능으로, 전적으로 **쾌락 원칙**에 의해 추동된 것이며, 오직 그 자신의 충동을 만족시키는 데 관심이 있다. 이드 뒤에 있는 힘은 **리비도**libido인데, 그것은 모든 동물에게 **섹스**와 **공격성**의 기본적 본능이란 권한을 부여하는 원초적인 생명력이다에로스와 타나토스 가운데 있는 생물적 충동. 이드는 어머니와 사랑을 나누고 아버지를 죽이고 싶어 하는 무의식의 짐승 같은 부분이다.

악당으로서 이드

영화에서 악당 캐릭터는 흔히 이드 에너지의 표현이다. 〈케이프 피어〉 1991에서 악당 맥스 케이디로버트 드니로의 무시무시한 모습은 그의 원초적 동기와 행위로부터 발생한 것이다. 처음 등장할 때, 그는 감옥에 있는데… 철창에 갇힌 동물처럼 보인다. 그는 한 쪽 팔에 '사랑', 다른 쪽 팔에는 '증오'를 문신했다. 이것은 그의 캐릭터 뒤에 도사린 두 가지 충동, 즉 **섹스**와 **공격성**을 상징한다. 맥스의 일차적 목표는 자신을 감옥으로 보낸 변호사 샘닉 놀테에 대한 복수다. 맥스는 복수하려는 공격적인 충동을 충족시키는 도구로 성적 충동을 만족시킨다. 그것은 젊은 여성을 유혹하고/강간하는 그가 섹스를 하면서 여자의 살점을 물어뜯는 매우 끔찍한 시퀀스에서 드러난다. 그 순간, 맥스는 순수한 이드다. 그는 성욕과 공격성 그 자체이며, 이 둘이 결합되어 하나의 사악한 악당이 된 것이다. 악당 이면의 심리적 힘은, 그의 캐릭터가 인간의 옷을 입은 흉포한 동물이란 감각에서 나온다. 원초적인 강렬한 욕구를 만족시키기 위해 그가 어디까지 나갈 것인지, 그 누구도 전혀 예측할 수 없을 것이다.

악당이라도 모두 맥스처럼 악마적이지는 않지만, 악당 캐릭터의 기본적인 성품은 일반적으로 섹스나 공격성, 혹은 이 두 가지와 모두 연결된다. 이드를 드러내는 괴물의 훌륭한 예로 **뱀파이어**가 있는데, 그들은 희생양인 어린 여성의 부드러운 목덜미로부터 피를 빨아먹는 공격적인 행동으로 성적 쾌락을 얻기 때문이다. 〈양들의 침묵〉1991의 한니발앤소니 흡킨스 같은 연쇄살인범도 자신의 공격적인 작업을 성적 쾌락과 혼합시키는 경향이 있다. 다른 악당들은 공격성을 파괴나 지배, 혹은 정복적인 악마적 틀 속으로 몰아간다. 영화

〈제임스 본드〉 시리즈에서 닥터 노조셉 와이즈먼와 골드 핑거거트 프로브 같은 악당들은 항상 어떤 방식으로든 파괴하거나 정복한다.

이 세상을 파괴하든 혹은 한명의 인간을 파괴하든, 악당은 각본을 쓸 때 가장 흥미로운 캐릭터다. 모든 억압이나 도덕 혹은 죄책감이나 후회 같은 것들로부터 면제받은 악당은 자신의 이드 욕망을 완벽하게 표현하는 자유를 누린다. 관객은 비밀스럽게 악당을 사랑하는데, 자신의 억압을 악당을 통해 풀수 있으며, 자신의 이드 욕망을 대리만족시킬 수 있기 때문이다. 좋은 악당을 써나가는 비밀은 당신 속의 이드와 만나는 것이다. 통제를 벗어나, 당신의 억압을 떨쳐내고, 당신의 원초적인 모든 충동을 종이 위에 넘쳐나게 해보라. 그리하여 당신의 가장 어두운 두려움, 꿈, 충동 그리고 욕망을 당신의 악당 캐릭터를 통해 표현해보라.

죄수로서 이드

이드는 우리의 무의식적 내면에 존재하는 우리에 갇힌 짐승과 같다. 이드 충동은 늘 탈출하려고 하지만, 우리는 지속적으로 그것을 억압하며, 일차적 충동을 자물쇠로 잠궈 놓는다. 이드의 재현물로서 악당은 종종 철창 뒤에 갇힌 죄수로 묘사된다. 이러한 악당 이야기는 감옥에서 탈출하거나 풀려나는 장면으로 시작한다. 〈케이프 피어〉는 맥스 케이디가 감옥에 갇혀있는 장면부터 시작하고, 〈슈퍼맨 2〉1980에서 렉스 루터진 핵크만의 경우도 마찬가지다. 감옥에서 탈출하거나 감옥을 벗어나는 악당은 **이드 에너지의 방출**을 재현한다. 관객은 그런 해방을 대리만족하며 즐긴다. 〈대탈주〉1963, 〈빠삐용〉1973, 〈알카트라스 탈출〉1979은 인기를 끌었는데, 관객들이 억압적 사회에 갇혀 있는 기분에 동일시되면서, 거기서 벗어나는 자유로움을 비밀스럽게 즐겼기 때문일 것이다.

악당이 철창 밖에 있는 동안(이드가 일시적으로 억압받지 않는 동안), 당신은 관객에게 극장표의 가치를 느끼게 해줘야 한다. 그것은 이드의 무법적인 부도덕을 즐기는 것이다. 렉스 루터는 즉흥적이고, 원하는 대로 행동하는 악동의 존재감을 즐기는 엄청난 슈퍼악당이다. 〈제임스 본드〉 시리즈의 악당들도 매우 흥미로운데, 그들은 자신의 사악함을 흥청대며 즐기고 악마적 플롯을 만들어내는 쾌락을 누리기 때문이다. 모든 각본과 이야기는 각기 다른 요구를 하지만 만약 플롯이 악당을 호출한다면, 할 수 있는 만큼 최대한의 연료를 그에게 충전시키고 그것을 방출하도록 해야 한다. 일반적으로, 영화에서 오락적 수준은 주인공이 얼마나 선한가 보다는 악당이 얼마나 악한가에 근거한다.

관객은 착한 척하는 영웅보다 억압되지 않은 악당을 더 즐긴다는 사실은 비밀이 아니다. 이드의 대표로서 악당은 죄인이며, 그것보다 훨씬 더 재밌다. 세계적으로 많은 각본들이 이야기 끝부분에 일종의 관문과 여지를 남겨두는데, 그것은 악당이 관객의 인기를 끌 경우, 2편으로 돌아올 수 있도록 하기 위한 장치다. 악당은 영웅에게 죽임을 당하는 대신, 감옥에 갇히거나, 다른 나라로 추방되거나, 혹은 도주할 수도 있다. 한니발 렉터^{미국영화연구소 투표 결}^{과, 악당 1위}는 〈양들의 침묵〉¹⁹⁹¹의 결말에서 탈옥한다. 작가는 각본의 열린 결말로, 악당을 부활시키고 그에게 삐뚤어진 의도로 사회에 큰 피해를 입힐 기회를 한 번 더 주는 선택지를 남겨둔다.

악당이 마땅히 받아야 할 처벌

악당 캐릭터의 열쇠는 그가 **비도덕적** 존재라는 데 있다. 이드 에너지의 표현으로써, 악당은 자신의 행동의 도덕적인 부분에 무관심할 수 있다. 죄책감, 회한, 후회 같은 것들은 악당 캐릭터에서 완전히 배제된다. 따라서 버릇 없는 아이가 부도덕한 행동으로 부모에게 벌을 받아야만 하는 것처럼, 사악한 악당은 영웅으로부터 처벌받아야만 한다. 악당은 마땅히 받아야 할 벌을 받아야만 한다. 게다가 악당이 받아야 할 처벌은 철저하게 **그가 저지른 범죄에 합당한** 것이어야만 한다. 만약 악당이 자기 방식대로 영웅의 가장 가까운 가족과 친구 여럿을 강간하고, 파괴하고 살인했다면, 단지 그의 얼굴에 한 방 먹이거나 징역형 정도로는 관객에게 극적인 정의를 제공할 수 없다. 가급적이면 그런 악당은 영웅의 손아귀에서 엄청난 고통을 겪어야만 한다.

원전 〈드라큐라〉1931는 결말에서 백작벨라 루고시의 종말은 스크린에서 보여주지 않은 채, 저 멀리 드라큐라 관에 말뚝을 박는 반 헬싱에드워드 반 슬로언의 짧은 불평으로 표현된다. 이런 특별하지 않은 죽음에는 영화의 절정에 요구되는 정서가 결핍되는데, 그런 결말은 관객으로부터 극적인 정의에 필요한 감각을 박탈하는 것이기도 하다. 1958년 해머영화사가 크리스토퍼 리를 드라큐라로 캐스팅해서 다시 만든 영화에서, 백작이 마땅히 받는 처벌은 적절하게 극적이고 고통스럽다. 그것은 극도로 괴로운 절규와 유혈이 낭자한 피투성이 폭력으로 완결된다. 악당을 처벌하는 인기 있는 방식은, 〈다이하드〉1988에서 보듯이, 높은 빌딩이나 절벽에서 떨어져 죽음에 이르게 하는 것이다. **추락사**는 시간이 걸리는데, 100층에서 추락해 파멸하는 악당의 절규하는 얼굴을 긴 쇼트로 잡아낼 수 있다. 고통스러운 추락은 악당의 **지옥행 내리막길**을 상징하고, 그곳에서 그의 영혼은 영원히 처벌받을 것이란 점을 보여준다. 산산조각이 난다거나, 난도질당하거나, 야생동물에게 먹히거나 혹은 거꾸로 자신이 만든 살인도구에 의해 파괴되는 모습 또한 악당을 죽이는 인기 있는 방식인데, 이것은 단순한 총격보다 훨씬 더 극적이다.

영웅으로서 자아

이드에 이어, 그 다음 순서로 발달하는 무의식 구조는 '자아^{ego}'다. 이드는 '쾌락 원칙'을 표현하는 반면, 자아는 **현실 원칙**을 표현하는데, 그것은 바람직한 행동을 하라는 부모와 사회적 요구, 자신의 이드 충동을 화해시키려는 개인적 욕구다. 자아를 프로이트가 쓴 독일어 'das Ich'로부터 번역하면, '나^I'에 해당하는데, 그것은 자기 자신의 중심적 표상이다. 자아는 끊임없이 발달하며, 사회적 요구에 적응하는 새로운 방식을 끊임없이 배우는데, 날마다 보다 강해지고 더욱 건강해지려는 희망이 있다. 이런 방식에서, 자아의 심리적 기능은 영웅의 기능과 직접적으로 평행을 이룬다. 영웅도 역시 발전한다. 그는 자신의 환경에 숙달되고 장애를 극복하며, 그를 잡으려는 타락한 악당을 물리치기 위해 노력한다. 만약 주인공이 영화 결말에 이르기까지 보다 건강하고 강력하며, 더 나은 어떤 방식을 찾지 못한다면, 그의 캐릭터는 아직 발달된 것이 아니다. 영화의 플롯이 어떤 문제들을 다루는 동안, 영화의 심장과 생명선은 주인공 캐릭터의 발달이다. 주인공은 영화의 'Ich^나'이며, 영화가 심리적 차원에서 소통하기 위해서는 그의 캐릭터를 발달시켜야만 한다. 무의식에서 자아의 역할이 이드를 억압하고 조정하는 것처럼, 영화에서 주인공의 역할은 악당을 잡아내고 물리치는 것이다.

악당에 대한 주인공의 승리는 이드에 대한 자아의 승리를 상징한다. '고통에 처한 아가씨'와 관련한 전통적인 플롯 구조에서, 악당이나 괴물은 부도덕하고 리비도적 욕망을 충족시키기 위해 아가씨를 납치한다. 예를 들어, 〈드라큘라〉¹⁹³¹에서, 뱀파이어벨라 루고시는 미나를 악마적인 불사의 창조물로 만들기 위해 자신의 성으로 데려온다. 주인공은 처녀를 구출함으로써 악당의 불경한 계략을 좌절시키고 그녀를 구원하며, 이를 통해 두 사람은 건전하고 사회적으로 합당한 방식으로 결혼할 수 있다. 그런 의미에서, 주인공의 승리는 오이디푸스 드라마를 상기시키는데, 그 드라마에서 원초적인 리비도적 욕망은 사회적 규제의 상징에 의해 좌초된다. 적대자를 파괴하고 아가씨를 구해내면서, 주인공은 고질적인 이드 충동을 상징적으로 파괴하고, 어머니를 향한 금기시되는 욕망을 매력적인 아가씨에 대한 사회적으로 적합한 욕망으로 변형시킨다.

멘토로서 초자아

흔히 어떤 영화들에는 외부적인 악당 캐릭터가 없다. 리비도적 욕망의 문제는 주인공 내부의 **내적 갈등**이며, 그것은 내면의 악마와 유혹으로 표현된다. 리비도의 어두운 힘을 통제할 필요가 있는 내면의 힘은 세 번째 무의식 구조, 즉 '초자아'에 의해 제공된다. 프로이트가 쓴 독일어 'das uber-Ich'를 번역하면, 초자아는 **나-이상**$^{over-I}$으로, 아버지 같은 권위적 인물에 의해 개인에게 축적된 도덕과 사회적 관습의 무의식적 표상이다. 아들은 성장하면서, 아버지에 대한 공격적인 감정이 존경과 찬양의 느낌으로 변형된다. 아들은 **역할 모델로 아버지를 동일시하면서**, 그의 모든 도덕적 가치와 믿음을 내면화한다. 본질적으로, 초자아는 소년이 자신의 아버지와 동일시하는 심리적 전형이다.

이드와 초자아 사이의 신경증적 갈등은 자아를 통해 해결된다. 영화는 시각 매체이기 때문에, 갈등에 놓인 두 종류 힘을 물리적으로 구현하지 않은 채, 그것의 내적 갈등을 스크린에 표현하는 것은 어렵다. 무의식 속에 있는 이드와 초자아는 내면적 형상이지만, 영화에서 원초적 충동과 도덕적 의식이 갈등하는 힘은 주로 외면적 형상으로 재현되어야 한다. 이드는 대체로 악당 부분에서 작동하며, 초자아는 일반적으로 **멘토** 캐릭터에게 맡겨진다. 멘토는 주인공에게 **아버지 형상**이나 **역할 모델**을 제공하여, 주인공에게 도덕적 의무를 알려주고 그의 성공에 필요한 정신적 강인함을 준다. 〈스타워즈〉[1977]에서 오비완 케노비[알렉 기네스]는 그의 영웅 루크에게 악마의 제국에 대항해 싸워나갈 도덕적 도전을 수용할 영감을 준다. 오비완은 또한 '포스[force]' 사용법을 루크에게 가르치며 그가 다크 로드와 대면할 때, 필요한 영적이고 정신적인 힘을 준다.

  당신이 각본을 써나갈 때, 초자아의 물리적 표상을 덧붙이고, 주인공의 마음에서 벌어지는 내적 갈등에 관한 시각적 신호를 관객에게 보여주는 것이

멘토 : 〈스타워즈〉1977의 오비완 케노비[알렉 기네스]

유용할 수 있다. 〈제리 막과이어〉에서, 제리는 그의 멘토, 그러니까 오래전 함께 일했던 나이든 스포츠 에이전트가 그에게 건넸던 현명한 말을 떠올린다. 멘토의 모습은 아주 짧은 플레시백으로 단 한 번 등장하지만, 그것은 제리가 이루고자 하는 도덕적 진정성의 비현실성에 꼭 필요한 물질적이고 시각적인 존재감을 더한다. 이와 유사하게 〈내츄럴〉1984은 주인공이 아버지와 함께 캐치볼을 하는 짧은 시퀀스로 시작한다. 아버지는 영화에 다시 등장하지 않지만, 이 짧은 장면은 관객의 마음에 로이의 아버지에 관한 내적 표상그의 초자아과 야구선수로 성공하고 싶은 로이의 열렬한 욕망 사이의 잊을 수 없는 연결지점을 창조한다. 아들과 캐치볼을 하는 로이가 나오는 또 다른 짧은 장면으로 영화가 끝날 때, 이런 정서적 해결은 대사나 화면 밖 소리, 혹은 자막으로 처리된 에필로그로는 곧 성취할 수 없는 방식으로 표현된다.

영화의 정서적 힘은 시각예술 형태로 직접 연결된다. 주인공의 갈등이 내면적인 것일지라도, 시나리오 작가로서 당신의 기본적 과제는 이러한 내적 갈등을 시각적으로 표현하는 것이며, 그 결과 갈등은 스크린에서 순조롭게 드러나게 되는데, 그것은 단지 대사를 통해서만 표현되는 것은 아니다. 내적인 심리적 구조예:악당으로서 이드와 멘토로서 초자아의 외적 재현은 전통적인 시각화 방식이다.

의식의 위기

캐릭터가 강력하거나 현존하는 멘토 표상을 갖고 있지 못할 때, 그의 투쟁은 미발달된 초자아underdeveloped superego 문제에 중점을 둔 것이다. 이런 캐릭터의 약점은 이기주의나 자기중심성 혹은 전반적인 우유부단함을 통해 플롯의 핵심

CHAPTER 1 _ 지그문트 프로이트

에서, 영웅적 존재로서 자신을 헌신하는 부분에서 드러난다. 〈스타워즈〉에서 한 솔로해리슨 포드는 자신에게만 몰두하는 인물의 예를 보여준다(캐릭터 이름은 '솔로, Solo'이다. 그는 자신의 길을 가면서 사익만 추구하는 성향을 드러낸다). 루크는 일찌감치 저항의 투쟁에 자신을 헌신하는 데 비해, 한은 영화 전편에 걸쳐 제국에 맞서는 저항에 참여하는 것이 자발적이지 않다는 점을 드러낸다. 한은 루크의 사명에 참여하는 것이 오직 돈 때문이라는 점을 끊임없이 보여준다. 한은 죽음의 별을 파괴하는 커다란 전투에서 자신에게 아무런 이득이 없다는 이유로 루크를 돕는 것을 거절하기도 한다. 한 솔로 같은 캐릭터들은 의식의 위기를 통해 발전하며, 거기에서 그들은 자신의 우선 과제들을 재평가해야만 한다. 이런 위기의 뒤에 도사린 **죄책감**은 캐릭터의 역할 모델이나 멘토—그 캐릭터 초자아의 육체적 화신—로부터 기인한다.

　루크의 영웅주의는 빠르게 성장하는데, 왜냐하면 그는 강렬한 초자아를 갖고 있으며, 그것은 그의 멘토나 역할 모델, 오비 원캐릭터 이름을 통해 재현되기 때문이다. 반면 멘토 역할을 해줄 인물이 결여된 한은 영웅으로서의 성장이 저해된다. 영화 결말에 이르러, 루크의 캐릭터는 매우 크게 성장하여 한에게 멘토 역할을 하게 되고, 급작스러운 색채 변화가 일어나는 영화 절정부에서 한은 어딘지 모를 곳에서 갑자기 나타나 필연적인 죽음으로부터 루크를 구해낸다. 마침내 그가 명분을 위해 자신을 희생한 것이다. 당신이 초자아를 발전시키기 위한 투쟁을 벌이는 캐릭터를 써나갈 때, 소년은 원초적인 역할 **모델로서 자신의 아버지를 동일시하면서** 초자아가 발달한다는 점을 기억하라. 당신의 캐릭터가 마침내 스스로 초자아를 발달시키고, 훌륭한 싸움을 할 준비가 된 바로 그 순간, 자신에게 이렇게 물어보라. "이 캐릭터의 역할 모델은 누구일까?" 이 질문에 대한 답은 일반적으로 투쟁에 대한 당신 캐릭터의 원초적 동기를 제공하는 열쇠가 되어줄 것이다.

때로, 자신의 의식이나 진실과 싸우는 캐릭터는 코믹한 인물일 수 있는데, 주인공을 본의 아니게 위험한 상황에 끌어들여야만 하는 **비겁한 조수**가 그런 인물이다. 만화 〈스쿠비 두scooby doo〉에 나오는 스쿠비와 쉐기는 이런 종류의 비겁한 캐릭터를 전형적으로 보여준다. 이런 인물들은 애버트와 코스텔로, 로렐과 하디, 그리고 막스 브라더스와 같은 코믹한 주인공들웃기는 겁쟁이 익살꾼들을 상기시킨다. 비겁한 인물들이 영화 속 스타든, 단지 코믹한 흥밋거리든, 영화 전편에 걸쳐 위험에 직면한 그들의 망설임은 흔히 결말의 놀라운 발전을 위해 설정되는데, 비겁한 인물이 갑자기 두려움을 극복하고, 위험한 적에게 용감하게 맞서 곤경에서 벗어날 때 그렇다. 이런 공식이 몇 차례 사용되었건 상관없이, 그런 설정은 여전히 효과적이다. 왜냐하면 누구나 공감할 수 있는 캐릭터 발달의 일반적인 심리적 문제를 다루고 있기 때문이다. 그럼에도 불구하고, 용감해지는 비겁한 인물의 주제는 조심스럽고 미묘하게 다뤄져야 한다. 너무 명확하게 그런 점을 미리 보여줘 결과적으로 이런 캐릭터가 전체 분위기를 바꾸도록 해서는 곤란하다. 관객특히 어린이은 바보 같은 겁쟁이가 결말에서 용감한 영웅이 되는 놀라움을 여전히 즐길 수 있기 때문이다.

안티히어로

미국영화의 영웅들은 그들의 도덕적 의식보다 이드 충동에 지배당하는 경향이 있다. 서부영화의 무법자들, 폭도들, 도적들, 그리고 범죄자들은 전형적인 공상적 박애주의자만큼 흔하게 영웅으로 등장한다. 안티히어로는 강한 리비도와 심각하게 미발달된 초자아를 가진 캐릭터다. 그는 법을 지키기보다 파괴시키며 자신의 길을 간다. 존 웨인, 제임스 캐그니, 험프리 보가트, 헨리 폰다, 로버트 미첨, 그밖에 수많은 영화 스타들은 서부영화, 필름누아르, 갱스터, 절도영화에서 안티히어로로 인기를 얻었다. 이런 인물들의 첫 목표는 법을 어기면서 자신의 본능적 충동을 만족시키는 것인 반면, 안티히어로는 일반적으로 또 다른 목표와 연결되는데, 그것은 그의 도덕적 캐릭터를 발달시키는 것과 관계가 있다. 이러한 두 번째 목표를 달성하는 것이 영화의 심리적 핵심이다. 자기중심적 이기주의자에서 이타적인 챔피언으로 변하는 영웅 캐릭터의 진전을 드러내기 때문이다.

〈셰인〉1953에서 안티히어로앨런 래드 셰인은 어두운 과거로부터 탈주하는 총잡이 방랑자이자 고독한 무법자로 출발한다. 그는 자기 보호와 새로운 출발의 가능성에만 관심이 있다. 그러나 개척농민 가족과의 관계가 가까워지면서, 셰인은 자기 자신보다 사악한 대목축업자에 대항해 투쟁하는 개척농민에게 점점 헌신하게 된다. 결말에서, 셰인은 새 출발의 기회를 희생하면서 악당을 처치한 뒤 개척농민을 돕는 인생의 길을 간다. 셰인의 이타적이고 용감한 행동은 이런 유형 캐릭터의 근원적 목표를 그려내는데, 그것은 오직 자신만 돌보는 이드 중심적 안티히어로로부터 발달하여, 다른 사람들을 위해 자신을 희생하는 진정한 영웅이 되는 것이다.

안티히어로 캐릭터를 만들 때, 그의 목표를 돈이나 특혜, 권력과 같은 물질적 보상보다 더 소중하게 연결시키는 것이 중요하다. 이런 안티히어로들은 일시적으로 흥미로워 보이지만, 동기부여가 일차원적이기 때문에 심리적 깊이를 보여주지 못할 수 있다. 캐릭터에 또 다른 이차원을 창출하여, 안티히어로의 본래 이기적인 목표가 자신을 구원할 욕망으로 대체되어야만 한다. 삼차원은 내적 갈등에서 비롯되는데, 안티히어로가 자신의 본성을 거스르고 방종 대신 희생을 선택해야만 구원받을 수 있다는 사실을 자각할 때, 캐릭터의 깊이가 더해진다.

추락한 영웅

당신은 캐릭터들의 이면에 놓인 동기부여에 대해 매우 명확하게 써낼 필요가 있다. 그것이 캐릭터 발달의 열쇠를 제공하고, 이야기 전체의 극적인 구조를 결정하기 때문이다. 만약 주인공이 누군가를 돕기 위해 법을 어긴다면, 그는 제시 제임스나 로빈후드처럼 이차원적 안티히어로다. 그런데 만약 주인공이 단지 자기 자신을 돕기 위해 법을 어긴다면, 그는 〈스코어〉2001와 〈더 헤이스트〉2001의 사기꾼 같은 일차원적인 안티히어로일 뿐이다. 그들의 동기부여는 너무 단순하기 때문에 이런 주인공들은 곧 잊혀진다. 이런 주인공들이 결말에서 승리할 때, 우리는 대세에 따라 그들이 문제를 해결했다는 즐거움에서 대리만족을 느끼지만, 캐릭터가 완전히 발달했다는 느낌은 받을 수 없다. 그는 사기꾼으로 시작해 사기꾼으로 끝난 셈이다. 그러나 악당의 음흉한 행위가 그 자신의 몰락으로 진행될 때, 승리하는 주인공의 극적 구조는 비극으로 변하게 되며 그 캐릭터는 어떤 결정적인 심리적 깊이를 획득하게 된다. 그는 단지 사기꾼이나 범죄자가 아니라, 추락한 영웅이기 때문이다.

추락한 영웅 이야기의 극적 수준은 그의 동기부여에 달려있다. 추락한 영웅은 어떤 방식으로든 더 나은 자신이 되기 원한다. 불행하게도, 추락한 영웅은 불가피하게 자신을 파괴로 인도하는 자기 구원을 향한 어두운 길을 택한다. 이야기 내부에서 비극은 추락한 영웅이 처한 상황의 **아이러니**로부터 그 모습을 드러낸다. 그를 종말로 치닫게 하는 것은 구원에 대한 욕망이다. 〈스카페이스〉1983에서, 토니알 파치노는 절도를 하고 살인을 저지르며 그의 방식대로 마약세계의 권력을 장악하기에 이른다. 그는 자신의 캐릭터가 구원받기 위해 너무나 많은 잔혹한 행위를 저지른다. 그러나 그의 마지막 몰락은 그가 암살할 남자의 무고한 아내와 아이들의 살해를 거부한 후에 다가온다. 아이러니하게도, 그의 모든 사악한 행위들에도 불구하고, 토니를 파괴한 것은 그의 한 가지 도덕적 행위다.

유사하게도 〈대부〉 3부작에서, 마이클 코르레오네알 파치노의 일차적 동기부여는 조직범죄로 물든 음흉한 삶으로부터 자신과 가족을 해방시키는 것이다. 그러나 가족의 이름을 합법화하려는 시도는 항상 그를 더 많은 살인과 더 불법적인 공모의 길로 이끈다. 몰락한 영웅의 비극적 아이러니는 관객의 연민과 동정심을 이끌어내고, 캐릭터에게는 엄청난 심리적 깊이를 부여한다. 추락한 영웅은 **파멸**한다. 늪에 빠진 사람처럼 헤쳐 나오려는 모든 시도가 그를 더 깊이 빠져들게 만드는 셈이다. 추락한 영웅 캐릭터를 써나가는 열쇠는 이러한 파멸과 두려움의 감각—캐릭터가 그 자신에 맞서는 필사적인 투쟁—속에 놓여있으며, 그이 진실한 욕망은 이전보나 나은 존재가 되는 것이다.

죄책감

백마 탄 백기사와 같은 고전적 영웅들은 일반적으로 잘 발달된 초자아를 지닌 채 출발한다. 이런 영웅들은 너무 많은 리비도보다는, 매우 커다란 죄책감으로 고통받는다. 초능력을 갖고 있음에도 불구하고, 〈슈퍼맨〉1978과 〈스파이더맨〉2002의 슈퍼히어로들은 그들 자신의 초자아에 맞설 때는 무방비 상태이며, 그들의 삶을 지배하는 것은 심각한 죄책감이다. 클락 켄트의 양아버지글렌 포드는 심장마비로 사망하고, 알 수 없는 일이지만 어린 클락제프 이스트은 그것을 자신의 탓으로 돌린다. 그는 아버지조차 구해낼 수 없었지만, 왜 자신이 그렇게 뛰어난 힘을 많이 갖고 있는지 이해하지 못한다. 이러한 죄책감은 클락을 이타적인 슈퍼히어로라는 새로운 정체성으로 인도한다. 이렇게 슈퍼맨크리스터퍼 리브은 자신을 구원하고 자신의 특별한 능력을 정당화하는 방식으로 등장한 것이다.

스파이더맨의 탄생은 죄책감을 보다 직접적으로 묘사한다. 첫 행위로, 피터 파커토비 맥과이어는 무적의 프로레슬러처럼 자신의 이익을 위해 슈퍼파워를 사용한다. 피터는 강도가 자신의 고용주를 털어 달아나는데도 그 범죄자를 막아서지 않는다. 그러나 강도가 계속해서 피터의 삼촌클리프 로버트슨까지 살해하자, 피터는 자신의 죄를 씻기 위해 스스로의 존재 가치를 증명해야만 한다고 믿게 된다. 스파이더맨이 된 피터는 이제 자신의 능력을 오직 선한 일에만 사용하며, 범죄와의 전쟁에 평생을 바친다.

죄책감은 흥미로운 캐릭터의 요소이며, 단지 슈퍼히어로가 아닌, 어떤 영웅에게도 강력한 동기부여다. 캐릭터의 죄책감은 실질적으로 정당화를 돕는다. 누구나 나쁜 짓을 한 적이 있으며, 우리는 모두 무언가에 죄책감을 느낀다. 바로 그런 이유로 관객은 영웅의 죄책감과 자신을 구원하려는 그의 욕망을 쉽게 동일시할 수 있다. 〈드럭스토어 카우보이〉1989에서 밥맷 딜런은 지독한 이기주의자다. 인생에서 사과라는 것을 모르고 사는 이 마약중독자는 다음에 투여할 마약이 어디서 오는지에만 관심이 있으며, 그것을 위해서라면 무엇이든 한다. 그러나 그의 마약 팀원인 무고한 젊은 여성, 네이든헤더 그레이엄이 그의 지나친 무감각에 대한 반작용으로 자살하게 되면서, 밥은 자신의 삶을 바꾸려는 동기부여를 하게 된다. 네이든을 파괴한 것에 대한 죄책감은 자신의 삶을 구원해야 한다는 영감을 준다. 밥은 슈퍼히어로로는 아니지만 새로운 대의에 대한 그의 헌신은 강렬하며 고무적이다.

죄, 죄책감, 구원에 관한 일차적이고 심리적인 주제는 커다란 공감을 얻는다. 관객은 본능적으로 이런 위기를 경험하는 캐릭터들과 동일시되지만 그것은 일시적인 공식이므로, 위기는 신중하게 구성되어야만 한다. 이런 구조의 핵심은 주인공의 아버지에 해당하는 인물예를 들어, 멘토나 롤모델이다. 〈드러그스토어 카우보이〉에서 밥의 삶에는 아버지와 같은 인물이 완전히 부재한다. 그러나 밥이 마약을 끊고 똑바로 살기로 결심한 후, 머피신부윌리엄 버로우가 화면에 등장한다. 머피신부는 마약을 끊으려고 했던 밥의 과거로부터 등장하는 나이가 지긋한 성직자다. 그는 밥이 변신하는 시기에 충분히 필요한 롤모델을 제공한다. 머피신부가 차지하는 부분은 아주 작지만 그의 존재는 밥의 캐릭터 퍼즐 맞추기에 꼭 필요한 조각이다. 즉 그것은 당신이 죄의식으로 고통받는 캐릭터를 써나갈 때, 당신이 호소할 필요가 있는 퍼즐조각 같은 것이다.

성 심 리 단 계

프로이트의 자아 발달 모델은 유아 성욕론에 관한 그의 믿음에 토대를 두고 있다. 태어나는 순간부터, 원초적 충동은 리비도 에너지로 발현되며, 이 에너지는 발달의 각 특정 단계마다 자극을 받는 신체의 성감대로 흐른다. 자아의 심리발달이 성적으로 충전된 충동의 만족에 직접 연결되었기 때문에 발달 단계들은 '성심리적'이다. 만약 성심리적 단계가 적절하게 해결되지 못했다면(너무 약하거나 너무 과잉 쾌락을 경험했을 경우처럼), 리비도 에너지는 바로 그 단계에 **고착**될 수 있으며, 결과적으로 개인의 성격적 특질과 행동양식의 일부가 되는 **신경증적 징후**를 야기할 수 있다. 프로이트의 성심리 단계에 관한 해박한 지식은 당신의 각본에 정서적 공명과 깊이를 더해주면서, 캐릭터와 플롯에 심리적 복합성과 성적 함축성의 새로운 결을 드러내도록 해줄 것이다.

구강기

프로이트의 첫 번째 성심리 단계는 유아기에 발생하는데, 아기들은 대부분의 자극을 입을 통해 수용한다. 아기들은 우유병이나 어머니의 젖가슴을 빨면서 허기를 만족시키며, 입으로 울고, 악 쓰고, 웃고, 옹알대고, 미소지으며 정서를 표현한다. 프로이트는 아기 돌보기, 즉 여성의 맨가슴과 그녀의 젖꼭지를 빠는 이런 경험은 **원초적인 성적 경험**이며, 그것이 유아 성욕론의 특징이라고 믿었다. 사랑, 쾌락, 그리고 원초적 만족에 대한 이 유아기의 경험은 훗날 성행위 중에 가슴과 유두가 다시 한 번 구강 자극의 초점이 될 때 재현된다. 유아기 동안, 구강 자극을 위한 원초적 욕망은 신체적, 정서적, 그리고 성적 차원의 기본적 욕구에 본질적으로 연결되어 있다. 구강기 성격 특성oral personality trait은 캐릭터의 행동으로 나타날 수 있는데, 캐릭터의 구강 고착oral fixation은 충족되지 못한 심리적이고 **정서적인 욕구**를 재현한다.

흡 연

흡연은 아마도 가장 명백한 구강 고착일 것이다. 담배를 빠는 것은 신체적, 정서적, 그리고 심리적 만족을 준다. 그것은 **신경증적 행위**로, 건강에 좋지 않고 신체적으로 중독성 있는 신경성 습관이다. 그럼에도 불구하고, 영화에서 흡연은 매우 자주 등장한다. 특히 옛날 영화에 많이 등장한다. 건강 문제와 관련하여 암에 대한 두려움으로 담배 판매가 줄어들기 전에 만들어진 고전적인 서부영화와 필름누아르에서, 캐릭터들은 늘 라이터를 켜고, 담배를 피우고 꺼낸다. 흡연의 유행 이면에는 여러 가지 이유가 있다. 첫째, 스크린에서 단순하면서도 멋지게 보이는 담배연기는 특히 흑백영화에서 더욱 두드러진다. 〈시민 케인〉1941의 명장면은 손짓하는 뉴스릴 편집자의 그림자가 잿빛 담배연기 아지랑이를 통해 보여지는 부분인데, 그것은 강한 정서적 충격을 준다. 그 장면은 단지 담배연기 속에 드러나는 자연스러운 어둠 때문에만 그런 것이 아니라, (작은 시사실에서 줄담배를 피우는 갱단원, 빠르게 말하는 뉴스맨과 함께 있는 분위기를 보여주는) 어두운 사실주의적 감각 때문이기도 하다.

담배를 피우는 영화 캐릭터가 매우 유행하는 두 번째 이유는 흡연 행위 자체가 스크린에서 멋져 보여서다. 당신은 대사를 쓰면서 여러 지점에 **극적인 휴식**dramatic pause을 끼어 넣고 싶을 것이다. 잠시 동안의 침묵은 관객의 귀에 그 이전 부분이 공명하도록 해준다. 극적인 휴식은 또한 다른 캐릭터에게 반응할 시간적 여유와 극적인 답을 적절하게 생각할 여유를 준다. 영화는 시각 매체이기 때문에, 배우에게 의미 있는 극적인 휴식을 써내기 어렵다. '(박자)'나 '(휴식)'처럼 괄호 안에 삽입어구를 단순히 더하는 것만으로는 충분치 않다. 캐릭터가 담배곽에서 담배 한 개비를 꺼내, 불을 붙이고 연기를 뿜는다, 라고 쓴 한 문장의 지시는 배우에게 보다 풍부한 행동을 하게 해준다(비록 이런 장치가 남용 될지라도). 케인의 집사가 '로즈버드'에 관한 질문을 받았을 때, 그는 담뱃불을 붙이려고 잠시 시간을 끈다. 극적인 휴식은 '로즈버드'라는 매우 중요한 단어를 충분히 인식하게끔 해주며, 그것은 또한 케인의 집사가 담뱃불

극적인 휴식: 〈시민 케인〉의 집사(폴 스튜어트)는 '로즈버드'에 관한 질문에 답하기에 앞서 담배에 불을 붙인다.

을 붙이면서 뭔가 불길하게 수상한 표현을 꾸며내게끔 한다.

마지막으로, 흡연은 캐릭터를 멋있게 보이도록 만든다. 흡연은 캐릭터가 손과 입으로 뭔가를 하게 하며, 캐릭터 주위의 빛을 어둡게 해주는 자연스러운 안개를 피우면서, 순간적으로 음울한 연기 뒤의 베일에 쌓인 것처럼 캐릭터를 신비한 모습으로 만들어준다. 그러나 가장 중요한 것은, 흡연이 **내적 갈등**의 느낌, 즉 그 캐릭터가 어떤 내적 혼란을 가라앉히려는 느낌을 전해준다는 점이다. 〈카사블랑카〉[1940]에서 릭험프리 보가트은 가슴 아픈 기억 혹은 그런 생각과 마주할 때마다, 예외없이 담배에 불을 붙이는데, 마치 그 모습이 연기로 두른 장막을 거쳐 먼 곳을 응시하는 냉정한 영웅처럼 보인다. 내적 갈등의 상징으로서 흡연의 용도는 사라지지 않았다. 실제로, 그 효과는 더 클 수도 있는데, 이제 관객은 흡연이 건강에 좋지 않다는 것을 알고 있기 때문이다. 단지 심각하게 갈등하는 캐릭터만이 궐련^{cancer-stick}에 불을 붙이고 탐욕스럽게 피워댈 것이다. 한 모금 한 모금이 자신을 조금씩 죽이듯 말이다.

구 강 유 형

흡연, 음주, 과식은 **구강 고착**의 대단히 명백한 징후다. 그러나 마약 사용, 색골기질, 난잡한 성행위, 도박, 그밖에 다른 모든 중독 행위들 또한 구강기와 연결되는데, 그런 행위들은 외부의 자극을 탐색하고 마음껏 누리면서 만족하는 내적 욕구의 행동 양식을 반영한다. 이를테면, 〈잃어버린 주말〉1945은 알코올중독을 극복하려는 남성에 관한 고전영화다. 중독에 저항하는 투쟁은 많은 명작들에서도 그려지고 있다. 그러나 구강 유형의 중독 문제가 영화의 원초적 쟁점이 아닌 경우도 상당수 있다. 그보다는 중독 문제가 캐릭터의 미세한 특성이나 매너리즘으로 묘사되기도 한다. 〈좋은 친구들〉1990에 등장하는 매우 비대한 마피아 보스인 폴리폴 소비노, 〈스타워즈 에피소드 6_ 제다이의 귀환〉1983의 자바 헛과 〈캡틴 키드〉1945의 제복이자 주인공찰스 랭턴도 그런 경우에 속한다. 이런 캐릭터들에게 있어서 비대함은 그들의 지나친 탐욕을 상징한다. 그것은 무엇이든 소유하려는 정서적 욕구에 대한 상징이다. 당신이 각본을 쓸 때, 캐릭터들에게 구강적 행위를 덧붙이고 싶다면, 캐릭터들의 성격에 본능적이고 시각적인 요소를 제공해야 한다.

아기와 어머니 사이 수유관계의 특성은 이어지는 발달 단계인 구강기, 즉 아기에게 치아가 나기 시작하는 시기에 변한다. 수유는 어머니에게 고통스러운 경험이 될 수 있고, 아기도 어머니를 육체적으로 아프게 하는 힘을 갖고 있다는 점을 인식하면서 그렇게 될 수 있다. 아기가 새로 발견한 고통을 가하는 힘은 수유의 성심리적 경험에 스며든다. 정신분석학적 문학론에서, **구강 가학증**oral sadism은 구강기에서 해결되지 못한 문제로부터 기인하는 캐릭터의 성격과 연결되는데, 그것은 다른 고통을 야기하는 변태적 욕망으로 표현되기도 한다. 뱀파이어와 늑대인간 같은 악당 괴물을 통해 직접적으로 드러나는 구강가학자는 여성 희생자를 이빨로 찢어내 죽이고 고문한다. 〈노스페라투〉1922에서, 가슴을 통해 재현되는 뱀파이어막스 쉬렉와 그의 희생자그레타 쉬레더사이의 연결은 구강기 아기/어머니 관계를 재정리한 셈이다. 뱀파이어는 살아가기 위해 처녀의 피를 빨아먹어야만 하는데, 그것은 마치 아기가 어머니 가슴에서 나오는 모유를 빨아먹어야만 하는 것과 같다. 악당 괴물의 인간격인 연쇄살인범은 관객에게 유사한 공포 반응을 이끌어낸다. 관객은 자신의 리비도를 만족시키기 위해 죽이고 고문을 가하는 악당의 변태적 속성에 두려움을 느낀다.

구강 고착은 모든 악당들의 본질적 문제(다른 사람을 보살피는 데에 있어서의 무능력함)를 **이기심**, **탐욕**, 그리고 **잔혹함**을 통해 드러냄으로써 하나의 전형적인 예를 보여준다. 자바 헛과 캡튼 키드 같은 악당들은 분명 구강 고착증을 갖고 있는데, 그런 장치는 다른 방식으로도 효과적으로 드러날 수 있다. 〈블루 벨벳〉1986에서 프랭크 부스데니스 호퍼는 아산화질소 마스크mask를 게걸스럽게 빨아들일 때 가장 무섭고 가장 악마적이다. 프랭크의 질소 사용은 보기만 해도 불안하고, 그런 캐릭터는 정신이 나간 변태라는 단서를 관객에게 준다. 당신이 악당 캐릭터들에게 구강 고착을 부여할 경우, 일반적으로 사악하거나, 가학적이거나 혹은 변태적인 성격을 보여줘야할 것이다. 그러나 당신 주인공의 구강 고착은 일반적으로 주인공이 극복해야만 하는 내면의 악마나 성격적 결함을 제시하기도 한다.

〈리오 브라보〉1959와 〈엘도라도〉1967와 같은 서부영화의 조역 캐릭터는 악당에 대항하는 총격전에서 주인공을 돕기 위해 자신의 알코올중독을 극복해야만 하는 술꾼으로 종종 등장하기도 한다. 영웅적 캐릭터들은 목표를 달성하기 위해 늘 장애에 직면해야만 한다. 중독의 극복은 영화 속 영웅들에게는 여전히 강력한 내부 장애로 종종 사용된다. 모든 인물은 구강적 욕망을 극복하는 주제와 동일시할 수 있기 때문에 그런 장치에 연결되는데, 주체할 수 없는 알코올중독, 혹은 저칼로리 다이어트 같은 경우가 그렇다. 장애물은 영웅 공식의 핵심으로, 책에서 다루게 될 캐릭터의 요소이기도 하다. 따라서 주인공에게 구강 고착을 부여한다는 것은, 관객 모두 연결되었다고 느낄 만한 약점을 주인공에게 스며들게 해서 그를 인간적으로 보이게끔 만드는 방법이다.

항문기

프로이트의 두 번째 성심리 발달 단계는 걸음마하는 아이의 화장실 훈련 완수를 중심으로 돌아간다. 인생에서 처음으로 길음마를 하게 된 아이는 배설 욕구를 느낄 때마다 대소변의 충동을 통제하는 법을 배워야만 한다. 이와 같이, 화장실 훈련은 발달하는 자아의 첫 신경증적 갈등을 재현한다. 걸음마하는 아이는 부모의 바람과는 달리, 즉각적으로 배출하고픈 이드의 욕망을 억압해야만 한다. 부모가 그런 욕망을 참고 용변기에 배설할 때까지 참으라고 고집하기 때문이다. 화장실 훈련을 놓고 부모와 걸음마하는 아이 사이에서 벌어지는 힘의 투쟁은 일차적인 투쟁이기 때문에, 이 단계의 해결은 아이와 부모관계, 그리고 발달하는 자아가 앞으로 신경증적 갈등을 다루는 방법을 배우는 방식 모두에 영향을 끼친다. 항문기의 성격 유형은 **항문적 보유**

형Anal Retentive과 **항문적 배설형**Anal Expulsive 두 가지가 있는데, 이것은 두 번째 성
심리 단계에 해당하는 항문고착의 지속적인 유산이다.

코미디의 기본적 설정은 **코믹한 한 쌍**comic dyad으로, 대립적인 두 가지 유형
의 캐릭터가 만들어내는 한 쌍을 말한다. **조연 역할**은 항문적 보유형이다. 그
는 통제와 제한을 욕망하는데, 억압을 당할지라도 용변을 참으면서 화장실
훈련과 갈등을 벌이는 항문적 보유형 아이와 같은 처지다. 이렇게 통제를 당
하는 조연은, 애보트와 코스텔로 한 쌍에 나오는 애보트 같은 인물, 혹은 〈별
난 커플〉1968에 나오는 펠릭스잭 레몬처럼 강박적으로 말끔하고 신경증적인 인
물, 혹은 로렐과 하디 한 쌍에 나오는 올리버 하디처럼 항상 화내고 좌절된
인물일 수 있다. 코믹한 한 쌍의 유머는 항문적 보유형 조역과 그의 엉뚱한
대상인 항문적 배설형 **멍청이** 사이에서 벌어지는 지속적인 갈등으로부터 나
온다. 항문적 보유형인 걸음마 아이가 용변으로 문젯거리를 만들어배변 흘리기
화장실 갈등을 불러일으키는 것처럼, 항문적 보유형 멍청이는 일을 망치고
웃음거리를 만들어무능력 갈등을 부추긴다.

TV 쇼 〈길리건스 아일랜드*Gilligan's Island〉에 나오는 길리건밥 덴버은 최악의
항문적 배설형 멍청이다. 모든 에피소드에서, 길리건의 무능함은 구조될 수
있는 조난자의 기회를 늘 망쳐버린다. 그의 멍청한 짓은 반복되는 선행조건
으로, 상처를 많이 받은 조역 스키퍼앨런 해일 주니어로부터 불만스러운 반응을
우스꽝스럽게 이끌어낸다. 〈별난 커플〉에서 펠릭스의 강박적인 깔끔함과 오
스카월터 매튜의 역겨운 더러움은 보유형 - 배설형retentive - expulsive에 해당하는 코

---

* 1960년대 미국의 TV 쇼. 엄청난 폭풍으로 미지의 섬에 좌초된 일곱 명 남녀의 에피소드를 다루
  었다._편주

믹한 한 쌍을 특별히 명확한 묘사로 보여준다. 코믹한 한 쌍을 구성하는 캐릭터들이 당신의 각본에서 중심적인 주인공이든, 단지 희극적 기분전환용이든, 결국 이런 코미디 장치는 동일하다. 그들이 이드 에너지를 쏟아내는 정반대 작동방식 때문에 두 캐릭터 유형은 서로 방해하는 것이다. 이런 **보유와 해방 사이의 갈등**은 관객에게 재미를 선사한다. 왜냐하면 그것은 신경질적 갈등의 보편적인 불안을 이용한 것이고 화장실 훈련을 했던 아주 어린 시절의 첫 경험이었기 때문이다.

내적 갈등

당신의 각본에서 캐릭터가 육체적으로 야수로 변하지 않는 한예를 들어, 뱀파이어, 늑대인간 혹은 지킬박사/하이드 씨 같은 캐릭터, 자신의 내면적 야수나 리비도와 벌이는 개인적 투쟁의 주제는 보다 섬세한 형태로 묘사되어야만 한다. 대부분 영화에서, 주인공 성격이(선을 위해서든 악을 위해서든) 뚜렷한 방식으로 변하는 지점이 존재한다. 변화는 주인공이 극복해야민 하는 외부 상애와 연결될 가능성이 있다. 혹은, 늘 스스로를 통제하고 억눌러왔던 인물이 돌연 폭발적으로 돌변하여 그동안 억입해 온 리비도의 충동을 거침없이 분출하고 야생적으로 행동하게 되는 일종의 각성의 순간으로 그려질 수도 있다. 이런 절제와 해방 사이의 내적 갈등은 긴장과 서스펜스를 만들어내는 데 매우 효과적이다. 왜냐하면 관객이 주인공의 심리에서 갈수록 높아지는 이드 에너지의 압박을 감지하고, 절제의 댐이 터지기를 신나게 기다리기 때문이다.

샘 페킨파의 〈어둠의 표적〉1971에서 데이비드 섬너더스틴 호프만는 아이러니하게 도시의 폭력을 피하기 위해 영국의 시골로 이사를 간다. 그러나 동네 불량

배 패거리가 데이비드와 그의 아내를 갈수록 더 불쾌하고 거칠게 괴롭힌다. 데이비드는 영화의 절정까지 그들의 괴롭힘에 대하여 감정을 통제하고 절제하지만 불량배들이 선을 넘자 극단적인 각성을 하게 되고, 결국 걷잡을 수 없는 복수의 광기를 폭발시킨다.

내면의 야수를 해방시키는 것이 곧 캐릭터의 각성이 되는 예는 뽀빠이 만화 영화에서도 전형적으로 드러난다. 각 에피소드에서 뽀빠이는 야만적인 부루투스에게 학대당하면서도, "나는 더 이상 참을 수 없어!"라고 느끼는 순간까지 견딘다. 그는 마치 지킬박사의 약물 같은 시금치를 먹으며, 억압된 이드를 폭력의 광분 속에 배출시킨다. 당신이 캐릭터를 변화시키거나 발달시키는 부분을 쓸 때, 타락하거나 직관적 통찰을 하는 것과 같은 변화는 보유와 배설리비도 에너지의 절제와 해방 사이의 본질적인 상호작용이란 점을 기억하라. 다른 한쪽의 힘이 100분간 진행되면서 또 다른 한쪽의 힘이 절정에 이를 수 있다.

열 정 대 절 제

〈아메리칸 뷰티〉[1999]에서, 레스터케빈 스페이시의 억눌리고 좌절된 성격은 매우 강한 마리화나를 피우기 시작한 후 극단적으로 변한다. 지킬박사의 물약처럼 레스터의 약은 그의 리비도적 본능을 해방시키고, 과거 절제되었던 그의 캐릭터를 거칠고 난폭하게 드러나게 만든다. 〈순수의 시대〉[1993]에서, 두 주인공 캐릭터들은 격정적으로 욕망하는 사랑의 행위를 스스로 억압하며 영화 진행시간의 대부분을 보낸다. 둘은 같이 있을 때, 본능적인 해방감을 느끼면서 엄청난 성적 긴장감을 마침내 해소시킨다. 열정의 해방과 금욕적 억압 사이의 긴장은 모든 로맨스 이야기의 중심 장치다. 로맨스 이야기를 쓸 때, 자제할 것을 명심하라, 너무 많이, 너무 빨리 처리하지 말아야 한다. 관객은 욕망, 열정, 그리고 로맨스의 간접적 긴장감을 느끼고 싶어 한다. 이런 긴장감은 오랫동안 허기진 후에 먹으면 더 맛있는 음식처럼, 어느 정도 기다려야만 할 때 더욱 짜릿함을 선사한다.

저 항 대 복 종

우리 모두의 내면에는 저항이 있다. 인생의 각자 다른 시기에, 우리 모두는 집, 학교, 직장에서 마주한 독재자 같은 막강한 권력자에게 저항하고 싶었던 때가 있다. 저항적인 캐릭터는 어떤 영화에서든 볼 수 있는 인물이며, 관객은 즉각적으로 그 캐릭터에 동일시된다. 저항 공식은 **부당함**injustice과 함께 시작된다. 〈무법자 제시 제임스〉1939에서, 사악한 역무원은 가난한 농부들을 그들의 땅에서 쫓아내려고 협잡과 무자비한 폭력을 사용한다. 〈브레이브하트〉1995와 〈패트리어트〉2000에서, 사악한 영국 제국주의자는 스코틀랜드인과 미국 식민지 사람들을 학대하고, 잔인하게 대하면서 멸시한다. 〈스파르타쿠스〉1960에서, 잔혹한 로마인 노예 주인은 스파르타쿠스커크 더글러스와 그의 친구인 검투사 노예를 억압하고 혹사시킨다. 〈바운티호의 반란〉1939에서 블라이 선장찰스 로튼은 선원들에게 가학적이면서 사악한 존재다.

막강한 권력자의 몹쓸 짓이 누적되고 극도로 사악해지면서 긴장이 발생한다. 막강한 권력자가 결국 너무 멀리 나가고 너무 악랄한 짓을 행하면서, 주인공은 자신의 명예를 지키기 위해 저항해야만 한다. 낙타의 등을 부러뜨리는 마지막 지푸라기는 늘 매우 사적이면서 비극적인 손실을 드러낸다. 〈무법자 제시 제임스〉에서 역무원헨리 폰다은 제시의 어머니를 죽인다. 〈브레이브하트〉에서는 영국 군인들이 윌리엄멜 깁슨의 아내를 강간하고 죽이며, 〈패트리어트〉의 영국 군인들은 벤자민멜 깁슨의 아들을 죽인다. 블라이 선장이 혹독한 형벌로 무고한 선원을 가련한 죽음에 이르게 하자, 플래처 크리스티안클락 게이블은 결국 반란을 일으킨다. 당신의 주인공이 좀 더 오랫동안 복종적이면서 비폭력적일수록, 당신은 플롯에 더 많은 긴장감을 불어넣을 수 있을 것이다. 긴장감은 영화를 더욱 매력적으로 만드는데, 긴장감이 마침내 이완되고 평화롭던 복종이 폭력적 저항으로 변할 때, 흥분은 커진다.

남근기

프로이트의 세 번째 성심리 단계에서, 어린 소년이 자기 자극의 즐거운 경험을 발견하면서, 리비도 에너지는 남근 쪽으로 방향을 잡는다. 다시 한 번, 발달하는 자아는 부모가 요구하는 사회적 규범에 순응하기 위해 즉각적인 희열을 주는 욕망의 억제를 배워야만 한다. 소년의 리비도 에너지는 어머니에 대한 근친상간적 열망에 기인하며, 그 에너지는 남근적 자기 자극에 대항하는 부모의 금지에 의해 더욱 제한된다. 어린 소년은 리비도를 억압하는 것을 배우면서, **남근적 상징들**Phallic symbols에 집착하게 되고, 그런 상징들은 소년의 **억압된 섹슈얼리티**의 발산물을 제공한다. 남근적 상징들이 일반적으로 폭력적인 것은 당연하다. 왜냐하면 아버지에 대한 소년의 억압된 공격성의 통로로 작동하기 때문이다. 따라서 어린 소년은 어디에서나 총, 칼, 검, 대포, 로켓, 방망이, 곤봉, 그리고 다른 종류의 파괴적인 남근 도구들 따위에 몰입한다. 왜 일반적인 아이들의 만화가 총, 총알, 다이나마이트 뭉치, 공격성을 보여주는 매우 폭력적인 형태로 채워지는지 궁금해본 적이 있는가? 프로이트는 어린 아이들특히 소년들이 이러한 상징과 주제에 집착하는 것은, 어머니에 대한 성적 욕망과 아버지에 대한 공격적인 충동을 파괴적인 남근 이미지로 전환하고 있기 때문이라고 말할 것이다.

아이들을 대상으로 한 TV쇼들과 영화들이 매우 폭력적인 경향을 보여주는 것은 역설적이다. 〈쥬라기공원〉1993과 〈스파이 키드〉2001와 같은 블록버스터 '가족영화'들은 죽음과 파괴에 관한 끔찍한 이미지와 싸움 장면들로 포장되었다. 그런 점을 우려하는 부모들, 자녀 보호론자들, 그리고 검열 측의 불평에도 불구하고, 자녀 관객을 위해 만들어진 영화는 매우 폭력적인 경향을 지속하는데, 왜냐하면 단순히 자녀들특히 소년들이 원하기 때문이다. 그러나 이런 주제들은 단지 아이들 영화로만 국한된 것은 아니다. 서부영화, 갱스터영화, 경찰영화, 전쟁영화들에서는 모두 남근적 상징들그들의 총들을 매우 뛰어난 능력으로 민첩하게 다루는 영웅과 악당을 보여준다. 이런 영화들에서, 총은 캐릭터의 힘과 남성성을 보여주는 시각적 대리물이다. 셰인앨런 래드과 같은 서부영화 총잡이와 거친 경찰인 더티 해리클린트 이스트우드의 남자다움은 그들이 가진 총 길이와 총 쏘는 기술로 가늠된다.

정체성의 상징으로서 무기

영웅의 무기와 영웅의 정체성 사이에는 밀접한 심리적 연결이 있다. 〈스타워즈〉 오리지널 3부작의 영웅인 루크의 정체성은 자신이 사용하는 광검에 숙달되는 것과 직접적으로 연관된다. 광검은 명백한 남근적 상징이란 점 외에도, 제다이의 기사가 되려는 루크의 궁극적 목표를 제시한다. 그것은 또한 아버지와의 관계에 대한 상징이며, 루크의 광검이 한때 다스베이다에 속해 있었던 것과 같다. '스타워즈 영화들'의 각 작품들, 〈보이지 않는 위험〉 1999과 〈클론의 습격〉2002처럼 그 후 등장하는 에피소드 작품들을 포함하여, 모든 작품은 광검 결투에서 막판의 절정을 보여주는데, 그것은 마치 대부분의 서부영화가 거대한 총격전에서 절정을 이루는 것과 같다. 영웅은 무기와의 관계에서 자신의 정체성과 매우 긴밀하게 연결되기 때문에, 당신은 각본의 절정에서 무기가 의미심장한 역할을 해내길 원할 수도 있다. 〈제다이의 귀환〉1983에서, 절정에 속하는 루크와 베이다의 결투는 이중적으로 의미심장하다. 그것은 두 편의 영화에 걸쳐 루크가 자신의 광검에 숙달되는 훈련을 해왔기 때문이며, 또한 루크가 아버지의 무기를 바로 아버지에 대항하여 사용하기 때문이다.

아서왕 전설영화 〈스타워즈〉 시리즈에 영감을 준 전설은 영웅의 무기와 그의 정체성 사이의 연결에 관한 훌륭한 예를 보여준다. 〈엑스칼리버〉1981 1막에서, 영웅적 왕으로서 아서나이젤 테리의 정체성은 돌에서 신비한 검을 빼내는 능력으로 정의된다. 2막에서, 엑스칼리버를 잃어버린 아서는 모든 것을 잃어버린 것처럼 보인다. 그러나 3막에 이르러, 그는 엑스칼리버와 재결합하게 되어, 자신의 군대를 마지막 승리로 이끌 수 있다. 남근적 상징은 순수하게 표상적 차원에서 존재하기 때문에, 당신이 영웅의 무기로 구조화하는데 사용하는 기술을 각본에서 지나치게 두드러지게 드러낼 필요는 없다. 그 상징성은 영웅 캐릭터의 심리적 깊이, 그 자체를 드러내야만 한다. 실제로 무기나 남근적 상징은 영웅에게 그 자신의 탐색을 보조하는 어떤 물질적 도움이다. '무기'는 영웅의 차, 보트, 비행기, 컴퓨터 등등… 그 어떤 것도 될 수 있다. 영웅의 무기에 보다 주의를 기울임으로써, 당신은 그의 정체성에 전체적으로 새로운 차원을 더할 수 있다.

남 근 선 망

프로이트에 따르면, 어린 소녀는 자신에게 음경이 없다는 사실을 알게 되면서 '남근 선망'을 갖게 된다. 선망의 감정은 성적인 성숙기, 즉 여성이 성행위중 그녀의 몸에 음경이 결합할 수(적어도 일시적으로라도) 있을 때까지 지속된다. 결국 남자 아이를 낳고 싶은 욕망으로 변형되는 남근 선망은 그녀가 무의식적으로 욕망하는 육체적 존재와 함께하며, 그런 존재를 창조하고픈 깊은 심리적 욕구이기도 하다. 당연히 프로이트 이론의 이런 요소는 여성 독자들에게 인정받지 못했다. 그들에게 남근 선망이란 개념은 사실무근이며, 진실도 아니며, 주제 넘게 역겨운 것이었다. 그럼에도 불구하고, 페미니스트 수정론자들은 프로이트의 독자적인 이론을 재해석했으며, 그것을 여성 심리의 핵심적 부분으로 수용하기도 했다. 수정론자들의 해석에 따르면, 소녀는 실제적 남근을 선망하는 것이 아니라, 소년은 음경을 갖고 있고 소녀는 그렇지 않다는 자연스러운 사실에 따라, 소년에게는 부여되지만 소녀에게는 거부되는 사회적 지위와 **권한 위임**을 선망한다. 역사상 여성은 이등 시민으로 간주되었고, 남성지배사회에서 종속된 존재로 강요되어 왔다. 평등과 사회적 권한 위임의 권리는 남성독재사회가 내리는 징벌에 대한 두려움에 기인하며, 늘 억압되어온 전 세계 여성의 욕망이다. 베일 뒤로 얼굴을 감추도록 상요받는 많은 국가들의 여성들처럼, 여성은 또한 자유와 평등에 관한 자신의 욕망을 현실에 안주하는 마스크 뒤로 가리도록 강요받아 왔다.

남근 선망 주제는 슬래셔영화에서 문자 그대로 가장 많이 묘사되는데, 그런 영화들에서 소녀는 남성 싸이코패스와 그의 끔찍한 남근 상징에 의해 쫓긴다. 슬래셔의 **칼**은 모양 때문에만 그런 것이 아니라, 그 기능 때문에 남근적이다(여성의 몸에 칼이 들어가는). 가장 중요한 것은, 칼이란 문명의 여명에서부터 여성을 지배하려고 남성이 사용해 온 힘, 즉 남성적 힘과 폭력을 재현한다는 점이다. 이러한 영화에서 여주인공은 남성 정복자를 무너뜨리려는 목

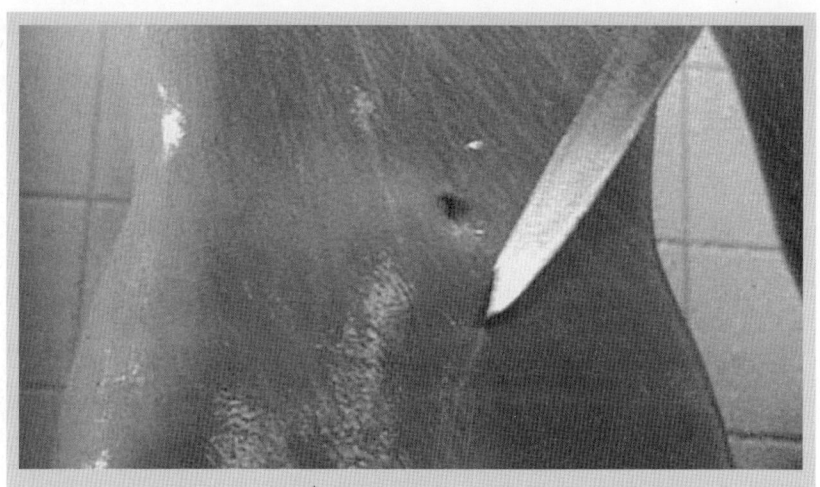

남근 선망으로서의 칼: 재닛 리가 출연한 영화 〈싸이코〉1960의 악명 높은 '샤워실' 장면

표를 갖는다. 일반적으로, 여주인공은 놀랍게도 우월한 지적능력을 활용해 악당을 무장해제시켜 잡아냄으로써 이러한 위업을 달성한다. 그런 순간, 여주인공은 자신을 무장하는데, 일반적으로 그녀는 칼로 무장하고 슬래셔를 죽인다. 비유적 차원에서, 남근 선망은 남성에 대한 여주인공의 공포로 재현된다. 남근 선망은 여성이 자신의 남근적 상징을 획득할 때 해결되는데, 이는 칼과 그것을 사용하는 그녀의 결정으로 재현된다.

여성의 권한 위임은 **걸 파워** 영화의 중심 주제다. 〈툼 레이더〉2001, 〈미녀 삼총사〉2000, 〈뱀파이어 해결사〉1992 같은 영화에서, 여성은 전통적으로 정복하는 영웅의 위치에 선 남성 역으로 출연한다. 일차원적인 캐릭터와 성적 매력을 풍기는 외형에도 불구하고, "당신이 할 수 있는 어떤 것이든 내가 더 잘할 수 있다"라는 여성 영웅의 신조는 여성도 남성만큼 유능하다는 개념을 진전시킨다. 이와 같은 주제는 〈워킹걸〉1988과 〈에린 브로코비치〉2000 같은 영

　　　　　　　　　　　　　　　　　　CHAPTER 1 _ 지그문트 프로이트

화에서 보다 미묘한 방식으로 표현되는데, 여기에서 여성은 전통적으로 남성의 영역이던 사업과 소송 분야에서 정복자가 되어 남성과 동등한 힘과 능력을 펼쳐 보인다. 〈지.아이.제인〉¹⁹⁹⁷에서 오닐데미 무어은 남성이 주도하는 네이비 씰에 들어갈 방도를 찾는다. 유일한 여성 후보생인 그녀는 수많은 모욕과 부상을 당하며 고통을 겪는데, 대부분 가학적인 선임 교관비고 모텐슨의 손에 의해 저질러진 일이다. 절정에 이르는 투쟁 장면에서, 그녀가 그 선임 교관을 멋지게 이겨내기 직전, 그녀는 그에게 이렇게 말한다. "내 좆을 빨아! Suck my dick!". 오닐의 남근 선망은 신체적 폭력의 숙련으로 극복되었으며, 그녀 자신의 강력한 남근적 상징의 소유로 표현되었다. 실제로 그녀는 이제 '남근'을 가졌다.

매우 광범위하게 해석하면, 남근 선망의 주제는 강력한 여성 지도자 역이 등장하는 영화에서는 거의 늘 다뤄진다. 여성 영웅의 목표가 무엇이든, 적어도 장면 하나 정도는 건장한 마초^{macho}가 나와 그녀를 꾸짖으며 남성 세계에서 성공하려는 여성의 생각을 비웃는 상황이 전개된다. 이런 장치는 피곤하고 진부하지만, 그래도 여전히 많은 관객이 공감한다. 민약 당신이 여성 시노자가 나오는 각본을 쓴다면, 당신의 도전이 반드시 남근 선망을 피할 필요는 없다. 그러나 그녀를 진부한 상투성으로 축약하기보다, 캐릭터의 복합성을 확대하면서 이런 본질적인 여성 갈등을 표현하는 새롭고 흥미로운 방법을 찾아보라.

생식기 단계

리비도적 욕망이 성공적으로 억압되고 승화된 '잠재기'를 거친 후, 발달의 마지막 단계에서 성심리 갈등은 맹렬하게 재출현한다. 사춘기에 성호르몬은 성적 성숙의 초기를 예고하며, 충분히 발달된 성 충동이 깨어난다. 이제 어린 청소년은 오이디푸스 콤플렉스를 해결했으며, 성적 욕망은 이성 부모로부터 안전하게 벗어나 다른 사랑의 대상 쪽으로 향하게 된다. 이 단계의 해결은 어린 시절 어머니만큼 많은 사랑과 친밀함을 제공하는 동시에 만족스럽고 수용적인 성적 파트너가 되는 낭만적인 연인 탐색을 포함한다. 그렇지만 첫사랑은 여전히 **오이디푸스적 어두운 풍랑**에 휘말려들 기미가 있을 것이다. 청소년기의 열병같은 사랑은 흔히 교사나 상담자처럼 연상의 대상, 즉 청소년의 삶에서 부모 역할을 하는 쪽으로 방향을 잡는다. 성인 아버지나 어머니에 대한 청소년의 강렬한 사랑은 오이디푸스적 욕망으로의 퇴행을 재현하며, 심리적으로 성숙한 애정관계로 가는 십대의 발달을 방해한다.

인기 있는 **십대 요부**teen temptress 장르는 섹시한 십대 소녀가 아버지처럼 나이든 남자에게 반하게 되면서 솟아오르는 성적 긴장을 연출해낸다. 알리시아 실버스톤이 출연하는 〈크러쉬〉1993와 드류 베리모어가 출연하는 〈야성녀 아이비〉1992와 같은 영화들은 위험과 긴장의 원천으로서 어린 소녀와 나이든 남성 사이의 성적 매혹을 활용한다. 소녀는 성적 완숙함에 도달했으며 신체적 차원에서 강력하게 다가온다. 그러나 심리적으로, 그녀는 여전히 어린 아이이며 위험한 집착과 비이성적인 경향이 있다. 나이든 남성은 소녀에 대한 육체적 욕망과 그런 욕망이 부도덕하고 불법적이며, 사회적으로도 용납되지 않는다는 인식 사이에서 분열된다. 아버지에 해당하는 인물이 일반적으로 도덕적 갈등에서 좋은 사람 역을 맡는 반면, 문제아인 십대는 보통 '나쁜 여성'으로 묘사된다. 즉 십대 여성은 자신의 **엘렉트라 콤플렉스**를 전혀 해결하지 못한 아이로, 섹시한 몸을 가졌지만 아직 불안정한 소녀인 셈이다.

아버지 같은 인물의 초자아가 마침내 통제력을 발휘하여, 유혹녀를 거부하도록 자신을 몰아갈 때, 그녀의 열정적인 사랑은 그에 못지않게 격렬한 분노'경멸당한 여성의 분노'로 변모한다. 십대 유혹녀는 자신의 행위로 인해 결국 처벌받는데, 그것은 엘렉트라 콤플렉스를 제대로 해결하지 못해서 당하는 피할 수 없는 응징이다. 십대 유혹녀 인물은 정서, 갈등, 심리적 복잡함으로 가득 차 있음에도 불구하고, 영화 속 역할은 앞서 설명한 보다 단순한 내러티브 공식에서 좀처럼 벗어나지 못한다. 〈로리타〉1962를 만든 스탠리 큐브릭과 〈스위밍 풀〉2003을 만든 프랑소와 오종 같은 뛰어난 감독들은 십대 유혹녀를 보다 복잡 미묘하고 흥미로운 방식으로 묘사하기도 한다. 시나리오 작가들은 이런 캐릭터 속에 개발되지 않는 잠재력을 인식해야만 할 것이다. 십대 유혹녀들은 섹스와 공격성, 이 두 방면에서 모두 원초적인 힘을 발휘하며, 그들이 유혹하는 남성 주인공들은 비극과 절망이라는 거대한 구덩이에 빠질 수 있다. 정형화된 십대 유혹녀 스릴러는 흔하지만, 독특하고 독창적인 작품은 매우 드물다.

십대 섹스영화

〈아메리칸 파이〉1999, 2001, 2003 영화들은 십대 섹스영화의 신선한 뉴웨이브 도약대로서 새로운 어떤 점들을 예고했다. 이런 영화들 속에서 캐릭터, 플롯, 그리고 유머가 80년대 〈포키스〉와 같은 섹스영화들, 그와 유사한 다른 영화 수십 편들로부터 엄청나게 벗어난 사실을 간파하기는 쉽지 않다. 남성 중심의 십대 섹스영화는 〈포키스〉의 피위댄 모나한와 〈아메리칸 파이〉의 짐제이슨 빅스처럼 신경증적이고, 불안정한 십대 남성에 중점을 두는데, 성심리 발달 단계의 청년기를 해결하기 위한 그들의 절망적인 투쟁은 자신의 총각딱지를 떼는 목표를 통해 재현된다. **총각 영웅**은 분명한 여정성적 정복의 길, 뚜렷한 목적섹스, 동맹군과 연대똑같이 성적으로 흥분한 친구들, 극복해야만 하는 내적 결함자신에 대한 절망, 그리고 위대한 보상성관계을 수행한다. 거기에는 심지어 도덕적 교훈도 포함하는데, 일반적으로 주인공은 사랑 없는 섹스는 공허한 경험이라는 것을 배운다.

주인공은 결말에서 아름다운 여자친구를 쟁취할 때, 어떤 십대 소년도 동의하는 방식으로 영웅 공식의 본질적인 모든 요소들을 실현한 것이다. 그리하여 똑같은(유사한 페니스 농담, 쓸데없는 알몸 노출, 싸구려 섹스 유머로 가득찬) 내러티브 공식은 새로운 세대의 십대 관객을 위해 십년마다 재생산되며, 캐릭터와 주제는 강력하게 그런 식으로 공명할 것이다. 청소년기의 기본적인 성심리적 주제, 즉 첫사랑과 섹스에 관한 발견과 배움은 모든 십대 세대에게 새롭게 경험되며, 따라서 똑같은 오래된 이야기들이라도 이런 도전들을 경험하는 것은 현재의 청소년들에게는 신선하고 고유한 것이다. 당신도 지금의 청소년들을 위해서라면 〈포키스〉나 〈아메리칸 파이〉같은 시나리오를 쓰게 될 것이다. 만약 그렇다면, 성공하려 애쓰는 흥분한 소년들을 다루는 또 다른 십대 섹스 코미디를 엉성하게 만드는 데에 공식을 남용하지 말고, 새롭고 흥미로운 통찰력을 발휘하여 사춘기의 섹슈얼리티 갈등을 포현하는데 사용해보라.

자아 방어기제

당신이 갖고 있는 컴퓨터의 하드 드라이브처럼, 무의식은 사용자인 당신이 다행히도 알지 못하는 지식과 기능이 작동하는 놀라울 정도로 복잡한 보고다. 무의식과 의식 정보처리 사이의 분열은 전적으로 필요한데, 왜냐하면 우리가 한 번에 하나씩, 매우 특별한 쟁점에 집중하지 않는다면, 우리의 삶을 생산적으로 이끌어 나갈 수 없기 때문이다. 이와 마찬가지로 컴퓨터가 수행하는 작업이 화면에 나오는 한 페이지에 집중하기보다, 화면 뒤에서 진행 중인 수백만 가지 데이터와 기능에 주의를 기울인다면, 이는 매우 비생산적일 것이다. 당신의 컴퓨터에서 바이러스가 늘 문제인 것처럼, 신경증적 갈등은 무의식에 늘 존재하는 문제다. 당신의 하드 드라이브에 있는 바이러스 탐색 소프트웨어처럼, 자아 방어기제는 정신을 지키는 침묵의 보호자이며, 신경증적 갈등을 끊임없이 경계하고 있다. 만약 해결되지 않은 무의식적 문제가 자아 방어기제의 장벽을 돌파하고 의식 위로 드러난다면, 그 문제는 끔찍한 바이러스가 당신 컴퓨터의 정상적인 기능을 집어삼키는 것과 같은 방식으로, 개인의 모든 관심을 지배하고 집어삼킨다.

방어기제는 여러 가지의 기발한 방식으로 리비도 에너지와 신경증적 갈등의 압박에서 해방되려는 자아를 '방어'한다. 리비도 에너지가 해방되거나 통제될 때, 죄책감은 줄어들고 신경증적 갈등에 의한 불안은 일시적으로 수그러든다. 이 개념에서 핵심어는 **일시적**이란 단어다. 방어기제는 신경증적 갈등을 제거하거나 해결하지 않은 채, 그저 문제를 가릴 뿐이다. 신경증적 갈등을 진정으로 해결할 수 있는 유일한 방법은 그것을 분석하고, 의식적으로 이해하고, 뿌리째 뽑아내는 것이다. 이런 분석과 달리, 자아 방어는 문젯거리들을 완전히 무의식에 저장하게 만들어, 정작 당사자인 자신은 그것들을 전혀 알지 못하게 된다.

당신이 주인공의 성품에 방어기제를 더하면, 그 캐릭터에게 심리적 깊이를 더하는 것이다. 주인공이 그것은 그런 뜻이 아니라고 말하면서, 자신이 처한 상황과 반대되는 행동을 할 때, 그는 무의식적으로 좀 더 복잡해진다. 궁금해진 관객은 이렇게 물어볼 것이다: "왜 그는 그런 식으로 행동했을까?" "왜 그는 그렇게 했단 말인가?" 이런 캐릭터들은 내적 갈등을 처리한 것인데, 독자가 미스터리 이야기에 빨려 들어가는 것과 같은 방식으로 관객도 이 캐릭터들이 자신의 딜레마에 빨려 들어간 것을 직관적으로 감지한다. 관객은 오랜 기간 동안 영화를 감상하면서 이런 뛰어난 통찰력을 배웠다. 관객은 스크린에서 고정된 캐릭터의 얼굴들을 못마땅하게 여겼고, 그런 주인공들을 끊임없이 분석해왔다. 또한 인물들의 동기부여에 감춰진 근거와 가면 쓴 태도의 표면 아래 놓인 심리적 갈등을 찾아내려는 분석을 해왔다.

의식하지 못하는 주인공

방어기제를 써나갈 때, 캐릭터 자신이 방어적 행위를 하는 것을 완전히 모르도록 만들어야 한다는 점이 핵심이다. **방어적임**defensiveness의 무의식적 요소는 긴장과 서스펜스를 증가시키는데, 영화 속 다른 캐릭터들과 객석의 관객은 자기 자신의 명백한 문제를 의식하지 못하는 주인공을 보면서 좌절감을 느낀다. 방어기제는 일반적으로 주인공에게 목표가 되며, 그가 극복해야만 할 **약점**이 되기도 한다. 방어기제는 보편적인 특성을 갖고 있기 때문에, 관객은 방어적인 주인공을 즉각적으로 알아챈다.

어떤 면에서, 영화감상 그 자체가 방어이기도 하다. 관객은 자신의 삶으로부터 빠져나와 자신의 문제와 갈등으로부터 도피해서, 스크린에 등장하는 캐릭터와 정서적으로 연결된다. 방어기제처럼, 좋은 영화를 본다는 것은 개인적 갈등과 불화로부터 일시적인 해방감을 제공해준다. 바로 그런 이유로, 방어기제처럼, 영화의 심리적 힘은 무의식 차원에서 일차적으로 느껴진다.

억압

억압은 즉각적으로 가장 단순하면서도 가장 세련된 방어기제다. 신경증적 갈등은 리비도 에너지가 죄책감으로 차단될 때 발생한다. 억압은 원초적 욕망을 붙잡아, 무의식 깊이 숨겨두는 방식으로 작동한다. 또한 원초적 충동을 감추면서, 리비도 에너지의 흐름을 몰아내고 갈등의 뿌리를 덮어버린다. 〈남아있는 나날〉1993에서, 충직한 영국 집사 스티븐스앤소니 홉킨스는 켄튼엠마 톰슨에 대한 욕정을 억압한다. 그는 자신의 욕망을 그럴듯하게 숨긴다. 그래서 관객은 그의 진실한 감정을 느낄 수 있지만, 스티븐스 자신이 켄튼에 대한 욕망을 인식하고 있는지 여부는 관객에게도 확실치 않다. 그러나 모든 방어와 마찬가지로, 억압은 단지 임시방편일 뿐이다. 욕망의 대상이 보일 때마다 리비도 에너지는 다시 한 번 솟아오르고, 그것은 또다시 억압되어야만 한다. 진정한 억압의 대가임에도 불구하고, 켄튼에 대한 스티븐스의 욕망은 결코 진정으로 사라지지 않는다. 영화 결말에서, 스티븐스와 켄튼은 수십 년간 헤어진 후 재회한다. 켄튼에 대한 그의 사랑은 여전히 남아있지만 그는 여전히 자신의 억압된 감정을 해방시키지 못하고, 그녀에 대한 사랑도 표현하지 못한다.

억압은 극도로 강력한 정서적 힘이 될 수 있다. 〈남아있는 나날〉의 몇몇 장면에서, 스티븐스와 켄튼 사이의 긴장감이 고조되면, 관객은 스크린을 향해 "그 여자에게 키스해, 당신은 바보 같애!"라고 외치고 싶다. 앤소니 홉킨스의 연기는 매우 공감을 불러일으키는데, 왜냐하면 그 자신이 억압의 희생양이 되는 비극적 인물이기 때문이다. 감정이 오랫동안 억압되었다가 마침내 해방될 때, **카타르시스**강력한 감정의 심리적 방출의 경험도 강력해진다. 〈어느 날 밤에 생긴 일〉1934과 같은 로맨스영화에서, 이런 해방감이 느껴지는데, 두 캐릭터가 마침내 서로의 욕정에 굴복하여 벌이는 열정의 순간은 오르가즘과 같은 경험이다.

영화감독 로버트 알트만은 〈고스포드 파크〉2001에서 억압의 심층적인 힘을 그려낸다. 영화적 배경은 〈남아있는 나날〉과 매우 유사한 분위기로 설정된다. 전통적인 영국 대저택에서 손님과 하인들은 모두 적당히 억압된 상태에 놓여 있는데, 특히 계급 차이와 그에 따른 예의범절 측면에서 그렇다. 하인들은 거들먹거리는 고귀한 주인의 눈에 띄지 않도록 드나들어야 한다. 영화의 처음 한 시간 동안 관객은 이러한 사회적 억압에 완전히 몰두하게 된다. 그리고 2막에서 말단 하녀에밀리 왓슨가 그녀의 주인을 향해 공개적으로 말할 때, 그녀의 무례함에 대한 관객의 반응은 마치 누군가의 머리를 날려버릴 듯 몰아치는 것처럼 강렬하다. 이 장면의 놀라운 공감대는 매우 충격적인 반응이 벌어지면서 일어나는데, 그것은 하녀가 단지 두서없이 의미심장한 말을 내뱉는 쇼트에서 발생한다. 그녀의 부적절한 행실이 초래한 소동 때문에, 그녀가 발설한 진짜 동기가 영주와의 비밀스러운 불륜이었다는 더 미묘한 사실이 가려지고 말았다.

당신의 각본에서 억압된 캐릭터를 써나갈 때, 강력한 반응과 긴박한 상황은 강력한 폭력이나 멜로드라마적 상황없이도 발생할 수 있다는 점을 기억하라. 캐릭터의 억압 단계를 매우 높게 설정함으로써, 플롯에서 **긴장**과 **서스펜스**를 창조할 수 있다. 이러한 긴장이 마침내 해방될 때, 그저 몇 마디의 말, 작은 손짓 하나, 혹은 단순한 키스가 놀라울 정도로 카타르시스적이고 극적인 효과를 거둘 수 있다.

부인

자기 상황을 인지하지 못하는 주인공의 핵심은 부인Denial으로 인해 고통받는 캐릭터 속에서 나타난다. 고질적인 욕망이나 불안을 야기하는 사건에 대한 부인은 간혹 **캐릭터 강점**의 요소로 사용된다. 〈소공녀〉1939에서, 사라셜리 템플는 사랑하는 아버지가 전쟁에서 사망했다는 소식에 직면한다. 생각하고 싶지도 않은 이런 사실에 대한 사라의 반응은 완벽한 부인이다. 그녀는 아버지가 죽었다는 사실을 믿지 않는다. 사라는 영화 전편에 걸쳐 자신의 부인을 강력하게 고수하고, 결말에 이르러 기적적으로 그에 대한 보상으로 아버지와 재결합하는데, 나중에 알고 보니 그는 죽은 것이 아니라, 부상을 입고 곤경에 처했던 것이다. 일반적으로, 부인은 **캐릭터 약점**의 요소다. 〈죠스〉1975에서 애미티 섬의 폐쇄적인 시장머레이 해밀턴은 마을 해변에서 상어가 사람을 잡아먹었다는 사실을 믿지 않는다. 그의 어리석은 부인은 플롯에서 긴장과 서스펜스를 불러일으키고, 신중한 보안관로이 슈나이더은 죠스의 존재 자체에 대한 시장의 부인에 갈수록 좌절한다.

부인은 주인공에게 종종 **장애물**로 사용되며, 위험한 존재를 부인함으로써 주인공을 좌절시키고 방해하는 **부인하는 권력자**에 의해 재현된다. 〈폴터가이스트〉1982에서 부동산개발업자, 〈나이트메어〉1984의 부모, 이들은 모두 주인공이 극복해야만 하는 부인의 장애물을 재현한다. 50년대 영화들, 〈외계의 침략자〉1956와 〈물방울〉1958과 같은 영화들은 맥카시시대의 편집증을 상징하는데, 주인공은 그들의 커뮤니티를 점령하면서 서서히 커지는 위험을 완전히 부인하는 사람들에게 둘러 쌓인다. 장애물로서 부인은 주인공이 극복해야만 하는 자신 속에 존재하는 **내면의 약점**으로 재현될 수 있다. 〈악마의 씨〉에서 로즈메리미아 페로우는 그녀의 사랑하는 남편존 카사베츠과 친절한 이웃이 악마적 존재라는 것을 부인하는 자신을 극복해야만 하지만, 그전에 그녀는 자신과 아직 태어나지 않은 아기를 방어하는 조치를 취할 수 있어야 한다.

당신의 각본에서 부인을 써나갈 때, 이런 장치가 작동하도록 당신이 원하는 역할을 명확히하라. 주인공을 방해하려고 어떤 캐릭터가 위험의 존재를 부인하지만, 주인공은 실제로 그런 위험이 존재한다는 것을 인식하게 되면, 그는 부인 속에 있는 것이 아니다. 이런 캐릭터는 단순히 거짓말을 하는 중이다. 부인과 기만 사이의 차이는 미묘하지만 매우 중요하다. 거짓말쟁이는 자신의 이익을 위해 주인공을 고의적으로 속여, 그를 나쁜 사람이나 악당으로 만든다. 진정한 부인 속에 놓인 캐릭터는 고의적으로 그 누구도 속이지 않으며, 자신이 말하는 것을 실제로 믿는다. 또한 세계와 그 자신을 **의식하지 못한다**. 이 캐릭터는 좌절과 고통에 시달리면서도, 매우 비극적이고 가련한 인물이다. 부인하는 인물을 극복한다는 것은 실제 위험이나 악당을 패배시키는 주인공의 중요한 목적에 있어서 서곡이나 후일담에 불과하다.

캐릭터가 자신의 결함을 극복하기 위해 싸울 때, **비극적 상실**을 겪게 하여 내적 부인을 자각하게 하는 편이 더 극적이다. 〈죠스〉에서, 시장은 그의 부인으로 인해 더 많은 사람들이 살해당하자 비로소 자신의 어리석음을 깨닫는다. 〈악마의 씨〉에서, 로즈메리는 그녀의 사랑하는 친구 허치모리스 에반스가 이상하게 죽자 그때부터 남편을 의심하기 시작한다. 비극적 상실을 통한 깨달음의 장치는, 시스템에 가하는 극적 충격만이 부인의 베일을 벗길 수 있음을 인정하며 무의식의 강력한 힘을 기린다. 또한 이 장치는 플롯에 극적인 느낌을 더한다.

동일시

오이디푸스 콤플렉스의 해결은 같은 성별의 부모와 동일시를 통해 이루어진다. 그것은 자아 발달에 있어, 최상의 경험이며 정체성을 만들어가는 과정이기도 하다. 다른 사람과 동일시하고, 그들의 목표와 행동을 모방함으로써, 자아는 우리가 자신의 계획대로 행동할 때 발생하는 자기 회의 감정을 유발시키는 불안을 덜어낸다. 만약 아버지, 어머니, 형제자매, 교사, 종교인 혹은 우리 주위 다른 사람들이 저지르는 일을 우리가 한다면, 우리 행위가 어떻게 잘못될 수 있겠는가? 동일시의 위험은 우리가 군중에 순응하는 안전과 안락함을 받아들일 때 벌어지는 **개인성의 상실**로부터 발생한다. 동일시는 양날의 검으로, 주인공에게 목표나 장애물로 나타난다. 〈하이 눈〉1952에서, 모든 사람들은 보안관 케인게리 쿠퍼이 그를 죽이려고 마을로 오는 살인적인 무법자들로부터 도망가기를 바란다. 마을 판사오토 크러거는 도주하면서, 케인에게 도망가야 한다고 말한다. 〈하이 눈〉에서 케인의 도전은 비겁한 멘토 인물과의 동일시에 저항하는 것이며, 그 자신의 명예 코드에 대한 진실을 지키는 것이다. 〈요크 상사〉1941에서는 그와 반대되는 공시이 작동한다. 이 영화에서, 게리 쿠퍼는 자신의 법칙에 따라 살아가는 악당 같은 캐릭터 역을 맡는다. 1막에서 그의 도전은 마을 목사월터 브레넌와 동일시하는 것이며, 마을 신자들 중에서 겸손하고 온유한 신자가 되는 것이다.

당신 주인공의 도전이 순응적이든 저항적이든, 동일시 과정은 본질적으로 주인공의 정체성과 연결된다. 동일시 과정을 표현하는 최상의 방법은 당신의 주인공에게 명확한 **멘토 형상**을 제공하는 것이지만, 그렇다고 해서 시나리오 작가인 당신이 견고한 구조적 공식을 따라야만 한다는 것은 아니다. 멘토 형상이란 일종의 **영감**inspiration으로, 반드시 캐릭터일 필요는 없다. 주인공의 멘토는 아이디어, 철학, 기억 혹은 꿈과 같은 것일 수도 있다. 당신이 주인공의 동일시를 설정하는 방식은 창조적이고 독창적이어야 한다. 주인공의 동일시와 멘토 형상의 근본적 구조는, 캐릭터 동기부여와 발달에서 과자를 찍어내는 틀 cookie - cutter 이라기보다, 창작의 도약대 같은 것이다.

승 화

프로이트는 모든 위대한 사람들의 작업은 승화의 생산물이라고 믿었다. 그것은 리비도 에너지를 생산적이고 예술 행위들로 연결시키는 과정이다. 영화에서 승화는 종종 **열정적인 작업**으로 묘사되는데, 캐릭터 이면에서 성적으로 충만한 동기부여에 의해 추동된 것이다. 〈달콤 쌉사름한 초콜릿〉1992에서, 티타루미 카바조스는 매운 토티야를 감각적으로 말면서 땀을 흘리고 투덜대며, 페드로마르코 레오나르디에 대한 그녀의 모든 성적 욕망을 승화시킨다. 〈열정의 랩소디〉1956에서, 반 고흐커크 더글러스는 자신의 성적인 좌절, 격렬한 분노, 그리고 격정적인 성품을 그림으로 승화시킨다. 〈성난 황소〉1980에서, 제이크 라모타로버트 드 니로는 자신의 원초적 성욕과 분노를 격투로 풀어낸다.

승화는 관객이 쉽게 인식하는 무의식 과정이다. 사랑, 증오, 성 그리고 공격 따위의 원초적 충동은 캐릭터에게 헤라클레스와 같은 힘과 에너지를 충전시킬 수 있는 강력한 힘이며, 그것은 캐릭터가 어떤 일이든 성취할 수 있도록 만들어준다. **사랑의 힘**은 흔히 영화의 3막에 등장하는 장치로, 엄청난 적을 무찌르고 아가씨를 구해내는 영웅을 돕는 초자연적 힘을 발휘한다. 슈퍼맨크리스토퍼 리브은 초능력을 가졌지만, 그가 아주 빠르게 날아 지구 궤도를 거꾸로 회전해 시간을 되돌려, 사랑하는 로이스 레인마곳 키더을 살려낼 때까지, 아무도 그런 그의 초능력을 믿지 않는다. 아무리 슈퍼맨이라 할지라도 이것은 너무 어려운 일이지만, 로이스에 대한 열정적인 사랑 때문에 그의 필사적인 비상은 힘을 발휘한다. 승화의 힘은 관객에게 믿을 수 없는 업적을 믿게 만든다. 비록 영웅의 행동에 대한 신뢰가 그의 동기부여에 단단히 근거한 것이라도 그렇다. 슈퍼맨이 그녀를 살려내기 위해 실제로 시간을 되돌릴 수 있다는 것을 관객이 믿기 전에, 이미 관객은 슈퍼맨이 진실로 로이스를 사랑한다고 믿어야만 한다.

퇴 행

어린 시절은 어떤 행동에도 제약이 거의 없으며, 의무감이나 책임감도 덜하다. 유년기로의 퇴행은 성인이 갖는 억압과 불안으로부터 일시적인 해방감을 제공한다. 관객은 퇴행적 행위에 연결될 수 있는데, 스크린에서 퇴행적인 캐릭터를 보면서 대리만족하며 그들을 즐길 수 있다. 때로, 성인 캐릭터는 자신의 퇴행을 조장하는 **물질**substance을 사용한다. 〈새로운 탄생〉1983에 나오는 여러 장면들을 보면, 서른 명쯤 되는 한 무리의 대학동창들은 대마초를 피우는가 하면, 십대에게나 더욱 어울릴법한 행위로 퇴행한다. 사춘기로 퇴행하면서, 그들은 바보 같은 행동을 맘대로 하고 어색함을 표출하며, 심지어 오랫동안 억압된 어떤 성적 욕망들도 맘껏 충족시킨다. 80년대, 모든 캐릭터들이 마약과 술에 취한 시퀀스를 포함한 영화들은 매우 일반적이었다. 캐릭터들이 춤추고, 흥청대며 웃거나, 아이들처럼 행동하는 짧은 쇼트들이 뮤지컬 몽타주로 연결되는 식이다. 다행히도 이런 장치는 더 이상 유행이 아니다.

퇴행은 **희극적 기분전환**이나 어느 정도는 뮤지컬 재미용으로도 자주 사용된다. 수차례에 걸쳐 예를 들어, 〈조찬 클럽〉1985과 〈자동차 대소동〉1987, 존 휴즈는 플롯에서 극적 전환을 만들 때 퇴행 장면들을 사용한다. 아이같이 행동하는 뮤지컬 시퀀스 바로 다음에, 캐릭터들은 조용히 앉아 있는데, 그들은 붕 뜬 기분에서 내려왔지만 여전히 도취된 상태다. 유치한 즐거움은 유대의 순간이었고, 이제 술과 대마초에 취한 캐릭터들은 서로 깊은 비밀을 폭로하면서 **친밀감의 순간**을 나눌 수 있다. 강렬한 정서적 표현의 멜로드라마적 장면은, 바로 앞서 벌어진 유치한 행위들로 이루어진 매우 유쾌한 시퀀스와 나란히 배치되었을 때, 보다 강력한 펀치를 날린다. 〈코쿤〉[1985]에서, 노인 그룹은 신비한 외계 물체들로 들끓는 풀에서 수영하면서 마술적으로 다시 젊어진다. 그들은 환영할만한 성적 해방감을 포함하여, 청년 특유의 행위를 할 수 있게 해주는 새로 발견한 정력을 즐기기 시작한다.

단연코, 퇴행적 주인공이 나오는 영화에서 가장 일반적인 주제는 젊은 연인에 대한 집착이다. 우디 알렌은 이 문제를 직접적으로 다루는 세 편의 영화를 만들었는데 〈맨하탄〉[1979], 〈중년의 위기〉[1990], 〈부부 일기〉[1992]에서 그는 이 문제를 숨은 텍스트로 사용하는 다른 영화들도 만들었다. 역시 퇴행적 주인공을 다룬 〈리오의 연정〉[1984]에서, 주제 내부의 갈등은 중년 남성마이클 케인이 가장 친한 친구의 십대 딸에게 반하면서 강렬해진다. 늙은 남성/젊은 여성 공식은 〈레게 파티〉[1998]에서 역전되는데, 이 영화에서 스텔라안젤라 바셋는 그녀 나이에 절반 정도인 남성과 열정적 관계에 빠져든다. 퇴행이 하나의 시퀀스에 사용되든 혹은 영화 전체에 걸쳐 사용되든, 이런 장치는 플롯을 앞으로 이동시켜야 하며, 희극적 기분전환이나 리비도 해방보다 더 많은 것을 제공해야 한다. 그리고 퇴행은 **캐릭터 발달**로 나아가야 이상적이다. 캐릭터는 한발 뒤로 물러서면서 자기 자신이나 자신이 처한 상황에 대해 좀 더 배워야 하며, 앞으로 나아가는 위대한 도약을 준비하고, 자신의 목표에 보다 더 가까이 다가가게 만들어야 한다.

반동형성

　방어기제는 자신의 욕망으로부터 마음을 가리면서 자아를 보호한다. 반동형성은 다른 방어보다 더 교활한데, 왜냐하면 충동을 피하기보다, 충동에 대항해 반발하기 때문이다. 반동형성을 과시하는 캐릭터는 그것에 강력하게 반발함으로써 깊은 욕망을 드러낸다. 그 복합성으로 인해 반동형성은 영화 캐릭터에 드물게 사용되는 방어기제 중 하나지만, 그럼에도, 이는 강력한 충동이며 매우 흥미로운 행동 패턴이다. 방어는 연애 행위에서 잘 드러날 수 있는데, 특히 옛날 영화 속 여성 캐릭터들이 그렇다. 〈말 없는 사나이〉[1952]에서, 메리 케이트모린 오하라는 숀존 웨인이 그녀의 입술에 성급하게 키스할 때, 화내고 불쾌한 반응을 보인다. 숀에 대항하는 그녀의 **극단적인 반동**은 그녀 성품에서 '좋은 가톨릭 여성'에 해당하는 부분이지만, 메리 케이트의 리비도가 진정으로 욕망하는 것의 정반대를 표현한 것이다. 메리 케이트의 입은 숀에게 "싫어요!"라고 하지만 그녀의 눈은 "좋아요! 좋아요!"라고 말한다.

　매우 억압되었거나 긴장한 캐릭터는 얌전떠는 행동과 태도로 반동형성을 드러낸다. 극단적인 반동형성의 경우, 캐릭터는 자신의 부적절한 욕망으로 인해 크게 갈등하기 때문에 가장 사랑하는 것을 파괴하려고 한다. 〈노틀담의 꼽추〉[1939]에서 프롤로세드릭 하워드는 성적 매력이 넘치는 집시 여인 에스메랄다모린 오하라에 대한 자신의 부적절한 욕정으로 커다란 갈등에 쌓이면서, 그녀를 파괴하도록 동기부여 된다. 〈아메리칸 뷰티〉[1999]에서, 프랭크 핏츠크리스 쿠퍼는 억압된 동성애 감정으로 갈등을 겪으면서, 그 욕망의 대상인 레스터케빈 스페이시를 파괴하도록 동기부여 된다. 캐릭터의 말과 행동, 즉 욕망하는 내면과 그 반대편에서 벌어지는 모순을 효과적으로 묘사하기는 어렵다. 그러나 만약 당신이 그것을 끌어낼 수만 있다면, 예외적으로 복잡하고 깊은 캐릭터를 창조해낼 수 있다.

전위

〈폴링 다운〉¹⁹⁹³에서, 윌리엄 포스터^{마이클 더글라스}는 분노로 가득 차 있다. 아내와 이혼했고, 딸과도 소원해진 상태이며, 직장에서도 해고당했고, 신도시 공동화로 삭막한 곳에서 발이 묶였다. 이처럼 무너져 버린 포스터는 폭력적인 광란을 부리며, 만나는 모든 사람들에게 자신의 분노를 전위시킨다. 전위는 성적이거나 공격적인 충동의 방향을 수정한 **대체 배출구**^{substitute outlet}다. 고질적인 리비도 에너지를 신경증적 갈등의 근원에 터뜨리기보다, 부정적인 ^{negative} 에너지가 다른 것으로 전위된다. 전위는 실용적인 자아 방어인 셈인데, 갈등의 근원^{배우자, 상상 등등…}은 고함을 지르거나 욕설을 듣는 것을 반기지 않을 것이다. 부정적 에너지가 전위된 대체 배출구는 일반적으로 **안전한 목표**이며, 되갚거나 이후 갈등이 촉발될 수 없는 대상이다.

대부분의 다른 방어들과 마찬가지로, 전위는 일반적으로 캐릭터 특성으로 사용되는데, 그것은 주인공 성품의 한 부분을 보여주는 행동이지만, 플롯의 핵심 부분은 아니다. 여전히 전위는 캐릭터들 사이의 틈새를 창조하면서 플롯을 앞으로 밀고 나가는데 자주 사용된다. 〈황야의 결투〉¹⁹⁴⁶에서, 의사 할러데이^{빅터 머추어}는 음울하고 비극적인 인물이다. 한때 존경받는 의사였지만 치욕스런 상태에 빠져드는데, 알코올중독에 걸린 타락한 도박사이자 살인자로, 폐병으로 죽어가면서 삶에 부끄러움을 느낀다. 한편 고결한 마음을 가진 쇼걸 치와와^{린다 다넬}는 할러데이의 학대에 시달리는 배출구임에도 불구하고,

CHAPTER 1 _ 지그문트 프로이트

그를 사랑하며 늘 그의 곁에 머문다. 할러데이는 자신이 모든 분노와 자기혐오를 치와와에게 전위시키고, 그녀 이름을 부르며 조롱하고 그녀를 하찮게 여긴다. 마침내 할러데이는 너무 심하게 치와와를 대하고, 결국 그녀는 그를 버린다. 할러데이의 전위가 만들어낸 이런 균열은 플롯에 **낭만적 긴장**을 창조하며, 캐릭터 발달에 필요한 무언가를 끌어들이게 만든다. 다른 극적 장치와 마찬가지로, 전위는 단지 캐릭터 행동의 장식용으로 사용되는 것이 아니라, 캐릭터 발달을 부추기고 플롯을 전진시키는 수단이다.

합 리 화

우디 알렌 영화의 많은 캐릭터들은 합리화의 메카니즘을 전형적으로 보여준다. 그 영화에서는 감성들이 문제를 **지성화시킴**intellectualizing으로써 처리된다. 감성이 합리화되고 지적 용어로 번역될 때, 그들의 감성적 충격은 상실되고, 열정적 감정이 식으면서 이성적 아이디어가 된다. 합리화는 알렌의 캐릭터들에게는 최상의 방어 형태인데, 그들은 강렬한 감성보다 복잡한 아이디어에 훨씬 더 통달한 이지적 지성인이 되는 경향이 있다. 〈사랑과 죽음〉 1975, 〈애니홀〉1977, 〈맨하탄〉1979을 비롯한 많은 영화들에서, 알렌의 캐릭터들은 사랑이란 수수께끼를 프로이트 이론, 실존주의 철학, 그 밖의 다른 매우 지적인 영역에 걸쳐 지속적으로 참고하며 토론하는데, 마치 그들은 마음의 문제로 다루기보다 이론 물리학적으로 문제를 해결하려고 한다. 합리화는 알렌 영화에 등장하는 재밌는 캐릭터의 특성이다. 관객은 이 모든 캐릭터들의 지적인 총명함과 교양 있는 황설수설에 대해 직관적으로 알고 있는데, 즉 그들이 프로이트, 하이데거, 니체 혹은 사르트르를 차라리 몰랐다면, 자신의 감성적 문제를 해결하는 것이 덜 힘들었을 것이라는 점이다. 다른 모든 방어를 동원한, 이런 장치 이면의 심리적 힘은 관객이 캐릭터 성품에 깃든 이러한 약점을 인식하는 데 있다. 심지어 캐릭터가 자신의 그런 약점을 모른 다고 해도 마찬가지다. 관객은 캐릭터의 역경에 좌절하기도 하고, 연민을 느 끼기도 한다.

투사

투사는 고질적인 무의식적 충동이 다른 누군가에게 돌려질 때 발생한다. 투 사는 방어이기 때문에, 다른 사람에게 투사되는 무의식적 충동은 흔히 부정 적이다. 이 메커니즘은 부정적 욕망이나 욕구가 자신의 것이 아니라, 자기 주 위에 있는 도덕적으로 열등한 사람의 욕망이나 욕구라고 스스로를 설득하며 자아를 방어한다. 〈시에라 마드레의 황금〉1948에서, 돕스혐프리 보가트는 금광 채취 동업자들이 금 수확량 분배에서 그를 속였다는 피해망상에 사로잡힌다. 물론 돕스는 실제로 '황금열gold fever'을 가진 인물로, 모든 금을 자신의 것으로 소유하고 싶은 사악한 충동을 가졌다. 돕스는 자신의 황금열을 동업자들에게 투사함으로써, 심지어 동업자를 죽이고 금을 빼앗으면서도 자신은 그저 타락 한 동료로부터 스스로를 방어하고 있을 뿐이라고 믿으며 어느 정도 깨끗한 양 심을 유지할 수 있다.

투사는 또한 어떤 복잡한 **가족역동성**family dynamics을 만들어낼 수도 있다. 부 모가 되어 과거 스스로 품었던 희망과 꿈을 자녀에게 투사하는 것은 자연스 럽다. 그런데 자녀들이 부모의 투사된 판타지로부터 벗어나, 자신의 정체성 을 스스로 결정하기 원하는 나이에 도달할 때 긴장이 발생한다. 〈인간의 마 음〉1938에서, 윌킨스 목사월터 휴스톤는 자신의 종교적 헌신을 아들 제이슨제임스 스튜어트에게 투사한다. 아들이 성직자가 되기 바라는 것이다. 제이슨이 종교인보다는 과학자가 되기로 결심하자, 그의 아버지는 불쾌한 심정으로 낙심하고, 이는 결국 회복할 수 없는 균열로 확대되어 부자관계에 커다란 긴장을 유발한다.

이와 유사한 역동성은 〈집시〉1962에서도 발생한다. 실패한 배우 로즈로사린드 러셀는 무대에 대한 욕망을 재능 있는 딸 준에게 투사해왔다. 준이 결혼하여, 어머니의 통제망으로부터 도망치자, 로즈는 이미 투사해온 꿈을 준의 언니인 큰 딸 루이즈나탈리 우드에게로 옮겨간다. 루이즈는 그런 재능이 없음에도 불구하고, 로즈는 그녀가 무대에 서도록 강요하며 성공해야 한다고 우긴다. 너무 강렬한 로즈의 투사는 딸을 박탈당한 모멸적인 삶으로 끌어들인다. 그래도 로즈는 여전히 전혀 만족하지 않는다. 왜냐하면 투사는 스타를 갈망했던 로즈의 원초적 욕망을 결코 만족시켜주지 못하기 때문이다. 루이즈와 무대 욕망에 사로잡힌 어머니 사이에서 발생한 긴장은 결국 모녀관계를 파괴한다.

대부분의 다른 방어들과 달리, 투사는 부모-자녀관계에 초점을 맞춘 영화들에서 핵심 문제로 종종 사용된다. 관객은 이런 영화들에서 양쪽 모두에게 동정심을 갖는다. 자녀들이 자기 자신의 길을 선택하기 원하는 것은 이해할 만하다. 그러나 관객은 자신의 자녀에게 최선의 것을 원하는 부모와도 동일시되는데, 비록 이런 부모들이 바라는 자녀의 미래에 대한 꿈이 그들 자신이 이루지 못한 꿈이며, 그것이 자녀에게 겉으로 투사된 것으로, 결코 이루어지지 않는다 할지라도 말이다.

고립

고립된 캐릭터들은 자신의 억압된 문제에서 도망쳐, 일반적으로 **비극적인 과거**의 기억으로부터 숨는다. 이런 캐릭터들은 고립에서 벗어나 사회와 **재통**

합하려는 목표가 있다. 이런 작업이 이루어지기 위해 캐릭터들은 부정적인 감정에서 도망치거나 피하기보다, 자신의 갈등을 어떤 명확한 방식으로 처리해야만 한다. 〈파인딩 포레스터〉2000에서, 은둔중인 퓰리처상 수상 작가는 비극적인 과거로부터 자신을 강제로 망명시킨다. 그는 아파트에 고립된 채 살아간다. 고립에서 벗어나기 위해 그는 두려운 감정을 극복해야만 하고, 다른 사람과 정서적으로 연대해야만 한다. 젊은 작가의 멘토가 되면서, 포레스터는 자신의 방어를 이겨낸다. 젊은 주인공의 도움을 받은 포레스터는 과거를 직시하고, 고립으로부터 자신을 해방시킨다.

수많은 서부영화의 주인공들은 고립된 남성이다. 그들은 유령처럼 황야에 등장해서, 영웅적 행동을 완성하고, 다시 방랑하는 고립된 삶 속으로 사라진다. 〈셰인〉은 말을 타고 목장에서 문명세계로 온 외로운 카우보이로 시작되어, 그가 다시 황야로 돌아가는 것으로 끝난다. 유명한 마지막 장면에서, 어

고독한 영웅: 〈수색자〉1956의 존 웨인.

린 소년 죠이가 이렇게 외친다. "돌아와요 셰인!" 그러나 **고독한 영웅**은 자연 속 서식지, 즉 고립된 황야로 돌아가야만 한다. 〈수색자〉1956에서도 유사한 주제가 드러난다. 첫 시퀀스에서, 이든존 웨인은 거대한 풍광으로부터 고독한 기수로 등장한다. 이 영화의 잊지 못할 마지막 쇼트에서, 이든의 떠나는 모습은 초원의 집 문틀 사이로 잡히는데, 그는 뭔가 고독하게 추격하는 삶으로 돌아가는 것이다. 고립된 캐릭터는 대체로 늘 비극적 인물이다. 그들은 고통스러운 과거의 기억으로부터 끊임없이 도주하는 죄책감에 시달리는 남성이다. 셰인과 이든 모두 그들 이면에 도사리고 있는 폭력성을 피하려는 무법자들이지만, 그들의 존재를 보다 폭력적으로 만드는 아이러니에 불가피하게 말려든다. 고립된 영웅은 자신의 과거와 직면하고 사회에 복귀함으로써 비극적 운명으로부터 도피할 수 있거나, 고독한 늑대로 남을 수 있다. 또한 일몰 속으로 사라지며 고립된 카우보이의 낭만적 분위기를 유지하는 것도 빼놓을 수 없다.

프로이트식 말실수

말실수는 종종 '프로이트식 말실수'로 불리는데, 프로이트가 최초로 이 현상에 관해 큰 심리학적 의미를 부여한 이론가이기 때문이다. 실수란, 말하는 중에 무의식적으로 억압되거나 숨겨 놓은 감정이 미끌어져 나올 때 발생한다. 대학 시절 나의 심리학 입문 교수는 이렇게 말했다. "프로이트식 말실수란 여러분이 무언가 말했지만, 어머니를 의미한 것이다." 말실수는 일반적 현상으로, 거의 모든 예민한 관객은 무엇이 실수이며, 왜 그것이 심리적으로 의미심장한지 알고 있다. 한 가지 남용되는 장치가 있다면, 그것은 남을 기만하는 캐릭터가 자신의 사악한 계획을 말실수로 누설하는 것이다. 〈미녀와 건달〉1952의 결말에서, 쉴즈커크 더글러스는 제임스 리딕 포웰와 일상적인 대화에서 엄청난 말실수를 하면서, 그가 제임스 리 부인의 죽음에 간접적으로 책임이 있다는 점을 노출하게 된다. 실수란 유용한 장치임에도 불구하고, 이런 상황에선 그것이 다소 너무 예측가능하고 단조롭다. 놓아달라고 사정하는 강렬한 감정을 캐릭터가 억압할 때, 실수가 더욱 잘 사용될 수 있다. 이런 상황에서는 정보보다 정서를 드러내는 실수가 좀 더 사실적인데, 왜냐하면 그것은 캐릭터와 관객 모두에게 **분출의 해방감**을 제공하기 때문이다.

농 담

유머는 아무리 주제가 심각한 것이라 할지라도 어떤 영화에서건 필수불가결한 부분이다. 역설적이게도, 농담의 최상의 지점은 종종 극도의 극적 긴장감이 감돌기 바로 직전이거나 그 후인데, 바로 이 순간이 **희극적 기분전환**이 가장 필요한 순간이다. 액션영화에서, 주인공은 때로 악당을 죽이기 바로 전에 짤막한 농담을 한다. 아놀드 슈왈제네거가 누군가 처리하기 직전 "아스타라 비스타 베이비!Asta la vista baby!"라고 할 때, 죽음과 분해의 어두운 비극은 작은 유머를 통해 밝아지고, 관객에게 끔찍한 폭력도 모두 재밌다는 점을 상기시킨다.

프로이트는 농담이 자아 방어 기능을 한다고 믿었는데, 웃음은 정서적 해방의 직접적 형식이기 때문이다. **정서적 해방**에 대한 욕구는 긴장과 불안이 가장 감도는 순간에 발생한다. 따라서 **신경질적 웃음**은 어디에나 있는 현상이다. 희극적 기분전환은 영화에서 가장 불안한 순간에 불안감을 덜어주며, 관객을 너무 긴장하거나 당황하게 하기 보다 그 자체를 즐기게 해준다. 기억하라, 드라마와 긴장감은 영화에서 필수적인 부분이지만, 관객은 즐거움을 누리기 위해 그곳에 있는 것이며, 정서적 시련에 연결되려고 그곳에 있는 것이 아니다.

농담은 또한 방어용으로도 사용된다. 왜냐하면 보편적인 대화에서 **금기**taboo로 간주되는 대상이라도 농담의 형태로는 완벽하게 수용 가능하기 때문이다. 세상에 떠도는 대부분의 농담은 더럽거나 음울할 정도로 풍자적이다. 늦은 밤 토크쇼는 일반적으로 대통령의 우둔함에 관한 농담을 독백으로 풀어 놓는데서 시작하는데, 그에 반해 음료수 냉각기에서 나누는 농담은 성직자에 대한 지나치게 성적이고 조롱 어리거나"목사와 랍비가 바에 갔는데…", 노골적으로 모욕적인 것들이다폴란드 농담, 금발머리 여성 농담 등. 대화에서 이런 모든 주제들은 농담의 형태로 가리지 않는 한 사회적으로 적합하지 않다. 사람들이 농담에서 누리는 것과 같은 자유가 코미디를 만드는 영화인에게도 주어진다. 현대 코미디에서 **역겨운 유머**의 인기가 폭소를 통해 그럴듯한 취향의 범위를 얼마나 확대할 수 있는지 보여주는 예로 다음과 같은 것들이 있다. 소변 마시기〈아메리칸 파이〉, 정자 취급 부주의〈메리에겐 뭔가 특별한 것이 있다〉, 그리고 공중 배변 행위〈미, 마이셀프, 앤드 아이린〉 장면은 대부분의 영화에서 보여질 수 없지만, 코미디이기에 그런 장면들은 당연하게 여겨진다. 코미디에서 자주 파괴되는 또 다른 금기들로, 인종적 스테레오 타입의 영구화〈언더커버 브라더〉, 신체적으로나 정신적으로나 문제가 있는 장애인 놀리기〈메리에겐 뭔가 특별한 것이 있다〉, 여성을 대상화하기〈포키스〉, 그리고 동물학대〈메리에겐 뭔가 특별한 것이 있다〉 같은 것들이 있다.

일반적으로 코미디는 금기를 깰 때 유머라는 면죄부를 이용해 저급한 방식을 택하곤 하지만, 일부 코미디는 세련된 방식을 택하기도 한다. 스탠리 큐브릭의 〈닥터 스트레인지러브〉1964는 냉전시대, 과잉 군사권력, 핵 폐지와 같은 매우 예민한 문제를, 그 어떤 영화도 할 수 없었던 방식으로 다루는데, 뛰어난 유머와 풍자로 그것을 구성해냈기 때문에 가능했다. 이와 유사하게 큐브릭의 〈로리타〉는 논란에도 불구하고 대중적 성공을 거두었는데, 유머러스한 스타일로 소아성애에 관한 섬세한 문제를 다루었기 때문이다. 시나리오 작가로서 당신이 저속한 방식을 택하든 품격 있는 방식을 택하든, 좋은 코미디에서 그 열쇠는 단지 사회적 금기를 깨는 것만은 아니다. 쓸데없는 노출과 인종차별적이고 맹목적인 조롱, 역겨움, 그리고 불쾌한 개그 광경을 통해 당신은 싸구려 웃음을 얻을 수 있다. 그러나 최상의 유머는 항상 캐릭터 중심일 수 있는데, 그것은 캐릭터들 주변에서 발생한 무작위로 웃기는 사건들이라기보다, 캐릭터들 자신의 심리적 복합성에서 발생한다.

꿈 작업

프로이트의 '꿈 작업'은 꿈을 기억하고 해석하는 심리분석 과정이다. 꿈 작업 배후의 기본적 이론은 믿을 수 없을 정도로 단순하다. 첫째, 환자는 **현시 내용**manifest content을 기억해낸다. 그것은 꿈 그 자체로, 환자가 기억해낼 수 있을 만큼 정확한 것이다. 그 다음에 분석가와 환자는 꿈을 해체하고, 각 요소들, 즉 모든 장소, 사건, 인물, 그리고 대상 등등… 을 분석한다. 분석가는 이 모든 요소들과 연관된 환자의 개인적 **연상**associations을 끌어내는데, 이 작업은 단순한 형상, 대상 혹은 사건이 환자의 무의식에서 훨씬 더 중요한 사건을 상징한다고 믿으면서 이루어진다. 이러한 연상들을 분석하고, 그것들 이면의 심리적 상징을 해석하면서, 분석가와 환자는 **잠재 내용**latent content, 즉 꿈의 숨겨진 의미를 밝혀낸다. 프로이트에 따르면, 꿈 작업은 "무의식의 지식에 이르는 왕도"인데, 그것이 무의식적 마음의 내적 작용에 직접 접근하도록 해주기 때문이다.

소 망 충 족

프로이트의 분석에서, 꿈의 일차적인 뿌리는 늘 소망 충족의 어떤 형식이다. 꿈 작업의 목적은 꿈의 잠재 내용을 끌어내, 숨겨진 소망을 의식적인 인식으로 밝혀내면서, 그것으로 환자들에게 그들의 무의식적 신경증을 **현현**epiphany, 顯現시키거나 깨닫게 하는 것이다. 이런 현현이나 자아실현은 분석 과정에서 환자의 발달로 가는 디딤돌이며, 영화에서는 캐릭터 발달의 결정적 단계이기도 하다. 주인공이 목표를 완수하고 자격을 갖춘 영웅이 되기 전, 그는 자기 자신을 알아야만 하고, 한 인간으로 성장해야만 한다. 꿈 작업에서 소망 충족과 현현이라는 이중적 요소들은, 그가 원하는 모든 것을 갑자기 획득하게 되는 매우 일반적인 플롯을 통해 영화에 재현된다. 〈천금을 마다한 사나이〉1936에서, 디즈게리 쿠퍼는 그저 단순한 시골사람이었는데, 막대힌 유산을 상속받아 물질적 소망을 이루었다. 재판과정으로 시련을 겪으면서, 디즈는 돈이 그를 행복하게 만들어 주지 않으며, 그의 진성한 소망은 물질적 소유가 아니라 사랑과 내면의 평화를 가진 정신적 부자란 점을 깨닫는다. 관객은 이런 매우 일반적인 플롯 장치의 두 가지 단계를 즐긴다. 시작 부분에서, 그가 갑자기 부자가 되고 유명해질 때, 관객은 **대리만족**을 느낀다. 〈당신에게 일어날 수 있는 일〉1994에서 복권 당첨, 〈백만장자 브루스터〉1985에서 급작스런 유산상속, 〈데이브〉1993에서의 신분 전환과 같은 일은 모두 같은 방식으로 벌어진다. 즉 돈이나 권력, 명성에 대한 무의식적 소망이 갑자기 성취되지만, 이러한 피상성은 존재론적으로 가치가 없다는 사실이 주인공과 관객에게 밝혀진다. 진정으로 가치 있는 인생을 만들어주는 것들은 돈으로 사거나 소유할 수 없는 것들이며, 그것은 바로 사랑과 인간적 **진실성**이다.

소망 충족 플롯을 써나갈 때, 관객이 이런 이중적 단계를 맛보도록 시도해보라. 영화에 몰입한 관객은 마치 정말 자신의 판타지와 꿈을 경험하는 것과 같은 방식으로 소망 충족을 경험한다. 관객은 그들의 영웅이 급작스러운 성공을 즐기는걸 보길 원한다. 왜냐하면 관객은 그를 통해 즐거움을 얻고, 그런 플롯에서 재미를 느끼기 때문이다. 1막이 설정이라면, 그 다음 2막의 전반부는 가능한 관객이 대리만족의 즐거움에 최대한 흠뻑 빠져들 수 있는 내용으로 채워보라. 관객은 2막에서 결국 갈등이 고조될 것이며, 3막은 1막의 변화가 초래한 모든 문제를 해결하는 데 할애될 것임을 직관적으로 알고 있다. 따라서 2막의 전반부를 재미와 즐거움으로 맘껏 채울 필요가 있다. 당신의 주인공이 비싼 음식을 탐식하고, 화려한 옷을 사고, 이국적 공간을 방문하게 만들고, 사랑스러운 팬들에게 관심을 받고, 변덕과 판타지를 실컷 부리도록 하라. 그밖에도 무엇이든 인물그리고 관객의, 가장 깊은 소망을 성취하게 만들어보라.

갈등을 만들 때 서두르지 말고, 자연스럽게 드러내라. 그러나 갈등이 다가올 때, 그것은 캐릭터 속에 있는 어떤 개인적인 것과 연관되어야만 한다. 종종 탐욕스러운 변호사나 잔인한 경쟁자와 같은 외적 요인은 주인공으로 하여금 새로운 신분에 환멸을 느끼게 만든다. 이러한 장애물은 플롯에서 갈등을 창조하는 기능을 달성하지만, 캐릭터가 영웅으로 발전하는 데 있어서는 아무것도 하지 못한다. 이런 갈등 형태를 함께 엮어나갈 때, 당신이 답해야만 하는 질문의 핵심은 이런 것이다. "주인공 자신에게 있어서, 새로운 신분이나 부유함으로 갈등을 일으키는 것은 무엇일까?" 외부 장애는 좋은 장치이고 대체로 필수적이지만, 악당이나 대조적 인물들을 활용하는 것이 손쉽다고 해서, 내적 갈등이 주는 심리적 깊이를 포기해서는 안 된다.

인큐버스와 서큐버스

영화에서 섹시한 인물은 종종 음침한 유혹남이나 유혹녀 형태로 등장한다. 그들은 자신이 유혹하려고 하는 캐릭터들에게 초자연적인 힘을 행사한다. 이런 인물들은 신화적인 인큐버스Incubus 와 서큐버스Succubus의 자질을 발휘하는데, 무고한 사람의 꿈을 점령하여 그들이 잠자는 동안 강간하는 **성적인 악령들**이다. 〈아메리칸 뷰티〉의 섹시한 십대 안젤라메나 수바리는 레스터케빈 스페이시의 판타지에 등장하는 서큐버스다. 그녀는 청춘을 되찾고 싶은 레스터가 욕정에 가득 찬 탐색을 하도록 몰고 간다. 〈악마의 씨〉에서 악마는 문자 그대로 인큐버스인데, 로즈마리는 잠들 때마다 그를 만나며, 그는 강간하는 악마로 등장한다. 또한 〈나이트메어〉 시리즈에서 폭력적인 인큐버스로 등장하는 프레디 크루거로버트 잉글랜드의 가학적인 살인은 성적으로 가득 차 있다. 인큐버스와 서큐버스는 가장 원초적 본능인 **섹스**와 **공격성**을 재현하며, 캐릭터들의 꿈 속에서의 기능은 일반적으로 일차원적이다. 그럼에도 불구하고, 이런 인물들은 캐릭터 심리에 매우 흥미로운 통찰력을 제공할 수 있다.

〈내츄럴〉에서, 로이로버트 레드포드는 과거에 만났던 신비한 여성바바라 허쉬의 기억에 신들린듯 사로잡히는데, 그녀는 그를 유혹해서 그의 경력을 파괴한 존재였다. 그녀는 죽었지만, 그의 꿈에 출몰한다. 로이의 꿈에 서큐버스의 등장은 그에게 현실적 삶에 위험이 닥칠 것이라는 단서를 준다. 그의 새 여자친구킴 베이싱어 역시 그의 경력을 망치게 될 서큐버스다. 마침내 로이는 새로운 유혹녀를 버리면서, 이렇게 말한다. "널 전에도 본 적 있어!" 오래전 그를 유혹했던 실제의 어두운 유혹녀를 가리킨 것이다. 그녀는 그의 꿈에 출몰해 온 위협적인 서큐버스다.

인큐버스나 서큐버스 인물들을 써나간다는 것은 해방적인 경험일 수 있다. 왜냐하면 이런 캐릭터들은 현실보다 판타지에 속하기 때문이다. 그들은 무엇이든 할 수 있기에, 어디에서나 나타날 수 있고, 무엇이든 표현할 수 있다. 그들은 또한 성적이고 공격적인 힘으로 넘쳐난다. 꿈속의 악마들은 **내적 공포**와 **욕망**의 뛰어난 상징이다. 그렇다고 해서, 오직 살인과 성교만을 원하는 꿈속의 인물을 써나가는 데 한계를 느낄 필요는 없다. 인큐버스와 서큐버스는 다음과 같은 것들을 무제한 포함하여 어떤 골치 아픈 갈등이라도 재현할 수 있다: 죄책감, 공포, 수치스러움, 외로움, 불안, 의심.

불 안 한 꿈

실제 생활과 영화 모두에서 불안은 특히 꿈의 빈번한 주제다. 불안한 꿈 시퀀스는 일반적으로 **편집증** 상태로 표현되고, 그곳에서는 모든 사람, 그리고 모든 것이 위협적이고 파괴적이며, 꿈꾸는 이는 자신의 **가장 깊은 공포**와 대결하게 된다. 팀 버튼의 〈피위의 대모험〉1985에서 피위폴 루벤스는 잃어버린 자전거가 파괴되는 끔찍한 악몽으로 괴로움을 겪는다. 그 꿈은 관객에게 사랑하는 자전거에 대한 피위의 불안, 즉 그 **감정적 강도**에 관한 단서를 제공해준다. 꿈 시퀀스의 과장된 형상화는 따분한 현실 세계에 머무는 영화에 약간의 기발함과 판타지를 더해준다. 〈피위의 대모험〉에는 더 이상의 기발함이 필요 없지만, 초기 필름누아르 〈3층의 이방인〉1940에 나오는 유명한 꿈 시퀀스는 환상적인 불안한 꿈을 통해 관객을 잠시 일상에서 벗어나게 하며, 제멋대로 펼쳐지는 감독의 상상을 맛보게 해준다. 〈3층의 이방인〉은 신기한 꿈 시퀀스가 포함된 평이한 작품이지만, 때로 관객의 기억 속에 이 영화를 떠오르게 만드는 것은 바로 꿈 부분이다.

꿈 속 의 꿈

영화를 경험한다는 것은, 여러 가지 방식으로 꿈을 경험하는 것과 같다. 어둡고, 조용하고, 동굴 같은 극장은 잠자는 마음의 상태와 매우 유사하다. 상징적 이미지의 스크린은 무의식이 그것에 사로잡힌 관객에게 보여주는 쇼와 같다. 많은 영화들이 엉뚱하거나 이상한 꿈의 세계를 반영하는 **초현실적 분위기**를 창조함으로써 이런 특징을 활용한다. 만약 영화가 메타포적인 꿈이라면, 영화에 나오는 시퀀스는 꿈속의 꿈인 셈이다. 관객에게 **비현실적** 감각을 제공하는 꿈 시퀀스에는 종종 사용되는 명확한 시각적 요소가 존재한다. 안개, 연기, 소프트 포커스, 음침한 음악, 표현주의적이거나 초현실적인 배경, 기이한 카메라 앵글, 왜곡된 소리, 느린 움직임, 어두운 조명, 그리고 기이한 복장, 이 모든 것들은 꿈 세계의 시각적 감각을 전해준다.

〈폴터가이스트〉1992와 그 밖의 공포영화들에서, 어느 날 밤, 집에 다가오는 거대한 폭풍의 초현실적 분위기는 악몽 같은 분위기를 전파한다. 그것은 광대인형의 악마 같은 얼굴, 고목의 위협적인 모습, 끔찍하게 몰아치는 번개와 천둥 같은 것들이다. 이러한 초현실적인 요소들은 진정한 공포의 순간을 **예고**하고, 그때 귀신은 가정용품에 스며들어 그것들을 실제 괴물로 만들어버리기도 한다. 초현실적 설정은 고전적인 고딕 공포영화에서 그 유용성이 증명된 장치로, 〈드라큘라〉1931, 〈프랑켄슈타인〉1931, 〈미이라〉1932, 〈늑대인간〉1941과 같은 영화들이 그렇다. 최초의 장편 공포영화로 꼽히는 〈칼리가리

박사의 밀실〉1920에서 세트는 강렬하게 **표현주의적**이며 캐릭터와 플롯도 초현
실적으로 창조되었는데, 거기에서 보이는 것은 실제와 전혀 다르다. 악몽 같
은 분위기가 설정되면서, 무서운 꿈의 느낌이 관객을 환기시키고, 꿈같은 시
각적 경험을 준비시키면서 불신의 유예가 고조된다. 초현실적 분위기에서는
어떤 일이든 일어날 수 있다고 여겨지기 때문이다.

백일몽

　초현실적 효과는 공포영화에서 뿐만 아니라. 어떤 영화에서든 일어날 수
있다. 마틴 스콜세지의 〈코미디의 왕〉1983에서, 루퍼트로버트 드 니로가 심야 코
미디 쇼의 왕이 되는 판타지를 표현주의적으로 보여주는 **백일몽 시퀀스들**은 그
의 캐릭터 뒤에서 작동하는 원동력이다. 백일몽과 판타지는 루퍼트의 가장
깊은 욕망에 직접적인 통찰력을 제공하며, 그의 불안정한 정서적 상태는 비
이성적인 세트를 통해 시각적으로 표현된다. 루퍼트의 백일몽과 실제 경험은
곤경에 빠져들면서, 그는 판타지와 실제 사이를 구별하는 능력을 잃게 된다.
판타지 세계에 빠져든 **망상적** 캐릭터는 **개인적 초현실주의** 분위기를 창조한다.
캐릭터의 판타지 속에서는 무엇이든 발생할 수 있기 때문에, 관객은 캐릭터
의 실제 삶에서도 무엇이든 발생할 수 있다고 더욱 믿게 된다. 자신의 판타지
와 범죄를 향한 거친 질주로 그가 세계적인 코미디언이 되는 절정에 이르러,
소망에 대한 충족을 두 배로 달성하는 대단원의 결말은 묘하게도 적절해 보
인다.

　코엔 형제의 〈위대한 레보스키〉1998에 등장하는 판타지/꿈 시퀀스들은 매
우 특이한 느낌으로 설정된다. 마리화나와 술에 취한 듀드제프 브리지스의 허황
된 상상은, 영화 전체에 걸쳐 그 느낌을 설정하고 반영하는 매우 황당하고 우

스꽝스러운 분위기를 만들어낸다. 반복되는 뮤지컬 판타지로의 짧은 여행은 기발하고 한가로우면서, 다소 붕붕대고 몽롱한 인물들의 세계로 관객을 데려 간다. 이런 판타지들은 관객을 듀드와 동일시되도록 해주면서, 그의 세계에 서는 모든 것이 완전히 비상식적이고 혼돈스럽다는 점을 깨닫게 해준다. 듀 드처럼 관객은 단지 편히 앉아—논리적으로, 이성적으로 너무 크게 걱정하 지 않고—사물을 있는 그대로 받아들이게 되며, 듀드가 처하는 갈수록 황당 해지는 상황을 질서정연하게 만들려고 너무 애쓰지 않아도 된다.

사실주의와 비현실

꿈과 영화, 이 두 가지는 모두 인간 상상력의 산물이며 비현실적이다. 따 라서 그것은 다른 형태의 표현이 받는 이성적 제약에서 자유롭다. 영화를 볼 때, 관객은 판타지와 상상으로 된 꿈같은 세계로 들어가고, 그들은 자동적으 로 자신의 불신을 유예시킨다. 그럼에도 불구하고, 관객의 신뢰와 믿음은 결 코 당연하게 이루어질 수 없다. 영화에서 환상적이고 믿을 수 없는 대부분의 일들이 발생하는 동안, 관객은 허구인 영화의 기본적인 법칙 한 두 가지가 깨 졌다는 것을 직관적으로 알게 된다. 첫 번째 법칙은 영화가 **그 자체에 진실해 야만 한다**라는 것이다. 만약 영화가 실제 세계에 사는 실제 인물을 사실적으 로 그려낸다면, 이런 영화에서는 이야기를 진전시키기 위해, 갑자기 환상적 반전과 비현실적 사건을 도입할 수 없다. 만약 영화가 그 자체에 충실할 수 없다면, 환상적 장치가 찢어져, 불신의 유예는 정지되고, 관객은 환멸에 젖 어 고개를 절레절레 흔들 것이다.

두 번째 법칙은 **모든 캐릭터들이 그 자신에게 진실해야만 한다**라는 것이다. 이야기가 진행되면서 캐릭터들은 발달되어야 하지만, 갑자기 벌어지는 캐릭터의 이유 없는 변화는 결코 수용될 수 없다. 이러한 법칙은 더욱 유연하지 않는데, 왜냐하면 관객은 비현실적이거나 환상적인 이야기들에서 불신을 유예하기 때문에, **캐릭터들은 항상 현실적으로 보여야만 하고**, 적어도 그들의 성격이 질적인 차원에서 현실적으로 보여야만 한다. 캐릭터가 사무원이든 중세 마법사든 상관없이, 만약 캐릭터의 성격과 동기부여가 현실적이지 않다면, 관객은 그런 캐릭터와 동일시될 수 없고, 그 결과 관객과 영화 사이에서 심리적 접속은 발생하지 않을 것이다. 캐릭터 발달에서 급작스러운 도약과 간격(이해할 수 없는 심경 변화)은 비현실적인 캐릭터를 만들어낸다. 영화의 장르와 플롯에 관계없이, 캐릭터 발달 요소들은 늘 신중하게 구조화되어야만 하며, 이야기 전반에 걸쳐 제대로 설정되어야만 한다. 이런 법칙에는 예외가 없다.

당신의 각본에서 프로이트적 주제를 다룬다면

1. 당신 각본에 사랑의 대상이 있는가? 아니라면, 사랑의 대상을 추구하는 것이 당신의 이야기에 드라마를 부여한다고 생각하는가?

2. 당신 각본에 사랑의 대상이 있다면, 캐릭터들 사이에 갈등이 존재하는가? 극복해야만 하는 '금단의 열매' 요소, 경쟁, 혹은 장애와 같은 오이디푸스 주제를 부여함으로써 이러한 갈등이 심화될 수 있는가?

3. 당신의 각본에서 주인공은 경쟁 상대를 갖고 있는가? 만약 그렇지 않다면, 경쟁 상대가 당신의 플롯에 갈등이나 긴장을 어떻게 부여할 것이라고 생각하는가?

4. 공포스러운 장면이나 이야기가 나오는 각본을 쓰고 있는가? 만약 그렇다면, 위협적인 인물을 보다 무섭게 만드는 무능함의 '거세 공포' 주제나 역전된 역할을 사용할 수 있는가?

5. 당신의 각본이 부모-자녀관계 혹은 애정관계를 포함하고 있는가? 만약 그렇다면, 소유욕과 관련한 주제를 포함시켜 이러한 관계에 갈등을 부여할 수 있는가?

6. 당신 주인공의 일차적 갈등을 두 세 문장으로 묘사해보라. 만약 할 수 없다면, 당신은 아마 이 캐릭터의 동기부여에 대해 명확한 이해를 하지 못한 것일 수도 있다. 주인공 내면의 신경증적 갈등을 통해, 당신은 복잡한 심리적 문제를 다룰 수 있는데, 그 갈등은 작가인 당신에게는 분명한 것이어야 한다.

7. 당신의 각본에 악당이 있다면, 그의 동기부여는 명확한가?

8. 최고의 악당은 자신의 원초적 욕망이나 리비도에 의해 추동된다. 당신의 악당을 섹스와 공격성 충동에 호소하도록 어떻게 부추길 수 있을까? 악당은 아무리 비열해도 지나치지 않다는 점을 기억하라.

9. 당신의 주인공의 원초적인 심리적 갈등은 그의 외면적 목표와 다른가?

10. 당신의 주인공은 멘토나 롤모델을 갖고 있는가? 만약 그렇지 않다면, 그런 요소를 하나 삽입할 것을 검토해보라. 롤모델 인물은, 그가 차지하는 비중이 그저 명목상에 불과할지라도 커다란 공감을 불러일으킬 수 있다.

11. 당신의 주인공은, 적어도 부분적으로라도 죄책감으로 동기부여가 되는가?

12. 내적 갈등은 구강 고착을 통해 시각적으로 묘사될 수 있다. 흡연, 음주, 식사 혹은 기타 다른 '구강' 행위들을 통해 캐릭터의 내적 갈등을 어떻게 보여줄 수 있을지 생각해보라.

13. '무기'는 영웅의 여정을 돕는 모든 물리적 또는 형이상학적 조력물을 의미한다. 당신의 영웅에게는 "무기"가 있는가? 만약 그렇다면, 그 무기는 영웅의 정체성과 관련이 있는가?

14. 광범위하게 해석해서, '남근 선망'은 지배적인 힘이나 권력에 대한 공포, 즉 권한 박탈과 권한 이양과 같은 문제를 드러낸다. 영화에서 여주인공들은 일반적으로 이러한 문제들을 처리한다. 당신의 여주인공이 자신의 약점과 힘을 구체화하는 방식으로 남근 선망 문제를 어떻게 해결할 수 있을까?

15. 억압과 부인, 이 두 가지는 캐릭터가 일반적으로 의식하지 못하는 자신의 욕망, 공포, 그리고 신경증으로 드러난다. 자기 상황을 인지하지 못하는 속성을 당신 주인공 속에 있는 캐릭터의 강점이나 약점으로 어떻게 활용할 수 있는지 고려해보라.

16. 말실수는 단지 정보라기보다는 감정 상태를 표현할 때 좀 더 사실적이다. 만약 당신이 각본에서 프로이트식 말실수를 사용한다면, "이런, 중요하고 창피스런 내 비밀을 지금 막 너에게 말했다니 믿을 수 없어!"라는 식의 오래된 상투적 설정 대신, 말실수를 감정적 표출 형태로 어떻게 쓸 수 있는지 생각해보라.

17. 희극적 기분전환은 어떤 영화에서나 핵심적인 부분이다. 당신의 각본에서 웃음을 유발하도록 기획된 상황이 적어도 하나라도 있는가?

18. 백일몽은 당신 캐릭터의 아주 깊은 공포와 욕망을 통찰하도록 해줄 수 있다. 그것은 캐릭터의 심리적이고 정서적인 상태를 드러내는 데 사용될 수 있다. 당신의 캐릭터에게 깊이를 부여하기 위해 백일몽 시퀀스를 어떻게 사용할 수 있을지 생각해보라.

19. 당신의 각본에서 모든 캐릭터를 위한 꿈 시퀀스를 써보라. 이러한 꿈들을 소망, 불안, 그리고 의미심장한 상징들로 채워보라. 캐릭터를 위한 꿈 만들기는 당신에게 그들의 무의식적 마음과 내적 갈등에 대한 통찰을 줄 것이다.

CHAPTER 2
에릭 에릭슨
Erik H.
Erikson

ERIK ERIKSON
에릭 에릭슨

■

　프로이트식 분석은 갈등의 내적 근원에—상호 적대적으로 충돌하며 발산하는 무의식적 충동들—초점을 맞추는 경향이 있는 반면, 에릭슨식 분석은 갈등의 환경을 조절하려는 자아의 투쟁에 초점을 맞춘다. 에릭 에릭슨과 지그문트 프로이트의 관점 차이는 그들이 자신의 이론에 붙인 이름에서 명확하게 드러난다. 프로이트 이론은, 자신의 성충동과 그 밖의 충동들로부터 발생하는 갈등을 유지하는 성심리학이다. 에릭슨 이론은, 자신의 욕구와 충동들이 사회적 기대와 갈등을 일으킬 때 발생하는 갈등을 유지하는 **사회심리학**psychosocial이다. 자아의 내면적 삶은 사회적인 외부의 삶과 갈등을 일으킬 때, **규범적 갈등**이 발생한다. 발달하는 자아는 자신을 규범화하기 위해 투쟁한다. 그것은 자신에게 부과된 사회적 기대에 맞추어나가는 투쟁이며, 또한 자신에게 충실하려는 시도이기도 하다.

　인생의 각 단계는 해결해야만 하는 다른 규범적 갈등을 단계별로 제시한다. 각 단계의 중심적인 규범적 갈등은 발달하는 자아 정체성에 매우 중대한 영향을 끼치는데, 이러한 각각의 규범적 갈등은 **정체성 위기**의 수준에 이를 정도로 상승하기도 한다. 정체성 위기는 자아감sense of self에서 극적인 변화와 전환의 시기, 즉 자아 정체성의 변태기a time of metamorphosis에 발생한다. 삶의 매 단계마다 일어나는 정체성 위기는 그 단계에서의 특정한 규범적 갈등을 중심으로 일어나는데, 그때의 정체성 위기의 해결은 개인의 정체성에 중대한 영향을 끼친다.

정체성 위기에 관한 에릭슨의 이론 8단계는 정체성 발달의 기본적 요소들에 관한 개요를 보여준다. 작가로서, 당신의 주된 관심사는 인물들의 **정체성 발달**혹은 캐릭터 발달이다. 이야기의 플롯과 행동이 영화의 외부 세계를 재현한다면, 인물의 정체성은 영화의 내부 세계를 재현하는데, 그것은 주인공이 캐릭터 발달을 위해 해결해야만 하는 내적 갈등과 위기다.

신 뢰 감   대   불 신 감

정체성 위기에 관한 에릭슨의 사회심리적 단계들은 자아 발달에 관한 프로이트의 성심리적 단계들에서 직접적인 영감을 받았다. 에릭슨은 프로이트 모델의 본령들을 각색하여, 그의 멘토처럼 훌륭하게 이론의 거장다운 자신감과 확신을 갖고 각 주제들을 자유롭게 변주해낸 것이 분명하다. 정체성 위기의 첫 단계는, '신뢰감 대 불신감'으로, 프로이트의 구강기에 해당한다. 에릭슨은 모유 수유를 통한 구강 영양이라는 신체적 측면보다, 어머니와 아이 사이의 정서적 관계에 초점을 맞춘다.

인생의 첫 단계에서, 아이는 완전히 무력하고 상처받기 쉽다. 돌보는 사람의 양육에 전적으로 의지해 생존하면서, 그들이 먹여주고 보호해주고 돌봐주고 버리지 않을 것이라는 아이의 **신뢰감**은 근본적인 믿음이다. 만약 아이가 버려지고, 무시당하거나 잘못 다루어진다면, 일차적인 정체성의 위기는 **불신감**을 낳는다. 즉 그것은 다른 이들을 믿을 수 없으며 사람들은 선천적으로 이기적이고 불친절하고, 삶이란 본질적으로 잔혹하고 부당하다는 일반적 감각이다.

불신감은 영웅적 대의에 몸을 던지길 꺼리는 캐릭터에서 나타날 수 있는데, 왜냐하면 그는 자신의 도움을 필요로 하는 선량한 사람조차 믿을 수 없기 때문이다. 수상한 영웅은 일반적으로 다소 어두운 캐릭터, 즉 어두운 과거를 가진 안티히어로에 해당한다. 그는 몇 차례 어두운 경험을 했고, 그것을 증명할 상처를 갖고 있다. 그는 이미 상처를 입었고, 누구도 믿지 않아야 한다는 것을 경험으로부터 배웠다. 〈차이나타운〉1972에서, 잭 니콜슨이 맡은 제이크 캐릭터는 수상한 영웅 유형의 고전적인 예다. 세상물정에 밝은 흥신소 탐정 제이크는 불신의 갈등을 체화한 인물이다. 아무도 믿지 않는 그에게는, 그럴만한 충분한 이유가 있는데… 그의 세계는 그늘진 캐릭터들의 세계이며, 모략, 부패, 사기로 점철된 세계다. 수상한 영웅의 도전은 불신감을 극복함으로써 자신의 정체성 위기를 해결하는 것이다. 그는 누군가를 믿어야만 하고, 또 다른 누군가를 믿거나 이타적인 대의unselfish cause를 믿어야만 한다.

불신에 대한 갈등의 해결은 **믿음의 도약**을 통해 성취되는데, 이는 수상한 영웅이 경계태세를 늦추고 다른 누군가에게 자신을 맡기는 장면에서 가능하다. 〈아프리카의 여왕〉1951에서, 찰리험프리 보가트는 완전히 이기적인 증기선 선장으로 출발한다. 그는 아무도 돌보지 않으며 자신의 배, 자신의 술, 자기 자신 외에는 관심이 없다. 콩고로 내려가는 고된 여정에서, 그는 승객인 로즈캐더린 헵번를 사랑하고 존경하게 된다. 로즈에 대한 찰리의 사랑은 그로 하여금 누군가를 신뢰할 수 있게 만들고, 자기 자신 외부의 무언가에 믿음을 갖게 만든다. 다른 사람을 믿고 돌보게 만드는 이 새로운 능력은 찰리에게는 믿음의 도약을 하도록 영감을 준 변화의 마법이다. 그리하여 그는 애지중지하는 배를 희생하면서 사악한 독일인과 대결하는 로즈의 싸움에 자신의 목숨을 건다.

믿음의 도약이 반드시 캐릭터의 큰 변화로 작동해야만 할 필요는 없다. 도약은 캐릭터에게 단순한 한 걸음일 수 있으며, 거기에서 그/그녀는 주저하는 기력없는 상태로부터 다른 사람이나/과 다른 이유에 헌신하는 보다 주도적인 상태로 나아간다. 〈레이더스〉1981에서, 마리온카렌 알렌은 인디아나 존스해리슨 포드를 도와주는 일을 주저한다. 왜냐하면 과거 그에게 받은 상처 때문이다. 그러나 독일인 악당들이 그녀의 술집을 습격해서 불태우자, 그녀는 불신을 이겨내고 인디아나와 힘을 합친다. 그녀가 인디아나를 믿을 수밖에 없게 되면서 그들 관계에 강력한 힘이 부여된다. 그들 사이에는 사랑도 있지만 분노와 억울함도 있다. 두 주요 캐릭터들 사이에 놓인 불신에 대한 해결믿음의 도약은, 인디아나와 마리온이 점차 상호 신뢰와 존경을 갖게 되면서, 영화 전편에 걸쳐 이루어진다.

불신과 믿음의 도약은 당신의 각본에서 중요한 요소들인데, 왜냐하면 이 요소들은 현실 세계를 드러내기 때문이다. 실제로 사람들은 일반적으로 다른 사람들을 위해 자신을 내거는 위험을 무릅쓰려 하지 않는다. 실제로 사람들의 충실함과 신뢰는 장려되어야만 한다. 캐릭터의 믿음의 도약을 구조화할 때, 이런 주제가 단지 말로만 하는 장치보다는, 반드시 실제로 적용되도록 고심해야 한다. 〈모스맨〉2002에서 좋지 않은 예를 찾아볼 수 있다. 영화에서, 존리처드 기어은 부인의 죽음을 둘러싼 미스터리를 해결하려고 한다. 존은 자신이 목격하여 조사 중인 이상한 외계 물체를 연구해온 멘토 같은 인물을 추적한다. 존은 그의 집 문을 두드리고, 도움을 요청한다. 멘토는 두 번이나 도움을 거절하다, 존이 세 번째 도움을 요청하자, "오케이"라고 말하면서, 문을 열어줘 그를 집안에 들어오게 한다. 불신, 거부, 주저함, 그리고 믿음의 도약으로 이루어진 모든 과정이 15초 동안 벌어진다. 이는 너무 쉽게 진행된다. 이 장면의 효과는(공포영화에 걸맞는 좋은 효과가 아니기에) 웃음마저 나온다.

믿음의 도약은 개인적인 내적 갈등의 중요한 해결을 심층적으로 상징한다. 그것은 두 캐릭터가 힘을 합쳐 플롯에 따라 움직이기 전에 해내야만 하는 진부하고 사소한 말장난이 아니다. 믿음의 도약을 경솔하게 다루는 것은 시나리오 쓰기에서 벌어지는 가장 흔한 잘못이다. 이것은 다시 말해 캐릭터보다 플롯을 먼저 설정하는 잘못이다. 작가로서, 당신은 플롯이란 캐릭터 주위를 도는 것이란 점을 기억해야만 한다. 많은 행동들과 함께 빠르게 진행되는 플롯을 유지하기 위해 캐릭터의 복잡성을 절대로 희생해서는 안 된다. F. 스콧 피츠제럴드의 말처럼, "캐릭터가 곧 행동이다!"

수상한 영웅의 반대는 **잘 속는 영웅**, 즉 너무 잘 믿는 캐릭터다. 이 캐릭터의 도전은 신뢰하는 법을 배우기보다, "아니오"라고 하는 법을 배우는 것이다. 잘 속는 영웅은 자신을 지지하면서 다른 사람들이 자신을 이용하지 않도록 하는 캐릭터의 힘을 배워야만 한다. 〈로맨싱 스톤〉1984에서, 죠앤 와일더캐서린 터너는 **낙천적 인물**이다. 그녀는 불안정하고 자신감 없는 여성으로 시작되는데, 거리에서 몰려드는 믿지 못할 거리 상인들로부터 자신을 지켜낼 수 없을 정도다. 죠앤의 도전은 더욱 강해지고(그녀의 이름이 지칭하듯이) 좀 더 '보다 야성적'이 되는 것이다. 죠앤에게 있어 캐릭터의 힘은 다른 사람들을 덜 믿는 것이 아니다. 그보다는, 그녀 자신을 더 믿고 스스로 의심없이 자신을 표현하는 것이다.

죠앤의 캐릭터 발달은 그녀의 자매를 구하는 여정으로 시작되는데, 그것은 죠앤이 갖고 있지 않는 모든 것을 갖춘 캐릭터인 잭마이클 더글러스에 의해 추동된다. 잭은 야성적이고, 모험적이며 어둡고, 본질적으로 의심이 많다. 〈아프리카의 여왕〉에 나오는 보가트처럼 잭은 외국에서 떠도는 외로운 탐험가다. 그는 오직 자신에게만 관심이 있다. 그는 아무도 믿지 말아야 한다는 것을 배위왔는데, 다른 사람들도 자신처럼 모두 이기적이라고 의심하기 때문이다. 〈로맨싱 스톤〉은 캐릭터가 추동하는 액션영화다. 왜냐하면 두 주인공 캐릭터 모두 내적 갈등을 겪고 있으며 서로에게 멘토가 되는 기능을 하기 때문이다. 잭은 죠앤에게 강하고 독립적이며, 야성적이고 자신감을 갖는 법을 가르쳐야만 한다. 죠앤은 잭에게 믿음, 사랑, 타인에 대한 보살핌을 가르쳐야만 한다. 신뢰와 관련된 이들의 갈등이 해결되면서 상호보완적인 심리적 로맨스의 결합을 만들어낸다. 결말에서, 죠앤은 뉴욕 시내로 자신 있게 걸어가며, 귀찮게 구는 마약상들을 향해 손짓하며 조용히 피해간다. 그리고 잭은 죠앤과 함께 문명으로 복귀한다.

이 영화의 대단원은 시나리오 작가에게 값진 교훈을 준다. 캐릭터들은 역할 모델들과 멘토들로부터 많은 것을 배울 수 있지만, 그들의 마지막 단계에서는 그들 자신의 정체성 안에서 새로 발견된 힘을 통합해왔다는 점을 보여줘야 한다. 분명 캐릭터들 사이의 관계가 진행될 수 있고 발전할 수 있지만, 심리적 완성을 위해 그들은 반드시 서로가 필요한 것은 아니다. 각 캐릭터가 충분히 발달했을 때, 그들은 그 자체로서 완전하고 균형 잡힌 심리적 정체성을 재현해내야만 한다.

자율성 대 의혹과 수치심

프로이트의 두 번째 성심리 단계항문기가 화장실 훈련을 두고 벌이는 부모와 아이 사이의 힘겨루기에 중점을 둔 단계처럼 에릭슨의 자아 위기 두 번째 단계는 부모로부터 자율성을 갖기 위한 아이의 투쟁에 초점을 맞춘다. 에릭슨에게, 자율성이란 개인의 기본적 정체성으로, 아이의 '자기 자신이 되려는 의지will to be oneself'다. 영화에서, 자율성의 주제는 일반적으로 자신이 처한 환경에서 벌어지는 독재적인 힘에 저항하는 캐릭터들에 의해 수행된다. **저항적 영웅들**은 일반적으로 정복당한 상태에서 출발하는데, 그곳에서 그들은 자율성을 표현할 자유가 없다. 〈스파르타쿠스〉는 소금광산에서 노예로 일하는 영화 제목과 같은 이름을 가진 캐릭터커크 더글러스와 함께 시작된다. 스파르타쿠스가 사나운 노예 감시인에 맞서 동료인 노예를 방어할 때, 우리는 그가 자율성의 문제를 놓고 전면적 투쟁을 벌인다는 것을 곧 알 수 있다.

우리는 스파르타쿠스가 검투사 양성소로 가는 여정을 따라가면서, 독재적인 통치자의 지배를 받는 그가 낮은 신분에 따른 수치심에 빠져있는 것을 목격한다. 그는 짐승 같은 취급을 당하면서, 지배층의 오락용으로 죽음으로 가는 싸움을 하도록 훈련받는데… 심지어 여성 노예와 친밀감을 나누는 순간도 그의 소유주에겐 야릇한 오락거리로 활용될 뿐이다. 스파르타쿠스는 비천함에 대한 수치심과 그것에 굴하지 않는 회의감으로 망설인다. 그러나 일단 수치심과 회의감을 극복하자, 자유로움에서 나오는 거대한 힘이 그에게 저항할 영감을 준다. 다른 노예들에게도 영감을 주는 그의 저항은 거대한 노예의 저항으로 이어진다. 스파르타쿠스는 결말에서 십자가에 못 박히지만, 여전히 승리를 거둔 영웅이다. 그는 더 이상 자신에게 부끄럽지 않다. 자신이 한 일과 완수한 일에 대해 자부심을 느끼기 때문이다. 비록 그는 죽지만, 자유롭고 자율적인 인간으로서 그의 정체성은 전설로, 그리고 로마의 자유인이 된 아들의 삶과 전설 속에 살아있다.

모든 문명인은 사회의 짐을 지고 살아간다. 법률, 규칙, 세금, 공무원 등등… 모든 사회적 구속은 개인적 자율성을 억압하며, 자유를 원하는 우리의 자연적 본능을 좌절시킨다. 스파르타쿠스 같은 영웅들은 외부 전투를 통해 강력한 내적 갈등을 해소하기 때문에 우리에게 영감을 준다. 저항적 영웅들은 자율성을 위한 보편적 투쟁을 구현한다. 당신의 각본에 등장하는 영웅이 로마군과 싸우든, 주차티켓을 놓고 언쟁을 벌이든 상관없이, 갈등은 틀림없이 같은 것이다. 권력에 맞선 훌륭한 투쟁을 밀고 나가면서, 저항적 영웅은 보통 사람들이 일반적으로 해낼 수 없는 방식으로 자신의 자율성을 표현한다. 그 결과, 영화 관객은 그들이 동일시하는 캐릭터가 권력의 면전에 침을 뱉을 때, 대리만족하는 쾌감을 경험한다.

주 도 성 대 죄 책 감

프로이트 이론에 있는 발달과정에서 남근기는 오이디푸스 콤플렉스의 해결을 보여준다. 그때 초자아는 무의식에서 지배적인 힘을 갖게 된다. 반면 에릭슨의 자아 위기 세 번째 단계는 죄책감초자아의 산물과 그 반대되는 힘인 주도성a desexualized version of the libido, 리비도의 탈성화 된 버전에 초점을 맞춘다. 에릭슨은 주도성과 죄책감을 무의식 속에 존재하는 대립하는 힘으로 상정한 반면, 이것들은 흔히 영화에서 캐릭터 동기부여의 상호보완적인 힘으로 사용된다. **삐뚤어진 주인공**은 그를 올바른 길로 인도해줄 적절한 무게의 죄책감이 필요하다. 〈크리스마스 캐롤〉1938에서 스쿠루지레지날드 오웬의 주도성은 잘못된 방향으로 나간다. 스쿠루지의 에너지는 다른 사람들과 의미 있는 관계를 맺기보다 돈, 탐욕, 이기심 쪽으로 쏠려있다. 크리스마스 유령이 나타나 스쿠루지에게 그의 인간성이 얼마나 잘못됐는지, 그리고 자린고비 같은 그의 처신이 불쌍한 고용인 밥 크라칫진 로크하트에게 어떤 영향을 주는지 보여주자, 스쿠루지는 죄책감의 물결에 휘말린다. 스쿠루지의 경우, 죄책감은 긍정적이며 동기부여가 되는 힘이다. 그것은 스쿠루지를 행동하도록 자극하고, 인생을 바꾸도록 동기를 부여한다. 그리하여 그는 오랫동안 무심하게 대했던 사랑과 보살핌의 왕성한 주도성을 회복하여 자신을 변화시킨다. 스쿠루지에게, 죄책감과 주도성이라는 이중적 힘은 그의 캐릭터 이면의 핵심적인 동기부여로 함께 작동한다.

그러나 죄책감은 고전적 심리분석에서 신경증적 콤플렉스로 묘사될 수 있는데, 주인공은 진정한 주도성을 실현하기 위해 그것을 극복해야만 한다. 〈보통 사람들〉1980에서, 콘래드티모시 허튼는 우선 형의 목숨을 빼앗아간 사고에서 자신만 살아남았다는 죄책감으로부터 초연해야만 어머니와의 문제, 그리고 자기 자신을 이해할 수 있다. 콘래드의 죄책감은 '평범한' 삶으로 돌아가는 것을 방해한다. 그것은 그 자신과 다른 사람들 사이에 놓인 심리적 장벽이다. 당신이 각본에서 이러한 주도성과 죄책감을 상호보완적 힘이든 혹은 적대적인 힘이든 어떤 식으로 사용하든, 그것들이 서로 연결되어 있다는 점을 기억해야 한다. 어떤 방식으로든, 당신 캐릭터의 발달은 이 두 가지 중요한 동기부여에서 그중 하나 혹은 그 모두에 달려있다.

근 면 성 대 열 등 감

프로이트 이론에서, 남근기와 생식기 사이의 '잠재기'는 실제 단계가 아니라, 발달하는 자아가 성심리적 충동들을 억압하고 승화시키는 시기다. 에릭슨 모델에서, 승화의 예술은 개인의 정체성과 본질적으로 연결된 중요한 기술로 여겨진다. 심리적 에너지를 일로 승화시킴으로써, 우리는 능동적으로 우리 자신을 규정하게 되는데, 우리가 무엇을 하는가에 따라 우리가 누구인지 광범위하게 결정되기 때문이다. 성공적이고 생산적이며, 근면하다고 느끼는 기본적인 욕망은 부족하고 열등하다는 느낌에 의해 좌절될 수 있다. 영화에서, 근면성의 긍정성과 열등감의 부정성 사이의 내적 갈등은 고전적인 **약자**underdog 주제에서 그려진다. 거대한 라이벌이나 적에 대항하여 작은 약자가 거두는 승리 다윗과 골리앗 플롯처럼는 스포츠영화와 액션영화의 중요한 요소다. 〈록키〉 1976 , 〈베스트 키드〉 1984 , 〈꼴찌야구단〉 1979 , 〈후지어〉 1986 , 그리고 〈마이티 덕〉 1992은 성공적인 약자 주제를 다룬 많은 스포츠영화 중에서 몇 편의 예일 뿐이다. 〈특공대작전〉 1967 , 〈황야의 7인〉 1960 그리고 〈코만도 전략〉 1968은 액션영화의 주제인 약자 영웅 무리예를 들어, 부적응자들의 오합지졸 무리를 보여주는 경우에 해당한다.

약자 플롯 장치는 영화에서 항상 인기가 있는데, 왜냐하면 관객은 극복할 수 없는 역경에 맞서 승리하는 주제에 쉽게 동일시되기 때문이다. 작은 영웅과 거대한 적대자 사이의 외적 전투는 근면성과 열등감 사이에 놓인 내적 갈등을 재현한다. 그러나 약자 주제는 단지 스포츠영화와 액션영화에만 국한 되지 않는다. 이런 주제는 역경을 딛고 승리하는 개인적 이야기에서도 마찬가지로 효과적일 수 있다. 〈나의 왼발〉 1968 , 〈샤인〉 1996 , 〈뷰티풀 마인드〉 2001 , 그리고 〈엘리펀트 맨〉 1980은 열등감을 극복하는 근면성 모티브에 관한 훌륭한 예로, 여기에서 뛰어난 개인은 매우 고달픈 개인적 역경을 극복한다.

약자를 주제로 한 당신의 각본은 큰 팀에 맞서는 작은 팀이나 제왕적 챔피언에 맞서는 빈약한 도전자, 또는 자신의 장애를 극복하는 성실한 개인에 관한 것이든, 당신 플롯의 정서적 효과는 늘 기본적인 것, 즉 당신 캐릭터의 동기부여에 달려 있다. 약자 주제는 독창적인 것이 아니다. 그것은 수백만 번 상영되었고, 앞으로도 수백만 번 이상 상영될 것이다. 플롯의 진정한 동기는 무엇이 독창적일 수 있는가다. 스스로 다음과 같이 자문해보라. "왜 나의 주인공이 역경을 극복해야만 하는 걸까?" "왜 그 주인공이 이런 특별한 상대나 장애물에 대항해 승리해야만 할까?" 그리고 "이런 목표가 내 주인공의 개인적 정체성에 어떻게 연결되는 것일까?" 약자 주제는 단순한 구조를 제공하지만, 구조 자체는 강력한 동기부여즉 구조를 받쳐주는 지지대 없이는 어떤 실체도 없다.

정체성 대 정체성 혼란

지그문트 프로이트는 자아 발달의 종점을 'lieben und arbeiten', 즉 사랑하고 일하는 능력으로 요약했다. 발달의 생식기 단계를 완성했다면, 감정적 친밀감과 육체적 친밀감 양쪽에 대한 자신의 욕망을 적절한 사랑의 대상 lieben에게 투사하도록 배운 것이며, 자신의 원초적 충동을 사회적으로 적절하면서도 개인적으로 보상받는 일 arbeiten로 승화하는 것을 배운 것이다. 어머니에 대한 부적절한 성적 욕망은 아내에 대한 적절한 사랑과 욕망이 되었고, 아버지에 대한 부적절한 공격이 감정은 역할 모델과 건강한 자아와 더불어 직합한 정체성이 되었다. 에릭슨 모델은 '사랑하고 일하는' 투쟁을 분리된 두 가지의 정체성 위기, 즉 정체성 형성의 위기와 장기간 친밀한 관계 형성의 위기로 나눈다. 그런데 에릭슨은 오래전에 사춘기 시기에 벌어진 정체성 발달 단계를 상정하면서, 프로이트 이론을 넘어서는데, 특히 중년기와 노년기에 나타나는 정체성 위기가 그것이다. 인간 발달에서 '인생 과정 life course' 영역의 선구자로, 프로이트 이론을 확장시켜 나아간 에릭슨은 단순한 해석을 넘어, 자신의 이론을 획기적이고 영향력 있는 '대가의 이론'으로 만들었다.

정체성 위기의 다섯 번째 단계는 에릭슨 이론의 중심부다. 에릭슨은 개인적으로 의미 있는 경력이나 인생을 걸만한 일을 찾으려는 청년의 욕구에 초점을 맞추는데, 영화에서 정체성의 탐색은 흔히 자신이 동일시할 수 있는 유의미한 이유를 찾는 투쟁으로 묘사된다. 영화 1막에서는 일반적으로 주인공의 정체성이 설정되고, 2막은 장애물과 적들에 맞선 투쟁을 다루며, 3막은 투쟁의 해결과 캐릭터 발달의 마지막 조각들을 보여준다. 이런 구조에서, 1막은 주로 캐릭터 발달에 전념하는데, 그것이 바로 **배경 이야기**를 통해 주인공의 정체성을 설정한 것이다.

〈슈퍼맨〉에서, 1막은 매우 길게 펼쳐진다. 거기서 우리는 클락 켄트의 유아기, 유년기, 청소년기, 신생 성인기, 그리고 그의 초인적인 제2의 자아를 목격한다. 영화의 본격적인 플롯에 해당하는 2막은 렉스 루터가 등장하면서 시작되는데, 그때까지 우리는 영화감상에 이미 1시간 반 정도를 보냈다. 그러나 슈퍼맨의 정체성과 관련한 배경 이야기가 매우 흥미롭기 때문에 관객은 지루해하지 않거나, 또는 언제 본격적인 행동이 개시될지 궁금해진다. 관객은 영웅 정체성의 출현에 관해 듣는 것을 즐기고, 이 부분이 흥미롭게 오랫동안 펼쳐지면서, 1막의 정체성 발달 부분은 매우 길어질 수 있다.

때로, 배경 이야기가 너무 복잡해서 실제 장면으로 펼쳐내기에는 너무 오랜 시간이 걸릴 수도 있다(〈슈퍼맨〉처럼 150분 넘는 분량의 시나리오를 쓸 마음이 아니라면 그렇다). 이런 이유로, 화면 밖 소리 내레이션은 배경 이야기를 설명하는 시작 부분에 흔히 사용되며, 관객이 빠르게 그것을 따라잡도록 도와준다. 어떤 작가들은 이러한 화면 밖 소리 내레이션voice over narration은 게으른 자가 이야기하는 방식이라며 못마땅해한다. 많은 경우, 이런 의견은 맞다. 짧은 예시 장면들을 동반한 화면 밖 소리 장치는 코미디영화 1막에서 거의 평균적인 공식으로 자리 잡았는데, 그것은 다소 정형화된 양상을 보여준다. 그

　　　　　　　　　　　　　　CHAPTER 2 _ 에릭 에릭슨

럼에도 불구하고, 단지 그런 스타일이 흔히 남용된다는 이유로, 그것을 전부 불신하는 것은 불공평하다. 제대로만 사용한다면, 화면 밖 소리를 통한 배경 이야기는 민첩하고 품위 있게 관객을 낚아채 흥미롭게 만들어질 수 있다.

여기에 정확히 들어맞는 예로 웨스 앤더슨의 〈로얄 테넌바움〉2001을 꼽을 수 있다. 앤더슨의 영화는 상당히 복잡하고 정교한 배경 이야기를 갖고 있는데, 화면 밖 소리 내레이션은 관객이 캐릭터들에 관해 알고 싶은 모든 필요한 정보를 적절한 시간 내 전달해주는 유일한 방법이다. 빠른 속도, 재밌는 짧은 장면들, 화면 밖 소리와 대사의 병렬 배치, 타이틀과 소품들의 창의적인 사용은 1막 부분에서 영화 속 실제 장면들로 이루어져, 어떤 시퀀스 못지 않게 관객을 흥미롭고 재밌게 만든다. 특히 관심을 끄는 장치는 영화 속 캐릭터들을 책의 저자들로 만든다는 점이다. 캐릭터가 썼던 책의 짧은 쇼트를 보여줌으로써, 관객은 책 제목과 겉장에 깔끔하게 요약된 캐릭터의 정체성과 성품을 매우 사실적으로 느끼게 된다.

배경 이야기는 캐릭터 정체성의 중요한 측면을 전해주고, 플롯에서는 갈등의 본질적 요소를 제공한다. 당신의 영화에서 배경 이야기를 어떻게 전달할 것인가 하는 선택은, 여러 가지 방식으로 전체 각본의 구조를 결정할 것이다. 1막에서 모든 배경 이야기를 전해주기로 선택하든, 이야기 진행 전반에 걸쳐 그것을 흘려 넣든, 캐릭터의 배경 이야기와 정체성 발달의 관계는 늘 밀접하게 연결되어야 한다. 종종, 배경 이야기의 중요한 덩어리를 비밀스럽게 만드는 게 유용한데, 드러나지 않는 정보의 흥미로운 작은 부분이 플롯에서의 전개나 캐릭터 내면에서의 발달과 일치할 수 있다. 우리는 영화 〈스토커〉2002에서, 정서가 불안한 싸이로빈 윌리암스가 갈수록 어떤 가족사진에 더욱 강박적으로 사로잡혀, 매우 부적절한 방식으로 그 가족에 집착하는 모습을 따라간다.

영화가 거의 결말에 이를 때까지, 우리는 싸이가 어릴 때 학대당했고, 이런 학대가 사진과 연결되었다는 점을 알지 못한다. 숨겨진 배경 이야기의 이런 중대한 부분을 결말까지 비밀에 붙이는 선택은 싸이 캐릭터의 전반적인 오싹함을 증가시킨다. 싸이의 동기부여와 그의 타락의 근거는 영화 전반에 걸쳐 관객에게 비밀로 붙여진다.

배경 이야기의 공개는 캐릭터 자신이 개인적 정보를 폭로할 때, 특히 정서적 차원에서 각별할 수 있다. 〈로얄 테넌바움〉에서 배경 이야기 대부분이 시작 시퀀스에서 오랫동안 화면 밖 소리로 제공되었음에도 불구하고, 로얄이 손자들에게 그들 만남에 관한 이야기를 해줄 때까지, 우리는 로얄진 핵크만과 그의 충직한 조수쿠마 팔라나의 특별한 관계를 알지 못한다. 영화의 핵심은 자신의 가족을 되찾고 싶은 로얄의 욕망, 그 주변을 배회하는데 그가 손자들과 친근감을 나누며 정보를 폭로할 때, 우리는 로얄이 그들의 청년기에 중심인물이 되는 것을 목격한다.

폭로와 자기성찰의 조용하고 진지한 순간은 매우 강력할 수 있다. 폭로하는 캐릭터가 말하고 있는 상대와 친밀감을 형성하는 동안, 그는 관객과도 친밀한 정서적 연대감을 창조한다. 셰익스피어 연극에서 배우의 독백이 관객에게 무대 위 캐릭터의 생각과 느낌에 관한 직접적 통찰을 제공하는 것처럼, 영화에서 배우가 폭로하는 순간은 관객을 스크린 속 캐릭터의 마음과 동기부여 속으로 들어가도록 해준다. 〈스와핑〉1998에서 가장 기억할만한 장면은, 비열한 울트라 마쵸 바람둥이가 두 친구에게 그가 경험한 최고의 섹스는 그와 고교시절 친구가 같은 반 남학생을 강간했을 때라고 폭로할 때다. 갑자기 관객은 이 캐릭터에 대한 통찰력을 얻는다. 여성에 대한 그의 야만적인 잔인함에 질렸을 때처럼, 관객은 이제 이 캐릭터의 행위와 배경 이야기 속에 있는 갈등

어린 성적 취향에 사로잡힌다.

어떤 영화들, 특히 전기적 주제는 모두 배경 이야기에 관한 것이다. 스파이크 리의 〈말콤 X〉1992의 모든 장면은 말콤덴젤 워싱톤의 정체성 발달과 그와 관련된 배경 이야기를 직접 다룬다. 이런 영화에서는 연기가 진정 캐릭터이며, 모든 플롯과 이야기는 영화가 말하고 있는 이야기 주인공의 초상에 또 다른 차원을 더하기 위한 목적으로 설계된 것이다. 그러나 전기영화가 아닌 작품조차도, 플롯이 캐릭터 발달보다 부차적인 요소가 될 만큼 인물 중심으로 전개될 수 있다. 단지 영화 세 편에서만 주연을 맡았음에도 불구하고, 제임스 딘은 정체성 위기를 통해 투쟁하는 청소년 캐릭터의 전형적인 예다. 〈이유 없는 반항〉1955에서, 딘의 캐릭터는 어떤 식으로든 자신도 이해하지 못하는 투쟁을 벌이는 십대 문제아다. 캐릭터들과 그들의 정체성 혼란개인적이고 의미 있는 자기 자신의 탐구에 주로 초점을 맞추면서, 이 영화는 상대적으로 '가벼운 플롯plot light'을 보여준다.

유예와 압류

당신 캐릭터의 정체성 위기를 구조화할 때, '유예'란 요소즉 정체성 성취에 선행하는 능동적 탐색 단계를 명심하라. 〈말콤 X〉는 한 남자의 유예에 관한 이야기로, 중요한 개인적 정체성을 찾는 일생을 그린다. 영화는 아프리카계 미국인이 온전한 국가관이라는 새로운 정체성에 영감을 얻으면서 펼쳐진다. 에릭슨 모델에서 또 다른 중요한 요소는 '압류'인데, 그것은 탐색을 너무 일찍 끝낸 위험으로 인해, 자신의 발견을 통해 성취된 개인적으로 중요한 정체성보다 다른 사람에 의해 제공된 정체성에 정착하는 것이다. 영화 속 〈말콤 X〉의 한 지점을 놓고 이야기 하자면, 말콤은 완전히 이슬람교에 굴복한다. 말콤은 자기 자신을 속속들이 교주, 엘리야, 무하마드와 동일시한다. 그는 그의 지도자와 그의 교리에 맞추어 자신을 조정하는데, 이러한 역할 모델의 교리가 자신의 윤리관과 직접 갈등을 불러일으킬지라도 마찬가지다. 말콤의 이어지는 갈등은 또 다른 정체성 위기로 나타나는데, 말콤은 엘리야 무하마드와 이슬람 국가로부터 채택했던 정체성이 압류된 정체성 내부가 아니라 부재로부터 기인한 정체성이란 점을 깨달아야만 한다. 진실한 정체성을 성취하기 위해 말콤은 자신의 영혼을 파고 들어가, 거짓 아버지 형상의 뻔뻔한 추종자가 아닌, 한 개인으로서 의미 있는 철학과 종교를 찾아야만 한다. 말콤의 개인적인 정체성 탐구는 메카로 가는 영적 순례로 재현된다.

　〈이유 없는 반항〉, 그리고 이와 같은 다른 영화들, 이를테면 말론 브란도 주연의 〈위험한 질주〉1953에서, 미성년 범죄들은 그들의 삶에서 강력한 역할 모델이 명확히 부재할 때 발생한다. 에릭슨은 십대에게 저항은 공통적이라고 믿었는데, 왜냐하면 그들은 아이로서 자신이 동일시할 역할 모델에게 저항할 인생의 단계에 도달했기 때문이다. 아이로서 존경했던 부모나 권위적인 인물들은 이제 과잉 비판적인 십대의 시선에서 보면, 엄격하고 위선적이고, 구식이고 억압적이며 절망적인 고지식한 존재일 뿐이다. 이런 십대들은 인생에서 성인 역할 모델 모두에게 일방적으로 저항하며, 아직 그 빈자리를 채워줄 새로운 역할 모델을 수용하지 못한 상태다. 따라서 그들에게는 정체성 혼란으로 인한 강한 갈등이 발생한다. 또한 그들에게는 진정한 정체성도, 길을 제시해줄 사람도 없다. 에릭슨이 십대에게 매우 흔한 것으로 바라보는 이러한 내적 갈등은 일반적으로 십대 영화에서 청소년과 성인 사이에 벌어지는 외적 갈등을 통해 펼쳐진다.

비록 직접적으로 정체성 문제를 다루지 않은 십대 영화에서도, 혼란스러운 십대에게 역할 모델이 되는 유능한 성인 인물은 일반적으로 존재하지 않는다. 십대 영화 〈애니멀 하우스의 악동들〉1978, 〈아메리칸 파이〉, 〈포키스〉에서, 모든 성인은 웃기고 멍청하거나 뻔뻔스러운 반청소년적 인물로 십대 주인공에게 노골적으로 적대적이다. 이런 영화들의 메시지는, 성인들이란 절망적일 만큼 접촉하지 못할 존재이거나, 어디에서건 십대에게는 치명적인 적이다. 어떤 경우에 속하든, 성인은 적합한 역할 모델로 봉사할 수 없다. 십대는 어떻게 해서든 스스로 문제를 해결해야만 하며, 그런 작업을 통해 자신의 정체성 위기를 해결한다.

정체성 문제는 본질적으로 개인적인 문제다. 당신의 주인공이 친구와 멘토에게 도움과 안내를 받을 수 있거나, 때로는 받아야만 하지만, 위기의 최종적 해결은 늘 자기 추동적이어야만 한다. 캐릭터는 자신을 발견해야만 한다. 자신의 정체성은 누군가로부터 완성된 채로 넘겨받을 수 없다. 첫 번째 〈스타워즈〉 3부작은 매우 완벽한 정체성의 발달을 보여주는 예다. 여정의 단계마다 정체성의 또 다른 요소와 접속하는 루크 스카이워커는 복잡한 배경 이야기를 점점 더 파악해가며, 아버지의 진정한 정체성까지 알게 된다. 현명한 두 멘토오비완과 요다, 충직한 몇몇 연대한 솔로, 레이아공주 등를 가졌음에도 불구하고, 루크는 자신의 힘으로 정체성 발달의 단계마다 씨름한다.

〈스타워즈 에피소드 5_제국의 역습〉1980의 격투 장면에서, 어두운 동굴로 들어가 다스 베이더와 맞닥뜨린 루크는 그의 목을 치는데, 베이더의 마스크에 비친 자신의 얼굴만 바라볼 뿐이다. 정체성의 탐구는 어둡고 혼란스러운 길로, 때론 두렵고 불안하다. 요다는 루크에게 그의 진정한 정체성을 쉽게 말해줄 수 있었지만, 현자 제다이 사부요다는 루크를 그 자신의 심리이기도 한 어두운 동굴로 홀로 보내는데, 진정한 자기 인식은 스스로의 내면으로부터 나와야만 한다는 것을 알고 있기 때문이다. 요다처럼 당신도 주인공을 어두운 동굴에 홀로 보내야만 한다. 당신의 주인공이 정체성 위기로 인한 혼란, 고통과 비판에 시달리는 것을 두려워하지마라. 당신의 주인공이 더 힘겹게 투쟁할수록, 관객은 그의 갈등을 더욱 동일시할 수 있으며, 결말에서 그의 성공을 더욱 응원하게 될 것이다.

친밀감 대 고립감

에릭슨의 정체성 위기 여섯 번째 단계는 특별히 사랑의 도전을 다루고 있다. 인생에서 그리고 영화에서 낭만적 친밀감은 두 개의 층위에 존재한다. 육체적 층위인 섹스는 전통적으로 스크린에선 은밀하게 묘사되었다. 오늘날, 섹스신은 사랑을 다룬 영화에선 거의 의무적 수단이다. 섹스신은 상대적으로 쓰기 쉽다. 원초적 충동인 섹스는 거의 어떤 동기를 요구하지도 않는다. 이 장면은 매우 시각적이며, 관객의 주의를 쉽게 사로잡아 유지시키는데, 영화의 기본적인 관음증적 매력이 잘 드러나 있다. 반면, 정서적 친밀감을 성취하는 것이 영화에서는 좀 더 어려운 작업이다. 캐릭터들 사이에 정서적 친밀감을 구축하려고 할 때, 기억해야 할 한 가지는 친밀감이란 라틴어원 'intimare'로, "가장 깊이 알게 하라"라는 뜻이다. 개인적 **고백**은 낭만적 캐릭터들 사이에 친밀감을 창조하는 열쇠다.

친밀감 대 고립감의 정체성 위기는 다양한 방식으로, 신뢰감 대 불신감의 일차적인 정체성 위기를 요약해준다. 프로이트 관점에서, 아기와 어머니 사이의 성심리적 관계를 통해 처음으로 경험한 감정은, 훗날 연인들 사이의 성

심리적 관계로 투사된다. 프로이트에 따르면, 감정이란 본질적으로 동일하며, 오직 사랑의 대상만 바뀐 것이다. 그런데 에릭슨 관점에서, 신뢰의 근거즉 아기와 어머니 관계의 토대는 연인관계의 토대와 유사하다. 애정관계에서 한 쌍은 그들이 '가장 내밀한 부분이 드러나기를' 바라기 전에 서로 신뢰해야만 한다. 자신의 가장 내밀한 감정과 비밀을 드러내는, 개인적 폭로는 인간을 정서적으로 매우 취약한 지점에 놓이게 만든다. 그/그녀가 상대를 완전히 신뢰하지 않는 한, 취약한 지점에 그 누구도 자진해서 들어갈 수 없다. 신뢰없이 어떤 친밀감도 없다.

로맨스영화에서, 두 인물은 짝짓기 기간 중 새들처럼 다가갔다 멀어지는 구애게임을 하는 연인들과 같다. 다가간 한 쪽은 육체적이거나 정서적인 친밀감 중 어느 한쪽을 어느 정도 제공한다. 로맨틱 코미디의 진정한 원전이 되는 블록버스터 대성공작 〈어느 날 밤에 생긴 일〉1934에서는, 매 장면 게임이 벌어진다. 그것은 다음과 같은 작은 제스처들이다: 피터클락 게이블가 엘리클로데트 콜베르의 이빨 사이에 낀 것을 빼내주기. 아침식사에서 나누는 도넛을 커피 컵에 담그는 이야기. 엘리는 피터의 셔츠 풀린 모습을 쳐다보고, 피터는 히치하이크하는 엘리의 다리를 쳐다보는데, 이 모든 것은 두 스타가 서로 매력을 느끼며 사랑을 키우게 될 것을 끈기 있게 관찰하고 기다리는 관객에게 대단한 의미 작용을 한다. 다른 영화들이 액션으로 가득 찬 커다란 장면이나 플롯을 만드는 동안, 로맨틱 코미디는 작은 장면들로 채워지는데, 두 인물은 대부분의 시간을 서로 조롱하고 시시덕거리며 수다를 떨며 보낸다. 본질적으로, 이 캐릭터들은 서로를 알아간다. 그들은 친밀감을 세워나가고, 신뢰를 형성하게 되고, 결국 성장한 사랑은 깊어지며 현실이 된다.

〈어느 날 밤에 생긴 일〉처럼 로맨틱 코미디는 때로 운명적으로 짝 지워진 적대적인 한 쌍을 그려내기도 한다. 코미디는, 그것이 로맨틱이든 그 외의 다른 것이든 갈등에서 발생한다. '코믹한 한 쌍'은 유머러스한 갈등을 가져오는 적대적인 짝패다. 자연 그 자체는 대비되는 성^{sex}의 짝을 통해 가장 기본적인 코믹한 짝을 제공한다. 남성과 여성, 마초적인 것과 섬세한 것, 화성과 금성 등등… 무제한적인 방식으로 대비되고, 남녀 사이의 기본적인 갈등은 코믹한 익살로 묘사될 수 있으며, 백분 분량의 로맨틱 코미디를 대부분 그런 것들로 채울 수 있을 정도다. 그러나 작은 장면들로 영화의 많은 부분을 채우는 동안에도, 당신에게는 여전히 진정한 갈등을 포함한 기본적인 플롯이 필요하다. 그리하여 피터와 엘리가 도넛을 커피 컵에 담그기, 하치하이킹, 당근 먹기 같은 세세한 것들을 나누는 동안, 이런 장면들은 중심 플롯(엘리를 찾으려고 추적하는 아버지를 중심으로 전개되다가, 그 후 돈을 노린 약혼자로부터 그녀가 도망가는 플롯)을 진전시키는 조각으로 삽입되는 것이다. 만약 당신이 로맨틱 코미디를 쓴다면, 이야기를 '가벼운 플롯'으로 구성하는 것이 정석이다. 그것은 주인공 캐릭터들이 재치 있는 농담을 하고, 시시덕거리고, 도발적으로 놀리는 가벼운 장면들을 많이 허락한다.

로맨틱한 한 쌍은 점점 더 친밀해지면서, 최대한 친밀한 순간에 접근하는데, 일반적으로 2막의 결말부가 그 지점이다. 이상적으로 말하면, 이 순간은 단지 육체적이라기보다는 정서적이어야 한다. 다른 식으로 표현하면, 캐릭터들은 자루 속에 뛰어들기보다 자신의 마음을 서로 나눠야한다. 엘리가 아버지와 약혼자에게로 돌아가기 전날 밤, 피터는 그의 비밀스러운 꿈, 즉 열대섬으로 도망가자고 엘리에게 말한다. 이 장면은 두드러지는데, 왜냐하면 영화에서 처음으로 피터가 터프가이 외양을 벗어던지고, 사랑과 개인적 상실, 그리고 감성적인 꿈을 세세하게 털어놓기 때문이다. 그녀는 허물어지면서, 그녀도 피터를 사랑하고, 피터없이 살고 싶지 않다고 말한다. 이렇게 진정으로 친밀한 폭로를 감행한 후, 이 한 쌍은 결국 함께할 것처럼 보인다. 그러나 전형적인 2막의 처리방식으로, 주인공이 성공할 것이라고 당신이 생각하는 바로 그 순간, 모든 것이 갑자기 갈라지고, 불시에 그들은 이전보다 더 멀어진다.

소통이 두 연인을 함께하게 해주듯이, 소통의 부족은 그들을 갈라놓는다. 2막의 위기 창조에 주로 사용되는 탁월한 장치는 비극적 오해로 이어지는 소통의 붕괴다. 〈어느 날 밤에 생긴 일〉에서, 엘리의 사랑 고백은 피터를 방해한다. 피터는 엘리에게 침대로 돌아가라고 제안한다. 상처받은 엘리는 자리로 돌아간다. 잠시 후, 피터는 심경의 변화를 보인다. 그러나 그가 엘리를 부를 때, 설명할 수 없는 일이지만 조금 전 신경질적으로 울던 그녀는 깊이 잠들어 있다. 피터가 엘리에게 그녀를 사랑하며 청혼하는 좀 더 중요한 소식을 전할 것이라고 당신이 생각할지도 모른다. 그러나 그는 그녀를 깨우기보다, 무슨 이유 때문인지 살며시 빠져나가 뉴욕으로 향하는데, 자신의 이야기를 기사로 팔아 주머니에 돈을 채울 수 있을 때 그녀에게 청혼할 작정인 것이다.

잠에서 깬 엘리는 피터가 떠난 것을 발견하자, 당연히 버림받았다고 생각한다. 그래서 그녀는 아버지 집으로 돌아가, 사랑하지 않는 남자와 결혼할 운명에 굴복한다. 피터가 엘리의 집으로 찾아갔을 때, 그녀 아버지의 차 안에서 다른 남자의 팔에 안긴 그녀를 목격한다. 물론 그는 엘리가 마음이 변했고 그에게 원하는 게 아무 것도 없을 것이라고 추측한다. 그리하여 두 캐릭터는 가장 친밀한 순간을 보낸 후, 직접적으로 그들의 소통이 완전히 붕괴된 채, **비극적 오해**로 이어진다. 그리고 거기에서 두 캐릭터는 서로에게 버려지고, 거부당하고, 배신당했다고 느낀다.

마지막 장치로 사랑과 재결합으로 해결해줄 플롯이 필요하다. **온정적인 중재자**는 혼란스러움을 인식하고, 오해를 설명하고, 두 사람을 함께 하도록 해줌으로써 연인을 재결합시킨다. 로맨틱 코미디에서 온정적인 중재자는 연극적 용어로 **데우스 엑스 마키나**^{deus ex machina}, 모든 것이 실종되었을 때 구원을 위해 날아온 '기계 장치로 무대에 내려온 신'을 재현한다('데우스 엑스 마키나'는 무대 용어로, 초인적인 캐릭터가 공중에 걸린 줄이나 작은 문, 혹은 특수장치와 같은 기계 장치를 통해 무대에 들어오는 것을 가리킨다). 〈어느날 밤에 생긴 일〉에서, 엘리의 아버지는 둘이 잘못된 추측에 빠져든 것을 알게 된다. 그는 딸을 진심으로 사랑하는 남성에게 돌아가도록 해준다.

이런 장치들은(소통의 붕괴 – 비극적 오해 – 온정적인 중재자) 정형화된 로맨틱 코미디에서 표준적인 공식임에도 불구하고, 이 구조에는 어떤 분명한 문제들이 존재한다. 우선, 가장 커다란 친밀감과 소통의 순간에, 완전한 소통의 붕괴가 일어나야 한다는 것은 그리 이치에 맞지 않는다. 두 캐릭터가 결국 서로 사랑하며 신뢰하는 순간에, 그들이 갑자기 여러모로 보나 서로 신뢰를 잃고, 그들 사이의 사랑이 더 이상 존재하지 않는다고 믿게 만드는 것도 이치에 맞지 않는다. 그러나 위에 설명한 공식의 가장 큰 문제는 온정적 중재자에 관한 장치다. 위기에 처한 친밀감의 해결은 두 캐릭터 모두에게 개인적으로 깊은 정체성 위기의 해결을 제시한다. 이런 해결은 주인공이 지향하는 궁극적 목표의 완성이며, 그것은 이상적으로 자기 해결이어야 한다. 그런데 갑자기 플롯의 통치권이 제3자인 중재자에게 넘어가고, 이런 공식이 플롯을 지배하면서, 주인공들이 가장 주도해야할 시점에 그들로부터 행동을 빼앗아 버린다. 주인공들은 결말 부분에서 난국에 대처해야만 한다. 그들은 진정한 패기를 보여줘야만 하고, 스스로 위기를 해결함으로써 매우 용감하다는 것을 증명해야만 한다.

〈어느 날 밤에 생긴 일〉은 이처럼 각본상에 중대한 문제가 있지만, 여전히 추앙받는 고전영화다. 공통적인 기본 공식을 사용하는 로맨틱 코미디들은 일반적으로 성공적이다. 왜냐하면 로맨틱 코미디에서는, 이야기 맥락에 구멍이 나고, 캐릭터와 이야기 발전에서 콘티뉴이티continuity 문제도 있고, 독창적이지 않은 위기의 해결이 있어도, 관객은 쉽게 용서하고 넘어가는 경향이 있는 '가벼운 플롯'이 예상되기 때문이다. 좋든 싫든 〈어느 날 밤에 생긴 일〉을 정말 좋은 로맨틱 코미디로 만들어 주는 것은 매우 매력적이고 카리스마 있는 주인공 캐릭터들이란 점에 있다. 재치 있는 농담, 성적 긴장감, 그리고 엄청난 화학적 결합이 존재하는 한, 플롯과 캐릭터 발달은 상대적으로 덜 중요하다.

이런 개념에 대척점으로, 현대 관객은 훨씬 더 세련됐다는 점을 들 수 있다. 로맨틱 코미디 〈갱스터 러버〉2003와 〈멕시칸〉2001은 비판을 받으며, 박스 오피스에서 실패했다. 이것은 이제 관객이 매력적이고 카리스마 있는 두 스타가 스크린에 등장해도 공허한 플롯에 눈감아준 채, 어떤 로맨틱 코미디도 맹목적으로 수용하지 않는다는 점을 증명한다. 현대 관객은 아름답고 카리스마 넘치는 스타가 스크린에서 화학적 결합과 재치 있는 농담을 나누길 원한다. 또한 실제적인 캐릭터 발달과 매력적인 이야기를 원한다. 만약 당신이 각본에서 이 모든 요소들을 제공할 수 있다면, 당신은 게임에서 유리한 고지를 점령할 수 있을 것이다.

생식성 대 침체감

  에릭슨이 말하는 정체성 위기의 일곱 번째 단계는 중년기에 발생한다. 따라서 '생식성 대 침체감'이란 용어는, 그보다 더 많이 쓰이는 **중년의 위기**로 일반적으로 변형되어 사용된다. 중년의 위기를 겪는 개인은 인생의 반이 지났다는 것을 인식한다. 그는 그동안 해왔던 것에 만족하지 않고, 지금 하는 일에도 감사해하지 않으며, 앞으로 할 일에 대한 기대도 없다는 것을 알고 있다. 그는 자신이 '침체된 것'을 발견한다. 그는 아무데도 갈 곳이 없다. 그에게는 의미 있는 목표도 없고, 지각할만한 목적도 없다. 이런 위기의 해결은 '생식성'에서 발견되는데, 그것은 새로운 목표 창조, 의미 있는 일에 개인적으로 다시 전념하기, 미래의 세대를 돕는 것에 몰입하기와 같은 것이다. 침체감이 죽은 상태와 같은 사직이라면, 생식성은 재탄생⋯ 즉 새로운 인생을 겨냥한 부활이다.

  중년의 위기에 찾아오는 의기소침함은 잃어버린 청춘에 대한 인식에서 발생한다. 극적 차원에서, 중년의 캐릭터는 자기 자신을 더 이상 주인공 역으로 여길 수 없으며, 그 결과 방황하며 소외감을 느낀다. 그는 자신의 역할을 그만둔 배우다. 이 단계에서 목표는 새로운 역할을 발견하는 일이다. 중년의 캐릭터는 이미 젊은 영웅으로서 주인공 역을 마쳤으며, 이제 그는 도움을 주는 노련한 멘토 역에 적응해야만 한다. 종종, 멘토 지망자는 젊고 열정적인 도제의 요청에 따라 생식성에 몰입해야만 한다. 〈베스트 키드〉¹⁹⁸⁴에서 미야기 팻 모리타는 카라테 스승이 되어달라는 다니엘^{랄프 마치오}에게 설득당해야만 한다. 도제와 멘토 사이의 복잡한 관계는 공생적이다. 영웅 지망자는 그에게 도제훈련을 해주도록 설득하여 멘토 지망자가 침체기로부터 벗어나 생식성에 들어가도록 영감을 준다. 이와 교대로 멘토는 도제를 인도하여 영웅이 되도록 격려한다.

특히 전쟁영화와 스포츠영화에서, 중년의 멘토 캐릭터가 영화주인공을 맡는 경우는 매우 공통적이다. 젊은 군인과 운동선수가 현장에서 활약하는 동안, 연장자인 멘토는 젊은 주인공을 격려한다. 더 중요한 것은, 멘토가 부대와 팀의 핵심 인물이란 점이다. 그는 각각의 주인공들이 갖는 모든 이야기와 연결되는 캐릭터다. 〈특공대작전〉1967의 핵심 인물인 소령리 마빈 레이스맨은 부하들의 임무 수행을 이끄는 영감을 주는 멘토다. 마찬가지로 〈꼴찌 야구단〉1976에서는 비티메이커 코치월터 매튜가 핵심 인물이다. 또한 〈굿바이 미스터 칩스〉1939와 〈죽은 시인의 사회〉1989에서 보듯이, 역시 멘토 주인공이 교사역을 맡는다. 주인공 - 멘토의 관계는 모두 상호보완적이다. 주인공은 침체된 멘토를 생식성의 상태로 끌어내, 그가 중년의 위기를 극복하도록 돕는다. 그 배경은 비교적 유동적이다. 젊은 주인공이 어디서 격려를 기다리든, 침체기에서 벗어나야 할 필요가 있는 경험 있는 역할 모델이 존재하며, 멘토 역의 생산적인 과업에 자신을 헌신한다.

가끔 어떤 영화들은 매일 일상적 위기를 통과하는 사람들을 묘사한다. 〈아메리칸 뷰티〉에서, 레스터 번햄케빈 스페이시은 젊은 연인을 욕망하는데, 자신의 직업과 아내에 대한 환멸, 개인적 침체에 대한 인식, 그리고 잃어버린 청춘에 대한 갈망은 중년 위기의 고전적 징후들이다. 이와 같은 징후가 〈졸업〉의 미세스 로빈슨앤 반크로프트과 〈부부 일기〉1992의 게이브 로스우디 알렌에게도 펼쳐진다. 이런 현실적인 캐릭터들은 영감을 주기보다 비극적이다. 비극의 특성은 자신에 대한 망각과 그 결과로 인한 타락한 행동에서 발생한다. 이런 캐릭터들은 연장자로서 자신의 삶 속에서 젊은이들을 돌보고, 생산적인 멘토로서 그들을 인도하고 격려해야 한다. 그러나 나이든 어른은 자신의 청춘을 다시 경험하려는 절망적인 시도 속에서, 청춘을 소유하기 위해 젊은이들의 취약성을 이용하여 자기중심적이고, 탐욕스러운 성범죄자로 변신한다. 중년의 위기는 정서적인 갈등이다. 그것이 생식성의 방향으로 해결될 때, 그 인물은 격려하는 멘토가 된다. 그것이 침체적이거나 방종의 방향으로 해소될 때, 그는 비극적 인물이 된다.

통 합 성   대   절 망 감

에릭슨의 정체성 위기 여덟 번째 단계는 본질적으로 **실존적 갈등**이다. 인생의 마지막 단계에서, 죽음이 더 이상 먼 미래에 다가올 추상적인 만약의 사태가 아니라, 임박한 불가피한 사태일 때, 누구나 자신의 인생을 회고할 수밖에 없으며, 그 의미를 찾게 된다. 만약 자신의 인생담이 본질적으로 의미 있고 보람 있는 것으로 수용된다면, '통합성'의 감각이 성취된다. 그러나 어떤 의미나 목표가 발견되지 않는다면, 만약 자신의 인생이 공허하고, 무의미하며 목적 없는 사건들의 무가치한 연속이었다면, 그 개인은 자신이 이룬 것에 자부심을 갖기보다 실수에 대해 후회할 것이다. 이러한 자전적인 후회는 인생의 마지막 단계에서 가장 심화되는데, 왜냐하면 무의미한 존재의 인식과 함께 다른 어떤 것을 하기에는 너무 늦었다는 각성이 다가오기 때문이다. 무의미함과 희망 부재의 가슴 아픈 결합은 후회를 포괄적인 '절망감'으로 강렬하게 몰고 간다.

마지막 단계에서 핵심 문제는 **자기 결정**이다. 즉 스스로 선택하고 스스로 살아가면서 자기를 믿을 수 있는가다. 비록 우리가 모두 실수를 범해도, 뒤

돌아볼 수 있고 스스로에게 이렇게 말할 수 있다면, 통합성의 기본적 감각은 여전히 성취될 수 있다: "적어도… " (엘비스가 노래하듯이) "나는 내 방식대로 했어!" 흔히 사용되는 문학적 은유로 설명한다면, 실존적 의미는 인생이 곧 이야기 한 편의 이야기라는 사실을 깨닫는 점에서 발견되는데, 내 이야기의 수준이 어떻든 상관없이, 한 개인으로서 나는 내 자신의 인생 이야기의 유일한 저자이자 주인공이었다. 내 인생의 주된 선택은 다른 누군가에 의해 이뤄진 것이 아니며, 플롯과 이야기는 나 아닌 다른 캐릭터들에 의해 결정되지 않았다.

곧 다가올 죽음에 대한 인식으로 촉발된 실존적 절망감은 〈어바웃 슈미트〉 2002 , 〈마이 라이프〉1993 , 〈살다〉1952와 같은 **인생 긍정** 영화들에 나타나는 공통적인 동기부여이다. 이런 영화들에서, 캐릭터들은 그들 인생 이야기의 마지막 행동들을 바꿀 시간이 아주 조금밖에 남지 않았다는 것을 인식하면서 인생의 의미를 재검토하는 극한 상황에 몰린다. 변화하려는 동기부여는 현실적이며 신뢰할만하고, 관객은 이런 투지가 있는 캐릭터들의 자기 구원을 위한 열정적 여정을 흔쾌히 따라간다. 종종 간과되는 구로사와 아키라의 걸작 〈살다〉는 '인생 긍정' 영화들 중에서 가장 공감을 일으키는 작품으로 돋보인다. 와타나베 간지시무라 다케시는 전형적인 공무원이다. 동료들에게 '미라'로 불리는 〈살다〉의 주인공은 생기없고, 절망적이며, 도의적으로 공허하고, 정신적으로 죽어있다. 비록 매일 좋은 일을 할 기회를 가졌음에도 불구하고, 그는 그저 선한 국가공무원과 같은 저자세를 취하며 시민의 요구가 닥치면, 늘 남에게 책임을 쉽게 전가한다. 그러나 와타나베는 자신이 암에 걸렸으며 단지 삼 개월 시한부라는 것을 깨닫자, 진정한 자기 자신을 탐구하는 영적 여정에 착수한다. 와타나베에게, 실존적 의미는 자신의 공동체를 돕는 기회에서

통합성 : 영화 〈살다〉에서 주인공 와타나베가 나오는 마지막 장면

발견된다. 그는 자신의 성품을 완전히 변화시키는데, 관료적 외피를 벗어던지고 긍정적인 사회적 행동의 돌개바람처럼 변한다. 결말에서, 그는 삶이라는 직업이 무가치한 것이 아니었다고 생각하며(즉 그가 죽은 후에도 남아있을 의미 있는 무언가를 했다고 생각하며) 자신이 만든 운동장에 앉아있다. 구로사와는 주인공의 죽음 후에도 영화를 지속하며, 장례식 연회 장면을 통해 삶을 긍정하는 주제 의식을 한층 더 심화시킨다. 이 장면에서 한때 삭막했던 동료들은 '미라와타나베의 별명'를 추모하며, 그가 인생의 말년에 보여준 놀라운 변화와 주변 모든 이들에게 끼친 고무적인 효과를 기린다. 구로사와는 정체성 위기를 통해 활력을 얻어 자신을 변화시키는 동기부여를 받은 한 인간의 힘이 실제로 공동체 전체에 영감을 주고, 심지어 세상을 바꿀 수 있다는 점을 보여준다.

당신의 각본에서 에릭 에릭슨적 주제를 다룬다면

1. 당신의 각본에서, 신뢰와 불신의 문제는 다른 이들과 그들의 영웅적 이상에 헌신하기에 앞서 주인공이 겪는 최초의 망설임으로 그려질 수 있다. 당신의 각본에서 주인공이 '믿음의 도약'을 하도록 요구된 순간을 찾아내라. 이런 갈등이 어떻게 당신의 플롯에서 서스펜스 혹은/그리고 긴장의 중대한 원천이 될 수 있을까?

2. 영웅적 인물들의 매력은 우상파괴와 저항으로 향하는 그들의 성향에 있다. 만약 당신의 주인공이 이런 기질이 있다면, 그의 행위는 관객과 연결되는 자율성의 내적 감각을 어떻게 반영할 것인가?

3. 죄책감은 강력한 심리적 힘으로, 캐릭터의 동기부여 수단, 혹은 캐릭터가 극복해야만 하는 내부 장애로 사용될 수 있다. 어떻게 당신의 캐릭터들 중 한 명 혹은 더 많은 이들에게 어떤 장애나 동기부여가 되는 죄책감의 힘을 불어넣을 수 있을까?

4. 한 명의 약자 주인공, 혹은 약자 무리가 등장하는 플롯을 쓰는 중인가? 만약 그렇다면, 적대자를 이겨내 성공하려는 주인공의 동기부여는 무엇인가? 이런 동기부여가 단지 승리하려는 일반적인 욕망보다 어떻게 더 공감을 일으킬 수 있는지 생각해보라. 당신은 주인공의 동기부여를 개인적 정체성 문제와 어떻게 일치시킬 수 있을까?

5. 당신 캐릭터의 정체성은 그들의 배경 이야기와 밀접하게 연결된다. 당신의 주인공 캐릭터의 폭로된 배경 이야기는 어떤 것인가? 당신의 각본에 긴장, 서스펜스, 갈등, 혹은 드라마를 더하는 방식으로, 배경 이야기의 폭로를 어떻게 플롯의 사건들과 병행시킬 수 있는지 생각해보라.

6. 주요 캐릭터들의 지극히 개인적인 정체성 문제와 연관된 독특한 연애 플롯(love interest plot)을 어떻게 쓸 수 있을까?

7 '베이비 붐 세대'는 중년 문제에 직면한 중년에 관한 영화시장에 과잉을 초래한 (역사상 처

음으로) 평생에 걸친 영화팬이다. 인기영화로 성공하려면 주인공 역에 젊은 스타를 등장시켜야만 한다는 아이디어는 이제 더 이상 사실이 아니다. 만약 당신이 중년 캐릭터가 등장하는 각본을 쓴다면, 캐릭터의 동기부여와 갈등 국면에서 '생식성'/혹은 '침체감' 문제를 어떻게 다룰 것인지 고려해보라.

8   '드림웍스'가 구로사와 아키라의 〈살다〉를, 아마 톰 행크스를 주연으로, 스티븐 스필버그를 제작자나 감독으로 하여, 리메이크할 계획이라는 소문이 있다. 원작 〈살다〉를 보고 통합성 대 절망감의 정체성 위기를 어떻게 표현할 수 있는지 고려해보라. 그다음 원작의 실존적 메시지를 유지하면서, 현대 미국 관객에게 호감을 줄 리메이크 각본에 대해 생각해보라.

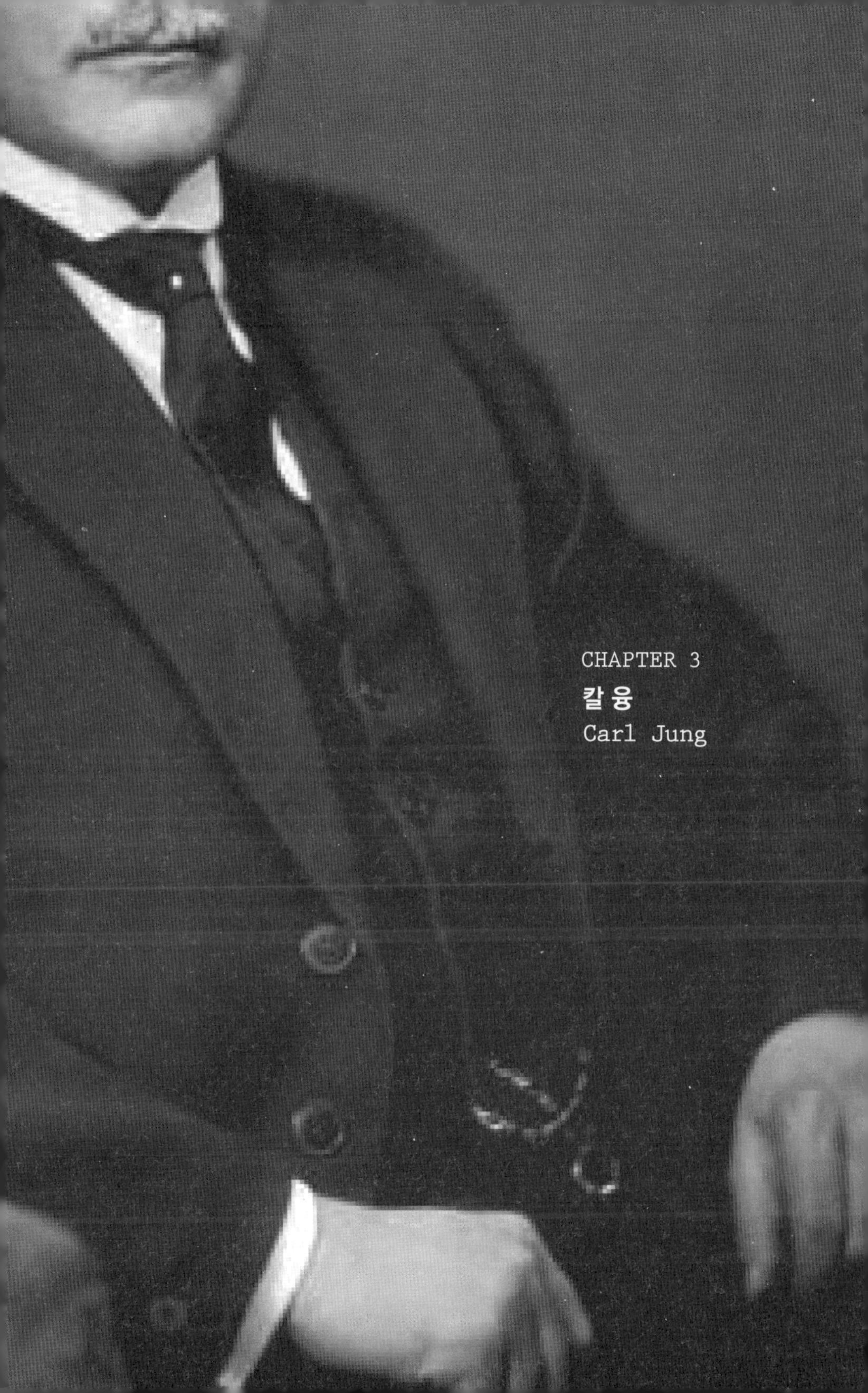

CHAPTER 3
칼 융
Carl Jung

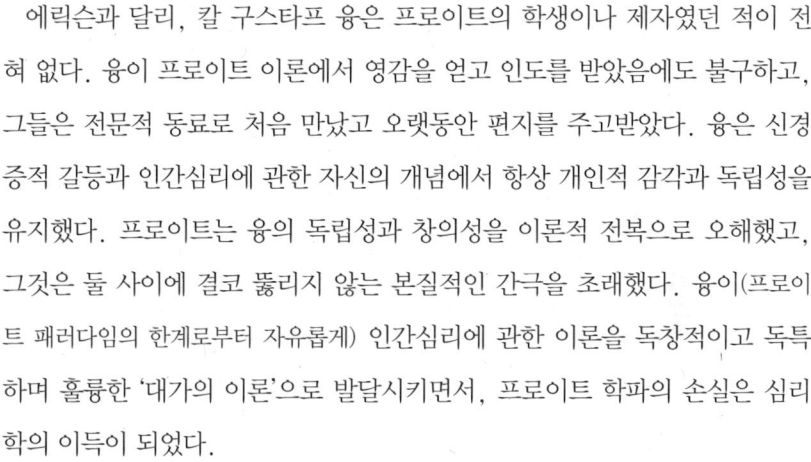

CARL JUNG

칼 융

에릭슨과 달리, 칼 구스타프 융은 프로이트의 학생이나 제자였던 적이 전혀 없다. 융이 프로이트 이론에서 영감을 얻고 인도를 받았음에도 불구하고, 그들은 전문적 동료로 처음 만났고 오랫동안 편지를 주고받았다. 융은 신경증적 갈등과 인간심리에 관한 자신의 개념에서 항상 개인적 감각과 독립성을 유지했다. 프로이트는 융의 독립성과 창의성을 이론적 전복으로 오해했고, 그것은 둘 사이에 결코 뚫리지 않는 본질적인 간극을 초래했다. 융이(프로이트 패러다임의 한계로부터 자유롭게) 인간심리에 관한 이론을 독창적이고 독특하며 훌륭한 '대가의 이론'으로 발달시키면서, 프로이트 학파의 손실은 심리학의 이득이 되었다.

프로이트 이론으로부터 벗어난 융 이론의 가장 중요한 점은 인간심리 속에 본질적으로 영적인 요소가 존재한다는 믿음이다. 그는 어떤 특별한 신이나 영적인 힘을 주장하지 않았음에도 불구하고, 인류는 형이상학적 차원에서 연결되었는데, 바로 이러한 형이상학적 연결은 종교, 신앙, 영성에 대한 보편적 욕구 이면에 놓인 심리적 힘, 그리고 보다 고차원적인 힘에 대한 믿음이다. 철저한 무신론자인 프로이트는 인간 충동에서 모든 비생물학적 근간을 거부하며, 영적 충동에 관한 융의 비과학적 주장을 다소 불경하게 여겼다. 융은 모든 인간 사이의 형이상학적 연결을 **집단무의식**이라고 불렀는데, 그것은 모든 인간에게 집단적으로 공유된 이러한 의식의 영역 속 물질이다.

원형

집단무의식은, 그 안에 있는 물질은 개인적 기억과 정서와 절대적으로 관련된 것은 아니라는 점에서 무의식에 관한 프로이트 모델(융은 그것을 '개인무의식'이라고 명명했다)과 다르다. 집단무의식은 '원형'으로 일컬어지는데, 그것은 보편적으로 **공유된 연상**과 이미지로 구성된다. 원형이란 "본질적 관념즉 '원초적 이미지'"는 모든 인간이 연결시킬 수 있는 중요한 무의식적 형상들이다. 예를 들어, 모든 인간에게는 어머니가 있다. 어떤 문화에서는, 강력하고, 양육하는 안락한 어머니 형상에서 보편적으로 공명하는 것이 **대지의 여신**으로 표현된다. 다른 문화에서는, 어머니는 '마돈나'다. 또 다른 곳에서는 '어머니 자연', 또는 사랑과 성의 화신이며, 또 다른 곳에서 어머니는 성장과 풍요를 상징한다. 그녀가 수천 가지 다른 이름으로 불리고, 수천 가지 다른 형태로 묘사된다고 하더라도, 이 모든 다른 재현물 이면의 본질적 관념은 동일하며 그것이 바로 어머니 원형이다.

프로이트가 융 이론의 비과학적 요소를 거북하게 여겼다고 해서, 원형과 집단무의식 이면의 본질적 관념이 반드시 영적인 것만은 아니다. 융의 주장은 단지 모든 인간이 그들의 개인적 경험과 상관없이, 인간의 보편적 문제에 관련된 공통된 연상을 공유한다는 데 있다. 모든 인간이 어머니와 아버지를 갖고, 모든 인간이 자신의 성격 속에서 갈등에 직면한다. 그리고 모든 사람이 성장하고 사회에 적응하면서, 정체성 위기에 직면한다. 전설, 신화, 문학, 예술, 그리고 영화에서 표현되는 원형은 이러한 보편적인 문제를 재현하고, 집단무의식은 무의식적 차원에서 이런 원형을 공유하고 이해하는 단지 기본적인 인간적 '성향predisposition'이다. 영화에서 원형이란 캐릭터 유형과 주제를 표현하는 배우와 플롯을 초월한다. 원형은 보편적으로 공명하는 심리적 문제와 형상에 대한 묘사다. 원형의 외형적인 모습은 변할지라도, 원형 이면의 상징성은 수천 년 동안 동일했으며, 앞으로도 항상 그럴 것이다.

영웅

신화적 영웅은 자기the self의 일차적 상징이다. 영웅은 그저 단순한 원형이 아니라, **핵심적 원형**이다. 영웅 원형은 너무 방대해서 하나의 개념으로 좁힐 수 없다. 왜냐하면 모든 다른 원형이 자기의 다른 부분들을 재현하는 반면, 영웅은 자기 자신이기 때문이다. 그것은 모든 원형이 종합된 것이다. 조셉 캠벨이 지적했듯이, '천의 얼굴'을 갖고 있는 영웅은 지속적으로 변하는 자신의 원형적 재현이기 때문이다. 어떤 특정 영웅이 전달하는 메시지는 특정 영웅이 수행하는 여정에 의해 결정될 것이다. **영웅의 여정**의 다른 요소들은 챕터4와 챕터5에서 다뤄질 것이다. 영웅이 재현하게 될 다른 **자기의 요소**elements of the self, 즉 영웅이 마주하게 될 **자기의 원형**archetypes of the self이 이번 챕터의 주제다.

페르소나

우리가 세상에 보여주는 외면, 즉 우리가 다른 사람에게 보여주는 우리 자신의 부분이 우리의 '페르소나'다. 고대 그리스 배우가 쓰는 마스크mask처럼, 페르소나는 우리가 다른 사람들에게 드러내는 우리 성품의 **마스크**다. 그것은 우리가 감추는 우리 자신의 측면을 감싸주는 의상이다. 육체적 차원에서, 배우는 그 자체로 페르소나다. 그들의 얼굴은 그들이 스크린에서 표현하는 인물의 이야기와 성격을 전달해준다.

영화와 드라마 스타들은 '고정된 배역'에 관해 종종 불평을 토로한다. 어떤 배우의 페르소나 혹은 화면 속 이미지가 배우로서 그의 정체성에 너무 밀접하게 연결되면, 관객과 영화제작자는 그 배우가 다른 역으로 나오는 것을 좋아하지 않는다. 예를 들어, 아놀드 슈왈제네거가 섬세하고, 유약한 유형의 역할로 등장하는 것을 상상하기 힘든데, 이는 더스틴 호프만을 전형적인 마쵸 액션 영웅으로 상상하기 힘든 것과 마찬가지다. 슈왈제네거는 '터미네이터' 역할로 매우 친근하게 연상되기 때문에, 많은 사람들이 그를 2003년 캘리포니아 주지사로 받아들이기 어려워했다. 그들은 그를 주지사 '가버너Governor' 대신 '가버네이터Governator'에 비유하기도 했다.

배우들이 창의력을 억압하는 고정된 배역에 발끈함에도 불구하고, 고정된 배역은 실제로 그들이 보여주는 연기 효과의 증명이다. 고정된 배역을 맡은 배우는 그가 전달하는 캐릭터로서 매우 신뢰할만하기에, 그는 실제로 그런 캐릭터 유형이 된다. 영화의 원형적 기능이란 측면에서, 고정된 배역을 맡는 배우는 페르소나로서 그 역을 완수한다. 연기가 너무 완벽해서 배우와 캐릭터를 분리시키는 가면은 투명해지며, 관객은 두 가지 정체성이 분리되는 것을 눈치챌 수 없다.

훌륭한 재능을 갖춘 **연기파 배우**, 이를테면 루이스 칼헌, 도널드 크리스프, 조지 샌더스, 그리고 수십 명의 그런 배우들은 현재 상대적으로 잘 알려져 있지 않다. 이들은 그들과 동시대 배우인 존 웨인, 게리 쿠퍼, 그리고 케리 그란트와 같은 재능이 있었다. 그러나 연기파 배우가 재능과 다양한 폭을 가진 반면, 영화스타는 **스타 자질**을 갖고 있는데, 그들은 존재감만으로도 관객의 마음속에서 그가 연기하는 유형의 캐릭터가 된다. '스타'란 용어 자체도 원형적 특성, 즉 어디에나 존재하고, 무제한적이며, 보편적인 형상과 관련이 있다. 스타의 힘은 결코 과소평가할 수 없다. 관객의 눈에 비친 스타는 단지 영화의 일부분이 아니다. 스타는 곧 영화다.

알프레드 히치콕은 그의 영화에서 주인공 역에 대스타를 캐스팅하는 것을 선호했는데, 그들의 페르소나가 이미 잘 설정되어있기 때문이다. 히치콕은 1막에서 주인공의 캐릭터 발달에 시간을 보낼 필요가 없었다. 그는 단지 제임스 스튜어트를 주인공으로 캐스팅하기만 하면 됐다. 영화가 시작하기도 전에, 관객은 제임스 스튜어트가 연기하는 캐릭터가 독립적이면서도 매우 관습적이며 개인적이지만 보수적이고, 강하지만 연민이 강한 섬세한 성격의 영웅일 것이란 점을 알고 있다. 캐릭터를 써나갈 때, 당신이 그 캐릭터에 부여할 신체적 묘사에 각별한 주의를 기울여라. 우리의 삶 속에서, 첫 인상은 가장 강렬하다. 당신 캐릭터의 얼굴과 몸을 마음속에 그려보라. 각 캐릭터에 대해 당신이 갖고 있는 내면적 이미지를 가장 잘 표현할 배우가 떠오를 때까지 유명한 영화스타들을 통해 브레인스토밍하며 시간을 보내는 것도 좋은 생각이다. 당신이 쓰는 각본이 저예산용 영화라, 유명한 최상급 배우를 절대로 캐스팅할 수 없다 하더라도, 혹은 당신의 캐릭터를 가장 잘 표현할 스타가 사망했거나 은퇴했어도, 각본을 진전시키고 캐릭터의 성격을 세워나갈 때, 바로 그런 스타를 활용해보라. 유명한 영화스타의 페르소나를 불러옴으로써, 당신은 각본을 읽는 독자의 마음으로 그 캐릭터에 대한 당신 내면의 심상을 세울 수 있다.

그림자

융 이론은 동양철학으로부터 강한 영향을 받았다. 그것은 대항력^{opposing} forces으로 창조되는 자연적 균형의 중요성을 옹호하는 경향이다. 융의 심리학은 **대항의 심리학**psychology of opposites을 포용하는데, 원초적인 **이중성** 속에서 자기의 각 부분은 대항하거나 결합하는 부분에 의해 상호보완적이다. 음과 양, 여성성과 남성성, 어두움과 빛… 이런 모든 심리적 힘은 그 자체로 대항적 힘을 갖고 있다. 융 모델에서, 그림자는 페르소나에 대항하는 힘이다. 우리의 몸이 한낮 빛 속에서 대지에 그림자를 끌고 가듯이, 우리의 자아는 의식의 빛 속에 그림자를 끌고 간다. 그림자는 **제2의 자아**alter ego이며 무의식적 자아의 흐릿한 반영이다. 그것은 우리와 늘 같이 하는, 그러나 종종 알아차리지 못하는 어두운 측면이다. 그림자는 페르소나의 마스크 이면에 숨겨진 존재다.

대립하는 원형으로서 악당은 전형적인 그림자인 반면, 영웅은 일반적으로 페르소나다. 고전적 영웅은 종종 고전적 악당을 갖고 있다. 〈셰인〉에서, 셰인앨런 래드이 백기사 영웅 역할을 한다면, 윌슨잭 팰런스은 흑기사 악당 역할을 한다. 〈13일의 금요일〉 시리즈의 제이슨처럼 **마스크를 쓴 악당**, 〈양들이 침묵〉의 한니발, 그리고 〈할로윈〉 시리즈의 마이클은 문자 그대로 융이 말한 그림자 원형에 대한 묘사다. 마스크 이면의 미친 남자는 보편적 공포, 즉 모든 인간에게 있는 광기와 폭력으로 나아가는 경향을 보여준다.

이중성이란 개념은 **대면**encounter과 **통합**integration이라는 영웅/페르소나의 목표에 토대를 두고 있다. 꿈이나 신화에서, 페르소나는 그림자를 대면해야만 하며 갈등이 해결되기 전에 자신을 자기the self 속으로 통합해야만 한다. 융의 이중성 감각을 끌어내는 방식으로 영웅과 악당을 대조시키는 것은 유용하다. 두 캐릭터는 완전히 다르지만 어떤 기이한 방식으로, 상호보완적으로도 보인다. 〈케이프 피어〉1962는 대조적인 영웅 – 악당의 이중성을 완벽하게 보여준다. 샘 보든그레고리 펙은 도덕적이며, 올바르고, 친절하고, 조용하며, 점잖다. 맥스 케이디로버트 미첨는 부도덕하고 타락했으며, 사납고 정신병적이며, 폭력적이다. 샘과 같은 평화로운 영웅은 자기 그림자의 폭력적이고 열정적인 덕목들을 물리치기 위해 그것들과 통합해야만 한다.

폭력적으로 변하는 온순한 영웅 주제는 서부영화와 전형적인 폭력적 장르 영화의 보편적인 주제다. **온순한 영웅**은 폭력적인 악당에 의해 점점 더 멀리 내몰려 결국 자신의 명예, 가족, 그리고 그 자신을 방어하기 위해 자기 천성의 폭력적인 부분까지 동원하게 된다. 그림자의 폭력적 속성에 대한 페르소나의 통합은 영웅과 악당이 거대한 투쟁 장면에서 끝장날 때까지 싸우는 플롯에서 재현된다. 아마도 이런 주제를 가장 공감이 가면서도 불편하게 잘 다룬 영화로, 샘 페킨파의 〈어둠의 표적〉을 들 수 있다. 거기에서 온순한 교수와 그의 아내는 건달 무리에게 시달린다. 교수는 남자답게 살아남기 위해 극단적인 폭력에 기대야만 하는 지점에까지 이른다. 〈케이프 피어〉 결말에서, 샘은 가족을 구하려는 투쟁에서 맥스만큼 폭력적이고, 분노하며, 복수심에 불타오른다. 그리고 슬래셔영화에서, 온순한 소녀는 사이코 살인마를 처치하기 위해 폭력적으로 변해야만 한다. 대조적인 이중성 주제를 작업하기 위해 영웅 – 페르소나는 악당 – 그림자를 개인적으로 만나고 물리쳐야만 한다. 만약 경찰이나 다른 캐릭터, 즉 다른 누군가가 악당을 물리친다면, 페르소나는 자신의 그림자와 통합한 것이 아니며 심리적 갈등은 해결되지 않는다.

악당은 또한 선한 캐릭터의 어두운 측면을 상징할 수 있다. 〈지킬 박사와 하이드 씨〉에서, 한 남성 속에 결합된 영웅과 악당은 페르소나와 그림자 사이의 무의식 속 균열을 보여준다. 지킬이 사회적으로 존경받는 페르소나 역을 한다면, 하이드는 악한 그림자를 상징한다. 〈스파이더맨〉에서, 노먼 오스본윌렘 대포은 신사적인 연구자이며 아버지를 돌보지만, 그의 제2의 자아인 그린 고블린은 노먼 페르소나의 그림자로서 어둡고 폭력적인 인물이다. 한 사람의 페르소나와 그림자라는 측면은 두 개의 정체성으로 균열되는데, 그것은 캐릭터에게 정신병리학적 요소를 더해주는 명확한 **정신분열**을 묘사한다. 결국 정신병리학은 관객으로부터 즉각적인 공포 반응을 끌어낸다.

〈싸이코〉에서 노먼 베이츠^{앤소니 퍼킨스}는 그 자신^{페르소나}인 동시에 악마적인 어머니^{그림자}이기도 하다. 드라큘라는 문명화된 인간^{페르소나}으로 가장하지만, 그의 속임수 이면에서는 뱀파이어^{그림자}다. 그리고 살인광 잭 더 리퍼 같은 연쇄살인범은 보통 사람처럼 거리를 거닐지만, 그의 속내는 악마적 사이코패스다. 또한 대조적인 이중성은 이런 캐릭터의 효과적인 고안물이다. 페르소나를 친절하거나 동정심이 있거나 혹은 품위 있게^{예를 들어, 의사, 백작, 혹은 온순한 모텔 직원} 만들어 냄으로써, 또 다른 자아인 가학적이고 살인마적인 측면과 대조시키면 그 효과가 더욱 두드러진다. 극단적 대조는 극단적 놀라움, 극단적 서스펜스 혹은 극단적 갈등을 초래하며, 그것은 관객의 공포심을 끌어내는 요소다.

어떤 경우, 그림자는 영웅 캐릭터의 요소이기도 하다. 어두운 힘으로부터 자극받은 영웅들은 갈등을 겪는다. 그들의 선한 형질과 악한 형질의 내적 혼합은 그들의 역할에 심리적 복합성을 더해준다. 배트맨, 〈데드 위시〉 시리즈의 폴 커시^{찰스 브론슨}, 〈더티 해리〉 시리즈의 해리^{클린트 이스트우드}, 그리고 〈프렌치 커넥션〉¹⁹⁷¹의 파파이 도일^{진 해크먼}과 같은 **자경단 영웅들**^{Vigilante heroes}은 모두 그늘진 영웅들로, 선과 악의 복합적이고 갈등어린 결합을 보여준다. 그들은 범죄에 대항해 싸우는 투사로서, 정당한 이유로 싸우는 선한 인간의 페르소나를 입고 있다. 그러나 그들의 방법^{폭력}과 동기부여^{복수}는 페르소나 이면의 그림자들이다.

로빈후드, 조로, 그리고 제시 제임스 같은 **무법자 영웅들** 또한 페르소나-그림자 혼합체를 재현한다. 이런 영웅 유형은 관객에게 매우 호감을 주는데,

왜냐하면 심리적 복합성과 내적 갈등은 실제 인간의 마음속에도 존재하기 때문이다. 그 누구도 완벽하게 선하지 않으며, 그 누구도 완벽하게 악마가 아니다. 사실적인 영웅은 자신의 두 가지 본질적 속성 사이에서 균형을 추구하는 어떤 인물이다. 이런 영웅의 탐구는 **심리적 균형**을 위한 보편적 탐구를 재현한다. 당신이 어떤 종류의 각본을 쓰던 상관없이, 당신은 주인공이나 주요 캐릭터들의 내적 균형감을 추구해야 한다는 점을 명심하라. 이런 균형이 악당 파괴, 장애 극복, 목표 달성, 혹은 애정 상대 유혹 등 무엇을 성취하든, 이런 영웅의 탐구 이면에 놓인 상징은 자기의 분열되거나 갈등에 쌓인 부분을 통합하고, 자기 자신과 만나는 것이다.

또한 캐릭터의 그림자는 비밀스럽고 비극적이며, 심리적 외상이거나 평판이 좋지 않은 과거에 의해 재현될 수 있다. 〈차이나타운〉1974에서 제이크잭 니콜슨는 과거 그가 경찰이었을 때, 어두운 차이나타운 구역의 기억들로부터 고통을 겪는다. 〈상하이에서 온 여인〉1947에서 엘사리타 헤이워스는 상하이 시절의 어두운 과거 때문에 고통을 겪는다. 이 두 편의 영화에서, 우리는 차이나타운과 상하이에서 실제 무슨 일이 있었는지 자세히 알지 못한다. 단지 우리에게 주어진 것은 애석한 표현과 눈물겨운 어떤 것들로 얼룩진, 그들의 오래된 과거의 심리적 외상에 관한 흐릿한 참조사항들 정도다. 그들은 자신의 어두운 과거에 대해 말하고 싶어 하지 않는다. 그리고 그것은 실제로 그 캐릭터들의 비극적 특성에 더욱 무게를 더한다.

이런 시나리오 쓰기 장치에서 속임수는 안전장치의 활용인 셈이다. 시나리오 작가는 그들의 과거에 무슨 일이 일어났는지 정확하게 알려주지 않으며, 그것을 관객의 상상력에 맡긴다. 어떤 사건이 일어났는지 단지 우리가 상상만할 수 있기 때문에, 그림자, 야만성, 그리고 퇴행의 정도는 끝이 없다. 뿐만 아니라, 그들 배경 이야기의 본질적 요소인 막연함은 그들 캐릭터에게 신비함의 특성을 더한다. 결국 이런 신비감은 종종 캐릭터 내부의 핵심적 특징이 된다.

만약 당신이 주인공의 배경 이야기에 **어두운 과거**를 가미한다면, 당신의 주인공은 각본 어느 지점에선가 자신의 과거에 직면해야 할 것이다.(그렇지 않다면, 애당초 왜 어두운 과거에 대해 썼겠는가?) 제이크가 차이나타운에서 일했을 때, 실제로 무슨 일이 일어났는지 우리는 전혀 알 수 없지만, 영화는 차이나타운에서 문제를 해결한다. 충격적이고 거북한 절정이 펼쳐진 후, 제이크는 이 세상에 넌더리를 내지만 그의 넌더리는 과거 경찰 동료가 이렇게 말할 때 더욱 그럴듯해 보인다. "여기는 그냥 차이나타운이잖아, 제이크… 그냥 차이나타운이라구." 제이크의 배경 이야기의 세세한 내용은 전혀 드러나지 않는다. 단지 3막에서 차이나타운으로 돌아가는 그의 여정을 통해, 우리는 그가 자신의 차이나타운 그림자의 상징과 조우했다는 점만 감지할 뿐이다. 이런 통합적 감각은 〈상하이에서 온 여인〉에서는 성취되지 않는다. 엘사의 배경 이야기가 전혀 드러나지 않을 뿐만 아니라, 영화는 1막 이후 상하이의 상징성을 다시 거론하지 않는다. 3막에서 짧게 차이나 극장으로 회귀하지만, 실제로 영화의 절정은 거울로 된 카니발 하우스에서 발생한다. 이런 통합의 결핍은, 영화의 핵심적 상징을 조금도 드러내지 않으면서, 결말에서 관객이 혼란스럽고 불완전한 느낌을 갖게 만든다.

그림자로부터 도망가기

때로, 주인공은 자신의 어두운 과거로부터 도피하려고 한다. 자신의 그림자로부터 도망가려는 주인공은 전일whole, 全一적 존재가되기 위해 자신의 그림자와 언제나 직면해야만 한다. 총잡이 셰인은 수치스러운 과거로부터 도망가려고 한다. 총잡이 셰인의 어두운 과거의 상징은 윌슨 캐릭터의 **외면적 형상**으로 완벽하게 묘사되는데, 윌슨은 적당히 검은색으로 무장한 사이코패스적인 살인마 총잡이다. 〈스타워즈〉에서 루크의 그림자는 악마의 제국 흑기사인 자신의 아버지다. 다스 베이다는 거대하고 무시무시하며, 믿을 수 없을 정도로 공명을 일으키는 그림자 같은 존재다. 세 갈래 여정 코스를 통해, 루크 캐릭터의 일차적 목표는 아버지라는 자신의 파괴적인 그림자를 만나, 그것을 극복하고 그것과 통합하는 것이다. 〈스타워즈〉 3부작은 그림자 원형에 관한한 매우 좋은 예인데, 왜냐하면 그림자란 실제로 악마적인 악당이 아니라, 접속되지 못한 자신의 한 부분이란 핵심을 잘 보여주기 때문이다. 루크가 가장 혼란스러워 하는 순간은, 다스 베이다와의 관계를 부정하면서, 자기 정체성의 진실을 수용하지 않을 때다. 루크의 캐릭터 발달에서, 그 열쇠는 자기 자신과 **자기 정체성의 이해**에 놓여있다. 이와 마찬가지로 당신 각본의 주인공 발달에서, 그 열쇠는 자기주인공의 단절된 부분에 대한 더 깊은 이해, 그리고 통합과 직접 연결되어야 한다.

〈용서받지 못한 자〉1992에서, 윌의 그림자는 무법적인 청부살인자였던 그의 과거다. 윌클린트 이스트우드은 과거로부터 도망쳐 새로운 인생을 시작했지만, 그는 고용된 청부살인자가 되면서 다시 과거의 그림자와 대면한다. 〈용서받지 못한 자〉는 특히 그림자 원형에 관한 충격적인 연구다. 윌의 이야기 절정에서, 그는 자신의 친구를 죽인 가학적인 보완관 리틀 빌진 핵크만과 대면한다. 둘 다 살인자인 빌과 윌은 서로의 거울상이고 중대한 범죄자이며, 폭력적인 삶을 용서받지 못한 자들이다. 심지어 그들은 이름도 유사하다. 마지막 폭력 장면에서, 자신의 그림자와 대면하고 그것을 통합한 윌은 다시 한 번 자신의 그림자가 되어, 냉혹하게 빌을 죽인다. 아무리 멀리 도망가더라도, 그림자는 언제나 바로 우리 뒤에 있다는 점이 이 영화의 어두운 메시지다.

　주인공 그림자의 상징으로서 실제 캐릭터 활용은, 그것이 악당이든 혹은 라이벌이나 악마 같은 동업자든, 영화에서는 특히 유용하다. 왜냐하면 영화는 시각적 매체이기 때문이다. 외부 인물과의 갈등은 행동을 통해 펼쳐질 수 있는데, 그런 행동은 내적 갈등보다 스크린에서 명확하게 볼 수 있기 때문에 보다 용이하다. 당신의 캐릭터가 자신의 그림자를 대면하는 것이 내적 갈등이든 혹은 외적 행동을 통해서든, 한쪽이 다른 쪽보다 수준이 높다고 추정하는 실수를 범하지마라. 〈셰인〉과 〈스타워즈〉의 시각적 상징주의는 정교하고 강력하며, 그러한 시각적 상징주의는 모든 것을 더욱 공감하게 만든다. 당신의 각본에서 시각적 재현의 힘을 결코 가볍게 여기지마라. 한 장의 그림은 천마디 말보다 강력하다.

여신

　프로이트처럼 융도 아이들이 마음속에 부모의 이미지를 내면화해서 유지한다는 점을 믿었다. 그러나 프로이트와 달리, 융은 내면화된 부모의 형상이 꿈과 신화에서 원형적 형태로 드러나는 것이라고 믿었다. 부모 원형은 부모의 형상과 관련된 문화적 연관성을 가져온다. 따라서 신화에서 어머니 형상은 성스러운 어머니로 재현되는데 이를테면, 대지의 여신, 풍요의 여신, 대자연 어머니, 성모마리아 등이다. 여신 원형은 위로해주고, 양육하며, 온화하고, 친절한, 집단적이며 우주적인 어머니다. 〈피노키오〉1940의 푸른 요정, 〈오즈의 마법사〉1939의 좋은 마녀 글린다빌리 버크, 〈신데렐라〉

1950와 〈잠자는 숲 속의 미녀〉1959의 요정 대모는 모두 여신 원형의 명확한 예를 보여준다. 그들은 모두 위로해주고, 돌봐주는 성스러운 어머니 형상이다. 2000년대에 들어와서 여신은 〈반지의 제왕_ 반지원정대〉2001에서 갈라드리엘케이트 블란쳇로 등장했다. 어머니 원형으로서 여신은 본질적으로 실제 어머니가 어린 시절 해주었던 것과 같은 기능을 수행한다. 여신을 대면할 때, 주인공은 긍정적 어머니 형상과 연결된 정서적 힘, 직관적 지혜, 그리고 예민함과 통합한다.

융의 대항의 심리학에 따라, 긍정적 어머니 원형여신은 **부정적 어머니 원형**의 존재악마적 여자 마법사나 사악한 마녀와 균형을 이룬다. 어떤 의미에서, 사악한 마녀는 여신의 그림자다. 여신이 모든 긍정적인 특성을 지닌 이상적인 어머니라면, 마녀는 모든 부정적인 특성을 지닌 비난받을만한 어머니다. 마녀는 종종 사악한 새엄마로 그려지는데, 그것은 신화에 나오는 근본적으로 **사악한 새엄마**이자 마녀 원형인 메데이아Medea를 되풀이하여 보여주는 것이다. 사악한 새엄마와 악마적 마녀의 복합적 원형은 디즈니의 〈백설공주〉1937와 〈잠자는 숲 속의 미녀〉1958를 통해 미국의 집단무의식 속에 뿌리 깊게 자리 잡았다.

판타지영화를 제외하고 〈존경하는 어머니〉1981와 〈다락방에 핀 꽃〉1987에서 마녀는 종종 비열하거나 위협적인 모성적 인물로 등장한다. 〈에덴의 동쪽〉1955에서, 오랫동안 부재했던 어머니조 반 프리트는 검은 옷을 입은 그림자 형상으로 칼제임스 딘에게 나타난다. 오래 전에 칼을 버린 그녀는 그림자이며, 지금은 몬트레이의 더러운 홍등가에서 매춘업을 운영하고 있다. 어린 시절부터 오랫동안 억압되고 갈등어린 기억들, 방기, 잔인함, 학대, 수치, 그리고 무시했던 이 모든 문제들은 **그림자 여신 원형**을 통해 재현된다.

정서적 지혜, 직관적 가르침, 그리고 사랑(낭만적 사랑은 아니다)을 제공하며 위로하고, 양육하는 여성 인물은 여신 원형의 기능을 수행한다. 사실적인 모성적 인물은 이상적이지도 않고 비난받지도 않는다. 잘 발달된 모성적인 인물은 여신과 마녀 양자 모두의 속성을 지닐 수 있다. 〈에덴의 동쪽〉에서는 이상화된 어머니상, 비난받는 어머니상, 그리고 현실적인 어머니상 사이의 차이가 드러난다. 칼의 어머니조 반 프리트는 사실적인 캐릭터다. 그녀는 칼을 사랑했지만 그를 버렸다. 그녀는 칼이 원하는 어머니가 될 수 없지만, 칼이 야심 찬 목표를 실현하는데 필요한 돈을 주면서 그를 돕는다. 여신들의 삶은 실제로 도움을 주고 돌봐주고, 치유해주기도 하지만… 그들은 늘 전적으로 선한 것도 아니며, 그렇다고 전적으로 사악할 수도 없다.

현명한 노인

아버지는 현명한 노인 원형으로 재현된다. 부모 원형의 다른 버전은 신, 예언자, 마법사, 치유사, 혹은 지혜나 조언을 해주거나 인도해주는 노인 남성 인물이다. 영화에서, 현명한 노인은 주인공에게 **멘토 인물**의 모호한 기능을 수행한다(여신은 여주인공에게 **여성 멘토 인물**로 이와 유사하게 묘사될 수 있다). 멘토로서 현명한 노인은 많은 역할로 등장한다: 아버지, 형, 교사, 목사, 의사, 치료사, 코치, 선장, 대통령, 왕, 마법사 등등… 융의 이중성에 따라, 그림자 아버지 형상은 종종 **거짓 멘토**나 **부정적 아버지 형상**의 역할로 재현된다. 〈스타워즈〉의 다스 베이다는 아버지 원형의 그림자 버전을 전형적으로 보여준다다스 베이다. Darth Vader는 '어두운 아버지'라는 뜻이다. 다른 한편, 오비원은 순수하고 긍정적인 모습의 현명한 노인을 전형적으로 보여준다. 〈오즈의 마법사〉에서, 마법사의 위협적인 등장이 아버지 형상의 그림자라면, 그 등장의 이면에 있는 친절한 노인프랭크 모젠은 긍정적인 아버지 형상이다. 현명한 노인은 아버지 형상과 통합하려는 주인공의 욕구를 재현하는데, 그것은 종종 영화에서 핵심적 관계를 보여준다.

아니마

균형 잡힌 자기는 남성적인 속성과 여성적인 속성 모두를 결합시킨다. 남성적 자기는 여성적 원형아니마의 형태 속에 여성성의 화신을 갖고 있다. 아니마에 의해 의인화된 성품은 여성적인 힘으로 전형화되는데, 예민함, 정서적 지혜, 직관, 연민, 그리고 보살핌과 같은 것들이다. 아니마는 여신과 같은 원형이 아니며, 종종 낭만적이거나 에로틱한 형상이다. 어머니 형상의 여신은 그 기능에서 성스러우며 무성적asexual이다. 여신이 어머니의 사랑을 주는 것이라면, 아니마는 성적이거나 낭만적인 사랑을 제공한다. 전통적인 영웅담에서, 일반적으로 **곤경에 처한 여성**으로 등장하는 아니마는 영웅이 발견하고 구출해야만 하는 여성 인물이다. 〈스타워즈〉에서 곤경에 처한 여성 역할을 하는 레이아 공주는 루크가 죽음의 별에서 구출해야만 하는 인물이다. 여성을 구출해냄으로써, 영웅은 자신의 아니마를 생성시키고 자기 자신의 본질적 부분과 통합하게 된다.

영화에서 아니마는 흔히 **애정 문제**다. 사랑이란 주제는, 애정 문제 플롯이 주도적인 이야기에 부속된 것이라도 영화에서 중요한 부분으로 간주된다. 사랑은 각자의 인생에서 필수적인 부분이기 때문에, 관객은 사랑이 모든 영화에서 필수적인 부분이라고 직관적으로 느낀다. 영화가 끝났을 때, 관객은 주인공 캐릭터가 충분히 발달하여 어떤 식으로든 사랑을 '완성했다'고 느낄 필요가 있다. 결말에서 여성을 얻으며, 아니마와 통합하는 것은 영웅 캐릭터의 완전성에 관한 욕구를 다루는 것이다. 그는 자신의 그림자를 정복했으며, 한 인간으로 성장했을 뿐만 아니라 사랑도 발견했다. 그는 일단 목표를 완수했고 사랑으로 보상받았으며, 그리하여 이제 그의 인생은 완성된 것이다. 그는 사랑하는 여자와 결혼할 수 있고, 그 후 행복하게 살 것이다.

팜므파탈

모든 긍정적 원형은 대립적인 부정적 원형을 갖고 있는데… 그것은 원형의 '그림자'다. 영화에서 **그림자 아니마**는 악명 높은 '팜므파탈'이다. 그늘진 유혹녀는 순수한 사랑보다 성적 사랑을 제공한다. 또한 그녀는 일반적으로 영웅에게 위험한 인물이다. 호머의 〈오디세이〉에 나오는 사이렌처럼 팜므파탈은 영웅을 그의 여정으로부터 유인해서 꾀어내고, 성적으로 매혹적인 노래로 그를 자신의 은신처로 끌어들인다. 거짓 아니마인 팜므파탈은 영웅을 '좋은 여성'에 대한 애정 문제로 유인해 꾀어내는 **요부**vamp일 수 있다. 혹은 그녀가 진정한 '팜므파탈'이라면, 영웅의 목숨을 신체적으로 위험한다. 〈위험한 정사〉1987에서 알렉스글렌 클로즈와 〈원초적 본능〉1992에서 캐더린샤론 스톤은 모두 팜므파탈의 원형적 기능을 충족시킨다. 〈위험한 정사〉에서 댄마이클 더글러스에 대한 알렉스의 강박은 아내앤 아처와 그의 관계를 위협하며, 또한 그의 생명을 위험에 처하게 한다. 그림자 아니마는 극도로 강력한 원형적 인물인데, 왜냐하면 가장 원초적인 두 가지 추동력인 성과 공격성을 한 캐릭터에게 결합시켰기 때문이다. 팜므파탈의 힘은 그녀의 성적 매력에서 비롯된다. 그녀의 위험성은 그녀의 매혹적인 성적 매력 앞에서 영웅이 무력해진다는 데 있다. 그는 괴물과 군대와는 싸울 수 있지만, 팜므파탈에 대한 저항에는 무방비 상태다.

아니무스

여성 심리 속에 남성적 원형은 아니무스다. 이 원형은 용기, 리더십, 지성적 지혜, 그리고 육체적 힘과 같은 전형적으로 남성적인 속성을 재현한다. 분명히, 아니마/아니무스라는 이중성은 전통적인 서구 신화의 산물로, 그런 신화 속에서 위에 열거한 속성을 가진 남성은 영웅이며, 여성은 영웅이 구출해야만 하는 대상이다. 전통적인 서구 신화에서, 혹시 있다면 극소수 여성 영웅만이 존재할 뿐이다. 그렇지만 영화는 현대 신화이기에, 해방된 여성의 현대적 산물인 여성 영웅이 등장하는 많은 영화들이 있으며, 특히 오늘날 영화에서 그렇다. 이런 현대적 신화에서, 아니무스 인물은 전통적인 남성 영웅담에서 아니마와 유사한 기능_{애정 문제의 기능}을 수행한다. 따라서 〈로맨싱 스톤〉의 남녀 주인공처럼 남성과 여성 영웅 모두 서로 아니무스와 아니마 각각의 기능을 수행한다. 조앤 와일더의 아니무스로서 잭은 조앤에게 용감하고 거칠며, 모험적이고 강력해지도록 영감을 준다. 그리고 잭 콜론의 아니마로서 조앤은 잭에게 사랑스럽고, 섬세하고, 따스하며, 충실하도록 영감을 준다.

영웅 원형은 전통적으로 남성적이기 때문에 〈툼 레이더〉²⁰⁰¹에서 보듯이 여성 주인공_{안젤리나 졸리}이 홀로 등장할 때, 여성 영웅은 일반적으로 남성 영웅에게 요구되는 남성적 속성에 물들기 마련이다. 따라서 여성 영웅 영화에서 남성에 대한 사랑은 일반적으로 요구되는 아니마의 기능을 변용하는데, 그것은 라라 크로포드가 그녀의 애정 문제인 알렉스_{다니엘 크레이그}를 구하려고 어떻게 해서든 시간을 거슬러 돌아갈 때 드러난다. 애정 상대인 남성도 또한 강하고 용감하기보다 섬세하고, 사랑스러우며, 보조적인 경향이 있다. 이런 이야기에서, 여주인공은 강하고 용감하며 그녀의 애정 상대는 '곤경에 처한 남성'이다.

괴물, 연쇄살인범 혹은 사이코는 슬래셔영화 〈할로윈〉, 〈13일의 금요일〉, 〈나이트메어〉에서 그림자 아니무스의 기능을 실행한다. 그림자 아니무스 인물인 프레디 크루거로버트 잉글런드와 〈인 드림스〉1999의 비비안 톰슨로버트 다우니 주니어은, 특히 융의 심리학에 잘 부합하는 인물이다. 왜냐하면 그들은 여성 희생자의 악몽과 꿈속에 유령처럼 나타나기 때문이다. 이런 영화들에서 여주인공은 전통적인 여성 역할, 즉 '곤경에 처한 여성' 역할을 해낸다. 결말에서, 여주인공은 **그림자 아니무스**로부터 도망치기보다 자신의 그림자 아니무스와 조우함으로써 자신의 캐릭터를 발달시킨다. 이러한 극적인 마지막 만남에서, 그녀는 전형적으로 잔혹한 방식을 통해 그를 파괴함으로써 폭력적 힘을 자신의 것으로 통합한다.

마술사

고대 신화의 신들 대부분은 인간을 혼동시키고, 머리를 어지럽게 하는 농간을 부리는 기만적인 신들이다. 〈최고의 이야기〉1965에서, 사탄도널드 플레젠스은 예수막스 폰 시도우를 지상의 쾌락으로 유혹하고, 신에 대한 그의 믿음을 시험함으로써 그를 당혹스럽게 만든다. 마술사 신들이 지혜를 가져다줄 때, 그 지혜는 흔히 수수께끼 형태로 배달된다. 영웅은 신의 지혜나 인도를 얻기 전에 수수께끼를 푸는 자신의 지적능력을 증명해야만 한다. 〈엑스칼리버〉1981

에서, 성배의 불멸의 수호자는 퍼스밸폴 제프리이 수수께끼 같은 질문에 답할 때까지 그에게 성배로 보상해주지 않는다.

　마술사 원형이 영화에 등장할 때, 보통 코미디언으로 나온다. 찰리 채플린, 버스터 키튼, 헤롤드 로이드는 원형적 **마술사 주인공** 역을 했다. 그들은 마술, 교묘한 속임수, 술수를 사용하면서 자신의 그림자와 만나고 그것을 이겨낸다. 마술사 주인공들은 또한 육체적 힘과 용기, 투지와 같은 전통적인 영웅의 덕목을 보여주기도 하지만 그들의 주된 힘은 지적능력과 민첩성 그리고 창의성이다. 멜 브룩스가 〈브레이징 새들스〉1974라는 익살맞은 서부극을 만들 때, 그는 전통적인 서부극 주인공을 마술사 주인공으로 변형시켰다. 바

마술사 주인공들 : 〈브레이징 새들스〉의 클리본 리틀과 진 와일더

트클리본 리틀와 와코 키드진 와일더는 강하고 용감함에도 불구하고, 연속적으로 웃기는 장난으로 악당들을 속여 그들을 물리친다.

마술사 인물이 주인공이 아닐 경우, 그는 아마도 **희극적 기분전환 조수 역**을 할 것이다. 막스 브라더스와 애버트와 코스텔로 시리즈 영화들에서, 인기스타는 나쁜 사람과 싸우고, 여성의 사랑을 쟁취하며 곤경을 면하는 젊은 남자와 같은 영화주인공이 아니다. 박스오피스 스타는 희극적 기분전환의 조수인데, 이런 마술사 캐릭터는 악당을 속여 주인공을 매 순간 도와주고, 악당을 다람쥐 쳇바퀴 돌리듯 혼동시키는 역을 해낸다. 당신의 마술사 캐릭터가 희극적 조수든 혹은 당신 이야기의 주인공이든, 이 원형의 열쇠는 **지적능력**이라는 점을 기억하라. 주인공, 특히 액션영화의 주인공은 육체적 힘, 기술, 그리고 용기를 통해 대부분의 승리를 얻는다. 반면 마술사의 마스크를 쓴 영웅은 지략을 통해 성공을 거두어야 하는데, 이는 영웅적 인물이 지닌 원형적 자질 중 결정적이지만 흔히 간과되는 요소다.

형 태 변 환 자

융은 형태변환자를 자기의 상징이라고 믿었는데, 그것은 늘 성장하고 변하며, 발달한다. 어떤 의미에서, 중요한 모든 캐릭터는 형태변환자다. 중요한 캐릭터들은 이야기가 진행되면서 발달해야만 하는데, 발달이란 캐릭터가 어떤 의미심장한 방식으로 변한다는 뜻이다. 〈천금을 마다한 사나이〉1936에서 겉만 번지르르한 대도시 기자진 아서는 결백하고 건전한 디즈게리 쿠퍼와 사랑에 빠지면서 활력을 얻는다. 〈사관과 신사〉1982에서 이기적인 바람둥이 해군항공 사관후보생은 도시 여성데브라 윙거을 사랑하게 되면서 배려심을 가진 인간으로 변한다. 〈월 스트리트〉1987에서 열성적인 청년 증권브로커 버드찰리 쉰는 삐뚤어진 배부른 자본가마이클 더글러스에 의해 타락하여, 뒷통수를 치는 탐욕스러운 자로 변한다. 3막에서, 버드는 다시 한 번 변신하여, 온전하고 명예로운 인간으로 거듭난다.

신화적 신들은 종종 마술사와 마찬가지로 형태변환자이기도 하다. 이 두 가지 원형은 기능과 상징적 측면에서 유사하다. 예를 들어, 제우스는 독수리로 변신해서 올림포스산에서 하강해 다시 인간으로 변신하고, 아름다운 여자와 잠자리를 갖기 위해 마술을 건다. 이와 유사하게, 형태변환자는 영화에서 마술의 원형적 형태다. 벅스 바니는 엘머 퍼드를 피하기 위해 자주 여성으로 변신한다. 〈스타워즈〉의 루크와 한스는 죽음의 별로 침입하기 위해 돌격대원으로 위장한다. 〈브레이징 새들스〉1974에서 바트와 와코 키드는 약탈자 갱단에 침투하기 위해 KKK로 위장한다. 마술적인 형태변환자를 사용하는 플롯은 신화만큼이나 오래된 것으로, 오늘날 이야기에도 효과적인 장치로 여전히 지속되고 있다. 모든 원형적 캐릭터들과 플롯들은 낡고 정형화된 것임에도 불구하고, 그것들이 독창적이고 기지에 넘친다면 여전히 매우 효과적이고 매력적이다.

뱀파이어와 늑대인간은 끔찍하고 무서운 원형적 형상인데, 왜냐하면 그들은 신들의 초자연적 힘을 재현하기 때문이다. 신화에서는, 오직 신적 존재들만 동물이나 여타 비인간적 형태들로 육체적 변신을 할 수 있다. 드라큘라 백작은 아마도 영화사에서 가장 자주 묘사된 형태변환자일 것이다. 〈터미네이터 2〉1991에서 형태변환자인 악한 로봇로버트 패트릭은 고대 초자연적 원형의 현대판을 재현한다. 형태변환이 외형적 측면에서 육체적 변신으로 성취되건 혹은 캐릭터 측면에서 심각한 변신이 성취되건, 형태변환자 원형은 이야기와 영화에 있어서 보편적인 형상이며 개인적 변화, 변신, 그리고 재탄생의 인간적 잠재성에 대해 매우 강력하게 공명하는 상징이다.

플롯의 원형 : 만남과 통합

원형적 형상과 함께 하는 원형적 주제는 모든 인간에게 집단적으로 공유된다. 그것은 탄생, 결혼, 그리고 죽음처럼 일반적인 인생의 변화를 재현한다. 또한 재탄생과 변형의 원형적 주제를 통해 발달하고 변화하며, 성장하는 일반적 욕구를 재현한다. 원형적 주제를 실현하면서, 우리는 집단무의식의 **초개인적**transpersonal 영역을 통해 다른 사람들과 연결되고 '전일whole, 全一'적 존재가 된다. 신화는 우리가 개인적 갈등을 **초월**하고 그 갈등을 해결하도록 해준다. 그것은 개인의 정신적 건강과 집단적인 사회 적응 모두에 있어 본질적인 요소다. 신화가 역사적으로 이야기, 전설, 종교, 예술을 통해 전승되어 왔지만 이제 이 모든 방법들은 영화라는 현대적인 대중매체 속에 통합되었다. 현대사회에서, 사람들은 영화 스크린을 통해 그들의 신화를 갖게 된다. 영화는 공동의 꿈으로, 우리 시대의 원형을 표현하고 전달하며, 통합하는 일차적인 과정이 되었다. 원형은 자기의 다른 부분들을 상징한다. 다른 부분들이 서로 조우하여 그것들을 자기 속에 통합할 때, 그것들은 서로 보완하며, 갈등이 있는 곳에 균형을 창조한다. 꿈개인적 신화의 기능, 그리고 신화집단적 꿈의 기능은 **초월적 기능**이다. 자기의 상충되는 부분들을 통합함으로써, 우리는 심리적으로 **전일적 존재**가 된다.

〈에덴의 동쪽〉에서, 칼의 자기 발견 여정은 어머니를 만나면서 시작된다. 그의 어머니는 그의 과거 그림자와 내면의 선과 악 사이의 갈등을 재현한다.

그림자 여신과 통합한 후에, 전일적 존재가 되는 칼의 여정은 애브라줄리 해리스에 대한 낭만적 사랑으로 재현되며, 자신의 아니마 형상과 통합하도록 인도한다. 마지막 장면에서, 칼은 현명한 노인그의 아버지으로 보상받는다. 칼은 자신의 그림자, 아니마, 그리고 현명한 노인과 만나고 통합함으로써, 그가 갈등하는 페르소나적 특이성을 초월하여 심리적으로 그리고 정서적으로 전일적 존재가 된다.

사 위 일 체

융 모델에서 원형적 주제는 네 부분으로 구성된 완전한 전일적 존재, 즉 '사위 일체'인데, 그것은 대립적인 두 쌍의 이중성 사이에 균형을 재현한다. 자기의 네 가지 원초적 원형들의 통합은 완전한 사위 일체를 재현한다. 페르소나와 그림자는 내적 자기internal Self의 대립적인 이중성이며, 같은 성sex의 부모와 함께, 반대되는 성 원형은 외면적 형상과 연관된 대립적 이중성을 보여준다. 따라서 남성 심리 속의 완전한 사위 임체는 페르소나, 그림자, 아니마, 그리고 현명한남성 노인으로 구성된다. 여성 심리 속의 완벽한 사위 일체는 페르소나, 그림자, 아니무스, 그리고 여신으로 구성된다. 만약 우리가 이런 형상들을 영화에 나오는 원형적 캐릭터로 옮긴다면, 그것은 **영웅, 악당, 애정 상대** 그리고 **멘토**에 해당한다.

이런 융 모델에 따르면, 영웅은 그의 이야기 흐름을 통해 악당, 멘토, 그리고 애정 상대의 어떤 요소들과 조우해야만 하고 통합해야만 한다. 보다 특별하게, 영웅은 자신의 그림자로 고민해야만 하며예:문제, 갈등, 도전 혹은 약점 멘토로부터 무언가 배워야만 하고영적이거나 실존인 지혜, 애정 상대의 사랑을 얻어야만 한다로맨스. 이런 원형들이 영웅의 정체성에 중요한 방식으로 조우하고 통합된다면, 심리적 완전성이 영화 결말에 성취될 것이다. 영웅담에서 사위 일체적 완전성은 완전한 캐릭터 발달의 느낌으로 나타난다.

사위 일체 속에서 각각의 원형은 영웅의 캐릭터를 완전히 변신시킬 수 있는 능력을 갖는다. 〈쉰들러 리스트〉1993에서, 타락한 SS사령관랄프 파인즈처럼 악마적이고 위협적인 그림자－악당은 오스카 쉰들러리암 니슨 같은 뜻밖의 주인공이 영웅적 행동을 하도록 영감을 줄 수 있다. 유사한 경우로, 〈반지의 제왕〉2001에서, 마법사 간달프이안 맥켈런 같은 현명한 멘토는 작은 호빗일라이저 우드이 위대한 영웅이 되도록 영감을 줄 수 있다. 물론 〈메리에겐 뭔가 특별한 것이 있다〉1998에서, 아름다운 여성 메리카메론 디아즈도 테드벤 스틸러와 같은 수많은 보통 남자들이 모험의 영역에 들어가 영웅적 행동을 할 수 있도록 영감을 줄 수 있다. 변신은 원형 그 자체이며, 그것은 개인적 변화와 발달에 관한 보편적 성향이자 욕구를 재현한다.

비극적 변신은 캐릭터가 급작스러운 정체성 변화로 타락했을 때 발생한다. 〈모두가 왕의 부하들〉1949의 윌리 스탁브로데릭 크로포드, 〈군중 속의 얼굴〉1957의 론섬 로데스앤디 그리피스, 그리고 〈부기나이트〉1997의 더크 디글러마크 월버그가 이에 해당한다. 이들은 모두 개인적 변신의 결과로 비극적 추락을 경험한 순진한 캐릭터들이다. 때로, 플롯의 핵심은 영웅 캐릭터보다 보조 캐릭터의 변신에 달려있다. 〈스미스 워싱톤에 가다〉1939에서 스미스제임스 스튜어트는 애국적 이상주의자로 출발하여, 영화가 진행되는 동안 계속 그 태도를 유지한다. 스미스의 이상주의는 그의 몰락을 초래하지만, 그는 결말에서 구조되는데, 그것은 그 자신의 변신 때문이 아니라, 그를 상원으로 지명했던 조 페인클로드 레인스의 변신 때문이다. 이와 유사한 경우로, 〈셰인〉1953의 캘로웨

이벤 존슨는 셰인과 정착민 친구들을 놀리고 희롱하는 재미를 누리며 사는 고약한 카우보이로 출발한다. 셰인은 캘로웨이에 저항하며, 그의 존경을 얻는다. 겉으로 보기에 별로 관계없어 보이는 이러한 이야기는 결말부에서 캘로웨이가 셰인을 변신시킬 때 핵심이 되는데, 술집에서 매복한 채 기다리는 그의 친구 조밴 헤프린를 셰인에게 조심하라고 경고했을 때가 바로 그 순간이다.

당신의 각본에서 변신은 영웅적으로 가는 상승이거나 비극적으로 가는 하강일 수 있다. 그것은 악마에 대한 반작용이거나 지혜로운 영감으로, 또는 사랑에 대한 동기부여로 발생할 수 있다. 그리고 그것은 영웅의 내면에서, 또는 영웅에게 영향을 주는 보조 캐릭터의 내면에서 발생할 수 있다. 어떤 경우든, 변신은 어떤 이야기에서나 역동적인 부분이며 캐릭터 발달의 중요한 요소다. 만약 캐릭터들 중 한 명 혹은 더 많은 이들이 영화 결말까지 달라지지 않는다면, 즉 단 한 명의 캐릭터도 변하지 않는다면, 이야기는 불완전하게 느껴질 것이다.

운 좋은 우연의 일치

융은 **동시성**synchronicity을 집단무의식을 통해 모든 사람과 모든 사건이 연결된 현상으로 묘사한다. 인간 경험의 사차원에서 작동하는 초개인적인 '비인과적인 연결원리acausal connecting principle'로서, 동시성은 알베르트 아인슈타인의 '통일장 이론unified field theory'처럼 규정할 수 없으며 소수만 이해하는 아이디어다. 그러나 동시성은 신비한 것만큼이나 지적인 아이디어일 수 있고, 동시성의 원형적 현상은 이야기와 영화에서 중심이 되는 주제이기도 하다.

〈체인징 레인스〉2002의 플롯은 두 남자벤 애플렉과 사무엘 L. 잭슨가 같은 날 아침 자동차사고를 당하면서 시작된다. 둘의 인생은 그 시각에 어디에 있었느냐에 달려있다. 그리고 〈빽 투 더 퓨쳐〉1985에서, 마티 맥플라이마이클J. 폭스는 그의 타임머신에 엄청난 전기를 채워 넣어야만 미래로 돌아갈 수 있다. 다행히도, 마티는 과거여행을 떠나기 전에 전단지를 받는다. 그 전단지는 타운 시계탑이 어떻게 번개를 맞았는지(정확한 시간과 날짜를 제공하는)에 관한 정보를 준다. 마티는 우연의 일치로 전단지를 주머니에 넣고 있었는데, 바로 그 번개가 쳐서 그를 미래로 돌려보내줄 수 있었다는 것을 나중에 실감한다. 운 좋은 우연의 일치가 터무니없이 강력한 나머지 매우 엉뚱한 상상력을 자극하지만, 이야기의 동시성은 좀처럼 관객의 불신감을 보류하게 만들지는 못한다.

심리학 이론상으로는 의심스럽지만 그럼에도 불구하고, 동시성은 영화에서 유효성이 증명된 원형적 장치다. 그것은 다르게 생각할 여지없이 관객에게 수용된다. 영웅이 그것을 가장 필요로 할 때, 운 좋은 우연의 일치가 그를 곤경으로부터 구해주는 기능을 발휘한다. 이러한 동시성이 싫든 좋든 적용되거나 과용되었음에도 불구하고, 재치있고 세련되게 적용될 경우, 극단적으로 운 좋은 우연의 일치는 당신이 플롯을 진행할 때 완벽하게 수용할만한 방법이다.

힐 링

힐링은 보편적인 인간적 사안이다. 모두의 삶에서 어느 순간, 우리는 상처나 트라우마로 고통을 겪는다. **상처 입은 영웅**의 이야기는 일반적으로 영웅의 아내 그리고/혹은 자녀의 죽음과 연관된다. 〈데드 위시〉의 커시찰스 브론슨에게, 살인행위는 복수를 위한 동기부여가 되는데, 강도패거리가 그의 아내를 살해하고 딸을 강간했기 때문이다. 멜 깁슨은 복수심에 불타는 부상당한 영웅을 매우 능숙하게 연기한다. 그는 〈매드맥스〉 시리즈[1979, 1981, 1985, 2004]에서는 맥스 로카탄스키로, 〈리썰 웨폰〉 시리즈[1987, 1989, 1992, 1998]에서는 마틴 릭스 형사로 그런 역을 맡았다. 깁슨의 캐릭터는 또한 비극과 복수로 동기부여 되는데, 〈햄릿〉[1990], 〈브레이브하트〉[1995], 〈랜섬〉[1996], 〈페이백〉[1999], 〈패트리어트〉[2000]가 그런 경우에 속한다. 이런 유형의 영웅에게 힐링은 거의 폭력을 통해 성취된다.

힐링이 필요한 영웅들은 또한 흔히 전투에서 부상당한다. 〈말없는 사나이〉[1952]에서 션 손튼존 웨인, 〈지상에서 영원으로〉[1953]에서 '프리윗몽고메리 클리프트'은 링에서 다른 남자를 파멸시킨 죄책감에 시달리는 전직 프로 권투선수다. 이런 영웅의 부상은 폭력에 대항하는 동기부여다. 본질적으로, 상처 입은 영웅은 영혼의 한 부분을 잃어버린 것이다. 그는 다시 전일적 존재가 되려고 한다. 상처 입은 영웅의 도전은 과거의 고통, 배신, 비극의 그림자를 극복해야만 한다. 자신의 그림자와 대면하고 과거를 다루면서, 그는 자기의 이리한 부분을 캐릭터와 통합하게 되고, 다시 전일적 존재가 된다. 〈카사블랑카〉[1941]에서, 릭험프리 보가트은 실연의 그림자를 만나면서 상처를 치유한다. 그는 다시 한 번 일사잉그리드 버그만를 보살피는데, 이것은 자신의 상처를 시우고 릭의 캐릭터를 완전하게 만드는 그림자와 아니마를 통합시키는 행위다.

운명

다음은 〈카사블랑카〉에 나오는 릭의 악명 높은 대사다. "세상의 그 많은 도시 그 많은 술집들 중에 그녀는 내 술집으로 들어왔어." 이 대사는 영화 속

운명적 사랑이란 주제를 전형적으로 보여준다. '첫눈에 반한다'와 같은 생각에 대한 믿음과 '영혼이 통하는 사람'의 존재는 사랑의 숙명적인 힘, 아마 사랑은 동시성이 가능한 초인적인 사차원에 속한 것이라는 개념을 감지하게 만든다. '운명적 연인'에 관한 극단적인 낭만적 개념은 우화, 신화 그리고 영화 속에서 여전히 매우 일반적이며, 오래된 원형적 주제다. 그러나 운명이나 숙명의 원형은 단지 사랑으로만 격하되지 않는다.

많은 사람들이 믿는 또 다른 실존적 힘인 죽음도 운명에 의해 조정된다. 〈타임머신〉²⁰⁰²에서, 하트겐 교수의 연인 엠마시에나 길로리는 그가 청혼을 한 후 살해당한다. 하트겐가이 피어슨은 이런 불운한 우연의 일치를 바꾸기 위해 과거로 돌아간다. 그러나 그가 과거로 돌아갈 때마다, 엠마는 같은 날 밤에 죽는다. 엠마는 그날 밤 죽어야만 하는 운명으로 여겨지며, 한낱 인간에 불과한 존재는 아무리 기발하더라도 운명을 바꿀 수 없다. 이와 유사하게 〈에이 아이〉 ²⁰⁰¹에서, 머나먼 미래의 슈퍼 외계인도 데이비드할리 조엘 오스먼트가 그의 어머니프란시스 오코너를 부활시키도록 도와줄 수 없는데, 왜냐하면 모든 삶은 개인적 '시/공간 경로(숙명, 카르마, 혹은 운명에 관한 또 다른 SF 해석)'를 차지하고 있기 때문이다. 플롯 장치로서, 운명은 간간히 활용되어야 한다. 운 좋은 우연의 일치와 달리, 운명적 사건은 삶의 가장 의미 있는 측면에서 실존적 무게감을 보여준다. **사랑, 죽음, 탄생,** 그리고 **재탄생**이란 측면에서 그렇다.

러브신

영웅과 그의 아니마애정 상대의 마지막 결합은 이성 원형opposite-sex archetypes의 통합을 재현한다. **성혼**Hieros Gamos, 聖婚은 성스러운 성교나 신성한 결혼이다.

그것은 영웅과 그의 애정 상대인 둘 사이에 일어나는 사랑의 첫날밤이며, 심리적 통합의 육체적 전형이다예: 셰익스피어의 '후배위로 섹스를 하는 두 사람'. 섹스신이나 러브신에서, 두 원형은 하나가 된다. 성혼의 산물은 **신성한 아이의 탄생**, 즉 이성 원형들의 통합을 전형화한다. 영웅은 심리적으로 양성성androgynous을 지닌 존재로 재탄생한 것이다. 융 모델에서, **양성성**은 정신적 건강의 완벽한 전형인데, 왜냐하면 양성적인 개인은 남성적 원형과 여성적 원형 모두의 힘을 유지하기 때문이다.

영웅의 캐릭터 발달 측면에서, 러브신은 전통적인 남성 영웅에게 아니마의 정서적 힘을 주입하는 것이다. 이렇게 새롭게 찾은 힘은 **영적인 재탄생**을 상징한다. 영웅은 러브신 이후 훨씬 더 강해지며, 어마어마한 사랑의 힘으로 고취된다. 〈로얄 테넌바움〉에서, 리치가 일생동안 사랑했던, 마고의 금지된 키스는 리치의 자살로 인한 상처를 치료하며, 사이가 멀어진 아버지진 해크만와 다시 연결되는 동기부여를 해주고, 그의 절친한 친구오웬 윌슨를 약물중독에서 구한다.

러브신은 또한 어떤 중요한 장애들을 극복한 후 영웅에게 주어지는 보상으로 흔히 사용되는데… 잘 성취한 과업에 대한 성적이거나 낭만적인 보상 행위다. 그것이 영화 끝에 등장할 때, 러브신은 영화 전체에 걸쳐 축적된 모든 성적 긴장감을 해소함으로써 이야기 해결에 도움을 더해주기도 한다. 러브신은 정서적 카타르시스, 심리적 통합, 원형적 통합, 그리고 낭만적 첫날밤일 수 있다. 영화의 마법을 통해, 이 모든 복잡한 문제들은 단지 작은 키스 하나를 통해 표현될 수도 있다.

당신의 각본에서 칼 융적 주제를 다룬다면

1. 당신의 주인공이 관객의 마음속에서 발달하기 위해, 그는 명확한 약점이나 부족한 점을 캐릭터 속에 갖고 있어야만 한다. 융의 감각에서 볼 때, 당신의 주인공이 심리적으로 완성되기 위해 어떤 요소가 필요한 것일까?

2. 당신 주인공의 육체적 존재는 주인공 페르소나의 커다란 부분이다. 당신 주인공의 정신적 이미지를 떠올려보라, 그리고 유명한 영화스타를 통해 브레인스토밍해보라. 당신이 쓰고자 하는 캐릭터의 육체적이고 심리적인 정체성에 가장 잘 맞는 영화스타를 한 명 골라서, 당신의 각본에서 주인공을 묘사할 때 그 스타를 안내자로 사용해보라.

3. 자기 속에서 페르소나와 그림자의 이중성은 일반적으로 영웅/악당 이중성에 의해서 영화에 재현된다. 이중성은 영웅과 악당이 매우 대조적이고, 그에 따라서 심리적으로 상호보완적일 때 가장 효과적이다. 당신의 각본에 주인공과 악당이 있다면, 주인공이 악당을 극복하기 위해 악당의 내재된 속성을 습득해야만 하도록 어떻게 캐릭터들을 구조화할 수 있을까.

4. 때로, 주인공은 그늘진 배경 이야기를 갖고 있는데, 이를테면 그가 반드시 대면해야만 하는 옷장 안에 든 해골과 같은 것이다. 당신의 주인공은 그늘진 과거를 갖고 있는가? 그렇지 않다면, 그 캐릭터에게 어떻게 그늘진 과거를 포함시킬 것인가? 만약 그가 그늘진 과거를 갖고 있다면, 그는 그것을 만족할만한 방식으로 처리하고 그것과 통합할 수 있을까?

5. 여신 원형과 현명한 노인 원형은 여자와 남자 주인공 모두에게 존경할만한 멘토 인물을 재현한다. 당신의 주인공은 멘토 인물을 만나, 지혜나 안내를 받고 통합하는가? 만약 그렇지 않다면, 이러한 고대의 원형적 요소를 당신의 캐릭터와 플롯에 덧붙여서 어떻게 당신 캐릭터와 플롯에 깊이를 더할 수 있는지 생각해보라.

6. 이와 마찬가지로, 아니마와 아니무스 원형은 주인공에게 애정 문제 역할을 종종 수행한

다. 당신의 주인공은 애정 문제를 만나고 그것과 통합하는가? 만약 그렇지 않다면, 이러한 원형적 요소를 포함시켜 당신의 각본에서 로맨스나 '사랑'을 어떻게 더할 수 있는지 생각해보라.

7. 마술사와 형태변환자 원형은 흔히 지성적인 영웅의 속성을 상징하는데, 극복해야만 하는 지적인 도전에 영웅을 위치시키거나, 혹은 그가 적보다 앞선 마술이나 형태변환술을 사용하는 방식으로 이루어진다. 당신의 각본에서 주인공의 중요한 지적 요소를 가득 채우도록 어떻게 마술과 형태변환술을 사용할 수 있을까?

8. 영웅 캐릭터의 네 가지 요소로 이루어진 전체는 영웅(페르소나), 악당(혹은 적대자), 멘토, 애정 상대로 구성된다. 당신의 주인공은 이러한 네 가지 형상들과 조우하고 통합하는가? 만약 그렇지 않다면, 당신의 각본에 이런 아이디어를 통합하여 주인공 캐릭터를 전일적으로 혹은 완전한 존재로 만드는 요소를 더할 수 있다고 생각하는가?

9. 캐릭터 발달은 다양한 변신을 통해 만들 수 있다. 당신의 주요한 캐릭터들은 어떻게 발달하거나 변신하는가? 만약 당신이 그들 캐릭터의 변신을 볼 수 없다면, 어떻게 당신의 캐릭터가 치유해야만 하는 상처와 잘못을 창조할 수 있을지 생각해보라.

10. 원형적 기능으로 러브신은 단지 육체적 보상, 즉 쓸데없는 누드나 섹스신 이상의 것을 제공해야 한다. 러브신은 영웅을 어떤 방식으로든 '완성하는' 것이다. 당신의 러브신이 영웅의 완성을 도와주는가? 그렇지 않다면, 당신의 러브신은 당신 주인공 캐릭터의 상징적 완성이나 치유를 제공해줄 수 있는가? 다시 말해, 애정 상대는 주인공에게 어떻게 상호보완적인가?

CHAPTER 4
조셉 캠벨
Joseph Campbell

JOSEPH CAMPBELL AND THE HERO'S JOURNEY
조셉 캠벨과 영웅의 여정

조셉 캠벨은 심리학자가 아니다. 그는 인문학, 고전, 그리고 세계 신화학 분야의 학자다. 그러나 프로이트, 융, 에릭슨, 그리고 오토 랭크$^{Otto\ Rank}$와 같은 학자들의 심리학적 모델에 관한 방대한 지식은 세계 신화에 관한 그의 연구에 심리학 이론을 적용할 수 있는 배경이 되었다. 그의 많은 저서들 중에서 『천의 얼굴을 가진 영웅』^{1949}은 가장 인기있고 가장 큰 영향력을 끼친 책이다. 이 책에서 캠벨은 신화의 기본적 구조를 해부한 고전 신화의 틀을 심리학적으로 분석했다. 또한 신화의 구조를 밝혀냄으로써, 캠벨은 영웅 원형과 원형적인 '영웅의 여정'의 광대한 심리학적 힘을 보여준다.

영웅은 세상 속으로 '머나먼 모험을 떠나며' 다양한 인물과 캐릭터를 만난다. 그가 외적 여정$^{external\ journey}$에 착수함에도 불구하고, 신화는 **내적 여정**$^{inner\ journey}$을 상징하는데, 그 여정에서 영웅은 자기의 다른 부분과 만나고 통합해야만 한다. 영웅이 어디를 가든, 그의 모험이 무엇을 수반하든, 그의 여정은 늘 자기 발견의 내적 여정이며, 그의 목표는 언제나 캐릭터 발달이다. 영웅은 심리적으로 완전한 존재가 되기를 갈망한다.

신화적 영웅

〈브레이브하트〉^{1995}의 윌리엄 월레스$^{멜\ 깁슨}$와 〈글래디에이터〉의 막시무스러셀 크로우, 둘 다 전통적 영웅으로서 전통적인 신화적 여정에 오른다. 두 영화 모두 막대한 박스오피스, 비평적 성공, 엄청난 극장 티켓 매출, 아카데미 여러 부문에서 화려한 수상 실적을 거두었다. 〈브레이브하트〉는 오스카에서 최우수작품상, 최우수감독상멜 깁슨을 수상했고 최우수각본상 부문랜달 웰레스 후보에도 올랐다. 〈글래디에이터〉는 최우수작품상, 최우수주연상을 수상했고, 최우수감독상리들리 스콧과 최우수각본상데이비드 프란조니, 존 로건, 윌리엄 니콜슨 부문에도 후보로 올랐다. 분명히, 믿을 수 없을 정도로 성공적인 이런 영화를 만든 영화창작자는 많은 것을 제대로 완수한 셈이다. 우리가 중점을 둬야 할 하나는, 그들이 영화 줄거리의 틀로 고전적인 영웅의 여정을 선택했다는 점이다. 영웅의 여정이라는 원형을 사용함으로써, 영화창작자는 수천 년간 전 세계 수십 억 인류에게 전해 질 수 있었던, 그 능력을 증명한 이야기 구조를 선택했다. 그 구조는 영웅담에서 단단한 바위같은 토대다.

1막 : 출발

영웅의 여정의 첫 단계는 그의 **일상 세계**world of the common day로부터 출발이다. 월레스의 세계는 11세기 스코틀랜드이자 정치적 폭력으로 얼룩진 어린 시절의 세계이며, 그의 아버지는 난폭한 잉글랜드 제국주의자들에게 대항한 스코틀랜드 저항군 지도자였다. 로마 장군인 막시무스의 세계는 마르쿠스 아우렐리우스 황제리처드 해리스의 명령에 따르는 전투의 세계다. 한편 일상 세계에서는 인간 발달의 출발점이자 종결점인 집을 재현한다. 영웅은 여정의 첫 단계로 '먼 탐험을 떠나며', 마지막 단계에서는 집으로 돌아온다. 머나먼 모험과 귀환은 정체성 발달의 보편적 상징이다. 십대를 지나면, 군대나 대학에 가려고 집을 떠나는 것처럼, 영웅은 미성숙한 캐릭터로 자신의 집을 떠나 만개한 영웅이 되어 귀환한다.

일상 세계에서, 영웅은 일반적으로 **일차적 멘토**primary mentor figure, 즉 아버지 원형을 만나 통합한다. 윌레스의 일차적 멘토는 스코틀랜드 저항의 순교자인 아버지다. 막시무스의 일차적 멘토는, 황제인 현명한 노인으로, 막시무스를 "내가 갖고 싶은 아들"이라고 부른다. 영웅은 자신의 모험 세계에서 **이차적 멘토**secondary mentor figure를 만날 수도 있지만, 일차적 멘토가 가장 중요하다. 이차적 멘토는 영웅에게 지혜와 안내, 그리고 영감을 제공하지만, 영웅이 상징적으로 일차적 멘토가 되면서 여정은 끝난다. 바로 그런 이유로 일차적 멘토는 1막에서 사망한다. 고인이 된 일차적 멘토는 영웅이 모험을 하는 동안 줄곧 품고 다니는 영적 영감이다.

영웅의 귀환에는 또한 **완성**fulfillment의 요소가 있는데, 영웅은 아버지나 멘토로부터 물려받은 탐구를 완수하기 때문이다. 윌레스의 아버지는 그의 어린 시절 세계에서 잉글랜드에 대항하는 저항의 순교자로 사망한다. 윌레스도 마지막 단계에서, 같은 이유로 순교자가 된다. 이와 유사하게, 마르쿠스 황제는 로마공화정을 다시 한 번 일으키려는 과업을 막시무스에게 맡기자마자 살해당한다. 마지막 단계에서, 막시무스는 황제의 암살자를 죽이고 로마에 민주제를 귀환시키라는 그의 약속을 완성한다. 영웅의 일상 세계에 대한 글쓰기는 사전에 많은 숙고와 계획을 필요로 한다. 일상 세계는 영웅의 일차적 과업과 목표를 설정하게 해주며, 영웅의 여정의 출발과 종착점을 모두 제공한다. 만약 영웅의 귀환이 어떤 필수불가결한 예언, 탐구, 혹은 욕구를 완성하지 못한다면, 전체 여정은 해결되지 않으며 불완전한 느낌을 줄 것이다.

1단계: 모험에의 소명

영웅들이 천성적으로 모험 탐색가라 할지라도, 일반적으로 그들은 내면의 천성이 드러나도록 하기 위해 몇 가지 '모험에의 소명'을 요구한다. 소명은 영웅을 정지된 비활성 상태로부터 빠져나오도록 유혹해서, 그를 영웅적 영역으로 들어가게 만든다. 때로 악마적 힘이 영웅의 세계로 침입하여 영웅의 집에서 그와 맞서기도 한다. 예를 들어, 잉글랜드 군이 아내를 강간하고 살해했을 때, 월레스는 스코틀랜드 집에 있었다. 어떤 경우에는, 영웅이 실수로 모험 세계로 들어가기도 한다. 그 밖에도 영웅은 본의 아니게 모험 세계에 떠밀려 들어가 집으로 돌아가기 위해 싸워야만 한다. 알프레드 히치콕은 후자의 장치를 종종 사용했다. 〈북북서로 진로를 돌려라〉1959에서, 로저 손힐캐리 그랜트은 전형적인 히치콕 플롯에 등장하는 '평범한 인물'이다. 스파이 악당으로 오인받은 손힐은 느닷없이 내몰리면서, 본의 아니게 위험과 음모의 세계로 들어서게 된다.

전령적 형상들은 영웅에게 그가 싸워야만 하는 끔찍한 적이나 곧 닥쳐올 악마에 관한 소식을 전해준다. 그들은 투쟁에 들어가야 할 영웅의 명예심을 자극한다. 〈글래디에이터〉에서, 막시무스는 황제의 부름을 받아 로마의 해방자가 된다. 〈브레이브하트〉에서, 월레스 부친의 과거 연합군은 잉글랜드에 맞선 저항전에 월레스를 불러들인다. 조셉 캠벨이 기록했듯이, 켈트Celtic 신화에서 영웅의 여정은 일반적으로 그가 사냥하던 중 숲 속에서 마주친 신비한 어린 사슴을 따라갈 때 시작된다. 전령인 어린 사슴이 영웅을 신화적 영역으로 끌어들이는 것이다. 전령은 그때 또 다른 원형, 즉 '요정 언덕의 여왕' 같은 존재로 변형되거나 '둔갑shapeshifts' 하며, 영웅은 '모험으로 가득 찬 임무 속에서' 자신을 발견한다. 동화 속 전령은 때로 토끼처럼 친근하게 말하는 동물로 등장한다. 무해한 토끼는 자연의 힘과 자연스러운 지혜의 담지자다. 이런 동물들은 인간의 지식을 넘어서는 직관적인 감각을 갖고 있다. 동물들은 날씨변화와 자연환경의 방해를 예상할 수 있다.

토끼 전령은 〈이상한 나라의 앨리스〉¹⁹⁵¹에서 가장 눈에 띄게 등장한다. 신비한 흰 토끼는 앨리스를 이상한 나라의 마술적 차원 속으로 끌어들인다. 〈에덴의 동쪽〉에서, '토끼'란 이름의 늙은 주정뱅이가 칼^{Cal}을 자신의 여정에 들어서게 하는데, 주정뱅이는 칼에게 그의 어머니가 살아있으며, 몬트레이에서 마담으로 일한다고 알려준다. 그것이 어떻게 다가오든지 간에, 모험에의 소명은 일반적으로 영화 초반부에 이루어진다. 그것은 주인공 캐릭터에게 발생하는 갈등의 첫 번째 요소를 창조하며, 관객을 그의 이야기 속으로 빠져들게 한다. 만약 영화가 1막에서 20분 이상 진행되었는데, 그런 소명이 발생하지 않았다면, 당신은 관객을 놓칠 위험을 무릅쓰는 셈이다. 관객은 이렇게 자문할 것이다: "무슨 일이 벌어지는 중이야?" "갈등이 뭐지?" "이건 뭐에 대한 영화지?"

2 단 계 : 소 명 의 거 부

원형적 영웅은 일반적으로 **망설이는 영웅**으로, 마음속에 영웅적 기질이 있지만 우유부단한 캐릭터다. 영웅의 망설임은 누구나 위대한 도전과 모험에 직면할 때 갖게 되는 내면의 망설임을 재현한다. 아무 것도 하지 않는 것이 언제나 더 편하기 때문이다. 그저 집에 머무르는 것, 위험과 어려움을 피하고, 다른 사람들이나 소명에 주의를 기울이도록 내버려두는 것이다. 이런 망설임의 단계에서, 내키지 않아 하는 영웅을 **판돈 올리기**^{upping of the ante}로 보금자리에서 끌어내 영웅적인 위험한 세계로 몰고 갈 필요가 있다. 월레스는 잉글랜드에 맞선 저항전에 나서달라는, 과거 부친의 연합군의 요청을 거절한다. 월레스는 잉글랜드군이 그의 아내를 겁탈하고 살해한 후에야 저항전에 뛰어든다. 막시무스도 로마를 해방시키라는 황제의 요청을 처음에는 거절한다. 그러나 황제가 그의 패륜적 아들 코모두스호아킨 피닉스에게 암살당한 후, 코모두스는 막시무스를 적으로 인식한다. 막시무스는 처형당할 위기를 피해 집으로 돌아오지만, 코모두스의 암살범에게 살해당한 아내와 아이들만 남아 있을 뿐이다. 막시무스는 체포되어 노예로 팔려갔음에도 불구하고, 여정에 있어서 막시무스의 목표는 이제 로마로 직행하여 코모두스와 그의 독재권력 체제를 파괴하는 것이다.

영화는 일차적으로 정서적 차원에서 이루어지는 작업이다. 효과적인 영화는 관객의 정서를 조정하여 주인공이 무엇을 하는지 느끼게 만들고, 주인공의 동기부여에 **동일시**되도록 만든다. 보글러1998는 그의 저서『신화 영웅 그리고 시나리오 쓰기』에서, '지분 올리기 raising of the stakes'가 종종 영웅을 움직이는 데 필요하다고 지적한다. 판돈 올리기나 지분 상승의 기능은 악당에 대한 분노를 불러일으키고, 악당과 싸워야할 영웅의 동기부여에 관객을 동일시하게끔 해준다. 사랑하는 이의 살인에 대한 **복수**, 독재로부터의 **자유, 악**의 근절은 영웅의 여정 이면의 고전적인 동기부여다. 〈브레이브하트〉와 〈글래디에이터〉 같은 영화가 관객에게 매우 잘 수용된 이유들 중 하나는 이러한 신화적 주제가 관객에게 강렬한 정서를 구축해주었고, 관객이 동일시할 수 있는 강력한 동기부여를 영웅들을 통해 창조해냈다는 점이다. 영웅의 아내와 아이를 살해하는 것보다 더 강한 긴장을 창조하거나, 더 강력한 정서를 구축하거나, 더 강한 동기부여를 할 수 없다. 복수와 극단적 폭력은 정당화될 뿐만 아니라, 정서적으로 필요하기까지 하다. 뿐만 아니라, 영웅은 더 이상 잃을게 없는 사람이며 그에게는 멈출 수 없는 위험한 복수의 힘이 있다. 이런 영화들에서 창조되는 강렬한 정서는 각본 초반에, 강하고 분명한 캐릭터의 동기부여 설정이 매우 중요하다는 점을 증명한다.

3단계: 초자연적 조력

영웅은 황야로 빠져들기 전, 보통 어떤 필요한 **강력한 무기**를 제공받는다. 고전적 영웅은 신의 아들로, 강력한 무기 형태로 된 초자연적 조력을 적당히 갖추고 있다. 페르세우스는 부서지지 않는 검, 보이지 않는 투구, 그리고 날아가는 말을 제공받는다. 아서는 엑스칼리버를 제공받으며, 기사담의 현대판인 〈스타워즈〉의 루크는 광검을 제공받는다. 이러한 여정의 단계에서, 예비 영웅은 멘토 인물과 함께 **수련**을 거쳐야 할 것이다. 월레스는 과거 격렬한 스코티시 저항전에서, 가장 친한 친구의 아버지이자, 아버지의 과거 동지였던 자를 **이차적 멘토**로 물려받는다. 막시무스는 글래디에이터 아카데미의 주인이자 새 주인이기도 한 프록시모올리버 리드를 이차적 멘토로 발견한다. 프록시모 또한 글래디에이터였는데, 막시무스의 일차적 멘토였던 마르쿠스 황제에 의해 자유를 얻은 인물이다. 프록시모는 막시무스에게 글래디에이터에게 가장 가치 있는 것을 가르쳐준다. "군중을 얻어라, 그러면 당신의 자유를 얻게 될 것이다!"

또한 월레스와 막시무스는 단지 초자연적이거나, 힘을 주는 것이 아닌 영적으로 상징적인 물건을 제공받는다. 월레스는 죽은 아내의 손수건을 갖고 다니는데, 그것은 그가 약해질 때 힘과 동기를 부여해주는 기념품이다. 이와 유사하게, 막시무스가 소지한 한쌍의 작은 점토 조각상은 십자가에 달려 처형된 아내와 아들에 관한 유일한 추억이 담긴 물건이다. 이 조각상은 막시무스와 그를 추동시키는 영적인 힘 사이의 상징적 연결고리다. 이러한 상징들 각각은 **라이트모티브**leitmotif로, 영화에서 반복되는 주제이자 핵심적인 상징이다. 우리는 〈브레이브하트〉에서 손수건을 볼 때마다, 혹은 〈글래디에이터〉에서 조각상을 볼 때마다, 영웅의 정체성과 영혼의 상징을 본다는 것을 알고 있다. 영화에서 이런 명시적인 상징이 과용되면 곤란하지만, 이런 상징은 액션, 대사, 혹은 화면 밖 소리를 통해 잘 표현될 수 없는 섬세한 정서적이고 심리적인 주제를 표현하는 효과적인 도구일 수 있다.

4단계: 첫 관문 통과

마침내 영웅이 모험에의 소명을 받아들이고 여정의 닻을 올릴 때, 그의 첫 임무는 모험의 길의 입구를 막는 **문지기**를 통과하는 것이다. 영화에서, 문지기는 보통 여정을 시작하려는 영웅을 제어하려는 캐릭터다. '버디 경찰buddy cop' 영화에서 화난 부장은 지하범죄 세계의 두목을 추적하는 변절한 경찰을 제지하는 문지기다. 스포츠영화에서 고루한 의사는 운동선수인 영웅이 경기에 적합하지 않은 상태이거나 큰 경기에서 경쟁하면 안 되는 상태라고 말하는 문지기다. 공포영화에서는 겁에 질린 마을 사람이 문지기 역할을 하는데, 그는 귀신들린 별장이나 뱀파이어 성으로 모험을 떠나려는 청년 영웅에게 경고한다. 할리우드 스튜디오 문으로 가는 차단기를 지키는 충실한 스튜디오 감시원은 영화의 스타덤에 오르려는 꿈을 가진 영웅에게는 문지기인 셈이다.

〈브레이브하트〉에서, 월레스는 자신의 스코틀랜드 동지들을 대면해야만 하고, 첫 번째 대격전 장면에서 그들이 싸우도록 독려해야만 한다. 〈글래디에이터〉에서, 막시무스는 콜로세움에서 로마 경쟁자들과 싸울 수 있도록 글래디에이터 동지들을 응집력 있는 전투부대로 조직해야만 한다. 동맹자들과

의 결합은 영웅이 자신의 여정에 착수하기 위해 해내야만 하는 공통적인 관문 장애다. 동맹없이, 전투에서 승리할 수 없다. 결합된 동맹에서, 영웅은 자신의 **리더십** 능력을 증명한다. 영웅은 싸우기에 부적합한 오합지졸 무리에게 영감을 주고, 관객에게도 영감을 준다.

5 단계 : 고 래 의 배

영웅은 모험 세계로 완전히 들어갈 때, '재생rebirth의 영역… 세계 어디에서나 볼 수 있는 고래의 배, 즉 자궁 이미지가 상징적으로 나타난 곳'에 들어선 것이다. 영웅은 그를 변신시키게 될 여정 속에 완전히 빠져든다. 그는 어떤 형태로 고래 안에 들어갔고, 다른 형태로 나오게 될 것이다. 월레스는 단지 복수심에 불타오르는 인간으로 모험 세계에 들어섰다. 그는 그의 백성에게 지도자이자 멘토로 나타날 것이다. 막시무스의 변신도 같은 길을 따르게 될 것이다. 조금 추상적이지만, 모든 영웅의 변신은 같은 길을 따른다. 그들은 멘토로부터 영감을 얻어 출발하고, 그런 멘토가 되는 것으로 마감한다. 여정은 **신화적 원**mythological round 으로, 캐릭터의 둥근 곡선은 한 지점에서 시작하여 같은 지점에서 끝난다.

2막: 입문

2막에서, 주인공은 완전히 영웅의 영역에 입문한다. '입문'은 세계 모든 문화에 있는 공통적인 사춘기 의례에 관한 기능과 유사하다. 사춘기 의례는(기독교 견진성사, 유대교 성인식인 바르미츠바, 북미원주민 성인식과 같은 의식처럼) 하나의 의식으로, 거기에서 사춘기 소년은 그의 가치를 증명하기 위해 어떤 시련을 겪거나, **시험**을 통과하거나 **결투**를 통해 진보한다. 의식을 완수한 후에, 사춘기 소년은 성인 사회의 온전한 구성원으로서 남성의 세계에 입문하는 것이다. 그는 영웅의 입문에서, 영웅으로 가는 길을 따라 다양한 시험과 시련을 통과 하면서 자신의 가치를 증명해야만 한다.

6단계: 시련의 길

이 단계에서 '연속적인 시련'은 일련의 시험이다. 그것들은 영웅을 상처 입히거나 파괴하기보다, 그를 강하게 만드는 데 의미가 있다. 시련의 길을 따라 벌어지는 시험은 영웅이자 또한 지도자로서 그의 명성을 세우기 위해 수행해야만 하는 **위대한 행위**다. 잉글랜드에 맞서 싸우는 연속적인 전쟁에서 반란군 부대를 승리로 이끈 월레스는 시련의 길에서 위대한 전사이자 지도자로서 자신을 세워나간다. 글래디에이터 무리가 콜로세움에서 연속적인 승리를 거두도록 지도한 막시무스도 위대한 전사이자 대장으로서 자신의 입지를 세워나간다. 일반적인 액션영화나 전쟁영화에서, 액션으로 채워진 시련의 길은 2막 대부분의 장면을 차지한다.

7단계: 여신과 만남

캠벨 모델에서, 여신 원형은 어머니와 아내를 모두 재현한다. 그녀는 양식을 주고 돌봐주는 성스러운 형상이며, 또한 그녀는 영웅이 연합해야만 하는, 즉 **성스러운 결혼**을 해야만 하는 마음속에 있는 여성적인 면이다. 성스러운 어머니와의 결합을 통해, 영웅 – 아들은 아버지를 대체하고, 주인으로서 아버지의 위치를 빼앗아 주인이 되고, 그 자신만의 멘토어머니를 갖게 된다. 따라서 여신 원형은 **유령 같은 존재** 혹은 **영적인 인물**로 가장 잘 재현된다. 〈브레이브하트〉와 〈글래디에이터〉에서 세상을 떠난 아내는 여신 원형의 완벽한 예를 보여준다. 한때 낭만적이었음에도 불구하고, 이제는 영적으로 등장하는 그녀는 무성적asexual 존재다. 적에게 살해당했기 때문에, 그녀는 승리를 향한 동기부여를 제공하는 동시에 정신적 위안을 준다. 또한 유령이기 때문에, 순수한 영으로서 전적으로 영웅의 마음속에 존재한다.

영적 조우인 **여신과의 만남**은 영웅이 가장 약해진 순간에 감성적 힘과 회복력을 제공한다. 막시무스는 그의 여정에서 여러 순간 여신을 만나는데, 기억, 플래시백 그리고 환영을 통해 만난다. 이런 만남의 순간은 막시무스가 그의 아내로부터 영감과 사랑을 필요로 할 때 늘 가장 빈번하게 이루어진다. 여신과의 만남은 '성혼'이나 성스러운 결혼과 같은 힘을 제공한다. 여신과 통합함으로써, 영웅은 남성적이고 여성적인 원형 모두의 힘을 가진 '성스러운 아이'로 다시 탄생한다. 월레스의 여신, 아내의 유령은 꿈에 나타나 그에게 힘과 용기를 준다. 여신과 그의 만남은 다른 종류의 여성 인물… 즉 유혹녀와 만나기 직전에 전략적으로 설정된다.

8단계: 유혹녀로서 여성

아니마 기능을 하는 유혹녀 인물은 영웅에게 성적이면서 낭만직인 관심을 끈다. 이사벨라 공주소피 마르소, 잉글랜드왕의 양녀인 그녀는 월레스 여정의 아니마/유혹녀다. 아우렐리우스 황제의 딸, 루실라코니 닐슨는 막시무스의 여정에서 아니마/유혹녀다. 두 캐릭터 모두 갈등을 겪는다. 그녀들은 모두 영웅의 폭군인 적과 공식적으로 연결되었지만, 둘 모두 정서적으로 그리고 성적으로 영웅에게 매력을 느낀다. 어떤 의미에서, 유혹녀는 또한 **형태변환자**shapeshifters로, 저항적 영웅을 돕기 위해 주인을 배신하는 변절자이기도 하다. 이 단계에서 영웅의 도전은 유혹녀를 **믿는 것이다.** 그는 자조적인 비관론을 극복해야만 하며, 유혹녀를 믿고 둘 모두가 경멸하는 폭군을 패배시키는 데 가담함으로써 **믿음 위에 믿음**을 가져야 한다. 이러한 성적 매력이 넘치는 공주들은 또한 영웅들의 욕망을 불러일으키는 애정 상대 역할을 한다.

9단계: 아버지와 화해

이 여정의 정점에서, 영웅은 아버지의 발자국을 따라가고 과거의 아버지 모습이 되면서 그와 '화해'한다. 2막의 중간에서, 월레스는 그의 아버지처럼 위대한 반역의 영웅이 된다. 월레스는 아버지 때 있었던 같은 사람들에게 존경을 받고, 같은 적들에게 비난을 받는다. 〈글레디에이터〉에서도 동일한 단계에서, 막시무스는 글레디에이터 영웅으로 추앙받으며, 로마인들의 존경을 받지만 코모두스는 그를 증오한다. 두 영화에서 영웅들은 그들의 멘토가 성공한 곳에서 성공한다. 그러나 그들은 이제 여정의 가장 위험한 단계에 이르러서, 그들의 멘토가 추락한 것과 같은 방식으로 추락한다. 화해란 아버지와 '하나되기'의 순간으로, 그것은 영웅이 그의 아버지와 '하나'가 되고 그의 유산에 부응해서 살아감으로써 자신의 운명을 완수하는 여정의 정점이다.

10단계: 신격화

2막의 막판에서, 영웅은 가장 커다란 도전에 직면한다. 이러한 위기의 순간은 영웅의 **모진 시련**을 통해 현실화되는데, 바로 여기에서 그는 자신의 그림자를 만난다. 시련을 겪으면서, 영웅은 문자 그대로든 혹은 형상적으로든 (자신의 아버지처럼) 죽지만, 그는 숭고한 영혼과 힘으로 재탄생한다. 이러한 **상징적 죽음**과 **영적인 재탄생**이 바로 '신격화'다. 시련과 신격화를 통해 영웅은 가장 커다란 위험과 두려움, 즉 아버지를 죽인 위협을 만난다. 그러나 자신의 아버지가 쓰러지고 죽은 바로 그곳에서 영웅은 성공을 거두고 견뎌낸다.

월레스는 운명적인 폴커크 전투에서 스코틀랜드 동료에게 배신당한다. 월레스는 심장에 활을 맞아 쓰러졌음에도 불구하고, 그의 상징적 죽음은 곧 그의 영혼의 죽음이며, 바로 그때 그는 가장 고귀한 동료인 로버트 더 브루스앵거스 맥페이든의 배신으로 무너져 내린다. 또한 월레스의 이차적 멘토는 죽음을 당하고 그의 병사들은 패배하며, 초자연적인 힘을 주는 물건아내의 손수건조차 전쟁터에서 잃어버린다. 그러나 이런 시련을 겪으면서도 살아남은 월레스의 잔인함과 분노는 배가된다. 위기를 헤쳐 나온 월레스는 배신자들의 꿈에 시달리며, 그들을 하나씩 사냥하는 복수를 향한 악령적 힘으로 재탄생한다.

막시무스는 콜로세움에서 시련을 견뎌낸다. 코모두스의 명령에 따라, 막시무스는 이제껏 존재해온 가장 위대한 글래디에이터에 대항하여 맞붙는다. 막시무스는 거듭 호랑이들에게 상처를 입는다. 그는 부상을 심하게 입어 거의 목숨을 잃을 정도의 상황에 내몰리지만, 결국 시련을 극복하여 승리를 거둔다. 이 단계에서 영웅은 실제로 죽는 것은 아니지만, 적어도 그는 신체적 부상 그리고/혹은 거의 죽음에 달하는 경험을 하는 모습으로 죽음에 다가가야만 한다. 시련 속에서 사경에 처하는 지경에까지 이르게 되면서 영웅은 신들의 세계와 조우한다. 신격화를 통해 영웅은 신들의 육체적 힘을 얻고, 신성한 힘을 가진 존재로서 상징적으로 재탄생한다.

11단계: 최후의 선물

영웅은 그의 시련을 견뎌낸 보상을 받는다. 보상은 승리와 성취의 순간이다. 영웅은 그의 탄생 예언을 성취해낸 것이다. 그는 자신의 운명을 만났고,

아버지에게 복수했거나 아버지와 화해했다. 선물은 또한 깨달음의 순간을 동반한다. 그는 자신이 무엇을 실현한 것인지 인식하게 되고, 이 우주 속에서 자신의 목적과 의미에 관한 통찰력을 얻는다. 그는 자기 자신과 자신의 행동을 간파하며 영원한 신화를 들여다본다. 어느 순간, 영웅은 자신을 하나의 인간이 아닌, 인간의 상징으로 본다. 어떤 의미에서 보면, 영웅은 자기 자신을 우리, 즉 그를 보는 관객으로서 본다는 뜻이다. 보상은 영웅에게는 그저 단순한 선물이 아니다. 그것은 신의 은총의 상징으로, 그의 백성을 구원할 수 있는 '불로초magic elixir' 같은 것이다. 엑스칼리버 검, 성배, 혹은 프로메테우스의 불이 그러했듯이, 선물은 마지막에 영웅이 인류에게 돌려줘야만 하는 신의 은총이다.

월레스는 그가 신격화된 후 재출현했을 때, 그의 전설은 거대해졌고 그는 스코틀랜드인에게 매우 위대한 영감을 자극한다. 그는 보상으로 전설적 형상으로 출현하며, 언제 죽었든 상관없이 영원히 살아남는 스크틀랜드의 해방자다. 그는 또한 **러브신**으로 보상받는데, 그 장면에서 유혹녀 이사벨라 공주로부터 다정함과 열정을 얻는다. 한편 막시무스는 콜로세움의 시련에서 벗어났을 때, 로마 시민들로부터 사랑과 칭송을 얻는다. 또한 그는 여전히 자신을 위해 싸울 의지가 있는 헌신적인 군사들을 거느리고 있다는 것을 실감한다. 마침내, 그는 로마의 해방자로서의 운명을 완수하기 위한 자신의 길에 들어섰다는 점을 깨닫는다. 월레스와 막시무스 모두에게 궁극적인 선물은 해방자로서의 운명이며, 그것은 그들 여정의 마지막 장에서 모든 이들에게 전해주어야만 하는 선물이다.

3막 : 귀환

여정의 마지막 단계는 영웅이 그의 영적인 고향으로 귀환하는 것을 묘사한다. 월레스는 스코틀랜드 저항군의 지도자 역할로 귀환하는데, 그것은 아버지로부터 물려받은 생득권이다. 이와 마찬가지로, 막시무스는 로마의 해방자 역할로 귀환하는데, 그것은 그의 황제로부터 받은 임무다.

12단계 : 귀환의 거부

영웅이 모험 세계를 위해 일상 세계를 떠나는 것을 주저했던 것과 마찬가지로, 그는 이제 집으로 돌아가기 위해 모험 세계를 떠나는 것을 주저한다. 영웅은 신격화를 통해 변했다. 그는 더 이상 과거의 자신이 아니며, 옛날의 그곳으로 돌아갈 수 있을지 확실히 알 수 없다. 또한 영웅은 자신을 과거의 세계로 초대하는 문지기를 믿는 것도 주저할 것이다. 그는 이미 이전에 기만과 술수에 질렸고, 따라서 타인에 대한 신뢰를 경계한다. 월레스는 먼저 스코틀랜드 저항군의 지도자로 돌아와 달라는 스코틀랜드 귀족의 청원을 거절한다. 이와 마찬가지로, 막시무스는 로마를 탈출해서 해방군의 장군으로 돌아와 달라는 루실라의 부탁을 거절한다. 그러나 두 영웅 모두 피할 수 없는 역할을 곧 받아들인다. 그들은 통찰력으로 폭군의 세계를 해방시키는 것이 자신의 운명이라는 것을 배웠으며, 그러한 운명을 받아들일 준비가 된 것이다.

13단계 : 마법의 비상

귀향은 '마법의 비상'인데, 왜냐하면 영웅은 이제 반쯤은 신의 형상이기 때문이다. 영화에서 흔히 긴박하면서 긴장감 넘치는 추격전으로 묘사되는 마법의 비상은 처녀를 구하거나 악당을 죽이기 위해 전속력으로 날아가는 영웅을 보여주거나, 어떤 방식으로든 완수해야만 하는 그의 탐색을 완성시킨다. 〈브레이브하트〉와 〈글래디에이터〉에서, 마법의 비상은 보다 엄숙하게 치러진다. 각각의 영웅은 귀향해야만 한다는 것과 죽음에 직면할 것을 알고 있다. 그러나 각각의 영웅은 **자발적 희생**을 할 용기를 갖고 있는데, 왜냐하면 자신의 통합된 원형과 정체성에 대한 신성한 힘을 갖추고 있기 때문이다.

캠벨이 그의 모델에서 구분되는 단계 속에 포함시키지는 않았지만, 그럼에도 불구하고 3막의 어떤 지점에서 **카타르시스**가 반드시 존재한다고 언급한 점은 중요한데, 그것은 바로 영웅의 억압된 감정의 정서적 해방이기 때문이다. 이 카타르시스는 전형적으로 영화의 정서적 절정부에서 발생한다. 만약 영웅이 증오와 분노를 느껴, 악당을 향해 복수의 욕구를 느낀다면, 그는 악당을 죽임으로써 카타르시스를 성취한다. 막시무스는 콜로세움에서 벌어진 마지막 전투의 절정에서 코모두스를 죽일 때 카타르시스를 성취한다. 월레스는 그를 배신한 스코틀랜드 귀족과 영국 양쪽에 맞서 폭력과 복수가 벌어지는 영화의 여러 장면들을 통해 카타르시스를 성취한다. 그의 마지막 카타르시스는 저항의 마지막 행위를 통해 완수되는데, 거기에서 그는 죽음에 이르는 고문을 당하는 순간에도, '자유'라는 말을 외친다. 로맨스영화에서, **카타르시스**는 두 주인공 사이의 성적 긴장과 갈등이 해결되었을 때, 그리하여 그들이 열정적 키스를 나눌 때 이루어진다. 스포츠영화에서는, 주인공 선수가 그의 경기에서 위대한 승리를 거두었을 때 카타르시스가 성취된다. 어떤 경우든, 카타르시스는 3막에서 해결의 결정적인 요소다. 카타르시스는 발생해야만 한다. 그리고 그것은 영웅의 일차적 갈등과 직접 연결되어야만 한다.

14단계: 외부로부터 구조

영웅은 때로 타인들 손에 이끌려 집으로 돌아간다. 캠벨 모델은 '외부로부터 구조'에 초점을 맞추는데, 이 단계에서 영웅은 그의 모험 세계로부터 구조되어, 협력자에 의해 집으로 돌아온다. 예를 들어, 〈스타워즈 에피소드 5_제국의 역습〉에서 루크는 다스 베이다와의 극적인 대결 후 밀레니엄 팔콘의 동맹자에게 구조된다. 〈브레이브하트〉와 〈글래디에이터〉에서, 영웅들은 구조된다기보다 체포되는데, 그들은 적들의 어깨에 실려 출발 지점으로 귀환한다. 귀환이 **마법의 비상**에 의해서든, '외부로부터 구조'든, 혹은 적의 포획에 의해서든, 영웅은 마지막 결전에서 자신의 그림자와 대면하기 위해 귀환하고, 거기서 그의 운명은 결정된다.

15단계: 귀환 관문의 통과

"귀환 관문에서 초자연적인 힘이 이면에 남아있어야만 한다." 영웅이 일상 세계로 돌아왔을 때, 그는 모험 세계의 신적인 지위를 뒤에 두고 왔으며, 그가 단지 죽을 수밖에 없는 존재로… 즉 그가 떠났을 때와 마찬가지로 일상 세계로 다시 돌아온 것이다. 죽는 존재로 귀환하면서, 영웅은 상징적 죽음이 아닌, 진짜 죽음의 가능성에 처하는데, 그것은 영웅으로 하여금 바로 순교와 같은 행위를 반복하여 아버지와 진실로 하나가 되도록 해준다. 귀환 관문의 통과에서 결정적인 상징은 영웅이 물질 세계에서 가진 것을 포기하는 것이다. 그는 그의 아버지로 인해, 그의 민중들로 인해, 그리고 자기 자신으로 인해 자신을 완전히 포기한다.

16단계: 두 세계의 주인

일상 세계로 돌아오면서, 영웅의 위대한 작업, 그의 명성, 지혜, 경험, 그리고 신성함과 조우하는 그의 경험은 그를 멋지고 고무적인 인물로 만들어 준다. 이제 영웅은 그가 돌아온 일상 세계의 주인이며, 또한 그가 여행한 모험 세계의 주인이기도 하다. **두 세계의 주인**으로서, 그는 그저 영웅일 뿐만 아니라 **멘토**이기도 하다. 그런 의미에서, 그는 또한 영웅과 멘토의 위상을 갖춘 두 원형 세계의 주인이다. 이제 그는 멘토이며 그의 일차적 멘토가 그에게 영감을 주었듯이, 또 다른 청년에게 영감을 줘야만 하는 영웅이다. 이 단계에서 영웅 – 멘토의 역할은 **생성적**generative 기능이다. 그는 새 영웅이 뒤를 잇도록 영감을 줘야만 하며, 이제 그의 여정은 거의 막바지에 도달했다. 나는 우리의 주요 영웅이자 멘토가 일깨워야 할 이 떠오르는 영웅을 **하위 영웅**subhero 이라고 칭한다. 예를 들어, 〈스타워즈〉에서 한 솔로는 하위 영웅인데, 그는 일차적 영웅··· 루크로부터 영감을 얻은 캐릭터다. 모든 위대한 영웅은 그의 여정의 막바지에 영감을 주는 멘토가 되어야만 한다. 그리하여 영웅은 출발 지점에서 그가 동일시하는 유형의 사람이 되어, 자신의 캐릭터 원형을 완성한다.

〈브레이브하트〉에서, 월레스는 그의 멘토인 아버지로부터 영감을 얻은 소년으로 출발한다. 그의 여정 막바지에서, 월레스는 하위 영웅, 로버트 더 부루스에게 영감을 주는 멘토가 된다. 월레스는 그가 죽은 뒤에도 로버트가 혁명의 이상을 이어갈 수 있도록 영감을 준다. 비록 월레스는 스코틀랜드에 독립과 자유를 가져다주지 못했지만, 그의 하위 영웅인 로버트 더 부루스는 그것을 성취한다. 막시무스 또한 그의 마지막 단계에서 프록시모올리버 리드의 멘토가 되는데, 프록시모는 막시무스에게 글래디에이터가 되는 것이 무슨 의미

삶의 자유 : 〈글레디에이터〉2000에서 막시무스러셀 크로우는 군중의 마음을 사로잡는다.

인지 가르쳐주었던 존재다. 막시무스는 프록시모가 이기적인 욕구를 희생하고, 코모두스를 격침시키기 위한 전투에 참여하도록 영감을 불어 넣는다. 막시무스는 그들 서로의 멘토였던 마르쿠스 황제를 죽인 자가 코모두스란 점을 프록시모에게 알려줌으로써 그 직분을 수행한다. 따라서 매우 상호보완적인 방식으로, 막시무스는 그들 서로의 멘토였던 자의 이름을 언급함으로써 자신의 이차적 멘토에게 멘토가 된다. 여기에서 핵심은, 이 단계에서 영웅은 부상하는 하위 영웅에게 영감을 주는 멘토가 되어야만 한다는 점이다.

17단계 : 삶의 자유

영웅은 여정의 마지막 단계에서, 영웅에서 멘토로 발전하고, 결국 멘토에서 **전설**이 되는 신화적 원형을 완성한다. 전설로서, 영웅은 항상 모든 사람에게 영원한 영감을 준다. 고대 신화적 구조를 갖춘 영화들에서, 영웅은 거의 결말에서 죽음을 맞이한다. **순교자**보다 더 위대한 전설이나 영감은 없다. 용감하고 단호한, **절정에서의 죽음**은 영웅의 여정에서 가장 적합한 극적 결말

로, 다음과 같은 다양한 목적을 수행한다:

1. 절정에서의 죽음은 영웅담을 어느 시대나 영감을 주는 전설로 공고 화한다.
2. 절정에서의 죽음은 영웅을 영적으로 그의 아버지와 함께 하도록 함 으로써 영웅의 운명을 완수한다.
3. 절정에서의 죽음은 영웅을 신들의 세계, 즉 그가 명백히 속한 세계 로 귀환시킨다.
4. 절정에서의 죽음 그 자체는 엄숙한 투영의 순간을 창조하는데, 그 것은 관객의 마음속에 영웅 전설의 상징을 확고히 심어준다.

아마 가장 유명하고 영향력 있어 보이는 영웅 신화인 예수 이야기도 죽음 으로 끝난다. 그러나 예수의 삶의 상징과 메시지는 그의 전설 속에 영원히 살 아있다. 이와 같은 상징은 모든 영웅의 전설적인 죽음으로 드러난다. 윌리 엄 월레스는 죽지만, 그의 용감한 죽음은 스코틀랜드 동포에게 저항할 영감 을 불어 넣는다. 월레스 영혼의 상징인 손수건은 월레스의 죽음 후, 그의 하 위 영웅이 되는 로버트에게 전달된다. 마지막 장면에서, 로버트는 스코틀랜 드가 자유를 쟁취하는 마지막 전투에서 스코틀랜드인들을 지휘하며 그 손수 건을 휘젓는다. 막시무스 역시 죽지만, 그것은 코모두스를 죽인 후이며, 그 는 로마가 다시 공화정이 될 것이라는 점을 확인시켜준다. 막시무스 영혼의 상징인 작은 조각상은 그의 하위 영웅글래디에이터 동료에게 전달되고, 그는 "우 리는 자유다"라고 외치며, 마치 그것이 씨앗인양 작은 조각상을 땅 위에 세운 다. 그들의 민중에게 자유를 가져다준 영웅들은 모든 인간이 욕망하고 소중하게 여기는 '삶의 자유'를 상징한다. 폭군으로부터의 자유든 혹은 단지 우리가 원하는 방식대로 우리의 삶을 살아갈 자유든, 영웅의 궁극적 상징은 자유의 상징이다. 비록 영웅이 죽더라도, 그의 상징적 **재탄생**은 그의 이야기를 들려줌으로써 성취된다. 그의 전설이 주는 영감은 관객의 마음속에 살아있다.

영화에서 신화적 영웅은 주로 여정의 끝에서 마지막 보상을 받는다. 그의 민중에게 자유를 가져다주고, 전설적 영웅과 멘토로서 인정받는 것과 별도로, 영웅은 일반적으로 궁극적 선물, 즉 **사랑의 선물**로 보상받는다. 영웅이 결말에서 여성을 얻는 것이 일반적 구조다. 월레스와 막시무스 둘 다 죽었음에도 불구하고, 영적으로 **여신에게로 귀환**이라는 보상을 받는다. 그들은 죽음의 순간에, 죽은 아내들을 보게 되며 그녀들에게 귀환한다. 마지막 보상은 관객으로 하여금 침울하기보다는 행복한 느낌을 갖게 해준다. 그들의 영웅이 피 흘리며 고통스럽게 죽었음에도 불구하고, 관객은 영웅이 사후세계에서 다시 소중한 아내와 재결합한다고 확신할 수 있다. **사후세계에서의 영원한 행복**이란 주제는 영웅이 죽는 영화의 표준화된 구조다. 비록 그것이 진부해 보임에도 불구하고, 그것은 신화적 영웅전설의 계급적 구조_{영웅이 전형적으로 죽는 구조}와 할리우드 영화의 현대적 구소_{관객이 해피엔딩을 기대하는 구조} 사이에서 이루어진 비교적 합리적인 타협이다.

이런 단계들은 구조적 요소들을 재현할 뿐이지, 공식이나 프로그램이 아니기 때문인데, 캠벨 모델에 등장하는 모든 단계들 혹은 거의 대부분의 단계들을 포함하는 영웅 영화를 기대하지 말아야 한다. 그러나 관객의 상상력을 사로잡는 데 성공한 영화들은 이런 요소들의 대부분을 어떤 본질적인 방식으로든 재현하는 경향이 있다. 비록 영화가 설정이나 주제 측면에서 명백히 신화와 상관없는 이야기를 한다 하더라도, 영화는(관객이 수없이 그런 것을 보았다고 할지라도) 완전히 관객을 사로잡을 힘을 가진 공통적인 원형적 요소들을 표현하는 경향이 있다.

당신의 각본에서 조셉 캠벨적 주제를 다룬다면

1. 당신의 각본은 **출발, 입문, 귀환**으로 된 신화적 3막 구조를 포함하고 있는가? 그렇지 않다면, 당신의 이야기에 신화적 3막 구조를 적용하는 것이 당신의 플롯을 강화시킨다고 생각하는가?

2. 가장 고전적인 영웅일지라도 일반적으로 캠벨 모델에 따른 모든 단계를 거치지 않는다. 그럼에도 불구하고, 당신의 각본에서 영웅이 모든 단계를 거치는 윤곽을 구성해보라. 이런 형태가 유용한 윤곽이 되지 못한다 할지라도, 그런 연습 자체는 당신의 영웅 이야기에서 가장 강력한 점과 가장 약한 점이 무엇인지 깨닫게해 줄 것이다. 혹은 적어도 당신의 각본에서 새로운 방향성이나 캐릭터 발달에 관한 어떤 아이디어를 줄 것이다.

3. 만약 당신이 여성 영웅이 나오는 각본을 쓰는 중이라면, 당신 이야기에 캠벨 모델을 토대 삼아 윤곽을 잡아보라. 그리고 나서 그것을 다음 챕터에서 설명하는 머독 모델에 토대를 둔 윤곽과 비교해보라. 당신이 묘사하려는 여성 영웅을 재현하는 최상의 윤곽은 어떤 것인가?

CHAPTER 5
**모린 머독과
여성 영웅의 여정**
Maureen Murdock And
The Heroine's Journey

MAUREEN MURDOCK AND THE HEROINE'S JOURNEY
모린 머독과 여성 영웅의 여정

영웅은 천의 얼굴을 가졌음에도 불구하고, 그의 성sex은 변함없이 늘 같은… 남성이었다. 그러나 현대 신화는 현대인을 반영한다. 신화의 현대적 전시장이자 창출 장치인 영화는 여성 영웅이 등장하는 많은 신화들을 제공하고 있다. 그러나·대부분의 경우, 영화 속 여성 영웅은 전통적으로 영웅의 남성적 역할에 끼어든 여성에 불과했다. 영웅 공식에서 성의 반전을 통해 반드시 구조를 변화시켜야 하는 것은 아니다. 현대 영화창작자들은 영웅으로서 여성 캐릭터들을 도입할 때, 그녀들에게 전통적인 남성 영웅의 자질을 부여하는 것이 일반적이다. '걸 – 파워 무비Girl – power Movies'로 불리는〈미녀 삼총사〉2000, 〈툼 레이더〉2001 그리고〈킬빌〉2003은 여성 영웅의 기능을 완수하는 남성 영웅 역할에 단순히 섹시한 여성을 캐스팅하는 개념으로 연출했다 그러나 여성적 힘과 남성적 힘은 본질적으로 차이가 있으며, 여성의 욕구와 욕망도 이와 마찬가지다.

모린 머독은 그녀의 저서『여성 영웅의 탄생』1990에서, 조셉 캠벨의 남성 영웅 신화의 전통적인 '남성 중심' 구조를 변경하여, 여성 영웅의 신화적 구조를 창조하는데, 그것은 현대를 살아가는 여성의 특별한 욕구, 투쟁, 그리고 욕망을 다루고 있다. 엄청난 인기를 모은〈에린 브로코비치〉2000는 여성 영웅의 여정에 관한 생생한 예로 사용될 것이다. 캠벨의 패러다임 속 영웅과 마찬가지로, 에린줄리아 로버츠은 그녀의 여정 각 단계에서 다양한 원형들과 조우하고 통합한다.

1단계: 여성성으로부터 분리

현대 여성 영웅의 여정은 **전통적인 여성적 가치**를 배척하면서 시작된다. 약하고, 의존적이고, 예민하고, 감정적이라는 여성의 전형은 퇴행적이고 지위가 낮은 존재로 여겨졌다. 영화 시작 부분에서 직장을 찾기 위한 에린의 투쟁은 아내이자 전업주부로 지낸 자신의 과거로부터 떠나려는 욕구를 재현한다. 에린은 그녀와 아이들을 도와주는 전 남편에게 종속된 상태로 살아가기보다, 바깥세상에서 전통적으로 남성 영역이었던 곳에서 독립심을 성취하여 자립해 살아가기로 결심한다. 베이비씨터 없이 남겨진 에린의 욕구는 이사 온 이웃이 그녀를 도와주고 아이들도 돌봐주면서 상승한다. 베이비씨터가 떠나자 에린은 여성성으로부터 분리된다. 베이비씨터는 아이를 보육하는 것보다 더한 어떤 개인적 야심이 없는 전통적인 가정주부이자 아내와 같다. 에린은 자신의 아이들을 사랑함에도 불구하고, 그동안 그녀에게 펼쳐졌던 전통적인 여성적 역할에서 벗어난 더 큰 삶을 원한다. 에린의 첫 단계는, 모성적 베이비씨터 역할을 통해, 육체적으로 전형적인 **어머니 여신**의 전통적 원형에서 분리되는 것이다.

2단계: 남성성과 동일시

여성성 원형으로부터 분리된 후, 여성 영웅은 바깥세상의 남성 지배적인 일의 영역에서 그녀를 이끌어줄 새로운 멘토를 찾아야만 한다. 새로운 멘토

두 머리의 용: 에린줄리아 로버츠은 영화 〈에린 브로코비치〉2000에서 직장생활과 어머니라는 이중의 고충 사이에서 균형을 맞추기 위해 고군분투한다.

는 남성이어야만 하는데, 그는 전통적인 **현명한 남성 노인** 원형의 기능을 수행한다. 〈에린 브로코비치〉에서 현명한 남성 노인은 에드앨버트 피니다. 그는 에린에게 일자리를 주고, 남성 경쟁의 영역, 즉 법정 싸움의 장으로 그녀를 끌어들이는 신경질적인 늙은 변호사다.

3단계: 시련의 길

일단 모험 세계에 들어선 여성 영웅은 남성 영웅의 모험과 마찬가지로 시련의 길에 처한다. 이 단계에서, 에린은 그녀의 **아니무스**, 즉 결단력, 이성적 지성, 용기, 불굴의 정신과 같은 원형적인 남성의 강점들을 마주하고 통합해야만 한다. 이런 강점들이 그녀의 캐릭터에 내면화됨으로써, 여성 영웅은 여성에게 지워진 전형적인 나약함을 극복한다. 머독은 이러한 나약한 여성성을 역사적으로 여성에게 적용되어온 '잘못된 신화들'에 따른 것이라고 설명한다. 그것은 의존성 신화, 열등한 여성 신화, 낭만적 사랑 신화와 같은 것들이다. 이런 신화들의 정체를 폭로하는 과업은 여러 괴물 원형들을 죽이는 영웅적인 행동으로 드러난다.

에린은 법정 투쟁이라는 전통적인 남성의 영역에서, 그녀의 목표에 성공하고 성취할 수 있다는 것을 입증함으로써 의존성 신화의 정체를 폭로한다. **두 머리의 용**은 자신의 일과 아이들을 놓고 갈등하는 욕구다. 일과 가정 모두 그녀의 시간과 집중을 요구한다. 여성 영웅은 이 두 가지 과업을 동시에 곡예하듯 해내야만 하는데, 그것은 마치 두 머리의 용과 싸우는 남성 영웅이 동시에 두 머리들과 전투해야만 하는 것과 같다. 일과 가정 사이에서 균형을 잡으며, 여성 영웅은 두 머리의 용을 죽이는 것이다. 에린은 그녀의 목표를 달성할 뿐만 아니라, 남성적 독재 권력의 전형을 보여주는 PG&E라는 거대하고, 양심 없는 수십억 달러의 기업을 누르고 승리함으로써 열등한 여성 신화의 정체를 폭로한다. PG&E가 **괴물 폭군**의 외적 재현이라면, 현실적인 남성 괴물 원형은 여성 영웅의 내면에 있다. 에린은 무슨 수를 써서라도 성공하려는 자신의 욕구를 통제함으로써 내면의 폭군을 죽여야만 한다. 그녀는 일에 대한 집착을 통제할 필요가 있는데, 그것은 그녀의 자녀들과 남자친구인 조지아론 에크파트와의 관계를 점차 파괴할 수 있기 때문이다.

낭만적 사랑의 신화는 동화와 공주 이야기에서 전해진 것이다. 신화는 감수성 예민한 어린 소녀에게 어느 날, 멋진 왕자가 와서 키스로 깨워줄 것이라고 이야기한다. 그는 당신을 고귀한 백마에 태워 데려갈 것인데, 당신의 모든 문제를 해결해주고, 영원히 당신의 모든 욕구를 돌봐줄 것이라고 한다. **빛나는 갑옷의 기사**는 괴물이 아니라, 환상일 뿐이다. 여성 영웅에게 있어서, 그녀의 모든 문제를 해결해줄 것이라는 남성에 대한 환상은 가장 잔인한 괴물보다 더 위험하다. 이런 환상을 품게 되면서, 여성 영웅은 여정의 출발점으로 완전히 퇴행한다. 그녀는 현대적인 여성 영웅이 되기를 멈추고, 전통적인 **조난당한 처녀**가 되는데, 장미 침대에서 용감한 영웅이 구해주기만 수동적으로 기다린다. PG&E에 대항하는 에린의 투쟁이 그녀의 모든 시간을 장악할 때, 조지는 이렇게 최후통첩을 한다… "당신은 새 직장이나 새 남자를 찾아야 할거야." 에린은 조지의 최후통첩을 거절함으로써 낭만적 사랑의 신화를 폭로한다. 그녀는 그가 더 이상 그녀를 돌봐줄 필요가 없다고 외친다. 그녀는 그를 사랑함에도 불구하고, 그가 그녀의 정체성을 제한하고 그녀의 삶을 간섭하는 것을 거부한다. 그녀는 강하고 활기 넘치며, 독립적인 자신의 신분을 확인한다.

4단계 : 성공이라는 허황된 열매

여정의 정점에서, 여성 영웅은 자신의 투쟁에서 우월감을 성취했다고 느낄 것이다. 그러나 여성 영웅은 이 지점에서 머독이 '슈퍼우먼 신비superwoman mystique'라고 부르는 통찰력의 결여, 망상에 괴로워한다. 여성 영웅은 '영웅적인 일에 관한 잘못된 생각들'을 품게 되는데, 그녀가 남성적 세계의 승리자인 동시에 여성적 세계의 여왕이 될 수 없다고 믿기 때문이다. 슈퍼우먼 신비는 한 사람이 두 가지 일을 동시에 성취할 수 있다는 잘못된 믿음이다. 슈퍼우먼은 직장에서는 슈퍼일꾼일 수 있으며, 집에서는 슈퍼맘일 수 있다는 것이다. 그러나 이런 신비는 오해이며 균형에 대한 환상인데, 그것은 여성 영웅이 인간이 아니라 슈퍼인간이라는 사실에 대한 부인이다. 결국, 그녀는 무언가 버려야 한다는 것을 깨달아야만 한다. 직장에서 바쁘게 일하던 에린은, 아기가 첫 단어를 말했다는 조지의 전화를 받은 뒤, 자신이 추구하던 성공이라는 것이 허황된 열매였다는 것을 깨닫는다.

5단계: "아니오"라고 말할 수 있는 강한 여성

여성 영웅이 슈퍼우먼 신비의 망상으로부터 고통을 겪는다는 것을 깨닫게 될 때, 그녀는 그녀의 시간과 집중을 요구하는 누군가에게 "아니오"라고 말함으로써 야심을 억압해야만 한다. 이 단계에서 여성 영웅이 만나는 원형은 **왕**인데, 그것은 그녀를 둘로 분열시키는 남성적 강제성의 재현이다. 여성 영웅은 그녀의 상사, 남편, 남자친구 등등… 에 맞서, "아니오"를 말해야만 한다. 에린은 그녀에게 최후통첩을 하는 조지에게 "아니오"를 말하는 힘을 보여주고, 또한 그녀를 PG&E 사건에서 떼어내려는 에드에게도 "아니오"를 말한다. 그러나 왕 원형은 남성적 강제의 외적 재현인 반면, 여성 영웅이 대면해야만 하는 진짜 왕은 그녀 자신의 '내면적 남성'에 대한 요구다. 여성 영웅은 자신의 비현실적인 요구에 "아니오"라고 대답함으로써, **내면의 폭군을 잠재워야만** 한다.

왕의 외면적 상징이 〈에린 브로코비치〉에서 잘 재현된 반면, 내면적 왕은 실제로 잘 다루어지지 않았다. 전통적인 남성 영웅 스타일에 견주어, 에린은 영화를 통해 자신을 보다 힘들게 밀어붙일 뿐, 결코 진정으로 굴복하거나 나약함을 인정하지 않는다. '내면의 폭군을 잠재우는' 주제는 〈베이비 붐〉1987에서 보다 직접적으로 재현되는데, 이 영화에서 여성 영웅 J.C.다이안 키튼는 자신이 동시에 슈퍼맘과 슈퍼비즈니스우먼이 될 수 없다는 것을 실감한다. J.C.는 커다란 공동 사업을 거절하면서 그녀의 상사에게 "아니오"라고 말한다. 또한 그녀는 자신에게도 "아니오"라고 하는데, 그녀의 새로운 아기가 고위직보다 중요하다고 생각하기 때문이다.

6단계: 여신으로 입문과 하강

그녀 여정의 한 지점에서, 여성 영웅은 여신 원형의 버전과 다시 만나는데, 그것은 그녀가 첫 단계에서 그녀 자신으로부터 분리했던 것이다. 에린이 만난 여신 도나마그 할렌버거는 PG&E의 과실 때문에, 독소중독으로 고통을 당하고 있는 병든 어머니다. 병든 어머니에 대한 에린의 연민은 그녀로 하여금 병든 어머니를 치유할 문제해결을 위해 PG&E와 전투를 벌이는 외적 여정에 들어서게 한다. 외적인 법정 투쟁은 그녀 안에 존재하는 병든 어머니를 치유하는 에린의 내적 여정의 상징이다. 에린은 자신의 아이들에게 좋은 어머니가 되기를 간절히 원한다. 그러나 그녀의 내면적 어머니는 방치되었고 영양부족 상태다. 왜냐하면 에린은 자신의 일에 모든 에너지와 주의를 기울였기 때문이다.

7단계: 여성성과 재결합을 갈망

여신과의 만남은 남성 영역에서 성공이란 목표를 위해 전심전력으로 헌신하면서 잃어버린, 그녀의 여성 정체성의 중요한 부분을 여성 영웅 속에서 인식하게 해준다. 아니마 원형과 조우하고 재통합하려는 욕구는 '여성성과 재결합을 갈망'을 상징한다. 여성 영웅 속에 아니마를 통합하는 것은 여성성의 몸, 여성성의 느낌, 여성성의 열정과 정서와 재접속을 의미한다. 많은 여성 영웅들에게 있어서, 그것은 그녀 캐릭터 내면의 사랑, 성, 그리고 열정의 재각성이다. 〈베이비 붐〉에서 J.C.의 아니마는 새로운 남성과 사랑에 빠졌을 때 깨어난다. 한편 에린의 아니마는 조지와 사랑에 빠졌을 때 깨어난다.

엄청난 인기의 베스트셀러『늑대와 함께 달리는 여인들: 야성적 여성 원형의 신화와 이야기』에서 클라리사 에스테스는 '야성적 여성 원형'에 관해 이야기한다. 그것은 여성적 자기the self의 열정적이고, 정서적이며, 충동적인 측면으로 '여성의 본능적 기질'을 재현한다. 에린은 처음부터 어느 정도 자기의 '야성적 여성'에 접촉한다. 그녀는 충동적이고, 강하고, 열정적이며, 자신의 여성적 섹슈얼리티를 편하게 느낀다. 그녀는 유혹적인 페르소나를 이용해, 여정에서 만난 자신을 도우려는 약한 남자를 속이며, 자기 앞에 놓인 장애를 헤쳐 나가는데 열정을 사용한다. 에린 내면의 '야성적 여성'은 조지와의 러브신에서 전적으로 드러나는데, 그녀는 십대 시절 미인대회에서 썼던 작은 왕관을 쓴다. 그러나 에린이 여성성과 재결합하려는 갈망은 그녀의 아이들을 무시하고, 아이들의 어린 시절을 놓치고 있다는 인식과 가장 깊이 연결된다. 그녀는 사회적인 목표보다 아이들에게 헌신하고, 먹여주고, 돌봐주고, 사랑하는 어머니라는 전통적인 여성의 원형에 다시 연결되기를 갈망한다.

8단계: 모/녀 분리 치료

머독 모델에서, 여성 영웅의 어머니 여신과의 마지막 결합은 중개자 형상을 통해 가능해지는데, 그것은 **할머니 거미**Grandmother Spider 원형이 품고 있는 대대로 내려오는 여성의 지혜와 힐링의 재현이다. 할머니는 영적인 형상으로, 어머니와 딸, 둘의 욕구를 이해하는 여성이다. 그러므로 할머니는 어머니/딸 분리에 있어서 가장 좋은 효과적인 치료사다. 에린은 할머니의 외면적 형상을 만나지는 못하지만, 상징적으로 자신의 어머니/딸 분리 문제를 치유한다. 그리고 그것은 PG&E에서 거대한 정착금을 받아 병든 엄마인 도나를 보살피면서 이루어진다. 비록 돈이 굉장히 중요하지만, 마지막 장면에서 에린과 도나 사이에 진정한 힐링이 일어나는데, 그것은 돈을 통해서만 이뤄지는 것이 아니라, 두 여성 사이에서 형성되는 돌봐주는 관계를 통해서 이루어진다.

9단계: 내면의 남성성을 마음으로 발견

여성 영웅에 있어서 연인의 기능은 남성 영웅 여정의 아니마 기능과 전형적으로 평행선상에 놓여있다. 〈에린 브로코비치〉에서 조지는 아니마와 일반적으로 연결된 전통적인 여성 자질을 보여준다. 그는 에린과 그녀의 아이들에게 자상하고, 도움을 주고, 사랑을 주고, 공감해주고, 돌봐주며, 모성적이다. 조지는 또한 에린에게 정서적 지혜의 전형적인 아니마 메시지를 제공한다. 일에 대한 그녀의 집착은 그녀 가족과 그녀가 사랑하는 사람들의 관계를 분열시킨다. 조지의 남성적 성은 그에게 아니무스의 역할을 부여하지만, 남성 영웅의 애정 상대와 같은 그의 기능은 아니마의 기능에 좀 더 가깝게 맞춰져 있다. 그것은 남성 영웅이 친근감, 자상함 그리고 자기 자신을 사랑하는 여성적 힘에 다시 통합되도록 영감을 준다.

10단계: 여성성과 남성성의 이중성을 너머

남성 영웅의 여정에서 그랬듯이, 반대성opposite sex 원형의 통합은 **성스러운 아이의 탄생**을 기약하는 '성혼' 혹은 성스러운 결혼에 버금간다. 여성적이면서도 남성적인 캐릭터 특징의 화신으로 온전하게 발달한 여성 영웅은 '두 세계의 주인'이다. 그녀는 비즈니스 세계에서 성공을 이루었고, 사적인 세계에서는 충만함을 발견했다. 융에 따르면, 심리적 양성성androgyny을 재현하는 신화적 원형은 **양성구유**Androgyny, 兩性具有인데, 그것은 신화와 꿈에 등장하는 일반적인 형상이다. 양성구유 원형은 분리된 성을 넘어서는 개인의 온전함을 상징한다. 왜냐하면 그녀/그는 하나의 형상으로, 이원성Duality이 아니라 단일체singularity이기 때문이다. 머독에게 있어서, 마지막 단계의 중요한 상징은 원형이다. '인생의 관점'에서, 원형은 모든 것을 포괄한다. 그것은 인생의 외적 원형, 즉 인간관계의 동심구concentric sphere의 영역이며 자궁의 둥근 울타리 속에서의 재탄생을 보여준다.

매우 비슷하면서도 매우 다른, 머독과 캠벨 모델은 특이하게도 상호보완적이다. 캠벨의 신화적 남성 영웅이, 죽음에서 전설적인 지위를 성취하기 위해 그의 원형과 통합하는 동안, 머독의 현대적 여성 영웅은 인생에서 심리적 균형을 성취하기 위해 그녀의 원형과 통합한다.

당신의 각본에서 모린 머독적 주제를 다룬다면

1. 〈에린 브로코비치〉에서, 1단계인 여성성으로부터 분리는 암시적일 수 있지만, 명확하게 보이지는 않는다. 당신은 여성 영웅 이야기에서 어떻게 이 단계를 표현할 것인가? 여성 영웅 이야기가 현실적인 여성적 형상에서 보다 명쾌하게 분리되는 것을 강하게 보여줄 것인가?

2. 〈에린 브로코비치〉에서 남성성 원형은 전통적인 아버지 형상, 즉 너그러운 마음을 가진 연장자 남성에 의해 재현된다. 당신의 여성 영웅 이야기에서 남성성 원형을 고려해보라. 좀 더 전통적인 아버지 형상이나 덜 전통적인 아버지 형상 중 어떤 것이 더 좋을까? 그가 전적으로 긍정적 가치를 제공할까, 혹은 부정적 가치를 제공할까?

3. 에린은 소수의 적대자와 대면하지만, 머독 모델에 따른 여성 영웅의 여정에서 보듯이 전형적인 진정한 악당은 그녀 이야기에 등장하지 않는다. 만약 PG&E가 육체를 가진 캐릭터로 재현된다면, 에린의 이야기는 더 강력해질까? 아니면 얼굴 없는 사악한 유령 같은 거대 공기업으로 남겨 두는 편이 더 나을까?

CHAPTER 6

알프레드 아들러
Alfred Adler

ALFRED ADLER

알프레드 아들러

알프레드 아들러는 프로이트의 동료였지만, 그의 이론들이 '거장'의 고유한 해석으로부터 달라지기 시작하면서 융처럼 프로이트의 정신분석가들 일원에서 추방되었다. 특히 아들러는 정통 이론에서는 전복으로 여겨지는 두 가지 개념을 제안했다. 첫째, 아들러는 뿌리 깊은 열등감과 이것들을 보상하려는 욕구는, 본능적 욕구보다 더한 신경증적 갈등의 일차적 근원이라고 믿었다. 둘째, 아들러는 부모와 같은 인물들로부터 사랑과 관심을 놓고 벌이는 형제간 대결은 때로 아버지와 아들 사이에 벌어지는 오이디푸스 대결보다 무의식과 동기부여의 힘을 더 크게 갖는다고 믿었다. 일차적 신경증적 갈등인 오이디푸스 콤플렉스를 열등 콤플렉스로 대체시키고, 형제간 대결을 오이디푸스 대결 위에 설정함으로써, 아들러는 지그문트 프로이트의 인명록에서 반갑지 않은 위치를 차지하게 되었다. 그럼에도 불구하고, 아들러는 정신분석 영역에서 매우 영향력 있고 의미심장한 이론가가 되었으며, 열등 콤플렉스와 동기간 대결에 관한 그의 이론은 '거장'에 의해 최초로 이루어진 어떤 이론만큼이나 유명해졌다.

열등 콤플렉스

아들러에 따르면, "우리는 모두 열등감을 경험하는데, 우리 모두는 더 나아져 우리가 바라는 상황에서 우리 자신을 발견하고 싶기 때문이다." 우리는 **보상**을 통해 우리의 열등감을 다루면서, 자신이 열등하다고 느끼는 분야에서 부족함을 보충하기 위해 다른 분야에서 성공하려는 자연스러운 경향을 갖고 있다. 장님이 우월한 청각을 발전시켜 시각적 결함을 보상받는 경우처럼, 개인은 자신의 열등 콤플렉스를 더 우월하다고 느낄 수 있는 삶의 영역에서 발전시켜, 그것을 보상받는다. 따라서 열등 콤플렉스에 대한 본능적 반작용은 '항상 우월감을 향한 보상적 행동일 것이다.'

신화 구조에서 영웅 캐릭터의 공통점은 **하마르티아**^{Hamartia}, 즉 영웅이 극복해야만 하는 비극적 결함에 있다. '아킬레스건'이란 말은 아킬레스의 하마르티아를 뜻하는데, 그곳은 그가 상처입을 수 있는 신체의 유일한 부분이다. 왜냐하면 그가 신비한 스틱스 강에 몸을 담글 때 뒤꿈치만 강물에 닿지 않았기 때문이다. 고전적 영웅들 중에서 가장 고통적스러운 하마르티아는 **자만심**인데, 그것은 위대한 힘과 반신반인^{demi-god}의 위치로 자연스럽게 영웅을 괴롭히는 오만과 교만이다.

하마르티아는 열등 콤플렉스의 근원으로, 영웅이 극복해야만 하는 근본적인 약점이고 결함이다. 영화에서, 열등 콤플렉스는 흔히 특정 분야에서 우월함을 성취하여 위대한 개인적 역경을 극복한 캐릭터로 묘사된다. 〈샤인〉¹⁹⁹⁶에서, 한 남자^{제프리 러쉬}는 심각한 정신질환에도 불구하고 위대한 피아니스트가 된다. 유사한 이야기로, 〈뷰티풀 마인드〉²⁰⁰¹의 주인공^{러셀 크로}은 노벨상을 수상한 수학자가 되어 심각한 정신질환을 극복한다. 〈나의 왼발〉¹⁹⁸⁹의 주인공^{다니엘 데이 루이스}은 위대한 작가가 되어 뇌성마비를 극복한다. 이런 이야기 모두에서 보듯이, 영웅들은 대단한 결단력과 투지를 갖고 성공할 수 있는 어떤 분야에 몰입함으로써 그들의 장애를 보상받는다. 덧붙여, 이런 캐릭터들은 그들이 선택한 분야에서 우월감을 느끼는 욕구에 의해 추동된다.

우월 콤플렉스

자연스럽게, 극단적 열등감은 우월감을 향한 극단적 반작용을 생산할 것이다. 이러한 극단적 반작용은 **과잉보상**overcompensation 으로 불린다. 보상이 열등 신경증을 처리하는 규범적 방식이라면, 과잉보상의 행위들은 병적이며 부적응적이다. 지속적이거나 또는 전반적인 과잉보상은 **우월 콤플렉스**, 즉 주위 사람들을 지배하고 모욕을 주는 병적 욕구를 표현하는 인격장애로 연결될 수도 있다. 분명히 다른 사람들보다 인종적으로, 유전적으로 우월하다고 느낀 아돌프 히틀러의 욕구는, 자신보다 열등하다고 여긴 사람들을 지배하고, 모욕하며 멸종시킨 병적인 욕망과 함께 광기로 뻗어나간 우월 콤플렉스 최악의 시나리오로 볼 수 있을 것이다. 그의 광기는 모든 세대에 영감을 주고 그들을 사로잡았다.

아들러식 분석에 따르면, 히틀러의 과잉보상적 행위들은 심각한 열등 콤플렉스에 대한 극단적 반작용이다. 히틀러의 개인적 이력을 역사적 배경과 함께 잠시 살펴 보면, 1차세계대전 후 독일의 극단적 빈곤, 불경기, 실업, 카오스, 그리고 전면적인 모욕감과 연결되는데, 그것은 개인적이고 집단적인 독일의 열등 콤플렉스에 대한 극단적 반작용으로써 나치의 행동에 관한 아들러식 해석을 뒷받침한다. 매우 심각한 경우는 과잉보상적 행위 이면에 있는 **열등 콤플렉스를 드러내는**, 우월 콤플렉스를 가진 캐릭터일반적으로 악당에서 발견된다. 과잉보상이 성취될 때, 악당은 일차원적 캐릭터로서의 기능을 멈춘다. 관객은 왜 악당이 악마인지 이해하게 되며, 악당 캐릭터에 대한 증오와 함께 가련함을 느낀다.

〈스토커〉2002에서, 불안전하고 부적응자인 싸이로빈 윌리암스는 이례적인 악당으로, 한 가족에 대한 그의 위험한 집착은 뒤틀리고 폭력적이 된다. 그러나 그 행동의 이유가 드러나면서, 우리는 싸이가 그 가족의 아버지에게 가한 고문이 결국 어린 시절 자신을 학대하고 고문한 아버지에 대한 과잉보상적 복수였다는 것을 알게 된다. 악당 내면의 열등감의 결이 드러나면서, 그 깊이가 그 캐릭터에게 더해지고, 갈등의 층위가 관객의 마음속에서 차오른다. 혐오와 경멸의 감정은 이제 측은함과 공감과 섞이면서… 악당은 고문하는 사디스트이자 고문당하는 영혼이기도 하다.

슈퍼히어로영화에서 흔히 기형적인 **슈퍼악당들**은 돌연변이가 되는 캐릭터들로 그들 자신의 장애로 고문당하고, 다른 사람들을 지배하려는 욕구에 의해 추동된다. 〈배트맨〉에서 조커잭 니콜슨, 〈스파이더맨〉의 그린 고블린윌렘 대포, 그리고 〈딕 트레이시〉1990의 빅 보이 카프리알 파치노는 모두 괴물이다. 그들의 신체적 기형은 그들이 분노한 열등 콤플렉스를 재현한다. 그에 따른 우월 콤플렉스는 과잉보상 심리에서 비롯된 것이다. 다른 사람들을 지배하고, 통제하고, 파괴함으로써 슈퍼악당은 자신에 대한 수치, 분노, 혐오감을 진압한다. 슈퍼악당이 과잉보상과 우월 콤플렉스의 극단적 예를 보여주는 동안, 이러한 충동과 갈등은 모든 캐릭터들에게 공통적인 동기부여를 한다. 그들은 영웅들특히 비극적 영웅들, 적대자들, 조력 캐릭터들, 심지어 멘토들에 이르기까지 캐릭터 동기부여에 있어서 효과적인 방식이 될 수 있다. 예를 들어, 선수로 실패한 경력을 보상받기 위해 승리하려는 정신병적 욕구로 팀을 추동하는 코치는 멘토 캐릭터에게 나타나는 우월 콤플렉스의 원형적인 본보기에 속한다.

유년기 공상

아들러에 따르면, 아이들은 모두 이런 저런 방식으로 열등감을 경험한다. 보편적으로 아이의 열등 콤플렉스는 작고, 약하고, 경험이 부족하고, 무력하고, 그래서 전적으로 어른에게 의존하는 것에 따른 자연스러운 결과다. 아이들은 열등감을 극복하는 영웅과 연결될 수 있는 영웅담을 보고 싶은 강렬한 욕망을 갖는다. 영화에서 어린이 영웅 공식은 특히 유아적인 상상력 자극에 능숙하다. 디즈니의 '공주 시리즈'는 자연스럽게 **왕자 영웅** 공식으로 가득 찬 어린 소녀들을 대상으로 직접 마케팅한다. 어린 소년들을 위해 마케팅한 〈헤라클레스〉1997와 〈아서왕 이야기〉1963에 나오는 영화 속 영웅들은 그리스와 중세의 고전적인 남성 영웅이 연상되는 주인공들을 보여주는 경향이 있다. 소녀에게는 공주 판타지, 그리고 소년에게는 슈퍼영웅 판타지를 적용하는 것은 모든 인간에게 존재하는 본능적인 **우월감의 목표**와 관련된 것이다. 그러나 이것은 아이들의 마음에서 확연히 드러나는데, 왜냐하면 아이들은 신체적으로, 지적으로, 사회적으로 열등한 자연적인 상태에 놓여 있기 때문이다.

아이의 상상력을 사로잡음으로써, 당신은 아이의 마음을 사로잡는다. 디즈니는 어른들이 통제하는 세상에서 아이들이 특히 무력감을 느끼고 의기소침해진다는 사실을 이용하여 제국을 건설했다. 유년기의 심리적 시련과 고난을 상징하기 위해 섬세하게 디자인된 영웅 공식을 제공함으로써, 디즈니는 가장 민감한 시기에 속한 단골고객을 확보했다. 디즈니의 모든 작품에 디즈니팬이 된 이들이 느끼는 애착과 특별한 친근감은 유년기에 형성되고, 그리하여 디즈니 브랜드는 소중한 유년기 기억이자 정체성의 필수적인 부분이 된다. 디즈니 로고와 '동심'이라 기억되는 이상적인 정신 상태가 개인의 마음속에서 순수하게 결합될 때, 고객들은 어린 시절 느꼈던 그 순수함과 젊음의 기분을 다시 맛보기 위해서라면 기꺼이 막대한 비용을 지불하는 평생 고객이 된다. 그리고 부모들은 자녀들을 통해 소중한 유년기 기억을 다시 경험하기 때문에, 그들의 유년기가 자녀들에게 스며들게 하기 위해 극장 앞에 줄을 서는 수천 명중의 하나가 될 것이다.

유년기에서 가장 크고 보편적인 갈등은 **무기력**이다. 아이들은 작고 약하다. 어른들은 그들의 모든 측면을 통제한다. 아이들이 어디에서 살아야 하는지, 무엇을 해야 하는지, 누구를 만나야 하는지, 어떻게 시간을 보내야 하는지 스스로 통제할 권리가 없다. 지배적인 어른은 아이의 모든 행동을 관리하고 통제한다. "양치질 하렴!" "야채 먹으렴!" "가서 자렴!" "스웨터 입어야지!" "숙제해야지!" "이불정리 하렴!" "학교에 가야지!" "TV 꺼야지!" 이런 것들은 아이의 삶을 채우는 외부적으로 강요된 명령들로, 독립성이나 개성을 위한 여지는 매우 적다. —모험이나, 위험 혹은 신나는 상황은 거의 없다. 그런 이유로, 아이들은 〈라이온 킹〉1994의 어린 심바의 갈등과 연결될 수 있다. 심바가 사악한 삼촌에 의해 프라이드랜드로부터 유배당했다가, 삼촌을 타도하기 위해 자신의 무기력을 극복해 나가는 과정이 담겨 있기 때문이다.

무기력이 아이 영웅 갈등의 핵심으로 작동하는 반면, 어른 영웅은 결정적인 지점에서 무기력한 순간에 직면한다. 〈레이더스〉1981에서, 인디아나 존스해리슨 포드는 성궤가 닫혀있는 극적인 시퀀스에서 기둥에 묶인다. 〈스타워즈 에피소드5_제국의 역습〉에서 루크는 그와 가장 가까운 동맹인 한 솔로가 탄소 블록에 결빙되자 족쇄에 채워져 무기력해진다. 영웅일반적으로 등장인물 중에서 가장 주도적인 인물을 결정적인 순간에 무기력하게 만듦으로써, 상당한 긴장감이 플롯에 더해진다.

아이 영웅 공식은 지배하려는 부모의 존재나 권위적인 다른 존재로부터 갑자기 자유로워진 아이와 함께 시작된다. 공식은 기본적인 **소망 충족**—아이 영웅은 자유롭다—으로 시작되는데, 독립은 달콤한 것이다. 〈피노키오〉1940는 배우가 되기 위해 무대에 오른다. 〈덤보〉1941는 혼란스런 서커스 세계에서 자신만의 삶을 즐긴다. 〈정글북〉1967에서 모글리는 그의 부모를 전혀 모른다. 정글 속 동물처럼 그는 자유인으로 태어났다. 〈라이온 킹〉의 심바는 어머니와 아버지가 지켜보는 곳으로부터 멀리 떨어진 삶을 경험하는 신나는 숲 속으로 향한다. 〈아서왕 이야기〉의 아서, 〈이집트 왕자〉1998의 모세, 〈오즈의 마법사〉의 도로시, 해리포터, 신데렐라, 그리고 백설공주, 이들은 모두 고아 영웅들이다.

고아 되기라는 유년기 공상은 다양한 소망을 표현한다. 어떤 아이들에게, 그것은 잔학한 부모를 처벌하고 싶은 무의식적 소망이다. 또 다른 아이들에게, 그것은 소유력이 강하고 지배적인 부모로부터 자유를 원하는 소망의 표현이다. 그리고 또 어떤 아이들에게 있어서, 고아가 되려는 꿈은 부모의 신분과 완전히 분리되어 독립적인 신분을 형성하고 싶은 욕망을 재현한다. 흔히, 이런 공상들 속에서 아이 영웅들은 대리 부모 밑에서 성장한다. 신데렐라와 백설공주는 악마 같은 새엄마 밑에서 성장하고, 잠자는 숲 속의 미녀는 대모인 요정 밑에서 성장한다. 다른 영웅들—〈스타워즈〉의 루크, 아서, 예수, 모세, 키루스, 페르세우스, 헤라클레스 등등…—은 대리 부모 밑에서 성장하는데, 왜냐하면 그들의 실제 부모는 왕족이거나 신성한 존재이기 때문이다. 이런 아이 영웅담에 표현된 유년기 공상은 실제 부모의 지루하고 재미없는 일상적인 세계를 넘어선, 위대하고 빛나는 정체성에 대한 아이의 욕망을 보여준다.

부모로부터 자유롭게 된 후, 아이 영웅들은 우선 가장 중요한 교훈을 배우는데, 그것은 그들이 부모를 사랑하고 집을 그리워한다는 것이다. 발달의 첫 단계는 마음이 향하는 곳이 집이라는 것, 그리고 엄마와 아빠의 압제적인 지배는 단지 사랑과 보살핌을 표현하는 그들만의 방식이라는 점을 깨닫는 것이다. 이 지점에서 목표는 명확해지는데… 영웅은 집으로 돌아가는 자신의 길을 위해 싸워야만 하고 그 길을 찾아내야만 한다는 것이다. 그러나 집으로 돌아가는 길은 단지 전투의 절반에 해당될 뿐이다. 자유와 독립에 대한 아이 영웅의 소망이 성취되고 욕망이 해결됐음에도 불구하고, **권력**의 감각과 **자기 결정권**에 관한 아이의 욕망은 여전히 제기될 필요가 있다.

역 할 전 환

아이의 실제 삶에서, 어머니와 아버지는 챔피언이다. 그들은 집과 가정을 구하기 위해 밖으로 나가 세계의 용들과 전투를 벌인다. 어른이 보호자라면, 아이는 무방비 상태의 피해자다. 그러나 아이의 공상적 삶에서, 아이들은 힘과 권력으로 가득 차 있다. 그들의 세계에서, 아이들은 용을 죽여야만 하거나 마녀를 무찔러야만 하며, 혹은 흑기사를 정복해야만 하거나 악당을 파괴해야만 한다. 그들의 세계에서, 무기력하고 속수무책이며 완전히 연약한 자는 부모들이다. 오직 아이 영웅만이 어떤 죽음과 파괴로부터 힘없는 부모그리고/혹은 세계를 구할 수 있다. 부모를 구하는 아이 영웅의 테마는 디즈니영화에서 일반적이다. 피노키오의 여정은 그가 제페토를 구할 때 완결된다. 심바는 악마 같은 삼촌의 폭정으로부터 프라이드랜드와 정글 왕국을 구한다. 〈스파이 키드〉 시리즈[2001], [2002], [2003]의 아이 영웅들은 모든 시리즈에서 부모들 그리고/혹은 세계를 구한다.

아이 세계는 다소 관점이 좁다. 부모의 결혼과 아이-부모관계—**가족단위**의 결속—가 아이에게는 온 우주처럼 보일 수 있다. 영화 〈페어런트 트랩〉[1961]처럼, 아이의 세계는 가족단위가 다시 연결될 때 구조된다[Saved]. 세계나 부모들의 삶을 구하는 대신에, 아이 영웅들은 그들 부모의 결혼을 구원해내는데, 아이들 관점에서 그것은 온 세계를 구원하는 것과 같은 것이다.

아이들은 **가상의 애니메이션**에 매우 익숙하다. 아이들은 인간적 자질을 동물에게 투사하거나, 심지어 무생물적 형상에게도 투사한다. 따라서 아이들용 영화와 책은 흔히 **동물 영웅들**이 등장하는 만화영화인데, 〈밤비〉[1942], 〈덤보〉, 〈정글북〉, 〈레이디와 트램프〉[1955], 〈101 달마시안〉[1961, 1996], 〈라이온 킹〉, 그 밖에도 셀 수 없이 많은 영화에 동물 영웅들이 등장한다. 또한 아이들은 자신을 〈몬스터 주식회사 3D〉[2001]와 같은 영화처럼, 판타지 캐릭터의 역할에 투사하길 원한다. 심지어 그들은 무생물적 대상과 동일시할 수도 있는데 〈토이스토리〉[1995]에서 장난감들이나 〈미녀와 야수〉[1999]에서 가재도구들과 가구, 그리고 〈브레이브 리틀 토스터〉[1987]에도 동일시할 수 있다. 아이의 상상 속에서, 실제 세계에서는 존재할 수조차 없는 캐릭터와 동일시할 때 요구되는 강력한 **불신의 유예***suspension of disbelief는 훨씬 더 재밌고 환상적이다. 당연히 모든 것이 발생할 수 있어야 한다! 아이들을 상징하는 동물들, 물건들, 혹은 괴물들이 어른들의 인간 세계를 구해낼 때, 그 승리는 다양한 층위에서 심리적인

---

* 몰입의 순간을 말한다. 예를 들어 놀이동산의 사파리는 사람들이 만든 가짜 아프리카이지만 그곳에서 사람들은 실제 아프리카에 왔다고 상상하며, 그 시간과 공간을 즐긴다._편주

보상을 가져다준다.

디즈니가 재해석한 고전 **피노키오** 이야기는 미국인들의 정신세계 속에 영원한 상징으로 자리 잡았다. 모든 아이들이 동일시할 수 있는 탐구를 하는 영웅이 등장하기 때문에 이 영화는 아이 영웅 공식의 매우 성공적인 묘사이기도 하다. 모든 아이들은 자신이 완전한 '진짜'가 아니라는 느낌을 갖고 있는데, 그들의 세계에서 어른들이 '단지 아이'란 이유로 그들의 자유를 끊임없이 제한하기 때문이다. 언젠가 '어른이 되도록' 성장해서, 그들이 욕망해온 전적인 자유를 얻게 될 것이란 아이들의 상상은 '사실적인 진짜 소년'이 되려고 하는 피노키오의 탐구 속에 상징화된다. 피노키오 이야기는 그가 '아버지' 제페토피노키오의 몸을 창조한 장인로부터 떠나면서 시작된다. 당장 그의 목표는 아버지와 재회하고 통합하는 것이다. 그러나 진짜 소년이 되려는 궁극적 목표를 성취하기 위해, 그는 정신적 어머니인 푸른 요정그에게 삶을 주는 여신과 연결되어야만 한다.

피노키오의 멘토는 말하는 동물, 지미니 크리켓이다. 많은 디즈니영화에서, 영웅의 **동물 멘토** 또한 열등 콤플렉스를 극복해야만 한다. 일곱 난장이들도 백설공주를 보호하기 위해서는 그들의 작은 체구와 마녀 여왕에 대한 공포를 극복해야만 한다. 말하는 쥐도 신데렐라를 보호하기 위해 왜소함과 악마 고양이에 대한 공포를 극복해야만 한다. 〈미녀와 야수〉에서도 촛대와 다른 가재도구들은 성을 지키고 침략자들과 싸우기 위해 그들의 왜소함을 극복해야만 한다. 제국을 구하는 뮬란을 돕기 위해 말하는 작은 용 무슈도 그의 작은 체구를 극복해야만 한다. 〈피노키오〉에서, 지미니는 그의 영웅을 돕고, 거대한 고래 몬스트로와 싸우는 전투에서 영웅과 만나기 위해 자기 회의와 왜소함을 극복해야만 한다.

캠벨 모델에서, 영웅이 집으로 돌아가면서 그의 여정을 완결짓는 것과 마찬가지로, 일반적으로 아이 영웅도 부모와 재회하고 집으로 돌아가면서 그의 여정을 완결한다. 결말에서, 피노키오와 지미니는 제페토를 구한다. 피노키오는 푸른 요정에 의해 다시 살아났을 때, 그의 용기와 지조에 대한 보상으로 멋지게 진짜 소년으로 다시 태어난다. 그러나 우리가 보기에 진짜 소년이든 혹은 나무조각이든, 피노키오의 진정한 승리는 그가 사랑하는 헌신적인 아버지와 재회할 때 이루어진다.

형제간 경쟁

프로이트는 부모로부터 사랑과 인정받고 싶은 욕구와 관련된 일차적 동기부여로써 오이디푸스 경쟁에 초점을 맞춘 반면, 아들러는 형제간 경쟁에 초점을 맞추었다. 신화와 전설에서 형제간 경쟁은 원형적 주제이며, 극적 구조의 도처에 존재하는 경쟁적 갈등에 있어서 신화적 조상인 셈이다. 경쟁은 또한 영웅 플롯에서 공통적인 주제다. 위대한 영웅들은 위대한 경쟁자 혹은 **숙적**nemeses을 갖는 경향이 있다. 슈퍼맨은 렉스 루터를, 배트맨은 조커를, 스파이더맨은 그린 고블린을, 셜록홈즈는 모리어티 교수를 숙적으로 갖고 있는데… 심지어 신 자신도 사탄, 즉 천사들 중에서 가장 위대하고 강력한 존재를 숙적으로 갖고 있다. 이 챕터에서는 경쟁 플롯의 요소들을 원형적인 형제간 경쟁 주제와 관련하여 설명하겠지만, 경쟁자가 형제간 이든 아니든, 동일한 요소들은 어떤 경쟁 플롯에서도 일반화될 수 있다.

서부 신화에서 형제간 경쟁의 원형적 주제는 아담의 첫 두 아들, 카인과 아벨의 성서적 이야기 속에서 전형화되었다. 성서창세기 4장 16절는 카인이 어떻게

형제간 경쟁: 〈에덴의 동쪽〉의 아론 리차드 다바로스과 칼 제임스 딘

아벨을 죽였고, 결국 신으로부터 추방당했는지에 관한 이야기를 다음과 같이 들려준다. 카인이 "여호와의 앞을 떠나 나가 에덴동편 놋 땅에 거 하였더니." 카인과 아벨 사이의 경쟁은 아담과 이브의 사랑을 끝낸 것이 아니라, 원형적 아버지인 신의 사랑을 끝낸 것이다. 이로 인해, 카인과 아벨은 실제 형제로 해석되는 것이 아니라, 부모 형상의 사랑을 위한 경쟁에서 서로 끊임없이 대결하는 원형적 형제로 해석된다. 존 스타인벡은 소설『에덴의 동쪽』에서 카인과 아벨 신화를 차용했고, 엘리아 카잔은 그 작품을 영화로 연출했다. 영화에서, 칼제임스 딘과 아론리차드 다바로스은 그들의 아버지 아담레이몬드 머시의 사랑을 놓고 경쟁하는 형제들이다.

칼은 '나쁜' 아들이고, 아론은 '착한' 아들인데, 이것은 카인이 나빴고 아벨이 착했던 것과 같다. **착한 아이**와 **나쁜 아이** 사이의 명백한 **이중성**은 자기 속의 페르소나/그림자라는 이중성을 상징한다. 넓은 의미에서, 그것은 모든 인간과 이 세계, 그리고 자연 그 자체 안에 존재하는 선과 악 사이에 놓인 갈등의 상징이다. 영화에서, 착한 아이/나쁜 아이 이중성은 흔히 영웅/악당으로 양분된 형태로 개요가 드러난다. 영웅은 매우 선한 반면, 그의 숙적인 악당은 무조건 악한 것으로 그려진다. 〈에덴의 동쪽〉에서, 악함은 인간에게 내재적인 이기심과 이기주의에 관한 지식과 섹슈얼리티 모두에 관련된다. 선함은 타자들의 내재적인 선함 속에 있는 순진한 이상주의와 결백함과 연결된다. 그런 의미에서 칼과 그의 어머니는 '나쁜' 사람인 반면, 아론과 그의 아버지는 '착한' 사람이다. 어머니를 만난 칼은 그녀가 자신의 방식으로 살려고 아버지를 떠났다는 것을 알게된다. 어머니에 대해 새로운 사실을 알게 된 칼은 자신의 정보가 입증되자 더욱 강해진다. 그러나 칼의 강요에 의해 어머니를 만난 아론은 그녀의 존재에 관한 새로운 깨달음으로 파괴된다. 아론은 사창가를 운영하려고 가족을 버린 어머니를 이해할 수 없다. 결말에서, 착한 아들인 아론이 추방되는데, 왜냐하면 아론의 세계관은 현실이 아니라 성서에 기초한 것이기 때문이다.

경쟁자 사이 갈등의 근원은 부모의 사랑이다. 한 아이는 자신을 착하다고 생각하고 다른 아이는 자신을 나쁘다고 생각하는데, 왜냐하면 부모가 한쪽을 더 사랑하고 다른 한쪽을 냉대하기 때문이다. 아이는 다음과 같이 생각한다. "만약 아버지가 나를 사랑한다면, 나는 분명 착한 아이일거야." 혹은 대안으로 "만약 아버지가 나를 사랑하지 않는다면, 나는 나쁜 아이임이 분명해." 그렇게 해서 아이들은 착한 아이와 나쁜 아이 역에 자신의 역할을 맡기고, 표면상 나머지 인생에서도 이 역할을 수행한다. 그들은 많은 것들에 대해 서로 경쟁하지만 갈등의 근원은 부모의 사랑에 대한 질투로 남는다. 흔히, **편애**로 인한 갈등은 어머니는 한 아이를 더 사랑하고, 아버지는 다른 아이를 더 사랑할 때 복잡해진다. 이런 경우, 어머니와 아버지 사이의 부부갈등은 아이들에게로 확대되는데, 아이들은 형제간 경쟁 속에서 이 갈등을 매듭짓는다. 〈에덴의 동쪽〉에서 칼은 아버지로부터 사랑받지 못했고, 나쁜 아들 역에 분노했다. 그러나 어머니를 발견한 후, 나쁜 아들이라는 생각은 더 이상 그를 괴롭히지 않는다. 왜냐하면 그는 자기가 어머니를 더 닮았고, 그녀에게 더 많은 애정을 받고 있다는 것을 알게 되었기 때문이다. 칼은 어머니에 대한 이러한 깨달음으로 자신이 어떤 인간인지 수용하게 되며, 그로 인해 아버지에게 '속죄'할 동기부여를 갖는다. 그리고 그것이 영화에서 칼이 핵심적으로 탐구하는 것이다.

경쟁자 / 멘토 전환

부모가 일차적 멘토로 있는 동안, 부모와 형제 사이에는 불가분한 연결이 존재하는데, 그것은 원형적 경쟁자와 멘토 인물 사이의 연결을 만들어낸다. 그 결과, 우리는 과거 경쟁자가 협력자 그리고/혹은 멘토가 되는 주제를 자주 만난다. 이런 주제는 형이나 언니가 멘토 인물으로서의 부모가 죽거나 떠나거나 혹은 부정적이거나 부재할 경우, 그 자리를 대신하는 실제 우리의 삶에서도 공통적으로 발생한다. 이런 주제는 5편의 영화 〈록키〉에서 아주 완전하게 재현된다.

1. 〈록키〉1976에서, 록키실베스터 스탤론는 그의 멘토트레이너 믹키버지스 메레

디로부터 영감을 받아, 경쟁자인 아폴로칼 웨더스와 대결한다.

2. 〈록키 2〉[1979]에서, 록키는 경쟁자를 패배시킨다.

3. 〈록키 3〉[1982]에서, 록키 멘토의 죽음은 새로운 경쟁자, 즉 믹키를 죽인—클러버 랭미스터 T—이 등장하는 근거가 된다. 록키의 과거 경쟁자 아폴로는 이제 록키의 새 멘토가 된다.

4. 〈록키 4〉[1985]에서, 록키는 은퇴시합으로 링에 돌아온 아폴로의 멘토가 된다(이 지점에서, 과거 경재자였던 이들은 서로에게 멘토가 된다). 아폴로의 죽음은 이제 새로운 경쟁자, 즉 아폴로를 죽인 이반 드라고돌프 룬드그렌가 등장하는 근거가 된다. 그리고 아폴로의 과거 멘토였던, 벅토니 버튼이 록키의 새 멘토가 된다.

5. 〈록키 5〉[1990]에서, 록키는 젊은 선수 토미의 멘토가 되지만 그는 새 멘토를 찾아 록키를 금방 떠난다. 새 멘토는 과거 록키와 아폴로의 멘토였다. 록키는 듀크와 멘토 자리를 놓고 경쟁하게 되고 토미와 시합을 두고 경쟁한다.

6. 〈록키 발보아〉[2006]에서 노년의 록키는 예상치 못한 재기를 보여주었고, 이는 원래 스탤론이 이 시리즈에 고하는 마지막 작별 인사가 될 예정이었다. 하지만 명백히 수익을 낼 여지가 여전히 남았는지, 두 편의 영화 〈크리드〉[2015]와 〈크리드 2〉[2018]가 목록에 추가되었다. 이 작품들에서 록키는 아폴로 크리드의 아들마이클 B. 조던에게 새로운 영웅 격인 전담 멘토로서 제2의 인생을 시작한다.

〈록키〉 시리즈에서 역할의 변화는 경쟁자와 멘토 원형이 얼마나 유동적으로 바뀔 수 있다는 것을 잘 보여준다. 멘토와 경쟁자 사이의 연결 요소는 모두 본질적으로 같은 기능을 한다. 그것은 주인공에게 경쟁하고 성공하도록 영감을 준다.

영화에서 형제간 경쟁의 또 다른 대표적인 요소는 공통적인 연애 상대에 대한 **애정 경쟁**이다. 〈에덴의 동쪽〉에서 칼과 아론 둘 다 에브라줄리 해리스의 사랑을 놓고 경쟁한다. 애정 경쟁은 사랑하는 여성 상대에 관한 핵심 갈등인데, 왜냐하면 그녀는 친절하고 예의 바른 착한 아들 유형을 사랑하면서도, 동시에 섹시하고 그늘진 나쁜 소년에게 매혹되고 끌리기 때문이다.

형제간 경쟁의 원동력은 부모의 사랑과 관심 그리고 **인정받고 싶은** 경쟁적 욕구다. 영화에서 형제간 심리적 갈등의 다양한 층위는 일반적으로 **외면적 목표**에 도달하려는 경쟁을 통해 영향력을 드러난다. 이러한 가시적 목표가 경쟁의 외적 재현이라면, 이 갈등을 이끄는 무의식적 동력은 부모에게 인정받으려는 내면의 경쟁심이다. 외면적 목표를 다루는 플롯의 공통된 요소는 착한 아이 대 나쁜 아이라는 주제가 전개되는 도덕적 갈등이다.

에덴의 동쪽

칼은 사업에 망한 아버지의 복귀를 돕기 위해 돈을 벌기 원한다. 이런 일을 수행함으로써 그는 아버지의 인정을 받을 수 있고, 나아가 더 사랑받는 아들이 될 수 있을 것이라고 생각한다. 칼은 용케도 전쟁 특수로 빠르게 돈을 버는 계획을 세운다. 한편, 아론은 전쟁은 부도덕한 것이라는 자신의 신념을 솔직하게 표현하는데, 전쟁으로부터 이익을 취하는 그 누구도 마찬가지라고 밝힌다. 돈을 벌기 위한 외면적 목표는 전쟁 윤리를 놓고 형제간의 도덕적 갈등으로 접어든다. 주요장면에서, 칼은 그가 번 돈으로 아버지를 놀라게 만든다. 아버지는 칼의 선물을 거부하는데, 이는 신이 카인의 희생을 거부하는 것과 같다. 같은 장면에서, 아버지는 아론의 선물—아론과 에브라가 결혼할 것이라는 소식—에는 매우 기뻐한다. 카인의 희생을 거부하고 아벨의 희생은 수용하는 신이 카인을 질투에 찬 분노로 아벨을 죽이게끔 유도하는 것과 같이, 칼의 선물을 거부하고 아벨의 선물을 수용하는 아버지는 칼이 아론을 파멸시키게끔 유도한다. 이 두 가지 플롯 모두 부모의 사랑과 인정에 관한 아이의 강렬한 욕구를 중심으로 전개된다.

백주의 결투

킹 비더의 서부 서사극 〈백주의 결투〉에서, 형제간 경쟁은 제시조셉 코튼와 루트그레고리 펙 사이에서 벌어진다. 형제간 경쟁은 다음과 같이 정리할 수 있는 6단계 층위에 존재한다.

1. 제시는 착한 아들, 즉 친절하고, 예의 바르고, 교양있고, 도덕적이다. 루트는 나쁜 아들, 즉 거칠고, 폭력적이고, 야만적이고, 부도덕하다.
2. 어머니릴리안 기쉬는 제시를 편애한다. 아버지라이오넬 배리모어는 루트를 편애한다.
3. 펄제니퍼 존스을 두고 애정 갈등이 발생하는데, 펄은 제시와 루트 둘 다 욕망하는 아름다운 혼혈이다.
4. 둘 모두 갈망하는 아버지의 존경과 인정, 사랑을 두고 정신역학적psychodynamic 경쟁이 벌어진다.
5. 외면적 목표를 놓고 벌이는 경쟁은 그들 가족이 사는 지역의 철도 설치에 대한 정치적 갈등이다.

6. 도덕적 갈등은 철도 문제와 형제들이 펄을 대하는 방식 모두와 얽혀 있다. 제시는 철도에 찬성하는데, 텍사스 전체를 도와줄 좋은 시설이기 때문이다. 루트는 철도에 반대하는데, 철도는 광대한 지역을 통제하려는 아버지의 제국주의적 욕망에 갈등을 불러일으키기 때문이다. 또한 제시는 펄을 따뜻함과 존중하는 마음을 갖고 훌륭하게 대한다. 루트는 펄을 잔인하게 대한다. 그는 그녀를 성적으로 이용하지만 육체적 관계 이상의 어떤 것도 제공하지 않는데, 왜냐하면 그녀가 혼혈이기 때문이다.

네 가지 생활양식

아들러의 우월감 충동에 관한 이론은 **프리드리히 니체**[1844 - 1900]로부터 많은 영향을 받았다. 철학자 니체의 매우 독창적이고 도발적인 아이디어는 프로이트, 융, 에릭슨, 그리고 여타 위대한 정신분석 이론가를 포함한 전 세대의 유럽 지식인에 걸쳐 영감을 주고 영향력을 끼쳤다. 아들러는 니체의 **권력에의 의지**[Will to Power] 개념을 이용해 인간본성의 보편적인 지향점으로서 우월감의 일차 충동을 설명했다. 니체와 마찬가지로, 아들러는 우월감 충동을 완벽함을 향한 선천적 욕구로 보았는데, 그것의 종점은 실제로 도달할 수 있는 목표라기보다 가상적 이상이다. "인간에게 아름다운 것은, 그가 다리[bridge]… 즉 초인으로 연결된 다리라는 것이다!"라고 니체는 썼다. 진화론적 관점에서도, 각 개인은 진정한 완벽함에 도달할 수 없다. 그럼에도 불구하고, 진화는 각 개인 존재로 하여금 완벽함을 향한 충동성, 즉 우월감의 목표를 제공해왔는데, 그것은 인류에게 더 큰 높이를 향한 영감을 주며, 살아있는 개개인을 인

CHAPTER 6 _ 알프레드 아들러

류 발달의 다음 진화 단계로 가는 '다리'로 삼는 것이다.

고대 그리스인들이 왕족이거나 신적 혈통의 고전적 영웅들을 선호한 반면예:위대한 힘과 운명적으로 예정된 영광을 타고난 인간, **유대 – 기독교**의 전통은 진정한 약자를 옹호했다. 니체가 지적했듯이, 그리스와 로마는 일류와 이류 '국가'로, 그들의 신화는 그들의 문화가 강력한 제국이 되는 것으로 구성된다. 그리스 – 로마는 문화들을 정복하고 지배하는 하나의 문화를 추동할 수 있는 신성한 운명에 대한 믿음, 권력과 고귀함에 가치를 두었다. 유대 – 기독교 전통은 노예사회로부터 탄생했는데, 그것은 겸손과 신에 대한 봉사, 그리고 가난하고 종속적인 삶을 죽은 후 보상받는 것에 대한 믿음에 가치를 두었다. 정복자인 **지배자 민족**이 **지배자 도덕**에 기반한 신화, 즉 강자와 권력자는 승리할만한 가치가 있는 그런 신화를 갖는 것은 자연스러운 일이었다고 니체는 믿었다. 그와 반대로, **노예 민족**이 **노예 도덕**에 기반한 신화, 즉 연약한 자가 지구를 상속받을 것이라는 신화를 갖는 것도 또한 자연스러운 일이었다. 따라서 그리스 – 로마 영웅이 '초인Übermensch', 즉 **슈퍼맨**이라면, 유대 – 기독교 영웅은 '**열등인untermensch**'… 즉 약자라고 불릴 수 있을 것이다.

초인과 약자 사이의 싸움은 단순히 개인적 열등감을 극복해내는 개인의 승리만을 상징하는 것이 아니라, 고대 그리스와 로마의 지배 인종master race 윤리에 대한 유대–기독교적 윤리의 역사적 승리이며, 더 최근에 있었던 나치의 '위버 알레스über alles, 무엇보다 우월한'에 대한 승리를 상징하기도 한다. 〈록키〉와 같은 영화에서 명확하게 묘사된 경기장면은 초인과 약자 사이의 신화적 갈등을 보여준다. 〈록키〉에서 전형적인 유대 – 기독교 약자는 그리스 신 '아폴로'를 따라 적절하게 그런 이름을 붙인, 기술적으로 우월한 챔피언과 대결해야만 한다. 2차세계대전 영화들은 아리안 나치에 대항해 유대 – 기독교 연합군을 겨루게함으로써 초인 – 약자 갈등을 보여준다. 고대 로마와 성경적 서사는 제국 지배자고대 이집트인, 고대 로마인, 고대 그리스인에 대항해 고대 유대인과 기독교인들이 겨루게 만든다. 다른 영화들에서도 초인 – 약자 갈등은 영웅이 경험하는 내적 투쟁이다.

영화에서 슈퍼히어로 캐릭터는 고전적인 캐릭터와 유대 – 기독교적 캐릭터 특성의 이상한 조합을 재현한다. 슈퍼히어로들은 일반적으로 우월 콤플렉스와 열등 콤플렉스 양쪽 모두의 특성을 보여준다. 그들은 한 명의 영웅 속에 조합된 초인과 약자다. 그런데 슈퍼히어로의 성격적 분열은 편리하게도 두 가지의 신분으로 제시된다. 일상 세계에서 클라크 켄트는 '온화한 성격'인, 유약하고 수줍으며, 서투른데다, 불안하고, 능력이 부족하다. 그러나 문제가 발생할 때, 그는 슈퍼맨으로 변신한다. 그는 '강철 인간'이며 지구상에서 그 어떤 인간보다 우월하다. 이와 유사하게, 피터 파커는 작고 약한, 별 볼일 없는 청년이다. 그러나 스파이더맨으로 변신하면, 그는 누구보다 우월해진다. 관객들, 특히 어린이 관객들은 현대의 슈퍼히어로가 자신들의 내면에서 느껴지는 이와 같은 대립적 이중성을 보여주기 때문에 그들에게 쉽게 동일시된다. 우리는 열등감과 부족한 능력에 대한 감정으로 투쟁하지만우리 내면의 클라크 켄트, 월등한 존재에 대한 우리의 꿈은우리 내면의 슈퍼맨 위대한 일을 할 동기를 부여한다.

아들러의 후기 이론들에서 핵심 주제는 사람들이 우월감 달성을 위한 투쟁에서 사용하는 각각의 '생활양식'에 관한 모델이다. 니체의 '권력에의 의지'에 관한 이론으로부터 영감을 얻은 아들러의 갈등하는 생활양식 이론은 영화 캐릭터 내부의 신경증적인 내적관계 갈등내적 갈등과 캐릭터들 사이의 대인관계 갈등외적 갈등 양쪽 모두에 모델을 제공한다. 아들러는 네 가지 기본적 생활양식을 다음과 같이 구분하는데, 대체로 이들 중 하나만 제외하고 '잘못된' 것이다.

1. **지배형** – 타인에 대한 우월성을 보이며 지배하려는 개인적 충동.
2. **기생형** – 타인과 자신에게 베풀기보다 타인에게 의존하거나 타인으로부터 무언가를 개인적으로 취하는 것.
3. **회피형** – 도전과 책임, 그리고 의미를 개인적으로 거부하고 도피하는 것.
4. **사회적 유용형** – 개인으로서 사회적으로 건설적인 활동에 참여.

　사회적 유용형만이 '잘못된' 유형이 아니다. 왜냐하면 우월감 충동은 이기적 행위보다 자기 자신과 사회 개선 방향으로 진행되기 때문이다. 이런 유형들의 존재에도 불구하고, 아들러 이론은 프로이트 이론처럼 비관론적이거나 결정론적이지 않다. 아들러는 휴머니스트였다. 그의 이론은 '창조적 자기creative self' 개념을 지지하는데, 그 속에서 개인은 자신의 '의지'의 힘을 통해 생활양식을 변화시키거나, 교정함으로써 성격을 변화시킬 수 있으며 구성할 수 있다. 영화주인공들도 또한 '창조적 자기들'이다. 영화가 진행되면서, 영화 개릭터들은 늘 어떤 방식으로든 발달해 나간다. 흔히, 캐릭터들은 잘못된 유형들 중 하나로 출발하여 사회적 유용형으로 발달하면서 개인적 성장을 보여준다.

　많은 영화들은 이런 생활양식 유형들을 **대인관계 갈등**으로 묘사한다. 고전적 영웅이 등장하는 영화에서, 영웅은 흔히 완전히 발달된 도덕적인 개인으로 출발한다. 이런 이야기에서, 영웅은 사회적 유용형이며 그가 같이 싸우게 되는 연합세력 측은 처음에는 회피형이지만, 영웅과 함께하면서 사회적 유용형이 된다. 악당은 지배형이며 악당패거리들은 기생형이다. 이런 공식의 표준적인 견본으로 '영웅 무리'가 등장하는 구로사와의 〈7인의 사무라이〉를 들 수 있다. 영화에서, 떠돌이 무사^{사회적 유용형}는 탐욕스러운 산적무리^{기생형}, 그리고 그들의 악마 대장^{지배형}을 무찌르기 위해 떠돌이 낭인 무사들^{회피형}을 모은다. 다른 종류 영화들은 이런 생활양식 유형들을 **내적관계 갈등**으로 묘사한다. 영화에서 안티히어로 형상은 흔히 기생형^{불법적이거나 조심스러운 청부살인자}으로 출발한다. 마을을 구하기 위해 모험을 떠나달라는 요청이 올 때, 그는 전형적인 회피형을 보여주면서 그것을 거절한다. 그러나 그는 그 요청을 받아들여 사악한 악당^{일반적으로 지배형의 전형}을 파괴함으로써 결국 사회적 유용형이 된다. 구로사와의 〈요짐보〉주인공인 떠돌이 무사는 물려받은 칼로 푼돈을 벌며 산다^{기생형}. 그는 처음에는 가난한 마을 사람들 돕기를 거절하지만^{회피형} 결국 마을 구조에 헌신한다^{사회적 유용형}. 그는 마을을 지배하는 사악한 폭력배 대장^{지배형}을 죽임으로써 그런 성취를 보여준다.

스파르타쿠스

〈스파르타쿠스〉에서 잔인무도한 권력자 크라수스^{로렌스 올리비에}는 지배형의 전형이다. 그는 주변의 노예와 하인들을 개인적으로 즐거운 게임 속 장난감처럼 다룬다. 크라수스에게 있어서 노예는 인간이 아니라, 성적이고 심리적인 지배욕을 위한 삐뚤어지고 가학적인 그의 취향을 만족시키기 위해서만 존재하는 대상일 뿐이다. 검투사 양성소의 탐욕스런 주인, 바티아투스^{피터 유스티노프}는 기생형을 전형적으로 보여준다. 그는 자기 어머니도 금 몇 조각에 팔아넘길 인간이며 노예를 사고 값을 매길 때, 귀족인척 한다. 그는 노예와 하인보다 높은 계급이지만, 그의 지위는 부르주아 상점 주인으로, 도매상에서 가치 있는 주식stock을 샀다가 그것을 지배계급에게 다시 판다. 바티아투스의 탐욕스럽고 이기적인 성격은 크라수스와 그의 귀족 친구들을 만나는 장면에서 명확히 드러난다. 바티아투스는 크라수스에게 인사하고 크라수스의 온갖 비위를 맞추기 위해 자존심을 버리고 가식적으로 행동한다. 심지어 자신의 가장 소중한 소유물인 매우 아름다운 바리니아진 시몬즈를 원로원의 성 접대용으로 크라수스에게 팔아넘긴다. 바티아투스는 더 좋은 판단을 내릴 수 있음에도 불구하고, 검투사 양성소에게 죽을 때까지 검투시합을 벌이라는 크라수스의 명령에 복종하기도 한다. 그는 크라수스를 거부하지 못하는데, 왜냐하면 이런 유형은 늘 금항아리에 매수될 수 있기 때문이다. 그의 터전에서 훈련용 격투를 벌이는 검투사를 죽게 만드는 것은, 혹사 당하는 노예들의 마지막 남은 지푸라기를 치워버리는 짓이다. 이 격투는 반란과 엄청난 규모의 저항으로 이어지는데, 그것은 전적으로 권력에 대한 크라수스의 욕망과 금에 대한 바티아투스의 욕망 때문이다.

1막에서, 스파르타쿠스는 검투사 양성소에서 노예로 지내는 동안 회피형 역할을 수행한다. 그는 세상에서 자신의 위치를 너무 잘 알고 있으며, 징벌의 쓴맛을 이미 경험했다. 시작 시퀀스에서, 스파르타쿠스는 노예 동료를 방어하려고 경비를 공격한 징벌로 태양이 내리쬐는 암벽에 묶여 사형을 기다리는 처지가 된다. 그는 간신히 이 운명으로부터 도피하는데, 노예 물건을 왕창 사려고 출장 나온 바티아투스가 그를 싼 값에 사들였기 때문이다. 스파르타쿠스는 그런 위험에 더 이상 직면하지 않기로 마음 먹는다. 그러나 그는 동료 노예의 용기와 순교적 고통에서 영감을 얻게 되고, 그가 사랑하는 바리니아를 매정한 주인에게 빼앗기는 장면을 목격하면서 분노하며, 회피형을 극복한다. 역사에 기록된 가장 위대한 노예의 반란을 선동하고 인도함으로써, 스파르타쿠스는 사회적 유용형의 리더쉽과 사회적 관심을 보여준다. 죽음의 순간에서도, 스파르타쿠스는 그의 사회적 유용성을 발휘하여 도처에 존재하는 노예들에게 영감을 주는 표지판이 되어 우뚝 선 전설을 지속해 나간다.

성의

성서 서사극 〈성의〉[1953]는 아들러 생활유형의 4가지 유형 모두를 통과하며 발달하는 캐릭터를 묘사한다. 호민관 마루셀루스 갈리오[리차드 버튼]는 로마 귀족이자 엘리트 지배계급이다. 그는 노예를 소유하고 있으며, 자칭 '세계의 주인'으로서 다른 국가들도 지배하고 있다. 갈리오는 고전적인 그리스 – 로마 영웅의 원형으로 출발하지만, 이렇게 종교적인 색채가 짙은 영화에서 그는 유대 – 기독교의 영웅이 되기 위해 우월 콤플렉스를 극복해야만 한다. 1막에서, 갈리오는 지배형의 전형이다. 그의 우월 콤플렉스는 그를 노예 경매로 이끄는데, 거기에서 그는 로마제국 왕좌의 법정 상속인 칼리굴라와 대결한다. 칼리굴라는 그에 대한 징벌로써, 갈리오에게 로마군 장교 직을 주고 미개한 유대땅의 모호한 보직으로 보내버린다.

개인적 변신으로 갈리오의 여정은 예수를 십자가형에 처한 후 시작된다. 그토록 순수하고 신적인 존재를 파괴한 갈리오의 죄책감은 예수의 성의에 물리적으로 남아있다. 이 죄책감이 처음에는 갈리오를 미치게 만드는 저주로 작동한다. 그는 유대지방을 떠나 로마로 돌아가 저주로부터 도피하려고 애쓴다. 이 단계의 여정에서 갈리오의 도피행은 회피형 생활양식을 형상화한다. 그러나 갈리오의 광기는 로마까지 그를 따라온다. 제국의 예언자는 갈리오가 처형한 '마법사' 예수의 마법에 홀려 저주를 받았다고 진단한다. 티베리우스 황제는 예수의 성의를 찾아내 파괴하기 위해 유대땅으로 돌아가라는 제국의 임무를 갈리오에게 준다. 이 임무를 수행하면서, 반란을 꾀하는 신흥 기독교 세력의 주동자들을 색출해, 그들 모두를 처형해야 하는 임무도 맡게 된다. 제국의 임무는 갈리오를 다시 한 번 기생형으로 변화시킨다. 갈리오의 생활 양식은 이제 다른 인간들을 지배하거나 책임을 회피하기보다, 무언가를 얻기 위해 다른 사람들의 희생으로 자신의 욕구를 충족시키는 방향으로 완전히 초점을 맞춘다. 이제 단지 지배계급의 하인, 즉 황제의 명령을 전달하는 직책임에도 불구하고, 갈리오는 자신을 위해 나선다. 그의 유일한 목적은 성취하는 것이다.

갈리오는 유대땅으로 돌아와 성의를 찾지만, 성스러운 옷과 그에 따른 죄책감은 갈리오를 다시 한 번 변화시켜, 그를 사회적 유용형으로 전향시킨다. 죄책감과 성의 사이의 상징적 관계는 로마와 기독교 도덕률 사이의 본질적인 차이를 의미한다. 로마적 윤리는 자부심과 지배의 이상화, 고귀함과 힘에 근거를 둔다. 유대 – 기독교 윤리는 죄책감, 그리고 사회적 책임감과 겸손함에 따른 이상화, 특히 사회에서 가장 낮은 계급에 속한 이들가난한 사람, 장애인, 노예, 그리고 억압받는 사람과의 관계에 근거를 둔다. 니체식 표현으로, 자부심이 '주인 도덕' 이면의 심리적 힘이라면, 죄책감은 '노예 도덕' 이면의 심리적 힘이다. 기독교로 개종한 후, 갈리오는 낡은 자부심을 포기하고 기독교적 죄책감의 겸손을 받아들인다.

3막에서, 갈리오는 새로운 사회적 유용형을 보여준다. 그는 과거 그의 노예빅터 머추어였던 기독교 동료를 구하기 위해, 그의 과거 동료였던 로마군에 대항해 싸운다. 자신의 생활양식이 정반대로 뒤바뀌었음을 보여주는 최후의 극적인 장면에서, 갈리오는 영화 초반에 오만과 허세, 그리고 우월감으로 사들였던 바로 그 노예를 구하기 위해 사심 없이 자신의 목숨을 바친다. 갈리오의 순교는 이중적으로 의미심장하다. 왜냐하면 로마 귀족인 그가 낮은 계급인 노예의 생명을 위해 자신의 생명을 희생했기 때문이다. 갈리오의 자기 희생은 말 그대로 예수가 했던 것과 같은 기독교적 이상의 실현이다. 사회에서 가장 가난한 이를 위해 자신을 기꺼이 희생함으로써 갈리오는 멘토로서 예수와 완전히 동일시되면서, 기독교 이상에 대한 궁극적 헌신을 보여준다.

당신의 각본에서 알프레드 아들러적 주제를 다룬다면

1. 당신 영웅의 하마르티아, 혹은 열등 콤플렉스는 무엇인가? 당신 영웅은 무엇을 위해 보상해야만 하는가?

2. 당신의 각본에, 우월 콤플렉스를 가진 캐릭터가 등장하는가? 만약 그렇다면, 캐릭터의 과잉 보상 행위 이면에 열등 콤플렉스를 드러냄으로써, 어떻게 깊이를 더할 수 있을까?

3. 당신의 영웅이 무기력을 해결해야만 하는 장면을 포함하여, 어떻게 플롯에 긴장감의 층위를 더할 수 있을까?

4. 경쟁자가 형제간이든 영화의 주요 캐릭터이든 대부분의 주인공은 어떤 차원에서든 경쟁을 경험한다. 〈셰인〉에서, 주인공은 일찌감치 경쟁자를 만나는데, 그는 술집의 거친 카우보이다. 이 소소한 경쟁자와의 결투는 결말에 윌슨, 즉 일차적 경쟁자와 벌일 커다란 총싸움의 전조가 된다. 경쟁은 주인공에게 일종의 쇼케이스인데, 그것은 그가 힘과 지성, 기술 혹은 용기를 증명해 보이는 기회다. 당신의 각본에서, 주인공이 경쟁자에 맞서는 것이 적어도 한 장면은 있는가?

5. 당신은 형제들이 있는가? 당신의 형제들과 당신의 관계를 분석해보고, 경쟁의 어떤 요소가 있는지 추적해보라. 이런 경쟁 문제의 어떤 것이 어떻게 당신 인생 이야기의 목표와 동기부여에 영향을 미쳤는지 생각해보라.

6. 연애 상대를 놓고 벌이는 경쟁은 뻔한 로맨스영화가 아니라도, 어디에나 등장하는 이야기 요소다. 애정 갈등은 연애담 주제에 긴장과 갈등을 더해준다. 당신의 주인공은 연애 상대의 마음을 얻기 위해 경쟁자와 대면하는가?

7. 경쟁자 사이의 갈등에는 일반적으로 도덕적 요소가 있다. 〈셰인〉에서, 주인공은 선한 정착민을 위해 싸우는 반면, 그의 경쟁자 윌슨은 악독한 대형 목축업자를 위해 싸운다. 당신의 주인공과 경쟁자 사이의 도덕적 갈등은 무엇인가?

8. 당신의 각본에 영웅(주인공)을 그리스·로마적 영웅(초인)으로 정의하겠는가, 아니면 유대·기독교적 영웅(약자/언더독)으로 정의하겠는가. 그렇게 생각하는, 혹은 그렇게 생각하지 않는 이유는 무엇인가?

9. 당신의 주인공은 점점 더 사회적 유용형으로 발달해 나가는가? 만약 그렇지 않다면, 이런 종류의 캐릭터 발달이 당신의 각본에 추가되어야 한다고 생각하는가?

CHAPTER 7
롤로 메이
Rollo May

롤로 메이

롤로 메이는 신학과 실존주의 철학을 강력한 배경으로 한 심리분석가였다. 메이는 신경증적 불안이 실존주의자가 '불안^{angst}' 혹은 실존적 절망이라고 부르는 것과 직접적으로 연결된 것을 인식하여, 심리분석과 실존주의 사이의 연결고리를 발견했다. 또한 그는 불안을 순전히 개인적인 것을 넘어서는 실존적 질병으로 재정립하여 실존적 심리분석이라는 새로운 흐름의 리더가 되었다. 실존적 갈등인 불안은 이 세계에 자신의 자리를 잡지 못하고 있다는, 동요하는 감정과 연결된다. 그것은 우주에 어떤 목적이나 의미가 반드시 있다는 기본적 믿음과 자신의 삶에 목적이나 의미가 없다는 인식 사이의 갈등이다.

실존적 갈등과 구기종목 비유

실존적 의미의 갈등은 흔히 **관중**의 갈등 대 **선수**의 갈등으로 유추해볼 수 있다. 야구경기에는 동점으로 진행되는 9회의 경우, 매우 불안한 순간이 존재한다. 선수의 불안은 크지만 그 상황에서 무언가를 할 수 있다. 이를테면 공을 방망이로 친다든가, 던진다든가, 잡는다든가 등… 관중의 불안도 크지만 박수를 치거나 고함지르는 것을 제외하고는 실제로 어떤 것도 할 수 없다. 그리고 실제로 그런 행동은 경기에 본질적으로 어떤 영향도 끼치지 못한다. 따라서 관중의 불안은 선수의 불안보다 훨씬 더 크다. 왜냐하면 관중의 신경증적 에너지는 어떤 의미 있는 행동으로 연결될 수 없기 때문이다. 롤로 메이는 실존적 갈등이 관중의 불안과 유사하다고 지적한다. 인생이 우리를 지나친다고 느낄 때, 주변에서 어떤 일들이 발생하지만 그것을 통제할 수 없을 때, 우리는 불안을 느낀다. 메이에 따르면 우리가 선수라기보다 관중으로서 자신의 인생을 보고 있다는 점에 문제가 있다. 우리가 자신의 존재에서 능동적 태도를 취하는 대신, 다른 힘들이 정체성과 운명, 그리고 목적을 결정하는 것을 옆에서 수동적으로 지켜보고 있기 때문이다.

실제 인생에서 실존적 갈등은 믿을 수 없을 정도로 정교하고 복잡함에도 불구하고, 영화에서 실존적 갈등은 지극히 단순하다. 주인공은 혼란스럽거나 불안하거나 동요되는데, 왜냐하면 그는 자신의 인생이 무의미하고 핵심도, 의미도 없거나 부조리하다고 느끼기 때문이다. 그러나 추구해야할 특별한 목적이나 목표외면적 목표를 발견한 주인공은 자신의 실존에서 의미를 규정하고 창조해낸다. 그의 부정적 불안은 그의 여정을 북돋는 긍정적 에너지로 전환된다. 주인공은 관중으로 시작하지만 선수 뿐만 아니라 챔피언으로 자신의 인생 경기를 끝낸다.

자 기 의 식

현대의 불안 문제에 관한 메이의 해결책은 자기 의식인데, 그것은 자기 자신의 곤경을 알게 되고, 그것을 극복하는 과정을 밟는 것이다. 실존적 신경증은 삶에 대한 자신의 관점을 관중의 역할에서 선수의 역할로 변화시켜야만 한다. 일단 관점이 변하면, 자신에 대한 감정과 행위들도 변할 것이고, 인생도 변하게 될 것이다. 개인적으로 공명하는 방식으로 의미를 규정하고 이전의 목적 없는 삶에 목적을 제공하는 의미 있는 목표를 창조함으로써, 의미의 부재를 극복할 것이다. 메이에게 이런 과정은 자기 분석, 자기 성찰 그리고 직관을 통해 일차적으로 이루어진다. 영화에서, 자기 의식은 일반적으로 외적 힘과 내적 캐릭터 발달의 상호 조합으로 묘사된다. 메이는 그의 고전적 저서 〈자아를 잃어버린 현대인〉[1953]에서, 자기 의식의 4단계를 다음과 같이 설명하고 있다.

1. 순수 – "… 자기 의식의 탄생 이전이다."
2. 저항 – "… 어떤 내적 힘을 자유롭게 키우려고 하는 …"
3. 일상적 자기 의식 – "… 건강한 성격 상태"
4. 창조적 자기 의식 – "황홀경 … 자신의 바깥에서 있는 …"

메이의 마지막 단계는 존재의 상태가 아니라, 초월의 찰나적 순간을 말한다. 그 순간 완전히 주관적인 관점을 넘어 객관적 견지에서 자신을 바라보게 되는데, 외부의 전지적 관찰자로 자신의 인생을 바라보면서, 존재에 새로운 통찰력과 의미를 부여하게 된다.

메이는 인생의 여러 단계들에 관한 모델을 제안했는데, 그 모델은 또한 영화의 캐릭터 발달 단계들과 연결될 수 있다.

1. 순수 – 주인공은 자신의 내면이나 세계의 어떤 문제에 대해 **무관하거나** 무지하거나 또는 무심하다.
2. 저항 – 실존적 갈등의 실현을 촉발하는 외부 세계로부터의 문제는 주인공을 자기 성찰과 **자기 탐구**로 인도한다.

3. 일상적 자기 의식 – 주인공은 의미있고 중요한 **외면적 목표**에 헌신하며, 그 목표를 성취하는 여정을 지속한다.

4. 창조적 자기 의식 – 주인공의 여정은 자신에 대한 내적 실현, 즉 **현현**epiphany, 顯現을 통해 절정에 이른다.

이런 단계들을 영화로 적용한 버전에서는, 내적 갈등이 외면적 목표로 변하는 의식적 에너지의 지속적 교환이 있다. 1단계에서, 의식적 에너지는 작동하지 않는다. 2단계에서, 외부적 문제가 내적 갈등을 촉발시킨다. 3단계에서, 내적 갈등은 특별한 목표로 외면화된다. 4단계에서, 외면적 목표는 접근이나 성취 차원에서, 의식적 에너지의 내적 흐름을 발생시키는데, 거기에서 주인공은 자기 캐릭터의 중요한 본질을 실현한다. 메이는 이러한 절정에 이르는 초월적 경험을 고전적인 심리학 용어로 '엑스터시ecstasy, 황홀경'라고 언급했는데, 이는 '자신 밖으로 나가다to step out of oneself'라는 뜻을 가진 그리스어 어원 '엑스타시스ecstases'에서 유래한 것이다. 우리는 목적에 맞게, 그것을 '현현'이라는 고전적 드라마 용어로 부르는 것이 보다 적절할 것이다. '현현'의 마지막 단계에서, 주인공은 자신의 외면적 목표를 완성했지만 그보다 더 중요한 것은, 그는 또한 자신의 진실한 정체성과 우주에서 특별한 목적을 발견했다는 점이다.

주인공 캐릭터 발달의 첫 단계에서, 그는 내적 차원이거나 외적 차원; 어떤 차원에서든 갈등과 관련해서 순전히 무관하다. 그러나 주인공의 관련성 결핍으로 그가 갈등의 존재를 알지 못한다는 뜻은 아니다. 〈스타워즈〉에서, 루크는 고립된 사막행성에 사는 순수한 소년으로 출발한다. 그는 악마제국과 반란군 사이에 벌어지는 은하계의 외적 갈등에 대해 알고 있지만, 그것과 무관하다. 그는 내면에서 뜨거워지는 뿌리 깊은 흥분과 초조함을 희미하게나마 감지했음에도 불구하고, 그의 내적 갈등은 아직 끓어오르는 지점에까지 도달하지 못했다. 당신의 각본에서, 주인공 캐릭터의 첫 단계는 다가올 모든 것에 대한 설정이다. 당신의 주인공이 아직 모험가는 아니더라도, 그것이 무엇인지 알던 모르던, 그는 자신의 모험에 준비되어 있어야만 한다. 이 단계에서, 당신의 주인공은 대기 중인 영웅, 즉 막 태어나려는 영웅이다. 그에게는 내면에 있는 영웅적 기질을 발휘할 외부적 촉발만이 필요할 뿐이다.

두 번째 단계에서, 외부 세계로부터 주인공을 실존적 휴면 상태로부터 끌어내는 무언가 발생한다. **외면적 목표**는 주인공이 자신의 잠재력에 부응하지 못했다는 신호다. 즉 그는 세상에 목적을 갖고 있지만 그것을 성취하지 못했다. 관중의 불안을 완전히 경험하는 주인공은 현장에서의 갈등으로 괴로워하지만, 그에 대해 무력함을 느낀다. 이 단계에서 내적 갈등은 주인공이 휴면 상태로 유지시키는 힘에 저항하기로 결심하고, 외적인 전투현장의 선수로서 적극적으로 뛰어드는 것이다.

흔히, 주인공의 인생에서 순수 단계의 끝은 무고한 자의 죽음으로 예견된다. 〈스타워즈〉에서, 루크의 숙모와 숙부는 제국돌격대에게 죽음을 당한다. 이런 무고한 주변인이 제국과 반란군 사이의 외적 갈등의 희생자가 된 것이다. 루크는 이제 선택의 여지가 없다. 그는 전투에 나가 능동적인 선수가 되어야만 한다. 숙모와 숙부는 그를 저지시킨 마지막 보루였다. 루크의 이야기에서, 무고한 두 사람의 죽음은 루크 자신의 순수함의 죽음을 표상한다. 이와 같은 플롯 장치는 〈브레이브하트〉와 〈글래디에이터〉, 그리고 수십 편의 다른 영화들에서도 주인공을 적극적 행동에 돌입하게 만드는 방식으로 사용되었다. 또한 그것은 주인공의 순수했던 초기 세계와의 정서적 연결을 단절시킨다.

무고한 자의 죽음은 또한 주인공에게 캐릭터 동기부여의 중요한 요소를 제공한다. 심리적 동기가 전진하면서, **복수**는 가장 강력한 것일 수 있다. 영화가 필요로 하는 모든 것은 1막의 한 장면으로, 거기에서 캐릭터는 끔찍한 불의에 의해 고통을 겪는다. 관객은 그것에 동일시될 것이며, 영화의 나머지 부분에서도 고통을 겪으며 복수에 내몰리는 주인공과 함께 할 것이다. 관객은 복수의 마지막 행동까지 몇 시간이고 기다릴 수 있는데, 왜냐하면 복수는 냉정하게 해야 제 맛이기 때문이다. '와이어트 어프*'와 같은 다수 영웅들에게 복수는 원동력이지만 그것만이 유일한 동기부여는 아니다. 어프는 형제의 죽음에 복수하기 위해 툼스톤의 보완관 자리를 승낙한다. 그러나 일단 보완관이 되자, 무법천지인 마을의 질서를 바로잡아가며 돌보기 시작한다. 다른 영웅들에게도 복수는 일차적 동기만 유지할 뿐이다. 〈데드 위시〉[1974]에서, 주인공찰스 브론슨의 아내는 폭력배들에게 살해당했고 딸은 강간당했다. 복수하려는 그의 심리적 욕구는 매우 치열해서 그를 살인적인 자경주의vigilantism, 自敬적 광란으로 몰아간다. 그것은 영화의 2막과 3막에 걸쳐서도 지속될 뿐만 아니라, 4편의 속편에서도 이어진다.

악 령 적 존 재

복수에 대한 욕망은 주인공에게 초기 임무와 목적을 제공한다. 이런 목적은 어둡고 이기적이라 할지라도, 매우 필수적인 동기부여다. 특히 주인공 이

---

* 미국 서부 개척시대의 전설적인 보안관이자 도박사, 투기꾼으로, 수많은 서부영화의 주인공 모델이 된 실존 인물.

악령적 존재에 의한 점령: 〈수색자〉 1956 의 이든존 웨인과 그의 조카 나탈리 우드

야기의 초기 단계에서 더욱 그렇다. 복수의 동기가 주인공의 특이한 강박관념이 될 때 문제가 발생한다. 메이는 어떤 불건강한 강박관념을 **'악령적 존재'에 의한 점령**과 연관시키는데, 악령적 존재는 점령한 자의 영혼을 집어삼킨 내면의 악마를 말한다. 〈수색자〉1956에서, 이든존 웨인은 처음에는 가족의 집을 습격한 광포한 코만치족으로부터 조카를 구하려는 욕망으로 동기부여가 된다. 조카를 구하려는 그의 동기부여는 서서히 악령적 점령으로 대체되어, 코만치에게 복수하려는 욕구와 그의 조카를 죽이려는 어두운 욕망이 발휘되는데, 왜냐하면 조카는 코만치족과 수년간 같이 지낸 후 그들 무리 중 하나가 되었기 때문이다. 만약 주인공의 저항이 복수나 분노, 파괴 혹은 증오와 같은 어두운 동기에서 촉발되었다면, 그는 어떤 순간 악령적 점령을 극복해야만 하며, 그리하여 '친사회적'이거나 이타적인 대의로 헌신해야만 한다. 루크는 처음에는 그의 숙모와 숙부의 죽음을 복수하려는 욕망에 동기부여되지만,

곧 곤경에 처한 여성레아공주을 구하려는 목적에 헌신하게 되고, 결국 제국을 파멸시키려는 더 큰 이유로 협력하게 된다. 이든은 그의 조카나탈리 우드를 죽이려는 욕망에 동기부여되지만, 현현의 순간에 그의 어두운 점령을 극복한다.

발달의 3단계에서일반적으로 각본에서 2막 조셉 캠벨이 말했듯이, 영웅은 모험의 절정에 도달한다. 그는 더 이상 저항에 부담을 느끼지 않는다. 영웅은 전쟁터에서 완전히 적극성을 띠면서, 당면한 임무에 완전히 헌신한다. 실존적 갈등은 더 이상 주인공에게 문제가 되지 않는다. 왜냐하면 그는 자신이 추구해온 목표를 성취함으로써 자신이 존재하는 목적을 명료하게 인식하기 때문이다. 발달의 이러한 단계는 일반적으로 **카타르시스**로 끝나며, 정서적 긴장과 불안으로부터의 해방은 외면적 목표가 성취되었을 때 발생한다.

카타르시스는, 1막에서 무고한 영혼을 죽였던 악당의 죽음과 함께 발생했을 때보다 극적이다. 카타르시스의 순간, 주인공은 그의 여정을 통해 추구했던 목표를 이루고 복수에 성공한다. 그러나 외적 갈등이 해결되는 와중에도 내적 갈등은 여전히 다루어질 필요가 있다. 어떤 의미에서, 내적 갈등은 외적 갈등의 해결과 카타르시스의 직접적 결과로 다시 떠오른다. 일단 주인공이 자신의 목표를 성취하면, 이런 질문이 생긴다. "이제 나의 인생에서 목적은 무엇일까?" 이 지점에 이르기까지 자신에게 의미가 있다고 규정했던 목표가 이제 더 이상 존재하지 않는다. 자, 이제 주인공은 자신의 인생에서 어떻게 의미를 규정할 수 있을까?

영화에서 정체성 상실의 공통된 주제는, 특히 도처에 존재하는 **기억상실** 플롯에서 드러난다. 〈본 아이덴티티〉2002, 〈스펠바운드〉1945, 〈메멘토〉2000, 〈엔젤하트〉1987에서 주인공들은 모두 자신의 진정한 정체성을 탐색한다. **현**

CHAPTER 7 _ 롤로 메이

현의 순간은 그들이 진정으로 누구인지 인식했을 때 발생한다. 자신의 진정한 정체성을 탐색하는 모든 주인공들의 내적 여정은 본질적으로, 완전히 동일하다. 루크의 여정은 숙모와 숙부의 복수를 하고 레아공주를 구하는 외면적 목표로 시작된다. 그러나 공주를 구한 뒤, 루크는 자신의 진정한 정체성과 연관된 개인적 현현을 경험한다. 초기 목표가 달성되었음에도 불구하고, 루크는 나머지 삶에 지속될 중요성과 의미를 지닌 자신의 캐릭터에 더욱 몰입하면서 저항이라는 보다 큰 목표에 다시 헌신한다.

　새로운 목표에 다시 헌신하기와 자신의 정체성에 대한 진정한 감각적 인식은 주인공 발달에서 중요한 요인이다. 이런 문제는 영화의 **대단원** 부분, 즉 각본 결말에 이르러 전체 이야기의 '해결'로 등장해야만 한다. 각본에서 모든 이야기가 해결되지 않는다면, 정서적 긴장은 여전히 영화 막판에도 존재할 것이며, 관객은 불안하거나 불만족스러운 근원적인 느낌을 경험하게 될 것이다. 주인공과 연결된 이야기는 가장 중요하다. 이야기가 기본적으로 해결되어 끝났다고 하더라도, 캐릭터들은 아마 영화가 끝난 후에도 살아있을 것이다. 그러므로 해결의 기능은 이야기를 포장하는 것이고, 동시에 대단원의 기능은 **캐릭터 발달**의 문제를 포장하는 것이다. 이것은 어떻게 캐릭터가 변했으며, 어떻게 그의 인생이 그 순간부터 달라질 것인지 관객에게 보여줌으로써 성취된다.

　플롯의 해결이 "무슨 일이 일어났었지?"라는 질문에 답하는 동안, 대단원은 "그 뒤에는 어떻게 될 것일까?"라는 질문에 답한다. 당신의 주인공이 결말에 죽지 않는 한(고전적인 신화의 방식처럼), 당신의 각본에서 대단원은 주인공의 정체성에 관한 새로운 감각과 그의 새로운 약속 혹은 영웅적이고 의미 있는 원인에 대한 새로운 헌신을 다루어야할 것이다. 흔히, 영화 결말에서 해결로 나가는 관성은 매우 강력해서 완전한 대단원은 피상적인 방식으로 성취될 수 있다. 대단원은 종종 마지막 장면이나 캐릭터, 혹은 화면 밖 소리로 등장해 다음과 같은 효과에 관한 어떤 것과 연결되기도 한다. "그리하여 악당은 죽고 마을은 구조되었으며, 주인공과 여성은 그 이후 행복하게 살았다…" 영화의 어떤 결말에서든 관객이 거의 수용하고 싶은 사실은 게으름에 대한 변명이 아니다. 충분한 생각과 배려가 1막에서 이루어진 것만큼 대단원에서도 이루어져야 한다.

자기애 시대 원형

메이는 그의 후기 저작물에서, 자신의 이론을 개선했으며 현대의 고질적인 실존적 질병으로써 **자기애** 문제에 초점을 맞추었다. 그는 20세기 후반을 **자기애 시대** 즉 강력한 개인주의, 독립성 그리고 고립주의적인 **미국 신화**에 기인한 자기중심의 시대로 파악하고 있다. 이상적인 미국 영웅은 그 누구도 필요로 하지 않으며, 고독 속에 살아가면서 자신보다 더 큰 다른 어떤 가치도 갖고 있지 않다. 메이의 주장에 따르면 이런 자기애적 특성은 개인적 분리, 거리두기, 외로움, 폭력, 탐욕 그리고 우울을 가져오는데, 그것은 약물 사용과 알코올중독을 통한 전형적인 자기 치료에 해당하는 **실존적 절망감**의 징후다. 자기애 시대 원형들은 독립성과 개인주의에 대한 미국식 이상화의 산물이며, 그 덕목은 현대 미국 신화의 주요한 매체인 할리우드 영화가 그려내는 미국 영웅에게 깊이 각인되었다.

미국식 영웅 원형은 고전적인 미국 신화적 배경, 즉 거친 서부를 배경으로 가장 잘 알려져 있지만, 다른 배경들 속에서도 찾아볼 수 있다. 전쟁 시기에 미국 영웅은 군복을 입는다. 서부영화의 인기가 떨어지면서, 미국 영웅은 말을 경찰차로, 챙 넓은 모자는 경찰 모자로 바꾸었다. 조지 루카스도 전통적인 미국 영웅을 우주 배경 속으로 이동시켰다. 소를 훔치든 은하계 웜홀을 통과하여 폭발하든, 미국 영웅들은 모두 동일한 공통된 특성을 갖고 있다. 그들은 항상 규칙을 따르지 않지만(실제로 그들은 항상 규칙들을 깨트린다) 미국 영웅들은 상황이 어찌되었든지 간에, 굳게 유지되는 자신만의 명예로운 코드를 갖고 있다. 그들은 자신만만하고 무지하며 무모할 수도 있지만, 좀처럼 싸움을 피하지 않으며, 용감하고 정의롭게 불굴의 투지를 보여줄 수 있다. 간추려 말하면, 미국 영웅은 전혀 완벽하지 않지만 힘든 시기의 막다른 골목에서 당신이 만나고 싶은 그런 인물이다. 가장 중요한 것은, 바로 그런 캐릭터가 좋은 영화를 만든다는 점이다.

존 웨인은 카우보이의 왕으로 영원하겠지만, 그와 같은 **카우보이 영웅** 유형은 서부영화의 황금기 시절, 영화에 종사했던 거의 모든 배우들에 의해 구현되었다. 헨리 폰다, 그레고리 펙, 찰톤 헤스톤, 타이론 파워, 제임스 스튜어트, 게리 쿠퍼, 클라크 게이블, 말론 브란도, 록 허드슨, 앨런 래드, 커크 더글러스, 버트 랭카스터, 몽고메리 클리프트, 폴 뉴먼, 그리고 윌리엄 홀덴, 그들은 카우보이가 인도하는 말 위에 자주 올라탄 몇몇 스타들일 뿐이다. 카우보이 영웅은 일반적으로 홀로 여행하는 남성이다. 그들은 말 한 필, 총 한 자루, 그리고 방목장만 필요한 단호한 개인주의자들이다. 그들이 집행관, 보안관, 경비원으로서 법을 준수하든 혹은 도망자, 강도, 도둑으로서 법을 어기든, 그들은 모두 자신만의 명예로운 코드에 따라 독립적이면서도 위풍당당하게 살아간다.

〈하이 눈〉1952에서, 게리 쿠퍼는 폭력적 범죄자가 마을에 돌아왔을 때 은퇴를 앞 둔 보안관 역을 맡았다. 막상 고난이 닥치자, 문명사회의 대표자들은 모두 무력감을 입증한다. 그의 친구들, 판사, 목사, 의원, 그의 아내그레이스 켈리, 심지어 그의 멘토인 전직 보안관론 채니 주니어은 윌에게 마을을 떠나라고 하는데, 위험에 직면하기보다 차라리 위험으로부터 도망치라는 뜻이다. 외로운 운동가의 세계에서, 자신의 명예 코드를 강력하게 유지할 수 있는 용감한 자만이 혼돈의 세계에 정의와 질서를 가져다줄 수 있다. 론 레인저와 그를 모델로 한 카우보이 영웅들로 전형화된 **외로운 운동가 영웅**은 도시 배경 속에서도 등장한다.

1960, 70년대 들어 서부영화 장르의 인기가 몰락하면서, 카우보이 영웅은 대도시에 등장하기 시작했다. 존 웨인은〈형사 브레이건〉1975과 〈형사 맥큐〉1974에서 도시 경찰관 역할로 탈주했으며 다른 카우보이 영웅들도 그 짝패를 보여주었는데, 스티브 맥퀸은〈블리트〉1968에서, 찰스 브론슨은〈더 스톤 킬러〉1973에서 그런 모습을 보여주었다. 클린트 이스트우드는 매우 폭력적인 외로운 떠돌이 모습을 경찰 장르인 〈더티 해리〉 시리즈에서 보여주는데 〈더티 해리〉1971, 〈더티 해리 2_이것이 법이다〉1973, 〈더티 해리 3_집행자〉1976, 〈더티 해리 4_써든 임팩트〉1983, 그리고 〈더티 해리 5_추적자〉1988가 바로 그런 영화들이다. 그는 또한 〈건틀릿〉1977, 〈연쇄살인〉1984, 〈시티 히트〉1984, 그리고 〈블러드 워크〉2002와 같은 영화들에서도 동일한 유형의 경찰 영웅을 연기했다. 경찰 주인공은 법의 한 편에 속해 있으면서도, 여전히 범법자다. 왜냐하면 그는 언제나 자신의 편을 얻기 위해 모든 법칙을 깨트리기 때문이다. 관객이 지속적으로 기억하듯이, 주인공인 경찰은 일반적으로 격분한 경찰 상사의 사소한 처벌을 받으면서도, 적절한 방식과 절차를 존중하지 않는 **변절한 경찰**이다. 변절한 경찰 원형은 1980, 90년대〈리썰 웨폰〉 시리즈의 멜

깁슨, 〈비버리 힐스 캅〉 3부작의 에디 머피, 그리고 〈다이하드〉 시리즈의 브루스 윌리스가 전형적으로 보여주었다. 서부영화의 영웅처럼 변절한 경찰은 자신의 명예 코드에 따라 행동하는 폭력적인 독불장군이다. 그런 원형은 심지어 〈심슨 가족〉에 등장하는 매우 폭력적인 캐릭터 '맥베인'이라는 인기 있는 텔레비전 패러디를 낳기도 했다. 변절한 경찰영화가 패러디로 매우 적합하다는 사실은 이 장르가 진부해지고 식상해졌다는 의미일 것이다. 변절한 경찰 장르에서 주인공 역을 놓고 벌이는 최근의 경쟁자들은 빈 디젤과 마크 월버그다. 그러나 과거 서부영화를 새롭게 활성화시킨 〈내일을 향해 쏴라〉[1969]와 〈와일드 번치〉[1969] 그리고 〈용서받지 못한 자〉와 같은 식으로 장르를 재정립하고 재활성화하며 태어난 새로운 영화들이 없었다면, 변절한 경찰 원형은 그저 사라져 버렸을 것이다.

무법자 영웅들은 광활한 서부에서와 마찬가지로 도시에서도 살아갈 수 있다. 제임스 카그니는 경제대공황시대의 고전으로 꼽히는 〈도어웨이 투 헬〉[1930], 〈지옥의 시장〉[1933], 〈레이디 킬러〉[1933]와 같은 영화들에서 **갱스터 영웅**을 전형적으로 보여주었다. 갱스터영화들이 1930년대 이전(가장 주목할 만한 토드 브라우닝에 의해)에 만들어졌음에도 불구하고 경제대공황시대, 궁핍한 환경으로부터 탈출구를 찾지 못한 채, 도둑질을 해서라도 빨리 부자가 되는 꿈을 꾸는 그런 관객에게 무법자는 매우 흥미로운 인물이 되었다. 서부의 무법자는 일반적으로 영화 결말에서 행복하게 끝나지만, 갱스터는 일반적으로 마땅한 벌을 받는다. 갱스터의 운명은 그의 환경, 즉 숨을 곳 없는 대도시라는 환경에 따른 결과다. 악마에 둘러 쌓이고 덫에 걸려든 상황과 칙칙하고 예정된 운명에 포위된 그들의 존재감은 필름누아르의 본질이다.

캐그니가 필름누아르 갱스터를 전형적으로 보여주는 것처럼, 험프리 보가트는 존 휴스톤의 〈말타의 매〉1941에서 샘 스페이드 역, 그리고 하워드 혹스의 〈명탐정 필립〉1946에서는 필립 말로우 역으로 **사설탐정**을 전형적으로 보여준다. 사설이란 가난하지만 존경할만한 탐정으로, 자신의 방식대로 범죄와 싸운다. 그는 경찰이 아니기 때문에, 경찰식의 절차를 수행해서도 안 된다. 단지 그는 카우보이처럼 자신의 법칙에 따라 자신의 게임을 수행한다. 뿐만 아니라, 사설탐정은 외톨이 중의 외톨이다. 경찰도 아니고 범죄자도 아닌 그는 선인과 악인 사이의 길을 가며, 때로는 법의 양 측면을 대표하는 이들에게 위협을 당하고 통제당하기도 한다. ─단지 몇 달러에 불과한 약간의 추가 경비로 하루를 버티면서.

경찰들은 매우 위험한 환경에서 살아간다. 그들은 범죄와 부패에 둘러싸인 채, 맞서 싸우겠다고 맹세했던 바로 그 타락함에 감염될 위험에 늘 처한다. 어떤 영화에서는 경찰 주인공의 최악의 적은 동료이거나, 그 자신이다. 〈형사 서피코〉1973와 〈캅 랜드〉1997에서 좋은 경찰들은 모두 부패한 시스템에서 부상한다. 동료들에게 합류한 경찰 주인공들은 "기회를 잡아라"라는 유혹을 극복해야만 한다. 그들의 갈등은 매우 격렬한데, 왜냐하면 의무를 명예롭게 수행하기 위해 같은 유니폼을 입은 자들을 배신해야만 하고, '침묵의 푸른 코드blue code of silence'란 불문율을 깨야만 하기 때문이다. 〈배드 캅〉1992은 이런 구조를 한 단계 더 밀어붙인다. 경찰 주인공은 완전히 부패한 상태에서 시작된다. 그의 도전은 어떻게 해서든 자신을 구제하는 것이며 자신의 모든 악행에 대한 용서를 구하는 것이다.

자기애 시대의 마지막 원형은 과학적 발견에 사로잡힌 20세기의 산물이다. **미친 과학자**는 〈칼리가리 박사의 밀실〉1920, 〈메트로폴리스〉1927, 〈얼굴 없는 남자〉1933 그리고 〈지킬 박사와 하이드씨〉와 〈프랑켄슈타인〉의 많은 버전들

미친 과학자들 : 〈지킬 박사와 하이드 씨〉1920의 존 베리모어

과 리메이크 영화들에서 묘사되었다. 그는 **고립된 천재**로, 인간에게 내재하는 인간성을 무시한 채 인간을 기계로 실험하는 작업에 병적으로 몰입한다. 미친 과학자의 광적인 과학적 프로젝트에 대한 자기애적 몰입은 지성의 세계로부터 그 자신을 고립시킨다. 때로, 미친 과학자는 모든 사람과 모든 것을 통제하려는 욕구를 상징하면서, 이 세계를 파괴하거나 정복하려는 악마적 플롯을 만들어낸다. 자기애적 유형이 저지르는 가장 큰 실수는 자신의 이기적 틀에만 매우 외골수로 초점을 맞춰, 다른 사람들과 자신의 감정으로부터 스스로를 소외시키는 것이다. 그의 작업은 결국 자기애적이며, 그것은 신성모독에 이를 정도로 교만한 악마적 실험 속에서 인생을 창조하는 굉장히 거만한 시도다.

메리 울스턴크래프트 셸리의 소설『프랑켄슈타인: 현대의 프로메테우스』는 주인공 캐릭터의 자기애적 특성과 마찬가지로, 현대과학에서 벌어지는 자연계 질서의 사악한 전복을 암시한다. 미친 과학자는 전형적인 우월 콤플렉스를 갖고 있다. 그는 자기 자신을 초인적 존재로, 다른 사람들을 인간 이하로 여긴다. 미친 과학자 원형 속에 있는 우월 콤플렉스는 '신 콤플렉스god complex'로 상승한다. 그는 자신의 우월한 지성을, 자신과 타자에 대한 매우 위험한 결과를 고려하지 않은 채, 사회관습을 무시하고 인간을 목적물로 사용하지만, 생명을 창조하거나 조작한다는 정당한 이유로 합리화한다.

〈타임머신〉2002에서 하트겐 박사는 약혼녀 엠마시에나 길로리가 죽자 고립된 천재가 된 과학자다. 시간여행에 관한 그의 미친 실험은 엠마를 되찾고픈 절망적인 시도다. 하트겐 박사의 탐구는 모든 고립된 천재들의 탐구의 상징이다. 이런 원형적 도전은 **비고립**unsolated 되려는 것으로, 자신의 삶에 사랑으로 재통합하고 세계의 다른 것들과 재접속하려는 것이다. 〈프랑켄슈타인〉1931에서, 프랑켄슈타인 박사콜린 클라이브는 그의 괴물이 그와 그의 약혼녀 모두를 거의 죽인 후에야 자기 방식의 오류를 깨닫는다. 〈상태 개조〉1980에서, 제섭 박사윌리엄 허트는 그의 미친 실험으로 자신과 아내를 진화론적으로 퇴행한 영장류로 거의 개조시킨 후에야 아내에게 사랑한다고 말할 수 있다. 〈뷰티풀 마인드〉2001에서, 내쉬 박사러셀 크로우의 수학 이론에 관한 자기중심적 강박관념은 결혼생활을 지속적으로 방해한다. 이런 종류의 영화들에서, 자기 인식과 현현은 미친 과학자가 자신에게 맞서 냉정하고 객관적인 작업을 할 때 이루어진다. 그는 사랑과 과학 사이에서 선택해야만 한다.

미친 과학자 원형은 특히 '일중독'에 관한 미국적 성향과 외면적 목표에 관한 유해한 강박관념을 재현한다. 그는 악령에게 점령되었기 때문에 자기애적 원형을 구현하는데, 그의 병적인 자기중심적 욕구는 신처럼 행동하면서 자신이 얼마나 똑똑하고 강한지 세상에 증명하는 것이다. 이런 유형의 주인공이 가르쳐주는 도덕률은 통합된 성격이란 일과 사랑의 균형을 요구한다는 점이다. 고립된 천재는 비록 그의 일이 중요함에 불구하고, 그것이 존재의 중심이 아니라는 점을 깨달아야만 한다. 고립된 천재에게 캐릭터 발달은 **실존적 반전**을 통해 성취된다. 자신의 일을 위한 개인적 관계에 희생하기보다, 사랑하는 사람들을 위한 일에 희생해야만 한다. 흔히 이런 현현과 절정은 미친 과학자의 창조물이 광란에 날뛰고, 자기 자신뿐만 아니라 그의 진정한 사랑을 파괴하는 종말이 발생한 후에야 이루어진다. 영화의 절정에서, 미친 과학자는 일반적으로 그의 소중한 창조물을 파괴해야만 한다. 그가 사랑하는 여자의 생명을 구하기 위해서다.

미친 과학자와 그의 창조물 사이의 관계는 아버지와 아들 사이 관계의 상징이다. 더욱이, 그것은 궁극적 창조주인 신과 신의 창조물인 인류 사이 관계의 상징이다. 그런 의미에서, 미친 과학자 영화는 자기애 시대의 가장 중요한 문제를 대신한다. 즉 과학과 이성을 지지하는 인간이 신의 존재를 부정하는 것이다. 20세기 전반부에, 미친 과학자의 창조물인 **괴물**은 점차 신을 과학으로 대체하는 현대의 불안한 인식과 기술에 대한 보통 사람의 원초적 두려움을 재현한다. 결과적으로, 미친 과학자의 창조물들은 그것에 동조하는 존재들이다. 그들은 신 없는 세상에서 방황하는 불운한 인류를 재현한다.

〈칼리가리 박사의 밀실〉의 좀비, 〈메트로폴리스〉의 노동자들, 〈닥터 모로의 DNA〉[1933]에 등장하는 모로 박사의 돌연변이 창조물들, 그리고 〈프랑켄슈타인〉의 괴물은 무책임한 창조주가 고안해낸 **착취당하는 로봇 같은 인간들**이다. 미친 과학자들은 후기 산업사회시대에서 착취당하는 대중의 불안, 지배계급에 대한 억울함, 과학과 현대적 기술에 대한 불신, 그리고 억압된 분노를 형상화하는데, 그것은 폭력의 탐닉 속에서 극단적으로 분출되어, 그들의 창조물들과 그들 자신을 파괴하게 될 것이다. 미친 과학자들이 재앙을 초래하는 이런 운명을 피할 수 있는 유일한 방법은 그들의 자기애적인 오류를 인식하여 위험한 계획을 포기하고, 과학적 강박관념보다 인간관계에 그들 자신을 헌신하는 것이다.

실존적 질문들은 영화 속에서 풍부하게 드러난다. 특히 SF영화와 공포영화에서 또 다른 인간을 창조한 인간은 신들처럼 행동한다. 칼 융은 에세이 『욥에 대한 회신Answer to Job』에서 신과 인간의 연관성을 다루면서, 다음과 같이 설명한다: '창조물과의 만남은 창조주를 변화시킨다.' 욥과 신의 관계에서 그것이 진실이든 아니든, 만남을 통한 캐릭터의 변화 개념은 신화와 영화의 원형적 주제이며, 특히 SF 장르에서 그렇다. 신 역할을 하는 미친 과학자는 신처럼 행동하며 자신을 신이라고 믿고, 심지어 자신의 이미지대로 인간을 창조하여 신이 되기도 한다. 그런데 그가 창조한 창조물은 자기 내면의 그림자의 투사, 즉 자기애와 사회적 고립에 대한 생생한 증거다. 미친 과학자가 자신의 그림자를 만날 때와 창조주가 창조물을 만날 때, 현현은 성취된다. 그리하여 미친 과학자는 결국 자기 방식의 오류와 마주하게 된다. 창조물을 파괴한 미친 과학자는 자기애와 자만심을 제거하고, 고립된 천재는 사회 전체와 재통합한다. 그는 다시 인간이 된 것이다.

자기애적 주인공의 발달은 캐릭터의 반전, 즉 다른 사람들을 위해 자신을 희생함으로써 해결되어야만 한다. 주인공은 개인 앞에 집단을 설정하여, 개인주의와 독립을 포기하고 공동체의 요구에 완전히 자신을 헌신하게 된다. 그리하여 마침내 외톨이로 말에서 내린 셰인은, 새로운 인생에 대한 자신의 꿈을 정착민들을 돕는데 희생함으로써 공동체에 대한 그의 헌신을 증명한다. 〈브레이브하트〉의 웰레스와 〈글래디에이터〉의 막시무스 같은 신화적 영웅들도 그들 민중의 자유를 위해 자신의 인생을 희생하여, 여정의 마지막 단계에서 희생양이 된다.

문자 그대로 희생이란 주제는 종종 주인공의 멘토에 의해 발현된다. 〈스타워즈〉에서, 광검을 내려놓고 다스 베이다의 손에서 기꺼이 숨을 거둔 오비원은 루크에게 보다 강력한 영감을 주는 존재가 된다. 멘토의 궁극적 희생은 주인공이 자신의 욕구를 포기하고 다른 사람들을 위해 완전히 헌신하도록 영감을 준다. 주인공이 궁극적인 영웅의 덕목인 희생을 보여주기 위해 죽어야만할 필요는 없다. 단지 또 다른 희생을 보고 영감을 얻기만 하면 된다. 그런 다음, 신성한 이상을 보호하기 위해 위험한 길에 들어서면 되는 것이다. 이런 길에서, 모든 영웅의 여정은 전형적인 영웅담으로 재구성되는데, 모세, 예수, 아서왕의 이야기들… 그들의 민중에게 영감을 주기 위해 자신을 희생하는 영웅들과 멘토들의 이야기가 그렇다.

당신의 각본에서 롤로 메이적 주제를 다룬다면

1. 1막에서 벌어지는, 사랑하는 이의 무고한 죽음이나 피살은 주인공의 원형적 주제다. 그것은 생생한 복수의 동기를 제공하며, 또한 주인공의 고향에 관한 정서적 집착을 단절시킨다. 당신 각본의 1막에서, 주인공은 무고한 자의 문자 그대로의 죽음, 혹은 비유적인 죽음 중에서 어떤 방식으로 그런 죽음을 경험하는가?

2. 2막에서 주인공은 흔히 '악령적 존재'에 사로잡히는데, 복수나 혐오, 혹은 분노나 폭력의 어두운 강박관념에 사로잡혀 있다. 주인공의 발달이란 측면에서, 그는 악령적 존재에 사로잡힌 상태를 극복해야만 한다. 당신의 주인공은 〈스타워즈 에피소드6_제다이의 귀환〉의 루크처럼 자기 내면의 악마를 극복하는가? 혹은 〈더티 해리〉 시리즈의 해리 캘러핸처럼 악령에 사로잡힌 채 그대로 있는가?

3. 3막에서 벌어지는 공통적인 문제점은 완전한 해결과 대단원이 결핍된 상태로 급작스럽게 내린 결말이다. 관객이 알고 싶은 것은 이야기가 어떻게 끝나는지 뿐만 아니라, '영화가 끝난 후에 어떻게 될 것일까'라는 점이다. 당신의 주인공이 여정을 완성한 지금, 그의 인생은 어떻게 달라질 것일까? 그는 새로운 목적에 헌신할까? 같은 이유로, 그러나 보다 높은 차원에서 그는 다시 헌신할까? 어떤 방식으로든, 주인공은 여정을 통해 변했으며 더 나은 인물이 된 것이 분명한 것일까?

4. 당신의 각본에서 주인공을 미국식 영웅으로 규정할 수 있을까? 왜 그럴까? 혹은 왜 아닐까?

5. 자기애의 어떤 요소들이 당신의 주인공을 묘사하는가? 이런 자기애적 캐릭터 요소들이 당신의 주인공 캐릭터에서 강점이나 약점을 재현하는가? 만약 그것들이 약점이라면, 당신의 주인공은 각본의 어떤 한 지점에서라도 자기애를 극복하는가?

6. 자기애적 캐릭터에 대항하는 반란은 또한 영화의 원형적 주제이기도 하다. 예를 들어, 〈수색자〉에서 이든(존 웨인)은 원형적 자기애주의자, 즉 외로운 운동가다. 마틴(제프리 헌터)은 그의 젊은 동료로, 이든의 자기애적 지배에 늘 발끈한다. 당신의 각본에서 자기애적 주인공, 악당, 멘토, 연인 혹은 조력자에 맞서는 캐릭터가 등장하는가? 만약 그렇지 않다면, 자기애적 요소를 앞서 언급한 캐릭터들 중 한 인물에게 어떻게 추가할 것인지 생각해보라. 그리고 갈등을 만들어낼 대조적인 캐릭터 속에 반란의 요소를 추가해보라.

CHAPTER 8

서부극을 위한 글쓰기 :
올드 웨스트 원형

Writing For The
Western Genre

WRITING FOR THE WESTERN GENRE:
서부극을 위한 글쓰기:
올드 웨스트 원형

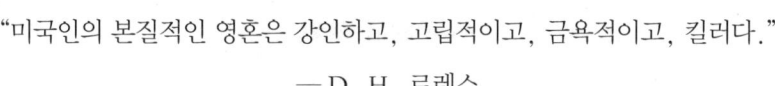

"미국인의 본질적인 영혼은 강인하고, 고립적이고, 금욕적이고, 킬러다."
— D. H. 로렌스

서부영화는 야구, 재즈와 함께 미국이 세계 문화에 지속적으로 가장 위대한 공헌을 한 것 중 하나로 꼽힌다. 영화라는 매체는 서부 개척지가 점차 사라져 가던 시기에 등장했다. 서부극은 '와일드 웨스트'라 불리던 신화적 시대, 즉 남북전쟁이 끝난 후부터 19세기 말 사이의 짧은 시기에 등장했다. 그 당시 개척지 황야는 아직 개방되고 자유로웠으며, 이상적인 미국식 영웅이 태어나기에 완벽한 무대였다. 대홍수 이전 시대가 그리스 로마 신화의 배경을, 중세 암흑시대가 앵글로색슨 신화의 배경을, 성서가 유대 기독교 신화의 배경을 제공했듯, 서부영화 시나리오는 미국 신화의 배경이자 그 주된 문화적 상징인 **서부 영웅**의 발상지가 되었다.

1950년대의 전성기에 서부극은 영화와 TV 모두에서 단연코 가장 지배적인 장르였다. 1950년 할리우드에서 개봉한 서부영화는 58편이었는데, 이는 그 해 개봉한 영화 전체의 1/3을 넘는 수치였다. 1959년이 되자 서부극은 TV 매체까지 정복했다. 채널이 단 3개뿐이던 시절임에도 방영 중인 서부극 TV 시리즈는 48편에 달했고, 여기에 서부영화와 B급 서부극 시리즈의 재방송까지 더해졌다. 그해 TV 시청률 상위 프로그램 10편 중 8편이 서부극이었다. 이런 식으로 공통된 하나의 신화가 문화 전반을 지배한 현상은, 매체와 콘텐츠가 다양해진 현대 미국에서는 불가능할 뿐 아니라 상상조차 하기 힘든 일이다. 서부극은 이미 전성기가 한참 지났지만, 영화사에서 가장 오래되고 창의적인 장르 중 하나로 남아 있다. 미국 신화의 문화적 표현으로서 서부극은 신화 심리학적 분석의 대상이 될 자격이 있다. 신화란 집단적 꿈이므로, 서부극 속의 원형들은 그것을 만들어낸 문화 속에서 사회적 기능을 수행하는 심리적 상징으로 분석될 수 있다. 결국 미국 신화를 분석한다는 것은 아메리칸 드림을 분석한다는 뜻이다.

신화적 풍경

개척지의 종말은 잃어버린 시대, 즉 미국사 속에서 희미하게 기억되는 시공간을 만들어냈으며 바로 그곳에서 우리의 문화적 전설이, 그리고 문화적 영웅이 될 남자들과 여자들이 탄생했다. 다른 어떤 장르보다도, 서부극은 그 배경인 '미국 서부 개척지'와 명시적으로 연관되어 있다. 20세기 서부극의 주요 역할 중 하나는 미국인에게 미국을 보여주는 것이었다. 점점 더 많은 이민자들이 도시로 모여들던 사회를 통해 서부극은 미국이 가진 가장 큰 자산—아름답고 거칠고 광활한 대지, 그리고 장엄한 서부의 풍경—을 보여주었다. 서부 개척지에는 근본적인 '야성'이 있으며, 이 야성이 거친 남자들과 여자들을 끌어들인다. 서부극을 쓸 때는 풍경의 아름다움과 위험 사이의 이 미묘한 균형, 즉 '숭고함'과 '야만성'의 병치를 분명히 하는 일을 염두에 두어야 한다. 감독과 촬영감독의 역할이 이 이중성을 풍경 속에 시각적으로 묘사하는 것이라면, 작가의 역할은 이 이중성이 드러나는 시나리오를 설정하는 것이다.

서부극을 쓸 때는 '황야의 신화적 풍경'이 이야기의 주요 캐릭터라는 점을 잊지 말아야 한다. 이 풍경이 바로 모든 서부극에 내재한 주요 갈등—존 G. 카웰티가 그의 저서 〈식스건 미스틱 속편〉 1999 에서 '문명과 야만의 갈등'이라 부른 것—을 스스로 규명하고 있기 때문이다. 이 상반된 요소들은 캐릭터들과 그들의 행동을 통해 서로 맞서지만, 그것들은 결국 체스판 위의 말들에 불과하다. 핵심은 체스판 그 자체, 즉 서부의 풍경이며, 이 풍경이 중요한 갈등을 구현하고 등장인물들이 자신의 드라마를 연기하는 무대를 제공한다.

풍경에 대한 감각 그 자체가 서부극의 중요한 감각이며, 이는 어떤 형태로든 반드시 존재해야 한다. 작가로서 이 감각을 얻는 가장 좋은 방법은, 캐릭터들을 언제나 그들을 규정하는 '황야의 신화적 풍경' 속 인물로 떠올리는 것이다. 따라서 대부분의 쇼트는 외부에서 촬영되어야 한다. 카메라를 가능한 한 야외에 배치할 것! 풍경은 그저 하나의 캐릭터가 아니라 영화 전체, 더 나아가 장르 전체를 규정하는 '중요한 캐릭터'이자 '근원적 캐릭터'이다. 등장인물, 주인공은 더 광대한 저 근원적 캐릭터풍경에 항상 기반을 두어야 한다. 왜냐하면 서부극의 주인공은 결국 서부의 풍경 자체가 투사된 존재에 지나지 않기 때문이다. 그러므로 주인공은 끊임없이 **풍경에 맞서고**, 풍경과 상호작용하고, 자신의 야성적이면서도 고결한 특성 속에서 그 풍경 자체를 구현한다. 요컨대 서부극의 등장인물들과 서부의 풍경은 하나이며, 언제나 하나로 나타나야 한다.

서부영화의 풍경은 미국의 에덴동산이나 다름없다. 이제는 거의 사라져버린 야생의 낙원이다. 서부극 장르의 거장 존 포드는 그의 수많은 서부영화를 유타주의 모뉴먼트 밸리에서 촬영했다. 신화적인 크기의 그곳 풍경은 사막의 지면에서 1,000피트약 305m 높이로 솟아오른 거대한 사암 절벽들이 장관을 이룬다. 서부극 마니아들은 이 특별한 장소를 경외심을 담아 존 포드의 '야외 대성당'이라 부른다. 그만큼 이 장소는 서부극과 깊이 결부되어 있어, 거의 모든 서부극 장르가 그곳에 대한 존경을 표하는 장면을 담고 있다. 존 아이조드는 그의 저서 『신화, 정신, 그리고 스크린: 우리 시대의 영웅 이해하기』2001 에서 서부영화의 풍경이 일반적인 영화에서 사랑하는 여성 상대의 역할을 대신한다고 주장한다. "에로스는 보통 남자가 여자를 향하도록 이끌지만, 서부극의 남성은 자연으로 향했다. 목가적 이상의 매력이 그를 사로잡은 것이다. 이 강박적인 사랑이 그로 하여금 야생에 여성적인 특성을 부여하게 만든다." 이런 해석— **풍경을 '아니마'로 보는** —은 왜 개척지의 영웅이 여성 캐릭터보다 땅에 대해 훨씬 더 깊은 열정을 보이는지를 설명해 준다. 또한 그가 왜 영화의 마지막에 여인을 얻기보다 그가 진정으로 사랑하는 대상인 야생으로 돌아가는지, 황혼 속으로 말을 몰고 떠나는지를 설명해 준다.

고전 서부극은 한 외로운 기수가 동쪽에 떠오르는 태양을 등지고 서쪽으로 향하는 모습으로 시작한다. 그리고 다시 같은 방향으로, 이번에는 지는 태양을 향해 가는 외로운 기수의 모습으로 영화는 끝난다. 이 영원 회귀 속에서 서부극의 영웅은 언제나 대지로부터 태어나 다시 대지로 돌아가는, 풍경 그 자체의 후예인 것처럼 나타난다. 이런 인식은 영웅의 성격에 돈키호테 같고 낭만적인 요소를 부여한다. 그는 여인의 사랑을 얻겠지만, 결코 진심으로 그녀를 사랑할 수는 없다. 그의 사랑, 충성, 열정은 언제나 땅 그 자체를 향하기 때문이다. 이 운명적이고 다소 비극적인 본질은 개척지 영웅의 성격에서 핵심적인 요소이며, 언제나 세심하고 절제된 방식으로 드러나야 한다. 예를 들어 〈인디언 파이터〉[1955]에서 커크 더글러스가 연기한 주인공은 이렇게 말한다. "나에게 서부는 아름다운 여자야, 내 여자지. 난 지금 이대로의 그녀가 좋아. 변하길 원치 않아. 난 질투심이 많지. 누구와도 그녀를 나누고 싶지 않아. 그녀가 문명화되는 건 보고 싶지 않다고!" 서부극 순수주의자는 서부 영화의 가장 중요한 임무가 개척지 풍경의 영광과 장엄함을 그려내는 것이라 주장할 것이다. 그 밖의 모든 것—플롯, 캐릭터, 갈등—은 부차적이다.

'말기의 환경' 속 장치들

시나리오 작가로서 당신의 첫 번째 임무는 어떤 종류의 서부극을 쓰고 있는지 결정하는 것이다. 이 결정이 바로 당신의 영화가 수행할 기능을 규정한다. 당신은 주인공과 그의 '아메리칸 드림'을 향한 여정을 낭만적으로 묘사하고 싶은가? 아니면 미국 신화의 거칠고 어두운 이면을 보여주고 싶은가? 혹은 서부의 한 시대를 역사적으로 정확하게 재현하고 싶은가? 모든 다양한 서부 이야기들을 일관되게 관통하는 하나의 축은 바로 서부 영웅 원형이다. 그는 여러 가지 모습으로 등장하며, 관객이 감정적으로 동일시하는 인물이자, 시나리오 작가로서 당신이 초점을 맞춰야 할 중심 인물이다. 왜냐하면 서부극은 그 어떤 장르보다도 한결같이 서부극 영웅의 시선을 통해 비춰지기 때문이다. 그는 자유와 개인의 해방으로 세계를 향해 반짝이는 흰 등불이자, 집단 학살을 유발하는 침략적인 인종차별주의자들의 제국주의 국가로서 미국 전체를 대표한다.

개척지의 개방성과 그 몰락은 거의 모든 서부극의 근간이자 숨은 텍스트다. 19세기 회화 속에서 광활한 평원을 자유롭게 달리는 들소와 야생마의 풍경은 이후 서부 개척지를 영화적으로 묘사할 때의 표준이 되었다. 여기서 **말**horse은 아주 중요한 역할을 맡는다. 대부분 암말인 이 존재는 서부 영웅이 대지를 누비게—위기나 임무가 주어지면 빠르게, 평화로울 때는 느리게—해준다. 고귀한 말 위에 올라타 있는 투박한 카우보이만큼 미국적인 풍경은 없다. 영웅과 그의 말의 관계는 인간과 동물의 일반적인 관계를 넘어선다. 영웅은 너무나 자주 말을 타기 때문에 그와 그의 말은 하나가 된다. 카웰티는 이렇게 말한다. "카우보이와 그의 말의 특별한 관계는, 그리스 신화의 켄타우로스처럼 자연적 존재와 하나가 되길 바라는 인간의 판타지를 보여준다." 영웅은 종종 지나치게 남성적이어서 감정적으로 누구와도, 특히 여성과 관계 맺지 못하는 존재로 그려진다. 그래서 그의 감정적 예민함은 말과의 관계로 가장 많이 대체된다. 영웅에게 타인은 자신과는 다른 사람들이 상징하는 문명의 타락과 위선을 나타내지만, 그의 말은 그 자신처럼 자유, 정직, 기개, 순수를 상징한다. 서부극에서 가장 악랄한 악당은 말을 학대하는 자다. 남자와 여자를 고문하거나 죽이는 행위는 서부극에서 흔한 일이지만, 말을 해치는 행위는 서부극의 세계에서 인간이 저지를 수 있는 가장 사악한 범죄로 간주된다. 일반적으로 그런 행위는 '악당들' 사이에서도 경멸과 본능적인 반감을 불러일으킨다. 따라서 서부극에서 관객이 누군가를 증오하게 만들고 싶다면 그 캐릭터가 말을 학대하게 만들면 된다. 그것만으로 충분하다. 대표적인 예로 〈파워 오브 도그〉2021에서 베네딕트 컴버배치가 연기한 주인공은 폭력적이고 잔인하며 내적으로 심각한 갈등을 겪는 인물, 즉 서부극에 나오는 전형적인 안티히어로다. 관객은 그를 어떻게 받아들여야 할지 몰라 혼란스러워하지만 그가 자신의 분노를 말에게 폭력으로 표출하는 순간, 더 이상 고민할 필요가 없어진다.

말의 죽음은 개척시대의 종말을 상징한다. 〈기인들〉[1961]에서 주인공 게이클라크 게이블는 야생마를 잡아 개 사료로 팔며 생계를 이어가는 처지로 전락한다. 이 불명예스러운 직업이 게이의 타락한 상태를 보여준다. 결국 그는 자신의 명예를 되찾기 위해 말들을 풀어주어야만 한다. 〈고독〉[1962]에서 잭커크 더글러스은 다른 모든 캐릭터가 자동차를 타는 세상에서 혼자 말을 탄다. 그는 시대에 뒤처진 존재, 즉 시대착오적 기수이며, 단순했던 과거를 그리워하는 **현대의 카우보이**다. 서부극의 이 비운의 원형적 인물은 '애가' 혹은 '황혼' 서부극이라 불리는 작품들의 주인공으로 등장하는데, 이들은 개척시대의 종언과 함께 야생의 존재들—'야만적인 인디언', 광활한 초원, 들소 무리, 그리고 카우보이 영웅—의 최후에 대한 애도를 담고 있다. 영화 속 잭은 나쁜 남자가 아니지만, 현대 사회의 경직된 규칙과 폐쇄적인 구조에 적응하지 못했기에 범법자가 된다. 그는 말을 타고 도망치며 끝없는 추격 끝에 국경을 넘어 탈출할 기회를 얻지만, 그의 암말을 버리지 못한다. 암말을 끌고 가파른 비탈을 오르면서, 그는 스스로 탈출 기회를 망치고 있음을 깨닫고 이렇게 투덜거린다. "넌 여자보다 더 심하구나!" 카우보이 영웅에게 그의 말은 가장 충직하고 사랑스러운 동반자이며, 그의 아니마 또는 여성적인 면의 진정한 투사다. 선장이 배와 결혼하듯 그는 자신의 말과 결혼한 셈이다. 잭은 말을 타고 차량이 많은 고속도로를 건너다 변기를 실은 트럭에 치여 최후를 맞이한다. 카우보이의 죽음은 아이러니도 비극도 아닌 운명으로 그려진다. 그는 사람에 의해 죽은 것이 아니라, 시대에 의해 죽은 것이다. 그의 말이 고속도로의 차량들을 헤쳐나가지 못했듯, 카우보이 영웅 역시 현대의 흐름을 헤쳐나가지 못했다. 변화에 적응하지 못한 존재는 죽을 수밖에 없으며 결국 잭과 그의 말을 친 변기로 가득 찬 트럭은, 어제의 세계라는 유물을 씻어내기 위해 신의 섭리에 따라 보내진 것이었다.

철조망은 늘 서부 시대의 종말을 상징하는 장치다. 〈고독〉의 첫 장면에서 잭은 한때 자유로웠던 초원을 가로막은 철조망을 끊고, 말을 타고 나아간다. 철조망의 존재는 이 캐릭터가 그의 시대와 어울리지 않음을 알려주고, 철조망을 자르는 행위는 그가 개척시대의 종말에 적극적으로 맞서 싸우고 있음을 보여준다. 이렇게 영웅의 단순한 행동 하나로 관객은 그가 비극적 운명을 맞을 캐릭터임을 꽤 명백하게 직감한다. 킹 비더의 〈스타가 아닌 사나이〉1955에서 주인공커크 더글러스은 이렇게 말한다. "난 철조망이 싫어! 철조망 쓰는 인간들도 싫어!" 자유와 독립의 화신인 개척지 영웅의 생활 방식은, 자유로운 초원을 가두려는 철조망의 목적과 양립할 수 없다. 〈고독〉의 잭이 "철조망이 나를 따라잡고 있어"라고 말할 때, 그는 자신과 같은 인물의 시대가 끝나가고 있음을 뜻한 것이다.

철도는 또 하나의 기술 혁신으로, 근대 문명의 발전과 옛 방식의 종말을 상징한다. 〈서부 개척사〉1962에서 노인헨리 폰다은 기차의 경적 소리를 듣고 이렇게 선언한다. "저 성가신 경적 소리가 자연스러운 모든 것의 종말을 알리는 신호 같군." '철마'가 진짜 말을 대체하는 순간 기수 역시 소외되고 쇠퇴하며, 이는 말을 타지 않고서는 야생의 개척지를 가로지를 수 없었던 시대의 종말을 알린다. 종종 서부의 풍경 자체가 '곤경에 처한 여자'의 역할을 하기도 한다. 땅을 사랑하고 존중하고 지키는 대신 악당들은 그 땅을 이용하고 학대하고 약탈한다. 탐욕스러운 **목축업자**들은 과도하게 방목을 하고 철조망을 쳐서, 광활한 초원을 사적 영토로 바꿔버린다. 비열한 광부들은 탐욕스럽게 금을 찾아 풍경을 파괴한다. 들소와 야생마 무리는 문명의 거짓된 전도사들에게 무참히 도살당한다. 〈최후의 총격〉1956 같은 영화에서 **들소**는 개척시대의 풍경 속 잃어버린 한 요소일 뿐 아니라, 원주민의 영혼 그 자체의 화신으로 그려진다. 대평원에서 절멸에 가까운 들소의 죽음은 그들의 문화와 정체성의 붕괴를 의미했기 때문이다. **늑대** 또한 백인 정착민들의 사냥으로 멸종 위기에 처한, 원주민의 영혼을 상징하는 존재다. 영화 〈늑대와 춤을〉1990은 이러한 주제의 대표적인 사례다.

모든 서부극 캐릭터 유형의 공통된 요소는 그들이 소멸 직전인 **말기의 환경** 속에 존재한다는 것이다. '와일드 웨스트'는 역사상 극히 짧은 시기 동안만—남북전쟁이 끝난 후부터 19세기 말 개척시대가 끝나기까지 몇십 년—자유롭고 야생적이었다. 그 시기에 영웅이 된 이들은 젊은 나이에 죽거나, 자신들의 시대가 끝나는 것을 목격하며 늙어갔다. 문명이 철도 연기와 자동차 매연 속에서 신화적인 개척시대를 끝내버릴 때 말이다. 카우보이 영웅이 더 이상 소를 몰고 초원을 자유롭게 이동할 수 없게 되는 순간—즉 그의 움직임이 풍경에 의해 저지당하는 순간—영화의 정서는 승리에서 비극으로 바뀐다. 이는 모든 서부극 영웅 유형에 공통되는 운명이다. '보안관 영웅' 식의 개인적인 정의 구현은 현대에는 시대착오적인 것이 되어버렸다. 그들이 지키던 마을이 문명화되면, 주민들이 덜 폭력적이고 더 관료적인 방식의 정의를 요구하기 때문이다. 고독한 정의의 투사로서 보안관 영웅의 몰락은, 그가 막 구해낸 마을에서 떠나야 한다는 주제 의식 속에 상징적으로 드러난다. 마을이 더 이상 그를 필요로 하거나 원하지 않기 때문이다. 이러한 고전적인 묘사는 〈하이 눈〉과 〈황야의 결투〉에서 엿볼 수 있다. 개척시대가 끝나갈 무렵 무법자 영웅들 역시 더 이상 도망칠 곳이 없어지고, 그들 또한 몰락의 길로 들어선다. 이는 〈내일을 향해 쏴라〉1969, 〈와일드 번치〉1969 등 수

많은 황혼 서부극에서 반복되는 주제다. 이 캐릭터들의 핵심은 자신의 몰락이 임박했음을 비판적으로 인식하고 있다는 점이다. 이 자각은 곧 심리적 장치로 작용하여 그들을 미래도, 소속도, 잃을 것도 없는 위험하게 부유하는 존재로 만든다.

올드 웨스트의 장치들

전통적인 오프닝 시퀀스의 시각적 모티프는 서부극 장르에서 가장 인상적인 특징 중 하나다. 첫 쇼트는 거친 풍경, 즉 서부 개척지의 다양한 모습으로 시작된다. 멀리서 한 명 혹은 두 명의 기수가 등장하는데, 그들은 길들지 않은 서부의 광활한 황야 속에서 미미한 존재로 보인다. 사라져버린 개척지의 신성한 침묵과 고독을 상징하듯, 떠오르는 태양을 등지고 그들은 인적이 없는 풍경을 가로질러 나아간다. 전통적인 엔딩 시퀀스 역시 마찬가지로 친숙하다. 한 명 혹은 두 명의 영웅이 자신이 구한 마을을, 문명 세계를 떠나 다시 황량한 황야로, 그들이 등장했던 그곳으로 돌아간다. 그들은 카메라에서 멀어지며, 석양을 향해 서쪽으로 한없이 말을 몰고 간다. 이집트, 그리스, 로마, 북유럽 등 신화를 창조한 위대한 문화들에서 서쪽을 태양신이 죽는—결국 다음 날 아침 동쪽에서 부활하지만—곳이자 신들과 영혼의 고향으로 여겼다는 사실은 단순한 우연일 수도 있다. 마찬가지로 개척지 영웅들도 서쪽으로 말을 타고 떠나며, 그들의 신화가 반복될 때마다 마지막에 사라지고, 결국 다음 영화가 시작할 때 다시 등장하며, 떠오르는 태양과 함께 되살아나 똑같은 도전에 맞서고, 똑같은 모험을 감행한다.

전통적인 오프닝 시퀀스와 엔딩 시퀀스 사이, 서부극은 수많은 개척지 신화의 상징물과 의례화된 재현물로 가득 차 있다. 그중 가장 악명 높은 것은 폭력적인 클라이맥스로, 여기서 플롯의 긴장감은 영웅과 악당의 총격전이나 결투를 통해 해소된다. 이는 전통적인 신사 간의 결투에서 비롯된 것으로, 기사도 시대까지 거슬러 올라가는 문화적 의례를 상징한다. 서부극 장르의 심리사회학적 기능을 이해한 영화감독들은 이 결투 장면에 이르기까지 반드시 긴장감 넘치는 서스펜스를 조성했다. 왜냐하면 바로 그 순간이야말로 관객이 영웅과 자신을 동일시하고 정서적 긴장을 대리적으로 해소하는, 서부극의 원초적인 힘이 폭발하는 지점이기 때문이다. 결투 장면에 앞서 영웅은 총을 장전하고, 공이치기를 당기며 꼼꼼히 무장한다. 이어지는 것은 대립하는 두 인물이 서로를 향해 천천히 그리고 신중히 걸어가며, 말을 주고받는 장면이다. 이 대화는 결판을 내자는 상호 간의 동의로 이어지고, 결국 '빨리 뽑기 대결'이라는 암묵적 규칙이 시행된다.

총은 개척자의 남성적 정체성을 상징하며, 그는 폭력을 통해 자신의 우위를 주장한다. 올드 웨스트에서 총기는 단발식 무기스프링필드 소총, 산탄총 또는 스캐터건이거나, 연발식 무기식스건 리볼버, 윈체스터, 헨리 혹은 스펜서 소총였다. 리볼버, 연발식 소총보다 더 빠르게 발사되거나 산탄총보다 더 강력한 화력을 가진 무기는 전통적인 서부극 설정에서 금기시된다. 대포가 등장할 때는 보통 폭군이나 부당한 침략자에 의해서이며, 그마저도 대체로 효과적이지 않다. 종종 영웅은 악당들이 쓰던 기관총을 그들에게 향함으로써 판세를 뒤집는데, 수없이 모방되기도 한 샘 페킨파의 〈와일드 번치〉 마지막에 나오는 절정의 총격전이 그렇다. 서부극의 폭력은 개인적이다. 한 남자가 다른 남자를 조준하고, 동시에 다른 남자도 그를 겨누고, 한 발씩 쏘는 것. 이런 종류의 폭력에는 일종의 영예가 있는데, 여기에는 기술과 용기가 요구되기 때문이다. 대량

살상 무기에 가까운 대포, 폭탄, 기관총은 너무 난잡하고, 부정확하고, 기계적이어서 어떤 영예의 느낌도 주지 못한다. 서부극 속의 식스건은 중세 기사의 검과 같은 고귀한 무기다. 반면 기관총은 산업화된 무기로서, 개척시대의 종말과 서부 시대가 저물어감을 상징한다. 이런 종류의 폭력은 어떤 영예도 드러낼 수 없으며, 죽음 자체를 무의미하게 만들어 버린다.

술집 싸움은 전통적인 서부극의 주요 장치였다. 결투가 장엄한 순간이자 치명적인 조우라면 주먹다짐은 치명적이지 않은 폭력을 통해 정서적 해소를 제공했고, 대개 웃음을 유발하는 장면으로 그려졌다. 빠질 수 없는 이 싸움 장면은 관객에게 폭력을 통해 대리적인 해방감을 제공하는 동시에 웃음을 통해 직접적인 해방감도 주었다. 그러나 1950년대에 이르러 이러한 싸움 장면은 자기 자신을 희화화하는 수준에 이르렀다. 소품용 가구와 가짜 유리로 인해 우스꽝스러워진, 공격적인 에너지가 소란스럽게 폭발하는 장면으로 변해버린 것이다. 이 시끌벅적한 서부극 싸움 장면은 멜 브룩스의 서부극 패러디 영화 〈브레이징 새들스〉에서 최고의 헌사를 받는다. 이 영화의 싸움 장면은 극도로 부조리한 방향으로 갈 수밖에 없는데, 이미 서부극 장르가 싸움 장면을 스스로 터무니없는 조롱거리로 만들어 놓았기 때문이다.

식민지 시대의 포로 서사는 **마지막 총알** 테마라는 모티프를 제공했다. 야생의 개척지에서 죽음은 흔한 일이었지만, 포로가 되는 것은 **죽음보다도 더 끔찍한 운명**으로 간주되었다. 백인 남성이 원주민에게 붙잡히면 고문 끝에 죽임을 당하고, 백인 여성은 강간당해 죽을 것이라 여겨졌기 때문이다. 가장 끔찍한 운명은 백인 아이들에게 주어졌다. 아이들은 원주민으로 길러지며 타고난 '백인성'을 잃고 '원주민화'가 되기 때문이다. 따라서 원주민의 급습이나 매복에 당했을 때, 총에 든 마지막 총알은 백인 여성이나 아이를 위해 남겨졌다.

죽음보다 더 끔찍한 운명을 겪지 않도록 영웅은 그들을 죽여야만 했다. 이 마지막 총알 테마는 하나의 모티프로 자주 언급되지만 실행되는 경우는 거의 없다. 바로 그 마지막 순간에 영웅 그리고 그가 지켜야 할 여자나 아이는 보통 미군 기병대의 나팔소리와 함께 구조되기 때문이다. 이러한 경우 이 모티프는 단순히 서스펜스를 고조시키기 위한 플롯상의 트릭으로 사용될 뿐이다. 그럼에도 마지막 총알 테마는 개척지의 야만성, 그리고 사랑하는 여성이나 아이를 그들의 명예와 인종적 순수성을 지키기 위해 직접 죽일 만큼 강인해야 하는 영웅 캐릭터의 야성을 상징한다.

서부극은 그 역사에 있어 본질적으로 **인종차별**적인 장르였다. 이 장르의 라이트모티프가 백인 유럽인들이 원주민들을 무찌르고, 빼앗고, 쫓아내고, 파괴함으로써 서부의 풍경을 정복하는 것이라면, 이 장르는 그 자체로 백인 우월주의라는 인종차별주의적 철학의 증거이자, 원주민 문화에 대한 전면적인 파괴와 대량 학살에 대한 합리화로 읽힐 수밖에 없다. 또한 서부극 속 인종차별은 멕시코인, 흑인, 중국인 이민자에게도 향하며, 서부극 영웅은 대체로 노골적인 여성혐오자이기도 하다. 그러나 나는 전통적인 서부극의 이러한 문제 요소들이 서부극 장르를 버리거나, 죽은 채로 내버려 둘 이유가 된다고 생각하지 않는다. 오히려 나는 시부극이 묘사한, 그 시대 시공간의 실제적 측면이었던 인종차별주의와 성차별주의를 비판적 시선으로 재탐색할 기회가 무르익었다고 본다. 원주민이나 그 밖의 백인이 아닌 캐릭터의 시선에서 개척지 이야기를 다룬 서부극은 매우 드물었으며, 여성 캐릭터들은 몇몇 예외를 제외하고는 일반적으로 보조적인 역할을 맡았다. 이러한 모티프들은 규칙이 아니라, 인종차별적이고 성차별적이었던 영화 제작 시대의 유물일 뿐이다. 그리고 이 장르를 깊이 이해하는 시나리오 작가들에 의해 탐구되고 반박

되어야 한다.

전통적인 서부극 영웅은 미국적 **아니무스**의 투사다. 그는 남자 중의 남자이며, 그 남성성은 끝없이 과장되어 있다. 그의 **초자연적인 사격 실력**이 그의 남성적 힘을 증명한다. 그는 오직 커피와 위스키만 마신다. 그에게 우유 한 잔이나 심지어 맥주를 권하는 것은 그의 남성성에 대한 모욕이며, 주먹질이나 심지어 총알 세례에 직면하게 될 것이다. 서부 사람의 주요 취미는 포커이며, 카드 덱은 타로 덱처럼 상징으로 가득 차 있다. **데스 카드**인 스페이드 에이스를 뽑는 것은 강력한 죽음의 전조로서 영웅에게는 경고로, 악당에게는 임박한 파멸의 징조로 작용한다. **데드 맨즈 핸드**, 즉 에이스와 8의 조합은 전설적인 총잡이 와일드 빌 히콕이 콜로라도주 데드우드에서 등 뒤로 총에 맞아 죽을 때 손에 쥐고 있던 패였다. 이 패를 받은 캐릭터는 파멸이 예정된 존재다. **반다나**^Bandana는 서부극 의상에서 전통적인 부분으로, 말을 타며 코와 입으로 들어오는 먼지를 막기 위해 필수적인 물건이었다. 무법자들은 종종 그것을 마스크^mask로 사용했다. 말을 타거나 강도질을 하지 않을 때 영웅은 반다나를 목에 두르는데, 그것이 **목에 난 흉터**를 가리기 위한 것일 때도 있다. 이는 부당하게 목이 매달렸지만 살아남은 남자의 육체적인 흔적이며, 오직 복수라는 단 하나의 목적을 그의 삶에 부여한다. 그는 자신을 죽이려 했던 자들을 추적하여 죽여야만 한다.

야생의 상징물로서 여성 또한 반다나를 착용하는데, 주로 머리를 묶는 두건으로 사용된다. 단 반다나를 착용한 여성은 특별한 유형에 속한다. 바로 **개척지 여성**으로, 남성 개척지 영웅의 여성 상대역이다. 그녀에게 반다나는 가혹한 황야 속에서도 그 시대에 그녀의 성별에 부여된 부당함을 극복하며 살아가는 능력을 상징한다. 개척지 여성처럼 억세고 강인하지 못한 서부극 여성들—**댄스홀 걸**이나 **여교사들**—은 대개 실크나 레이스 같은 전통적인 여성복을 입는다. 서부극 영웅의 의상—청바지, 부츠, 박차, 가죽 바지, 탄띠, 권총집, 총, 반다나, 카우보이 모자—은 모두 서부극 캐릭터에 전통적인 요소를 더한다.

서부극 장르에서 가장 상징적이고 잘 알려진 모티프인 총격전 역시 의례적이며 암묵적인 규정들로 가득하다. 서부극 영웅은 그의 캐릭터가 형상화하는 거친 황야 속에서 살아남기 위해 선천적으로 거칠고, 야만적이고, 폭력적이어야 한다. 따라서 그와 마찬가지로 거칠고, 야만적이고, 폭력적인 악당들과 그를 구분 짓는 유일한 차이는 흔히 **서부극 코드**라 불리는 그의 개인적인 **명예 코드**다. 등 뒤에서 상대를 쏘는 행위는 이 코드에 어긋나는데, 총을 쏜 자의 비겁함을 드러내기 때문이다. 명예로운 영웅이라면 상대와 마주한 상태에서 총을 쏘아야 한다. 더 나아가 영웅은 무장하지 않은 사람을 쏘는 것 또한 같은 이유로 금지당한다. 우스꽝스럽게 보일 수 있지만 전통적인 악당이 전통적인 영웅에게 죽임을 당하고 싶지 않다면, 총을 내려놓거나 등을 돌리기만 하면 된다. 그렇게 하면 영웅은 자신의 명예 코드에 얽매여 그를 쏠 수 없기 때문이다. 반면 악당은 그런 제약을 받지 않는다. 보통 자기방어를 위해 총을 쏘는 여성과 어린이는 그 코드에 구속받지 않으므로 등 뒤에서 쏘는 행위도 허용된다.

서부극의 언어

서부극의 대사 자체는 특유의 **방언** 혹은 용어로, 일종의 의례적인 화법이다. 역사적으로 꼭 들어맞지는 않지만, 서부극 시나리오 특유의 화법으로 서부극 배경의 분위기를 자아낸다. 이 용어는 굉장히 중요하다. 올바르게 사용되면 대사에 그 시대와 장소에 적절한 분위기를 부여할 것이다. 잘못 사용되면 대사가 부자연스럽게 들려 영화의 마법이 깨진다. 영화의 목적은 관객을 신화적 시공간으로 끌어들여, 단 몇 시간이라도 그 이야기가 현실이고, 진실이고, 의미가 있다고 믿게 만드는 것이기 때문이다. 시나리오 작가가 이 거칠고 독특한 서부극 용어를 제대로 이해하는 유일한 방법은 장르 자체에 몰입하는 것이다. 서부극을 많이 보고, 메모할 것! 클린트 이스트우드의 〈용서받지 못한 자〉는 데이비드 웹 피플스가 각본을 쓴 서부극 중에서도 특히 뛰어난 작품이다. 여기서 캐릭터들은 현실적이고 진실되게 들리는 용어를 사용하지만 거기에 시적인 느낌과 말장난의 섬세한 뉘앙스가 더해져, 심지어 술 취한 카우보이와 잔혹한 살인자의 대사조차도 거친 세련미를 지닌다.

결정적인 순간에 젊은 총잡이제임스 울벳는 처음으로 사람을 죽인 후, 연상의 멘토인 월클린트 이스트우드에게 그것의 그의 첫경험임을 고백한다. "사람을 죽인 건 처음이에요." 그가 수치스럽다는 듯 털어놓자, 월은 담담히 대답한다. "글세. 넌 그 자식을 완전히 박살냈더군." "그게 첫 번째였어요… 제가 죽인 건 난생처음이에요. 제가 다섯 명을 쐈다고 했잖아요? 그건 거짓말이었어요. 칼 들고 저한테 달려든 그 멕시코 놈은 삽으로 다리만 부러뜨렸지, 죽이거나 한 건 전혀 아니었어요." 이에 월이 답한다. "사람을 죽이는 건 지독한 짓이야. 그 사람이 가진 모든 것, 그리고 앞으로 가질 모든 걸 빼앗는 거지." 잘못된 문법이 대사의 힘을 죽이기는커녕 오히려 더한다는 점에 주목하라. 그들이 말이 지닌 단순함에 주목하라. 오히려 그 단순함이 그 캐릭터들 깊은 내면의 복잡함을 드러낸다. 그리고 가장 중요한 것은 말의 절제다. 서부극 남자들은 말수가 적지만, 일단 말을 하면 한 마디 한 마디 신중히 고르고,

무게를 담고, 아껴서 내뱉는다. 이러한 대사는 '무엇을 말하느냐'를 통해서도 각 캐릭터에 대한 감각을 제공하지만 더 중요한 것은 '어떻게 말하느냐'이다.

〈11인의 카우보이〉[1972]는 부자연스러운 대사로 인해 캐릭터들이 마치 20세기에 사는 사람들처럼 느껴지는, 배경과 제대로 맞지 않는 서부극으로 손꼽힌다. 이 이야기는 소몰이로 고용된 소년들에 관한 성장기 모험담이다. 도중에 이동식 매춘업소가 나타나고 소년들은 첫 경험을 원하지만, 요리사는 소년들이 이 너무도 중요한 통과의례를 치르기에 너무 이르다고 주장한다. 매춘업소의 여주인콜린 듀헐스트은 이에 동의하며 믿기 힘든 대사를 내뱉는데, 이는 명백히 19세기 시나리오에 20세기 문화를 억지로 도입려는 시도였다. "당신 말이 맞아요. 첫 경험은 자기가 사랑한다고 믿는 여자와 함께, 마차 뒷좌석에서 이루어져야 하죠." 서부 개척지의 야성을 대변해야 할 여성의 입에서 나온 이 말이 얼마나 거짓되고 부자연스럽게 들리는지 주목하라.

나쁜 서부극 대사의 반대 사례는 HBO 시리즈 〈데드우드〉[2004-2006]에서 볼 수 있다. 전반적으로 훌륭한 시리즈지만 대사만큼은 서부극 용어를 잘못 사용한 사례로 손꼽히는데, 진짜처럼 들리게 하려고 지나치게 애쓴 작가들에 의해 도입된 것이다. 이 작품은 '수정주의 반서부극'으로 여겨질 수 있는데, 주된 목적이 서부극 배경을 온통 지독한 장관으로, 즉 타락하고, 부패하고, 퇴폐적이며, 위협적인 세계로 묘사하는 것이었기 때문이다. 따라서 캐릭터들이 속어와 은어로 가득 찬 서부극 용어로 이야기하는데, 그 정도가 너무 심해 종종 무슨 말을 하는지 이해하기 어려운 수준에 이른다. 서부극 시나리오에서 서부극 용어는 캐릭터들의 설정에 있어 결정적이지만, 용어가 과도하게 사용되어 관객이 이해할 수 없는 정도가 되면 본래의 목적을 망치는 결과가 된다. 예를 들어, 주인공 알 스웨어린젠이안 맥쉐인이 읊는 다음 대사를 보라.

"한 남자가, 하필이면 내 경쟁자인데, 한 위대한 인물의 부관의 비밀을 알게 되면, 그 부관을 자신의 노예로 만들 거야. 내 경쟁자는 그 비밀을 아는 자의 범위를 넓히면, 즉 자신의 권력을 약화시키면, 자신의 의도가 좌절될 걸 잘 알고 있지. 그래서 그는 자기가 그 비밀을 공유한 유일한 사람이 되도록 대비를 할 거야. 그런데 세상일이란 게 늘 그렇듯… 얼뜨기 떠돌이 기사, 어터가 나타나. 히콕의 전 파트너 말이야. 그 자식이 내 경쟁자의 모든 계획을 위태롭게 만들지. 나는 어터를 만나 내 생각이 맞는지 확인해보려 할 거야. 그는 소포를 운반해 돈을 벌지. 그리고 그가 끼어들게 만든 그 얼간이 같은 고결함이, 지금은 그가 말이 없게 만들 수도 있어. 그래서 내가 그를 꾀어내려고 시도하는 동안 너, 추장, 네가 내 도구이자 미끼가 되어야겠어."

대사의 불필요한 장황함, 긴 문장들과 장광설, 부자연스러운 담화, 지나치게 형식적이며 셰익스피어식에 가까운 웅변조, 단순하고 교육받지 못한 개척지 남성이 제대로 표현하기에는 너무 복잡하고 세련되어 보이는 어려운 단어들과 은유의 사용, 그리고 무엇보다 이 대사 자체가 전반적으로 무슨 말인지 알기 어렵다는 점에 주목하라. 대체 어떤 사람이 이런 인위적인 말투로 이야기하겠는가? 진정한 서부 사람은 분명 아닐 것이다. 그리고 문맹인 광부들, 카우보이들, 무법자들, 매춘부들이 모인 그 설정에서 누가 그의 말을 이해하겠는가? 대사는 캐릭터들의 생각으로 들어가는 입구여야 하지만, 이해하기 힘들면 그건 입구가 아니라 벽이 된다. 나는 이 시리즈의 따라가기 힘든 대사에 자주 짜증이 났고, 평생 서부극 장르를 공부해 온 학생으로서 이 대사가 도대체 누구를 위한 것인지 궁금해졌다. 내가 이 대사를 이해할 수 없다면, 도대체 누가 이해하겠는가?

서부극 영웅은 단순하고 순수한 동기와 목표를 가진, 단순한 캐릭터다. 이러한 단순함을 다듬으려는 모든 시도, 즉 더 깊이 있고, 더 표현력 있고, 더 복잡하고, 더 세련되게 만들려는 모든 시도는 그의 캐릭터를 향상시키는 것이 아니라 오히려 훼손시킨다. 서부극 영웅에 관해서는 '덜함'이 '더함'이다. 그는 총으로 말하며, 총은 말보다 더 크고 직접적으로 울린다. 따라서 만약 당신이 선천적으로 말이 없는 영웅에 대해 쓰고 있다면, 그 시도는 그 캐릭터를 순전히 행동을 통해서만 정의하는 것이다. 즉, **캐릭터가 곧 행동이다.** 영웅의 동기는 보통 그의 배경 이야기에 숨겨져 있기 때문에, 당신은 그 배경 이야기를 화면 밖 소리 내레이션으로, 심지어 영웅 자신의 목소리로 드러내고 싶은 유혹을 받을 수도 있다. 나는 그 지름길을 피하기를 간절히 부탁한다. 서부극의 본질이 풍경과 행위—풍경을 배경으로 움직이는 캐릭터들—라면, 말—대사든 내레이션이든—은 그 신성하고 신화적인 공간을 침범하는 것이다. 유능한 시나리오 작가는 말즉, 과도한 대사나 화면 밖 소리 내레이션을 피한다. 영화는 시각 매체이기 때문이다. 바로 이 점에서 서부극은 말보다 행위를 이용하여 시각을 중심으로 하는 이야기를 들려줄 수 있는, 시나리오 작가에게 이상적인 훈련의 장이 된다.

서부극 여성들

극도로 남성적인 서부극 영웅에게 여성 캐릭터는 종종 남성적 페르소나를 보완하는 역할을 맡는다. 남성이 아니무스—힘, 용기, 공격성, 의지—의 모든 측면을 대표한다면, 여성은 아니마—섬세함, 연민, 양육, 타협—의 모든 측면을 대표한다. 그들은 함께 심리적으로 균형 잡힌 양성적 완전체, 즉 서로를 완성시키는 한 쌍을 이룬다. 이 대응하는 여성적 존재가 없을 때, 영웅 캐릭터는 균형을 잃고 불완전한 상태로 남는다. 인간 정서의 정상적인 기준을 잃은 그는 불안해하고 불편해한다. 그는 둔감하고, 지나치게 공격적이고, 냉정하고, 거칠고, 타협하지 않고, 말이 없는 인물이다. 고전적인 영웅은 여성과의 결합을 통해 심리적 불균형을 극복하지만, 서부극 영웅은 아주 극도로 남성적이기 때문에 완전히 길들여질 수 없으며, 결국 황야를 홀로 떠돌게 될 운명이다.

죽은 아내 테마는 많은 위대한 서부극의 안티히어로들에게서 공통된 요소다. 이 캐릭터는 원래 야성적인 남자였으나, 한 여자에 의해 길들여진다. 하지만 그 여자가 죽었을 때, 자신의 아니마를 잃은 그는 다시 야수의 상태로 퇴행한다. 〈수색자〉의 이든 에드워즈존 웨인가 이러한 유형의 캐릭터를 대표하며, 버드 보티커의 〈론 파인 서부극들〉의 랜돌프 스코트, 그리고 〈용서받지 못한 자〉의 윌 머니클린트 이스트우드 역시 같은 유형에 속한다. 죽은 아내 테마는 영웅이 복수에 나서게 하는 훌륭한 동기를 제공하기도 한다. 여성이 죽지 않은 경우, 전통적인 서부극 속 여성은 일반적으로 두 가지 유형, 즉 여교사와 **댄스홀 걸**로 나뉜다. 전통적인 서부극이 명예와 구원에 관한 이야기라면, 전통적인 서부극 영웅은 자신의 그림자남성을 죽이는와 마주침으로써 명예를 찾고, 여신인 인물여성을 사랑하는과 하나가 되어 자신의 영혼을 구원한다. 여교사는 착한 여자였다. 단정하게 옷을 입고, 예의 바르고, 순결하고, 고지식하고, 새침하고, 상류층 출신이고, 보통 갈색 머리였다댄스홀 걸은 금발인 경향이 있었다. 그녀는 예외 없이 100% 백인 혈통인 반면, 댄스홀 걸은 종종 혼혈이었고 옛 서부극의 암묵적인 인종 규칙에 따라 영웅과의 결합이 불가능한 운명을 타고난다. 여교사는 보통 역마차, 기차, 또는 마차의 조수석에 탔다. 말을 탈 때도 그녀는 두 다리를 한쪽으로 모아서 앉지만, 혈통이 나쁜 여자는 숙녀답지 않은 방식으로 두 다리를 벌리고 앉는다. 종종 그녀는 '남부 출신의 예쁜 아가씨'로 등장하여, 영웅이 간절히 그리워하는 고상한 분위기를 대변한다. 그녀는 동부 출신이기 때문에 문명화되었고, 교육이라는 방식으로 문명을 가져온다. 그녀는 댄스홀 여성_{매춘부를 완곡하게 표현하는 말로, 종종 마음씨가 고운 창녀 캐릭터로 언급되는}과 극명한 대조를 이룬다. 영화 속 여성 캐릭터의 전형적인 성모/창녀 이분법이 여기에 적용되는 것도 분명하다.

서부극 장르가 발전함에 따라, 개척지 영웅과 구분되면서도 동등한 상대역으로 새로운 유형의 여성 캐릭터가 등장했다. 이 여성은 **개척지 여성**이라 불리며, 서부 개척 과정에서 여성의 역할을 통해 서부의 정신을 구현했다. 그녀는 어떤 카우보이 못지않게 근면하고, 어떤 보안관 못지않게 용감하며, 가장 악랄한 무법자보다도 강인했다. 요컨대, 그녀는 새로운 개척지에서 새로운 세대의 미국인을 낳은, 와일드 웨스트의 여주인이었다. 전환기 서부극 여성 캐릭터의 종착점으로서 그녀는 댄스홀 걸에게는 구원을, 여교사에게는 개척지에 대한 헌신을 상징한다. 〈셰인〉에서 마리온_{진 아서}은 개척지 여성의 삶에 내재된 희생을 구현한다. 아름답고 장엄한 서부 개척 한가운데서, 자유와 무한한 가능성의 새로운 삶에 대한 남편의 꿈을 나누기 위해 그녀는 문명과 도시 생활의 안락함을 포기한다. 개척지 여성에 대한 보다 최근의 묘사들에서는 인기 TV 시리즈 〈닥터 퀸〉[1993~98]과 영화 〈실종〉[2003]에서처럼 캐릭터를 '메디신 우먼' 역할로 캐스팅했다. 이 캐릭터들은 비교적 새로운 개척지 여성 원형을, 신화 속 여신들과 관련된 고대의 '힐러' 원형과 결합한다. 서부극에 등장하는 나이 든 개척지 여성은 종종 전환기의 젊은 여성에게 멘토 역할을 한다. 영화 〈버지니안〉1929에서 마 테일러헬렌 웨어는 노년의 개척지 여성으로, 약혼자게리 쿠퍼가 그의 가장 친한 친구의 목을 매달도록 강요받은 후 여교사메리 브라이언에게 서부의 삶에 관한 가르침을 준다. 그녀는 여교사에게 이렇게 말한다. "우린 이곳에 새로운 나라를 만들고 있는 거예요. 약한 자들은 설 자리가 없어요—남자든 여자든!"

〈하이 눈〉에서 윌게리 쿠퍼의 연인인 에이미그레이스 켈리도 비슷한 갈등에 직면한다. 그녀의 남편은 자신을 죽이러 오는 무법자들과 싸우기로 결심하고, 도망치기를 거부한다. 에이미는 진정한 개척지 여성이 되기 직전의 여교사다. 에이미의 멘토는 나이가 들었지만 여전히 활력이 넘치는, 평판이 좋지 않은 여성 헬렌 라미레즈커티 주라도이다. 평화주의적인 퀘이커 교도 에이미가 남편과 그의 폭력적인 명예 코드를 버리기로 결심했을 때, 헬렌은 그녀에게 묻는다. "당신은 어떻게 된 여자예요? 어떻게 그를 이렇게 두고 떠날 수 있죠? 총소리가 그렇게 무서운가요?" 그 후 헬렌은 자신의 입장을 더 분명히 밝힌다. "이 마을이 싫어요. 늘 싫었어요! 이 마을에서 멕시코 여자로 산다는 건…." 에이미는 "이해해요"라고 말하지만, 아마도 이해하지 못할 것이다. 윌은 한때 헬렌을 사랑했지만, 그녀와 결혼하지 않았다. 대신 그는 자기 나이의 절반도 안 되는 동부 출신의 숫처녀 백인 여성과 결혼했다. 인종과 나이의 중요성은 영화 속에서 조용히 절제되어 드러난다. 그럼에도 헬렌은 순진한 젊은 신부를 도우려 노력한다. "당신을 모르겠어요. 무슨 말을 해도. 만약 케인이 내 남자였다면, 난 절대 그를 이렇게 버리지 않았을 거예요. 총을 들었을 거예요. 싸웠을 거예요!" 그러자 에이미가 묻는다. "그럼 왜 안 싸우죠?" 헬렌이 씁쓸하게 대답한다. "그는 내 남자가 아니니까요. 당신의 남자니까요!" 결국

에이미는 남편을 구하기 위해 무법자의 등 뒤로 총을 쏘아 위기를 극복한다.

개척지 여성의 성격에서 핵심적인 요소는, 개척지 삶의 거친 현실을 이해하고 그에 수반되는 불가피한 폭력을 받아들이는 그녀의 능력이다. 〈수색자〉에서 노년의 개척지 여성 조겐슨 부인올리브 캐리은 남자들이 적대적인 인디언 영토에서 살아가는 시련과 고난에 대해 논의할 때, 아마도 이 영화의 핵심 대사일 수 있는 말을 남긴다. "우리가 텍시컨이라는 건 그냥 그렇게 된 일이에요! 텍시컨이란 올해도, 내년도, 어쩌면 앞으로 백 년 동안도, 벼랑 끝에 선 인간에 불과해요! 하지만 영원히 그럴 거라곤 생각하지 않아요. 언젠가 이 땅은 살기 좋은, 멋진 곳이 될 거예요. 어쩌면 그때가 오기 전에 우리의 뼈가 땅에 묻혀야 할지도 모르죠."

서부극에는 또 다른 오랜 전통이 있다. 도움을 주는 연인 역할과 달리, 구원자/전사로서 영웅적 역할을 수행하는 여성 캐릭터, 즉 **서부극 여성 영웅**이다. 캘러미티 제인, 벨 스타, 애니 오클리는 모두 실존 인물로, 그들의 실제 업적보다는 인디언과의 전투, 총격전, 저격전 같은 전통적인 남성의 영역에 미싱이 뛰어들었다는 점에서 당시 큰 화제가 되었다. 그들의 업적을 각색한 영화들에서, 서부극 여성 영웅은 일반적으로 '남성적인' 여성을 연기한다. 이는 남성의 의상과 페르소나를 지닌 여성 캐릭터로, 결국 자신과 동등한 진짜 남성과 사랑에 빠지면서 자신의 여성적인 면을 통합시킨다. 순전히 허구적인 서부극 여성 영웅의 묘사에서 여성 캐릭터는 보통 남성 상대역과 동일한 구원의 여정을 따른다. 〈캣 벌루〉1965는 아마도 서부극 여성 영웅을 다룬 영화 중 가장 뛰어난 작품일 것이다. 왜냐하면 영화가 자기 자신을 너무 진지하게 다루지 않기 때문이다. 뮤지컬 코미디로서 이 영화는 서부극 장르를 조롱하며, 관능적인 젊은 여성일 뿐 아니라 폭력적인 무법자로서도 어느 정도 그럴

듯한 여성 영웅제인 폰다을 제시한다. 반면 〈나쁜 여자들〉[1994]이나 〈퀵 앤 데드〉[1995]처럼 여성 총잡이 캐릭터를 진지하게 다루려 한 다른 영화들은 처참하게 실패한다. 서부극 시나리오에서 여성 무법자는 이상한 존재다. 그녀가 실제로 존재한 적이 없으므로, 이 캐릭터를 진지하게 받아들이기란 거의 불가능하다. 그렇다고 해서 여성이 서부극의 주인공이 될 수 없다는 뜻은 아니다. 〈실종〉은 여성 주인공이 효과를 거둔 좋은 사례인데, 여성 영웅이 총잡이나 고독한 정의의 투사처럼 남성의 탈을 쓴 여성이 아니기 때문이다. 오히려 그녀는 개척지 여성이라는 기존의 서부극 원형을 구현하며, 만약 남성 서부극 영웅이 섹시한 여성이라면 어떤 모습일까 하는 시나리오 작가의 개념화된 인물이 아닌, 진정한 서부 여성을 연기한다.

'야만적인 인디언'과 '고결한 야만인'

전통적인 서부극 여성 캐릭터들이 성모/창녀 이분법으로 나뉘었듯, 원주민 캐릭터 역시 이분화되었다. 식민지 포로 서사들에서 표현된 청교도 이주민들의 지배적인 견해는, 원주민들이 야만인이며 그들의 비문명적인 생활상과 성적인 절제의 결여가 그들을 악마와 한패로 만들었다는 것이었다. 그와 대조적인 견해는 계몽된 유럽인들로부터 나왔다. 그들은 문명이 도덕적 타락의 원인이지 치료제가 아니라고, 따라서 문명에 의해 타락하지 않은 채 자연 속에서 살아가는 개인이 더욱 단순하고, 순수하고, 원시적인 상태로 인간성을 대변한다고 믿었다. 이것이 바로 **고결한 야만인**이다. 일반적으로 서부극에서 원주민은 악당으로 등장하지 않는데, 영웅과 악당 사이의 중심 갈등은 대개 백인 남성들 사이에서 벌어졌기 때문이다. 대부분의 경우 원주민은 **야만**

적인 인디언으로, 즉 극단적인 환경의 야만적인 요소로 묘사되며, 풍경 그 자체에 내재된 위험 요소로서 회피되거나 어떻게든 극복되어야 했다. 그러나 1950년대에 들어 서부극이 자기 성찰적 성격을 띠게 되면서, 원주민은 고결한 야만인이라는 비극적인 역할로 더 자주 캐스팅되었다. 서부극의 황야가 유럽 문명 세력에 의한 타락 이전의 순수한 자연 상태를 상징했듯, 고결한 야만인은 성서에 나오는 에덴동산에서의 타락 이전의 인류의 원시적 상태를 상징하는 인물이었다. 결국 고결한 야만인은 개척지 황야와 마찬가지로 사라질 운명이다. 이러한 두 가지 전형적 묘사 모두에서, 원주민은 인격을 불어넣은 실제 인간이라기보다 형상화된 풍경으로 표현된다.

신화적 관점에서 이 캐릭터들은 **문지기**로 간주될 수 있다. 영웅이 여정을 계속하기 위해 극복해야 하는, 신성한 영역_{서부 개척지}으로 들어가는 입구를 지키는 강력한 힘이다. 야만적인 인디언이라는 고정관념은 원주민이 백인인 유럽계 미국인의 적으로 인식되었던 서부극 신화의 초기 단계를 반영한다. 그들은 개척지 황야를 길들이고 정복하기 전에 제거해야 할 곤란한 위협이었다. 고결한 야만인이라는 고정관념은 원주민을 제압하고 개척지를 봉쇄하면서 등장했다. 이는 미국의 서부 개척으로 인해 권리를 박탈당하고, 소외되고, 파괴된, 자랑스럽고 강력한 문화에 대한 어느 정도 죄책감과 애도를 담은 관점으로 이어졌다. 고결한 야만인이라는 고정관념은 서부극의 '황혼' 단계에서 비극적인 캐릭터로 다시 등장하는데, 이는 개척지의 정복과 봉쇄로 인해 잃어버린 황야의 한 측면이며, 그 자체로 원주민에 대한 미국의 처우, 미국의 원죄에 대한 집단적인 문화적 죄책감의 살아있는 전형이다.

〈황야의 결투〉 1막에서, '인디언 조'가 술에 취해 술집에서 사방으로 총을 쏘아대기 때문에 툼스톤 마을 주위로 총알이 난무한다. 와이어트 어프는 난동을 부리는 야만인의 머리를 때려 무기를 빼앗고, 그의 부츠를 잡아 질질 끌고 나가며 외친다. "대체 이게 어떻게 된 동네야? 인디언한테 술을 팔다니!" 그는 마을 사람들을 향해 비난하듯 외친 뒤, 인디언 조에게 경멸을 보낸다. "인디언, 당장 마을에서 꺼져. 그리고 다시는 돌아오지 마!" 어프는 인디언 조의 엉덩이를 걷어차며 자신의 위협을 마무리한다. 여기서 원주민은 제압되어야 할 야생의 힘으로 묘사되지만, 일단 제압된 후에는 백인 미국인의 탐욕과 무관심의 비극적인 희생자로 인식된다. "인디언, 당장 마을에서 꺼져. 그리고 다시는 돌아오지 마!"라는 대사는, 백인들이 그들의 땅을 침략하고 빼앗았을 때 백인 미국인이 원주민에게 했던 일반적인 선언으로 읽힐 수 있다. 영화 속에서 영웅이 인디언 조를 대하는 방식은 그 선언의 형상화로도, 그 결과에 대한 죄책감의 표현으로도 읽힐 수 있다.

애가 분위기의 서부극 〈황야의 7인〉에서, 주요 영웅인 크리스율 브린너와 빈스티브 맥퀸은 영구차에 실려 부트 힐에 묻히기 직전인 원주민 올드 샘을 관 속에서 발견한다. 문제는 마을 백인들이 샘이 백인 묘지에 묻힐 자격이 없다고 주장하는 데서 발생한다. 크리스와 빈은 죽은 원주민에게 합당한 장례식을 치러주기 위해, 총을 든 고집불통 불량배들 무리와 맞서면서까지 영구차를 몰고 부트 힐로 향하기로 결심한다. 올드 샘을 대하는 그들의 경건한 대우는 고결한 원주민의 상징으로서 시신에 대한 엄숙한 경의에 도달한다. 이제 영웅은 원주민을 두려워하거나 혐오하기보다 그들을 변함없이 존중하는 인물로 정의된다. 그러나 그 존중이 살아있는 사람이 아닌 시신에, 그것도 너무나 미약하고 너무나 늦게 바쳐진다는 사실이, 원주민 캐릭터뿐 아니라 백인 주인공들이 그 캐릭터를 전통적으로 다루는 방식 모두에 비극적인 성격을 더한다.

새로운 개척지와 〈만달로리안〉

1974년, 폴린 카엘은 뉴요커지에 「서부극은 죽었다」라는 글을 썼다. 카엘이 이 장르의 몰락을 공언한 첫 번째 근시안적 비판자는 아니었다. 1911년, 니켈로디언지의 한 영화 평론가는 '서부극은 제 역할을 다했으며 조만간 종말을 맞을 예정이다'라고 썼다. 1930년대, 아무도 이 장르가 B급 영화 신세에서 다시 부활할 것이라 기대하지 않았다. 그리고 1980년대, 약 20년 동안 시들해진 관심과 티켓 판매량, 그리고 마이클 치미노의 불운한 서부극 서사시 〈천국의 문〉1980이 초대형 흥행 참사로 끝난 후, 이 장르는 다시 한번 "죽었다"고 선포되었다. 하지만 서부극은 끈질기게 발버둥치고 있다. 얼마 전 누군가 나에게 가장 좋아하는 신작 서부극이 무엇이냐고 물었고, 내 머릿속에 가장 먼저 떠오른 것은 존 파브로의 스타워즈 시리즈인 〈만달로리안〉2019-현재이었다. 서부극 설정이 대변하는 원형적 주제들— **독립, 고립주의, 개인주의** —은 서부뿐 아니라 어떤 개척지에서든 발생하는 주제다. 개인이 자신의 명예 코드에 따라 자유롭게 살 수 있는 땅에 대한 갈망은 100년 전이나 지금이나 여전히 강하다. 개척지가 대륙에서 우주로 옮겨졌어도, 서부극은 여전히 주된 미국 신화로 남아 있다. 〈스타트렉〉1966-69의 오프닝 내레이션처럼 '우주, 마지막 개척지…'는 서부극이 나아가야 할 운명이었던 셈이다.

우주 서부극은 고전 서부극의 캐릭터와 주제에 맞는 완벽한 시나리오를 제공하며, 〈만달로리안〉은 '아주 오래전' 시대를 초월한 주제들이 '멀고 먼 은하계'에서 어떻게 다시 태어날 수 있는지 보여주는 완벽한 사례다. 이 시리즈는 우리에게 **현상금 사냥꾼**이자, 만달로리안 계율을 따르는 일원인 만도페드로 파스칼를 소개한다. 이 현상금 사냥꾼은 쉽게 알 수 있는 서부극 원형으로, 선한

우주, 마지막 개척지: 〈만달로리안〉에서 만도 페드로 파스칼가 베이비 요다를 보호한다 2019 - 2020.

악당 유형의 안티히어로다. 그는 은하계에서 가장 거친 구역인 마지막 개척지에서 근근이 생계를 이어간다. 직업 자체는 고상하지 않지만 그는 명예로운 사람으로, 현상금 사냥꾼 '길드'의 규칙과 만달로리안의 고대 계율을 따라 살아간다. 결국 그는 자신의 개인적인 명예 코드에 따라 행동하기 위해, 이러한 규칙들을 초월해야—법의 테두리를 넘어서야—한다. 이 배경은 이전 〈스타워즈〉 시나리오에서와 마찬가지로, 존 포드와 앤소니 만의 올드 웨스트를 떠올리게 하는데, 특히 주요 행성인 타투인은 광활하고 거친 사막 풍경의 드넓은 조망을 가지고 있다. 만도는 현상금이 걸린 베이비 요다를 붙잡으면서 숭고한 여정에 휘말리게 된다. 그리고 베이비 요다와 포스의 생물학적 연관을 이용하여 우주를 지배하려는, 사악한 제국의 잔당들에 의해 실험용 쥐 신세에 놓인 베이비 요다를 구출해낸다. 베이비 요다를 구출한 행위는 현상금 사냥꾼 길드의 규칙을 정면으로 위반한 것으로, 만도가 현상금 사냥꾼에서 무법자로 변모하는 첫 번째 변신을 촉진한다. 베이비 요다와의 관계와 헌신을 통해, 베이비 요다 구출을 위한 만도의 숭고한 여정은 그의 자기

　　　　　　　CHAPTER 8 _ 서부극을 위한 글쓰기: 올드 웨스트 원형

구원으로 이어진다. 이 시리즈의 첫 두 시즌을 구성하는 16개의 '챕터' 또는 에피소드가 전개되는 동안, 만도는 서부극 시나리오의 거의 모든 원형적 캐릭터와 주제들을 만나고 내면화하게 된다.

위대한 베르너 헤어조크는 만도를 고용하여 제국을 위해 베이비 요다를 잡아오게 하는 의뢰인을 연기한다. 헤어조그는 〈황야의 결투〉에 나오는 올드 맨 클랜턴월터 브레넌 같은 탐욕스럽고 독재적인 **목축업자** 원형을 연상시킨다. 서부극 장르의 주된 요소는 나이 든 목축업자와 그의 **야만적인 카우보이** 무리로, 헤어조크의 캐릭터와 그의 야만적인 현상금 사냥꾼들, 고용된 폭력배들이 이에 해당하며 그의 사악한 명령을 수행한다. 이 목축업자는 부패했으며 오직 돈과 권력에만 관심이 있다. 원형으로서 그는 중세 전설에 나오는 태고의 용을 떠올리게 하는데, 이 용은 처녀와 금을 끝없이 탐하지만 정작 둘 중 어느 것도 직접 이용할 수는 없다. 〈만달로리안〉에서 용에게 구출되는 처녀 역할은 베이비 요다가 맡고, 금의 역할은 훨씬 더 귀한 금속인 '베스카 강철'이 대신한다. 작품 속 악당들은 두말할 나위 없이 사악한 제국의 장교들인데, 압도적인 부, 권력, 기술을 가진 그들은 서부극 시나리오에서 침략자인 동부 세력, 즉 사람들을 감금하고 노예화하면서 황야를 산업화하고 독점하는 **은행**과 **철도** 회사를 상징한다.

만도 자신은 만달로리안 계율에 따라 항상 헬멧으로 얼굴을 가리고 말을 거의 하지 않는데, 이는 클린트 이스트우드의 '이름 없는 남자' 페르소나를 연상시킨다. 실제로 '만도'는 진짜 이름이 아니라 그의 계율을 가리키는 별칭일 뿐이다. 만도의 진짜 이름은 시즌 1 피날레가 되어서야 밝혀지는데, 그 에피소드의 제목은 적절하게도 '구원'이다. 이 시리즈의 전반적인 플롯은 〈죽음의 사막〉1936, 1948이라는 극히 전통적인 서부극을 바로 떠올리게 한다. 이 서부극은 서로 다른 제목을 가진 4편의 장편영화로 제작되었으며, 그중 2편은 존 포드가 감독했다. 황야에서 죽어가는 어머니와 그녀의 아기를 우연히 발견한 3명의 무법자가 그 아기를 살리기 위해 모든 것을 바치고 스스로 구원받는 이야기로, 기본적으로 〈만달로리안〉과 같은 플롯이다. 포드의 〈죽음의 사막〉 [1948]에 나오는 존 웨인의 캐릭터처럼, 만도의 자기 구원도 무력한 아기에 대한 그의 희생적인 애착과 직접적으로 이어져 있다.

시리즈 초반에 만도는 타투인의 농부 쿠일ᇰ 눌테을 만난다. 그는 **개척지 남성** 캐릭터를 대변하는 인물로, 험난한 곳에서 힘겨운 삶을 살면서도 거친 개척지의 위험 속에서 자신의 명예와 존엄을 지켜낸다. 쿠일은 만도에게 많은 가르침을 주는데, 그가 만도를 위해 맡는 가장 중요한 역할은 인종차별을 극복하도록 돕는 것이다. 우주 공간에서 인종차별이라고? 글쎄, 그런 모양이다… 이 멀고 먼 은하계에는 온갖 종류의 인간과 인간이 아닌 종족들이 뒤섞여 살고 있기에, 서로 다른 인종들 사이에 일어나는 지구상의 인종차별과는 완전히 다르다. 하지만 우리는 제국의 사악한 집단 학살 정책에서 인종차별 _{또는 종족차별}을 목격하며, 제국의 군대는 언제나 인간들로 묘사된다. 한편 만도의 인종차별은 로봇 '드로이드'에 대한 완고한 편견의 형태를 띤다. 이는 어린 시절 그의 가족이 제국군의 사냥꾼 드로이드에 의해 몰살당한 트라우마 경험 때문이다. 만약 여기서 '드로이드'를 '원주민'으로 바꿔본다면, 만도는 원주민의 습격으로 트라우마를 입고 고아가 되었으며, 오직 원주민에 대한 복수심과 증오로 살아남은 서부극 캐릭터 유형에 완벽하게 부합한다. 쿠일은 만도에게 드로이드도 _{사람처럼} 선하지도 악하지도 않으며, 단지 프로그래머의 코드와 그들이 훈련받은 환경의 산물일 뿐이라는 점을 가르친다. 특히 그 드로이드가 베이비 요다와 만도의 동료들뿐 아니라 그의 생명까지 구한 후에, 만도는 결국 쿠일이 재프로그래밍하고 재훈련시킨 사냥꾼 드로이드를 존중하고 받아들이는 법을 배우게 된다. 이러한 점에서 그 드로이드는 **고결한 야만인** 원형을 구현한다. 다른 종류의 지적 생명체의 관용과 수용을 통한 구원이라는 상징적 서사가 이 다채로운 우화 속에서 깔끔하게 펼쳐진다.

시리즈 에피소드 4 〈안식처〉는 반복적으로 등장하는 '황야의 7인 플롯'을 따른다. 즉, 소수의 무법자 무리가 농경 공동체를 침략하는 산적이나 악당들에 맞서 스스로 무장하고 방어하는 법을 가르치는 이야기다. 이 플롯은 본래 구로사와 아키라의 〈7인의 사무라이〉에서 가져온 것으로, 고전 서부극인 〈황야의 7인〉이 그러한 플롯의 대표작이다. 이 서부극 시나리오는 안정과 가정적 삶을 추구하는 **정착민/마을 사람들** 캐릭터 유형과, 고립 속에서 독립된 삶을 추구하는 영웅들과의 차이를 극명히 보여준다. 이 시나리오 속 영웅은 자신이 구한 마을에 남아, 자신을 사랑하는 예쁜 과부와 함께 머물고 싶은 유혹을 늘 받지만, 서부극 영웅은 길들여질 수 없는 존재다. '황야의 7인 플롯'은 에피소드 9 〈보안관〉에서 다시 한번 반복된다. 여기서 만도는 서부극 시리즈 〈데드우드〉의 보안관 영웅으로 시청자에게 익숙한 얼굴인, 고전적인 버전의 **보안관 영웅**티모시 올리펀트을 만난다. 만도와 보안관은 힘을 합쳐서 마을 사람들과 원주민인 '모래 종족'이 그 지역을 공포에 떨게 하는 크레이트 드래곤을 처치하는 것을 돕는다. 그렇게 함으로써 '황야의 7인 플롯'은 공동의 적을 물리쳐 평화와 화합 속에서 함께 살아가기 위해, 마을 사람들로 하여금 모래 종족즉, 원주민과 협력할 것을 요구한다. 타투인의 인간 캐릭터들이 (서부 개척지의 유럽계 백인 정착민들처럼) '정착민'이라 불리는 점이 흥미로운데, 이 SF 배경에서는 정착민이야말로 진짜 외계인인 반면, 모래 종족과 자와족은 고전적인 SF 외계인처럼 보이지만 사실 전혀 외계인이 아니라 '원주민'이다.

시리즈 전반에 걸쳐 만도는 종종 동료 캐릭터인 카라지나 카라노와 함께한다. 그녀는 불명예를 안거나 환멸을 느낀 **기병대 영웅** 역할을 맡는데, 망명 중인 무법자로 살다가 개척지의 재생적인 풍경 속에서 스스로를 구원하며 결국 보안관이 되는 인물이다. 다른 많은 거친 남성 역할들과 마찬가지로 이 전통적으로 '거친' 캐릭터를 이 시리즈에서 여성이 연기했다는 점이 흥미롭다. 또 다른 여성 캐릭터인 정비공 펠리에이미 세다리스는 영웅을 돕고 유용한 지침과 조언을 제공하는 노년의 서부인, 즉 **약삭빠른 노인네**라는 전통적인 역할을 맡는다. 전통적인 서부극에서 이 전형적인 캐릭터 역은 일반적으로 월터 브레넌 같은 나이 든 성격파 남성 배우들에게 돌아갔으므로, 그 역할을 여성이 맡게 된 것은 반가운 변화였다.

에피소드 6에서는 메이펠드빌 버라는 캐릭터가 등장한다. 그는 재치 있는 농담을 던지면서도 이중적인 무법자로, 에피소드 15에서 더 비중 있는 역할로 돌아온다. 메이펠드는 전 제국군 병사로, 주인공들을 돕기 위해 감옥에서 잠시 풀려난다. 그의 불명예스러운 과거는 남북전쟁 당시 역사의 잘못된 편에서 싸웠던 또 다른 **무법자 영웅** 제시 제임스를 연상시킨다. 어느 순간 메이펠드와 만도는 제국군 장교리처드 브레이크와 마주치는데, 그는 제국의 침략자들과 그곳에 거주하는 원주민들 사이의 개척지 갈등에서 드러나는 피에 굶주린 인종차별적, 집단학살적인 측면을 대변하는 인물이다. 그 장교는 심지어 남부 사투리를 쓰는데(그는 은하계의 남부 지역 출신임에 틀림없다), 그의 이름인 '헤스'는 나치 독일의 루돌프 헤스를 연상시키며 사악한 제국, 남부 연합, 그리고 제3제국 사이에 미묘한 평행 이론을 만들어낸다. 메이펠드는 무고한 민간인 학살을 자랑하는 이 캐릭터를 쉽게 피할 수 있었지만, 대신 이 무법자 영웅은 명예 코드에 따라 충동적이고 복수심에 기반한 행위로 그를 죽여버린다. 이는 자기 파괴적이면서도 동시에 더 깊은 차원의 명예와 고결함을 드러내는 행위다. 이러한 반제국주의적인 구원 행위에 대한 보상으로 메이펠드는 자유를 얻는다.

결국 이 시리즈의 중심 관계는 만도와 베이비 요다의 관계다. 그들의 유대는 신화 전반에서 발견되는 전통적인 **스승-제자 관계**를 떠올리게 하며, 이는 종종 **멘토-영웅 관계**에서 나타나고, 당연하게도 이는 아버지-아들 관계의 반복이다. 내재된 위험과 함정이 도사리는 서부극 시나리오는 이 관계에 완벽한 배경을 제공하는데, 어린 존재가 거쳐야 하는 훈련이 전통적으로 서부의 아버지가 아들에게 전수하는 것과 동일한 남성적 기술의 습득 과정이기 때문이다. 이런 관점에서 〈스타워즈〉 시리즈 전반에 반복적으로 등장하는, 제다이 마스터의 지도 아래 훈련받는 어린 '파다완'이라는 모티브는 미국 서부극과 일본 사무라이 신화라는 그 뿌리를 충실히 계승하고 있다.

마지막에 이르러 만도는 베이비 요다를 구하기 위해 현상금 사냥꾼 길드의 규칙뿐 아니라, 요다와의 개인적인 유대를 형성하기 위해 만달로리안 계율의 신성한 코드까지 깨야만 한다… 이는 그의 캐릭터를 구원하는 초월적인 행위다. 자신의 상징적인 아들과 유대를 맺기 위해, 공공장소에서 헬멧을 벗지 않는다는 만달로리안의 가장 중요한 규칙을 어김으로써 만도는 자기 자신과 자신의 계율을 초월하고, 자신에게 부과된 그 어떤 외부의 규칙이나 코드도 초월하는 개인적인 명예 코드를 자기 안에서 발견한다. 〈만달로리안〉의 세 번째 시즌이 2022년에 예정되어 있기는 해도, 첫 16개의 에피소드는 주인공의 개인적인 승리와 구원으로 정점에 도달하며 하나의 완전한 이야기로 완성된다. 이 은하계에는 앞으로도 흥미롭고 짜릿한 이야기들이 무수히 많겠지만, 만도의 이야기는 여기서 완전히 매듭지어진다…(적어도 지금은 말이다).

당신의 각본에서 서부극 원형을 다룬다면

1. 당신이 서부극을 쓰든 서부극이 아닌 시나리오를 쓰든, 당신의 영화에서 캐릭터와 마찬가지로 배경이나 풍경이 수행해야 할 역할이 있다. 당신의 영화에서 배경이나 풍경은 캐릭터로서 어떤 역할을 수행하는가?

2. 서부극에는 '마지막 총알', '데드 맨즈 핸드', '목매달기' 등처럼 서부극 시나리오에서 이미 정해진 의미를 가진, 잘 확립된 '장치'들이 존재한다. 모든 시나리오에는 경찰 영화의 자동차 추격 시퀀스와 같이 그 나름의 장치들이 있다. 당신의 시나리오에 대해 생각하고, 배경과 캐릭터를 구체화하는 데 도움이 될 수 있도록 당신의 대본에 포함할 수 있는 장치들을 브레인스토밍해보라.

3. 만약 서부극을 쓰고 있다면, 당신은 어떤 유형의 남성 영웅(예: 카우보이 영웅, 무법자 영웅, 보안관 영웅)과 어떤 유형의 여성 영웅(예: 여교사, 댄스홀 걸, 개척지 여성) 캐릭터를 창조하고 있는가? 만약 서부극을 쓰고 있지 않다면, 이러한 캐릭터들의 원형이 당신의 각본 속 캐릭터 발달에 어떤 영향을 미칠 수 있는가?

4. 구원은 모든 서부극의 보편적인 근본 동기이며, 거의 모든 영화 장르에서 유의미한 주제다. 당신의 캐릭터들은 어떤 방식으로 구원을 추구하고 있는가? 이러한 추구가 그들의 행동에 어떤 영향을 미치는가? 그들은 어떻게 스스로를 구원하며, 그 구원이 어떻게 플롯을 이끄는가? 캐릭터들은 그들의 구원 행위를 통해 어떻게 치유받거나 완성되는가?

CHAPTER 9

**판타지를 위한 글쓰기:
기예르모 델 토로의
〈판의 미로〉**

Writing For The
fantasy Genre:

WRITING FOR THE FANTASY GENRE:
판타지를 위한 글쓰기 :
기예르모 델 토로의 〈판의 미로〉

"인생에서 배운 그 어떤 진리보다 더 깊은 의미가
어린 시절 들었던 동화 속에 깃들어 있다."
— 요한 실러

판타지는 고대 신화에 그 뿌리를 두고 있다. J. R. R. 톨킨의 중간계는 고대 노르드, 켈트, 핀란드, 게르만 신화에서 비롯된 것이다. C. S. 루이스는 고대 그리스 신화에서 나니아를 끌어냈으며, 여기에 아서 왕 이야기의 기사도 정신과, 유대-기독교 전통의 신앙과 미덕의 상징성을 결합했다. 로이드 알렉산더의 프리네인은 『마비노기온』에 수록된 고대 웨일스 설화에 직접적으로 기반을 두고 있으며, J. K. 롤링의 마법사 세계는 수천 년에 걸친 유럽의 민간 전설, 동화에서 수집한 마법적 존재들, 신화적 생물들로 채워져 있다. 판타지 안에 존재하는 원형적 이중성은 특히 젊은이들이 인생에서 겪는 투쟁과 특히 깊은 관련이 있다.

또한 판타지와 동화는 근동 및 유럽 문화에서 유대-기독교와 이슬람교에 앞서 존재했던 신앙 체계의 잔재가 가득한 심리-문화적 보고다. 주문, 마녀, 오우거, 정령, 거인, 용… 이러한 판타지의 마법적 요소들은 아직 아이처럼 어리고 순수했던 시절에 세상을 경험하고자 했던 욕망을 드러낸다. 우리가 판타지의 영역에 들어설 때 우리는 우리 자신의 내면 아이와 재회하게 되고, 다시 한번 마법의 변혁적인 힘을 믿게 된다.

모든 연령대의 성인들이 판타지를 사랑하고, 판타지라는 장르가 〈판의 미로〉2006 같은 '다크 판타지' 영화를 포함할 정도로 확장되었음에도 불구하고, 이 장르는 여전히 그리고 앞으로도 언제나 아동 중심의 장르로 남을 것이다. 판타지의 고전적 주제들은 특히 아이들에게 매력적인데, 이는 유년기의 종말에 대한 두려움과 애도, 부모와의 분리에 대한 두려움, 개인적 정체성을 확립해야 할 필요성 등, 아이들의 삶에 보편적으로 존재하는 심리사회적, 정서적 갈등을 상기시키기 때문이다. 거장 톨킨에 따르면, 판타지 문학은 독자들에게 **환상, 회복, 탈출, 위안**이라는 특정한 심리적 기능들을 제공한다. 환상이라는 1차적 기능 속에서 우리는 현실 세계를 잠시 떠나, 무슨 일이든 일어날 수 있고 그 가능성이 오직 우리의 상상력에 의해서만 제한되는 장소로 들어간다.

> 물고기처럼 자유롭게 깊은 바다를 찾아가고자 하는 욕망, 소리 없고 우아하고 경제적인 새의 비행에 대한 동경, 비행기가 기만하고 있는 그 동경… 다른 살아있는 존재들과 대화를 나누고자 하는 욕망. 인간의 타락만큼이나 오래된 이 욕망에, 동화 속 짐승들과 피조물들이 말을 한다는 설정이 크게 기반을 두고 있다.

현실 세계를 떠나면서, 우리는 이미 존재하던 절망 상태에서 '탈출'한다. 이것이 바로 판타지 플롯에서 배경 이야기가 그토록 핵심적인 요소가 되는 이유다. 도로시는 왜 오즈로, 앨리스는 이상한 나라로, 루시는 나니아로 탈출하는가? 그들이 현실 세계에서 탈출하고자 하는 대상은 무엇이며, 이러한 두려움은 판타지 세계에서 어떻게 다루어지고 상쇄되는가? 아이의 정신세계는 (정신분석가들에 따르면) 무의식 차원에서 가족 드라마 시나리오에 사로잡혀 있기 때문에, 현실 세계의 가족은 판타지 세계에서 표현된 가족으로 보통 대체된다. **판타지 속 가족**은 더 단순한 시간과 장소로의 회복을 제공하는데, 이는 아마도 아이가 아직 많이 어렸고 엄마와 아빠가 모두 살아있거나 아직 함께였던 시절, 오직 판타지라는 마법의 관문을 통해서만 다시 경험할 수 있는 사라진 행복한 시간일 것이다. 판타지 이야기에서 가족 드라마 속 갈등은 아이 자신이 수행하는 영웅적 행동에 의해 해결되며, 이는 현실 세계에서는 결여된 의지력, 힘, 통제력을 아이에게 부여한다. 위안은 가족 드라마의 진정한 해결을 제시하는데, 이는 현실 세계에서는 결코 완전히 달성되지 않지만 판타지 속에서는 언제나 달성되는 행복한 상태, 즉 '행복한 결말의 위안'이다. 브루노 베텔하임의 말처럼 "동화란 아이의 내면생활에 대한 증명이다." 현실 세계에서 아이의 가족생활에 관한 배경 이야기를 노골적으로 드러낼 필요는 없지만(사실 의도적으로 모호하게 남겨 두는 편이 더 나은 경우가 많다), 시나리오 작가는 이 배경 이야기에 대해 상세하고 명확한 지식을 갖추고 있어야 하며, 그것이 판타지 세계의 캐릭터, 플롯, 설정에 어떻게 작용하는지 알고 있어야 한다.

〈판의 미로〉에서 우리는 10살 난 소녀 오필리아이바나 바케로를 만나게 된다. 그녀는 임신 중인 어머니아리아드나 길와 강압적인 의붓아버지로부터 동화나 아이 같은 것들에 대한 사랑을 버려야 한다는 말을 끊임없이 듣는다. 시작부터 우리는 이것이 **유년기의 종말**에 대한 공포를 다루는 이야기임을 알 수 있다. 오필리아 어머니의 임신은 또 다른 갈등을 낳는다. 한편 오필리아는 새

아기가 태어나 어머니의 모든 관심을 요구하게 될 때, 어머니의 눈에서 자신이 작은 공주라는 지위에서 '밀려날까' 봐 두려워할지도 모른다. 그러나 어머니가 생명이 위태로울 정도로 힘든 임신 과정을 겪고 있기 때문에, 오필리아의 더 큰 두려움은 죽음으로 인해 어머니를 완전히 잃을지도 모른다는 공포다. 베텔하임이 설명했듯, 아이에게 부모를 잃는다는 생각보다 더 끔찍한 것은 없다.

삶에서 우리가 맞닥뜨릴 수 있는 가장 큰 위협은 버림받아 완전히 혼자가 되는 것이다. 정신분석학은 인간의 가장 큰 두려움인 이것을 **분리 불안**이라 명명했다. 우리가 어릴수록 버림받았다고 느낄 때의 불안은 더욱 심해지는데, 어린아이는 충분히 보호받고 보살핌을 받지 못하면 실제로 죽게 되기 때문이다.

분리 불안은 오필리아에게 특히나 끔찍한 감정인데, 그녀의 아버지는 이야기가 시작되기 몇 년 전에 죽었고, 어머니는 최근 잔인하고 사악한 폭군 비달 대위세르지 로페즈와 재혼했기 때문이다. 만약 어머니가 죽는다면, 오필리아는 괴물 같은 의붓아버지와 단둘이 남게 된다. 오필리아는 아이들이 사용하는 일차적인 자아 방어 기제인 환상화fantasization 를 통해 자신의 두려움에 대처한다. 아이는 자신의 필요에 맞게 현실 세계를 재창조하기에는 너무 어리지만, 아직 왕성하고 자유로운 아이의 마음은 논리와 이성의 엄격한 규율에 완전히 구속되어 있지 않다. 마법을 믿을 수 있는—진정으로 믿을 수 있는—아이들의 능력 은 상상 속에서 판타지 세계를 창조할 수 있는 힘을 제공하며, 그들은 이를 현실로부터의 탈출구로 사용할 수 있다. 어른들은 이러한 탈출구를 사용할 수 없는데, 융이 지적했듯 성장하면서 '아이 같은' 것들을 포기하는 순간 판타지의 마법적 차원에서 스스로를 닫아 버리기 때문이다.

> 왜냐하면 우리는 일상 경험 속에서 사물을 가능한 한 정확하게 규정해야 할 필요가 있고, 언어와 사고 모두에서 판타지의 잔재들을 버리는 법을 배워 왔기 때문이다… 우리 대부분은 사물이나 관념이 지닌 환상적인 심리적 연상들을 모두 무의식 속으로 보내 버렸다.

판타지 시나리오를 쓸 때, 당신이 다루어야 할 주요 쟁점은 다음과 같다. 주인공의 가장 깊은 두려움은 무엇인가? 그녀는 무엇으로부터, 언제, 누구로부터 탈출해야 하는가? 이 질문들에 대한 답은 아이가 두려움에서 탈출하기 위한 수단으로 몰입하게 될 판타지의 동기, 나아가 그에 따른 배경을 제공할 것이다. 또한 이는 아이가 창조한 판타지 세계 속에서 훨씬 덜 두려운 장소, 시간, 혹은 부모 같은 인물의 회복을 통해 그 두려움에 대한 해독제를 제공할 것이다. 이야기의 궁극적인 견말은 아이를(그리고 대리적으로는 관객을) 위한 위안이며, '오래오래 행복하게 살았습니다'라는 결말은 두려움의 영원한 종식을 의미한다.

판타지의 배경

동화와 판타지는 대개 어둡고 원시적인 숲, 이름 없는 신비한 왕국들, 불가사의한 지하 세계를 배경으로 하며, 그 시간대 역시 똑같이 모호하고 특정되지 않는다. 이러한 판타지 설정의 **의도적인 모호함**은 우리가 현실의 영역을 떠나 무슨 일이든 일어날 수 있는 판타지의 영역으로 들어가고 있다는 감각을 준다. '옛날 옛적에'라는 말은 우리가 인류 자체만큼이나 오래된 문제들, 즉 우리의 가장 이른 어린 시절 기억과 악몽, 공포를 떠올리게 하는 문제들을 다루고 있다는 느낌을 준다. 판타지의 배경인 비밀스러운 시간과 장소는 상상의 여지를 남기는데, 이는 상상력에서 비롯되었기 때문이다. 영국 본토 항공전이 실제로 존재했음에도 불구하고 〈나니아 연대기: 사자, 마녀 그리고 옷장〉²⁰⁰⁵의 아이들이 나니아에 들어갈 때, 전쟁 중인 영국의 현실 세계는 판타지를 위해 축소되거나 버려진다. 마찬가지로 〈오즈의 마법사〉에는 대공황 시대의 캔자스가 존재하지만, 도로시가 탈출해 들어가는 판타지 세계는 캔자스를 '비현실적'으로 보이게 만들며, 이와 동시에 오즈의 마법 세계는 단순히 현실이 될 뿐 아니라 버려진 현실보다 더 현실적인 것이 된다. 깨어 있는 의식과 비교되는 꿈처럼, 꿈은 더 다채롭고, 더 생생하며, 더 환상적이다. 따라서 〈판의 미로〉에서 스페인 내전은 실제로 존재했지만, 우리가 오필리아의 이야기에 집중하게 되면서 내전은 빠르게 뒤로 물러나는데, 이는 그녀가 자신의 판타지 세계로 탈출하는 과정에 있기 때문이다.

〈판의 미로〉는 다음과 같은 내레이션으로 시작한다.

> 아주 먼 옛날, 거짓과 고통이 존재하지 않는 지하 왕국에 인간 세상을 꿈꾸던 공주가 살았습니다…

'아주 먼 옛날'이라는 표현은 이 이야기가 유년기 초기에 나타나는 원초적인 문제, 즉 분리 불안을 다루고 있음을 알려준다. '거짓과 고통'에 대한 언급은 오필리아가 거짓^{의붓아버지가 그녀를 잘 대해줄 좋은 사람이라는 말을 듣는 세계와 고통}

을 겪는 세계아버지의 상실과 곧 닥칠 어머니의 상실 속에 살고 있음을 알려준다. 이러한 두려움들이 그녀가 판타지로 탈출하는 동기를 제공한다. 그녀가 판타지 속에서 '공주'라는 사실은 소망 충족의 흔한 형태다. 그녀가 다시 불멸의 세계로 탈출하기를 꿈꾼다는 사실은, 그녀가 어머니의 죽음뿐 아니라 자기 자신의 죽음유년기의 종말에 대해서도 두려워하고 있음을 의미한다. 그녀의 가장 깊은 공포는 완전히 버려지는 것이며, 따라서 그녀의 가장 깊은 소망은 죽은 아버지와 재회하고, 아무도 죽지 않는 판타지 세계에서 어머니와 영원히 함께하는 것이다. 오필리아는 이야기꾼이기도 하기에 그녀가 만들어내는 동화들역시 동일한 판타지 설정을 낳는다. 그녀의 첫 번째 이야기는 "아주아주 오래전, 슬프고 먼 나라에서…"로 시작한다.

판타지 이야기의 배경이 지닌 의도적인 모호함에 더해, 마법 주문에 사용되는 단어들 또한 의도적으로 난해한데, 브로니슬라브 말리노프스키는 이를 '기이함의 계수'라 불렀다. 마법 주문에 쓰이는 고풍스럽고, 비밀스럽고, 암호 같은 단어들은 종종 사어에서 비롯되거나, 어쩌면 인간이 단 한 번도 사용한 적 없는 언어에서 나온 것일 수 있다. 이러한 모든 신비로움은 마법의 초자연적인 성격을 강화하며, 방법이 더 비밀스럽고 헤아릴 수 없는 만큼 더 진실되고 효과적일 것이라 여겼던 원시 의례의 의식구조를 가져온다. 〈반지의 제왕〉소설과 영화에서 마법의 단어들은 대개 고대 엘프들의 고풍스러운 언어에서 파생되었다. 〈해리 포터〉의 마법사들과 마녀들은 주문을 외울 때 고대 사어인 라틴어에 의존하는데, 이는 중세 교회의 신비로운 힘을 상기시킨다. 고대 사어들은 다소 난해하기 때문에, 마법이라는 똑같이 모호하고 기이한 현상을 위한 무대를 설정하는 데 필요한 의도적인 모호함과 기이함을 제공한다. 그러나 어떤 언어든 시나리오의 목적에 맞게 충분히 모호하고 기이해질 수 있다. 예를 들어, 판이 오필리아에게 자신을 소개할 때 그는 이렇게 말한다. "나는 수많은 이름을 가지고 있었다. 바람과 나무만이 발음할 수 있는 오래된 이름들…."

지하 왕국과 마법에 걸린 숲

땅 밑으로 내려가는 것은 판타지의 영역으로 들어가는 흔한 통로다. 톨킨의 중간계는 북유럽 신화의 미트가르트에서 유래했는데, 이는 지구의 여러 층 사이의 '중간 공간'을 의미한다. 상징적으로 땅 밑으로 내려가는 것은 무의식으로의 하강, 전의식적 기억의 원초적 혼돈 속으로의 하강, 모든 공포와 두려움의 뿌리로의 하강, 그리고 판타지, 상상, 꿈의 영역으로의 하강을 뜻한다. 고고학자와 인류학자에게 지층의 더 깊은 층이 더 이른 세대와 문명을 나타내듯, 지하 왕국은 인간 문화와 심리의 더 이른 단계를 상징한다. 지하 왕국에서 우리는 하나의 문화로서 가졌던 이전의 신앙 체계들토테미즘, 이교, 범신론의 악령, 정령, 괴물들을 만난다. 동시에 우리는 한 개인으로서 가졌던 이전의 신앙 체계들유년기 초기에 소중히 간직했던 마법적 믿음과 판타지들의 악령, 정령, 괴물들을 만난다. 전초기지 밖 숲속 깊고 어두운 미로로 내려가는 오필리아의 하강은, 그녀가 어린 시절의 판타지 속으로 아주 깊이 퇴행하여 다시는 현실 세계로 돌아올 수 없기를 바라는 소망을 상징한다. 그 현실 세계란 악마와 괴물이 실제 사람들인 곳이며, 젊은 여성과 어린 소녀에게 강요되는 폭압적인 파시즘이 지나칠 만큼 현실적인 곳이다.

〈피터 팬〉1953은 유년기와 범신론이 독자에게 어떻게 유사한 연상을 끌어내는지 보여주는 완벽한 사례다. 유년기에는 이빨 요정, 산타클로스, 부활절 토끼 같은 요정과 정령에 대한 믿음이 용인되고 심지어 권장되기까지 한다. 유년기는 피터 팬의 네버랜드처럼 시간이 존재하지 않는 곳이며, 절대 늙지 않는 곳이다. 하지만 에덴동산과 마찬가지로 일단 이 마법 같은 시간의 장소를 떠나면 다시는 돌아올 수 없다. 더 나아가 네버랜드는 범신론의 장소이기도 한데, 유니콘이나 사티로스 같은 신화적, 마법적 피조물들이 우리가 그들이 존재한다고 믿기 때문에 존재하는 곳이며, 이성보다는 상상력이 지배하는 장소다. 〈판의 미로〉에 등장하는 신화 속의 사티로스, 판의 역할은 끔찍한 현실로부터의 피난처이자 탈출구로서 오필리아를 그녀의 마음속 그 장소로 돌아가도록 인도한다. 아이의 판타지의 핵심은 그것에 대한 완전한 믿음에 있는데, 이 믿음은 너무도 순진무구하여 어른들은 이해할 수 없고 모방하기란 더더욱 불가능하다. 분명 전형적인 판타지 이야기에서 어른의 역할은 그러한 유치한 판타지를 믿는 아이를 꾸짖는 것이다. 그러나 아이의 여정을 나아가게 하는 것은 바로 **마법**과 **판타지에 대한 믿음** 그 자체다.

〈판의 미로〉 1막에서 오필리아는 자신을 숲으로 인도하는, 날아다니는 큰 대나무벌레를 만난다. 그녀는 어머니에게 돌아가서 "요정을 봤어요!"라고 말한다. 이 대사는 중요한데, 객관적으로 그녀는 요정을 본 것이 아니라 벌레를 보았기 때문이다. 오필리아는 그것을 요정이라 믿었고, 그래서 그것을 요정으로 받아들였다. 잠시 후 그 벌레는 다시 오필리아를 찾아오고, 그녀는 자신의 동화책 중 하나를 보여주며 요정이 어떻게 생겨야 하는지 벌레에게 보여준다. 그러자 그 벌레는 그녀의 눈앞에서 실제로 요정으로 변신하는데, 이는 오필리아가 보고 경험하는 모든 것이 마법과 판타지를 믿고자 하는 그녀의 절박한 욕구에 의해 걸러지고 있음을 아주 분명하게 보여준다. 여기에서 얻는 심리학적 교훈은 '우리는 우리가 믿는 것을 보며, 그 반대가 아니라

왕족 혈통에 대한 판타지: 〈판의 미로〉 2006 에서 달 모양의 점은 오필리아 이바나 바케로 에게 있어 그녀가 단지 평범한 필멸의 존재인 소녀가 아니라, 실제로는 모안나 공주라는 표식이다.

는 것'이다. 이 점은 특히 아이들에게서 더 잘 드러나는데, 아이들은 마법적 판타지를 믿고자 하는 욕구가 너무도 원초적이어서 믿는 것을 실제로 보게 되며, 그 결과 일종의 합리적 정신병 상태에 이르게 된다. 아이는 마치 꿈이나 환각 속에 있는 것처럼 판타지 세계와 그 모든 환상적인 피조물들을 자기 주변에서 본다. 그러한 상상의 나래로 넘어가는 '지각의 문'이 닫혀버린 어른은 오직 현실만을 볼 뿐이다.

〈피터 팬〉에서, 아이들은 하늘을 날기 위한 유일한 전제 조건이 마법에 대한 진실되고 진정한 믿음이며 날 수 있는 능력에 대한 합리적 불신을 유보하는 것임을 배운다. 오직 믿음만이(그리고 약간의 '요정 가루'가 더해져) 마법의 비행을 가능하게 한다. 마법과 판타지에 대한 아이들의 유치한 믿음, 즉 현실 세계에서 꾸지람을 듣는 바로 그 믿음이야말로, 판타지에서는 그 아이들의 현실 속에서 마법 능력이 없는 어른들과 차별화되는 요소다. 요컨대 믿음

CHAPTER 9 _ 판타지를 위한 글쓰기: 기예르모 델 토로의 〈판의 미로〉

은 판타지의 전제 조건이다. 아이들의 순수함은 그들에게 진정으로 믿을 수 있는 능력, 자신의 환몽을 현실로 만드는 능력을 부여하지만, 동시에 유년기가 끝나면 자신의 꿈을 믿는 그들의 능력 역시 끝나고, 남은 생애 동안 논리적인 어른의 음울한 현실 세계에 갇히게 될 것 또한 잘 알고 있다.

숲이라는 배경은 물리적으로는 미지의 영역을, 심리적으로는 억압된 것을 상징하며, 그 때문에 판타지 세계로 들어가는 원형적인 입구가 된다. 『신곡』[1320]에서 단테는 숲의 모호한 상징성을 다음과 같이 상기시킨다.

> 우리 인생 여정의 한가운데서, 나는 올바른 길을 잃어버린 채 어두운 **숲**속에 혼자인 나 자신을 발견했다…

루이스의 나니아에 나오는 '세계와 세계 사이에 있는 숲', 롤링의 호그와트에 있는 '금지된 숲', 톨킨의 중간계에 있는 거대한 '머크우드', 그리고 〈판의 미로〉 속 원시적인 산악 지대의 숲이 대표적인 사례다. 이러한 마법에 걸린 숲들에는 인간의 기술과 사업이 뚜렷이 부재하는데, 이는 판타지 속 마법의 힘이 인간이 만든 세상의 물질적 힘과 상반되며 종종 충돌하기 때문이다. 따라서 판타지 문학과 영화에는 '녹색' 정서가 흐른다. 〈나니아 연대기: 캐스피언 왕자〉[2008]와 〈반지의 제왕: 두 개의 탑〉[2002]에서는 나무들의 마법적인 '각성'을 통해 승리가 이루어지는데, 나니아의 '살아 있는 숲'과 중간계의 '엔트'들은 자신들을 억압해 온 인간들에게 복수를 가한다. 이번에는 나무들이 인간들을 베어 쓰러뜨리는 것이다! 시나리오 작가들에게 이러한 **녹색 정서**는 자연을 학대하기보다 보호해야 할 필요성을 알레고리로 표현할 기회를 제공한다. 이는 보통 동물, 나무, 식물과 같은 자연의 존재들에 대한 의인화를 통해 이루어진다.

자연의 존재들에게 인간의 말이라는 선물을 줄 때 당신은 그들에게 '생명을 불어넣는animate' 것인데, 이는 '영혼'을 뜻하는 라틴어 어원 *anima*에서 유래했다. 영화에서 자연의 존재에 **생명을 불어넣는다**는 것은 그것에 영혼을 불어넣는다는 의미다. 따라서 용감한 토스터, 큰 귀를 가진 아기코끼리, 생명을 얻은 나무 인형처럼 '생명을 불어넣은' 캐릭터들이 판타지 애니메이션 영화에 자주 등장하는 것은 결코 우연이 아니다. 아직 차갑고 딱딱한 어른의 논리와 이성에 완전히 길들여지지 않은 아이의 마음은, 마법과 마법의 피조물들이 실재한다는 생각에 열려 있다. 마법에 걸린 숲이라는 설정은 자연 및 자연의 존재들이 우리와 같은 영혼을 지닌 것처럼 인간이 더 직접적으로 교감할 수 있는 마법의 장소를 제공한다. 톨킨에 따르면, "이 경이로움은 요정의 나라 중심부에 자리한 원초적 '욕구' 가운데 하나, 즉 다른 살아있는 존재들과 교감하고자 하는 인간의 욕구에서 비롯된다." 다른 살아있는 존재에 영혼이 부여되는 순간 그것을 죽이거나, 태우거나, 베어내거나, 훼손하거나, 사냥하거나, 서식지를 파괴하여 멸종에 이르게 하는 일은 심리적으로 더욱 힘들어진다. 인간처럼 말하고 행동하는 의인화된 동물들은 신화, 동화, 판타지에서 흔히 볼 수 있다. 루이스는 말하는 짐승들에 대해 다음과 같이 언급했다.

> 인간은 아니지만 다양한 수준에서 인간처럼 행동하는 존재들, 즉 거인, 난쟁이, 그리고 말하는 짐승들… [은] 소설식 표현보다 더 간결하게, 그리고 소설식 표현을 아직 접하지 못한 독자들에게 심리와 캐릭터 유형을 전달하는 훌륭한 상형문자다. 『버드나무에 부는 바람』의 오소리 아저씨를 떠올려 보라. 높은 신분, 거친 태도, 퉁명스러움, 수줍

음, 선함이 기묘하게 혼합된 캐릭터다. 오소리 아저씨를 한 번이라도 만난 아이는 그 후로 줄곧, 다른 방식으로는 얻을 수 없는 인간성과 영국 사회사에 관한 지식을 골수 깊이 새기게 된다.

노새의 고집, 사자의 용기, 개의 충성심 등 말하는 짐승은 우리가 특정 동물에게 투사하는 인간적인 자질들을 즉각적으로 자기 캐릭터에 부여한다. 이런 방식으로, 말하는 짐승은 판타지 시나리오 내에서 성격 묘사와 캐릭터 발달을 위한 일종의 지름길을 제공한다.

당신이 판타지 설정을 쓸 때, 몇 가지 이중성들이 당신의 마음속에 명시적으로 확립되어 있어야 그것들이 각본 속에서 암시적으로 표현될 수 있다. 판타지 설정은 현실 세계의 엄밀한 명료함에 대항하기 위해 **의도적인 모호함**의 측면을 지녀야 한다. 현실 세계는 지도, 달력, 시계, 스마트폰, 그리고 우리를 현실의 시간과 현실의 공간이라는 감옥에 가두는 그 밖의 인공 장치들에 의해 끊임없이 측정되고 가늠되며, 이는 애초에 판타지로의 탈출을 필연적으로 만든다. 시간과 장소의 이중성은 〈판의 미로〉에서 완벽하게 표현된다. 오필리아는 어머니와 의붓아버지로부터 끊임없이 아이로서 자신의 시간이 다해 가고 있으며, 여자로 성장하기 위해서는 유치한 동화, 꿈, 판타지를 뒤로해야 한다는 말을 듣는다. 아이들은 자신이 말기의 환경, 즉 사라져 가는 비현실의 시간 속에 존재하며, 머지않아 그 시간이 영원히 사라질 것을 고통스럽게 인식한다. 판타지에서 유년기의 종말은 모든 아이에게 다가올, 피할 수 없는 파멸로 인식된다. 부모와 어른들은 이 종말을 재촉하는 반면 아이들은 그것을 죽음처럼 피하려 하는데, 그것이 바로 죽음이기 때문이다—어른의 훨씬 덜 공상적인 자아로 대체될, 유년기 자아의 죽음 말이다. 판타지 이야기 그 자체는 아이들이 유년기 초기의 판타지 영역으로 아주 깊이 퇴행하여, 그곳에 영원히 숨어버리고 결코 성장하지 않으려는 시도다. 성장하여 환상도 없고, 마법도 없고, 상상력도 없는 어른으로 변해 가는 것에 대한 이러한 두려움은 실제로 아이/영웅이 겪고 있는 일차적인 두려움 중 하나다.

시간 할아버지는 티탄 신족인 크로노스처럼 자신의 아이들을 집어삼킨다. 비달은 잔인하고 차갑고 비정한 시간 할아버지 역할을 수행하는데, 그는 단지 한 소중한 아이가 여자로 성장할 '시간'이 되었다는 이유만으로 그녀를 파괴하려 한다. 시계에 대한 비달의 집착은 그가 시간 그 자체의 악행, 폭압, 파시즘과 연결되어 있음을 드러낸다. 비달은 실제로 전초기지의 시계탑에 살고 있는, 시간이라는 유령의 살아있는 화신이다. 그가 자신의 회중시계^{비달의} ^{폭군 같은 아버지와의} 연결고리를 강박적으로 확인하고 태엽을 감는 행위는, 그가 인간이 만들어낸 개념인 '시간'의 노예이며 그의 의붓딸과 스페인 전역이 마찬가지로 시간의 노예가 될 때까지 쉬지 않을 것을 더욱 잘 보여준다. 판타지에서 시간 할아버지는 아이들을 집어삼키는 괴물이다. 이는 어른들에게 추앙받고 또 아이들에게 주입되는 시간이라는 개념이, 판타지 속으로 탈출하여 시간을 초월할 수 있는 아이의 능력을 집어삼키는 것과 같다. 끊임없이 째깍거리는 시계 소리에 대한 이 공포, 모든 유치하고 환상적인 것들의 파멸을 알리는 이 소리에 대한 공포는 모든 판타지 이야기의 기저에 흐르는 주제다. 따라서 이 주제는 당신의 판타지 이야기 속에도 반드시 존재해야 하지만, 노골적으로 드러나서는 안 된다. 〈판의 미로〉는 이에 관한 훌륭한 사례다. 지금 이렇게 분석해 보니 이 영화는 시간의 폭압을 나타내는 원숙한 상징들로 가득 차 있지만, 처음 보았을 때는 그 상징성이 눈에 띄기는 했어도 노골적이지는 않았다. 이는 영화 속 상징이 의도한 대로 잠재의식적인 효과를 내고 있으며, 스스로를 과장하지 않고 있다는 예외 없이 좋은 신호다.

괴물인 페일 맨은 오필리아에게 새아버지가 지닌 무시무시한 존재감과 그 자체로 무시무시한 시간의 유령을 동시에 상징한다. 그는 그리스 신화에 나오는 시간의 신이자 신들의 아버지로, 자기 자식들을 집어삼키는 크로노스의 화신이다. 오필리아는 좋은 옷과 구두를 진흙투성이로 만들었다는 이유로 어머니에게 꾸중을 듣고, 저녁도 먹지 못한 채 잠자리에 든 후 몽환적인 시퀀스 속에서 페일 맨과 마주친다. 음식은 사랑을 나타내는 가장 기본적이고 근원적인 상징이다. 아이에게 음식을 주지 않는 부모는 사랑을 주지 않는 것이다. 그리고 부모가 아예 자기 아이를 자기가 먹을 음식으로 변형시킨다면… 정상적인 인간 경험의 범위를 훨씬 넘어서는 일이다. 조셉 캠벨은 식인 행위와 시간 사이의 심리적 연관성을 다음과 같이 인식했다.

> 우리 모두는 과자로 만든 집에 사는 마녀의 동화를 알고 있다… 그녀는 인간을 잡아먹는다. (그리고 명심해야 할 점은, 약 60만 년에 달하는 인간의 경험 속에서 인간을 잡아먹는 자들—심지어 자식을 잡아먹는 어머니들까지—은 음울하고 끔찍한, 늘 실재하는 현실이었다.) 여성 식인 괴물은 고급 문화든 저급 문화든, 전 세계 민족들의 민담 속에 등장한다. 그리고 신화적 차원에서는 이 원형이 더욱 확대되어 '모든 것을 집어삼키는 시간'의 의인화인 힌두교의 칼리점은 여신와 같은 식인-어머니 여신으로 나타나거나, 중세 유럽에서 사악한 망자들을 집어삼키는 여신 헬의 입과 배라는 형태로 나타난다.

동화와 판타지 속의 식인 행위는 성행위의 본능적인 측면을 나타내는 데 또한 자주 사용되는데, 특히 『빨간 모자』에서처럼 원치 않는 소녀에게 강요될 때 그러하다. 이 주제는 또한 어머니가 아이에게 "너무 귀여워서… 먹어버리고 싶어!"라고 말할 때 드러나는, 과도한 사랑의 형태를 가리킬 때도 사용된다. 스파이크 존즈 감독의 〈괴물들이 사는 나라〉²⁰⁰⁹에서, '괴물'의 차림을 한 맥스맥스웰 레코즈는 어머니에게 "잡아먹어 버릴 거야!"라고 소리친다. 그는 사랑을 표현하고 있는 것이지만, 거칠고 미성숙한 방식이다. 그는 자신의 난폭함 때문에 어머니에게 벌을 받게 되는데, 어머니는 그를 '아무것도 먹이지 않고' 방으로 보내버림으로써, 아이가 그토록 절실히 필요로 하는 관심뿐 아니라 음식이 상징하는 모성애까지 박탈한다. 그러고 나서 맥스는 자신의 감정들이 '괴물들'로 구현된 판타지 세계로 들어간다. 각각의 괴물은 맥스의 개인적인 가족 드라마 속 관계의 한 측면을 나타내는데, 그중 대부분이 사춘기 누나와의 불편한 관계, 그리고 부재하는 아버지상과 관련이 있다. 그가 판타지 속에서 치유하는 가장 주된 관계는 자기 자신과의 관계이며, 이는 캐롤제임스 갠돌피니이라는 캐릭터로 상징된다. 캐롤은 어린 소년처럼 재미있고 거칠고 자유롭지만, 때로는 조금 지나치게 거친 괴물이다. 슬프게도 맥스는 어머니가 너무나 그리워지고, 그는 캐롤과 다른 괴물들을 뒤로한 채 그가 성장하게 될 현실 세계로 돌아가야 한다. "제발 가지 마!" 괴물들이 외친다. "우린 널 잡아먹을 거야. 널 너무 사랑하니까!"

〈판의 미로〉 또한 비슷한 방식으로 가족 드라마를 전개한다. 판에게 자신이 오필리아라는 필멸의 존재인 소녀가 아니라 진짜 모안나 공주임을 증명하기 위해, 그녀는 보름달이 뜨기 전까지 3가지 과제를 완수해야 한다. 달의 모티프는 시간에 대한 또 다른 표현으로, 소녀에서 여자로 성장하는 오필리아의 과정, 즉 다가오는 월경 주기와 연결되며, 그녀의 이름과 어깨 뒤에 난 달

모양의 점 또한 그녀의 캐릭터와 구체적으로 연결된다. 따라서 '보름달'은 그녀가 여자로서 완전히 발달하는 것, 즉 초경을 상징한다. 소녀에게 초경은 곧 유년기의 종말을 의미하기 때문이다. 이렇게 과제를 완수하고 '죽음'의 시한, 즉 아이로서의 죽음이 오기 전에 영원한 어린 시절로 돌아가야 한다는 마감 시한이 설정된다. 첫 번째 과제에서, 오필리아는 오래되어 죽어가는 나무 안에서 거대한 두꺼비와 마주친다. 그녀는 여성의 생식기 모양을 한 나무 구멍을 통해 나무 안으로 들어가는데, 이는 어머니의 자궁으로 다시 들어감을 상징한다. 나무는 두꺼비 때문에 죽어가고 있는데, 이는 뱃속의 태아 때문에 죽어가는 그녀의 어머니와 같다. 오필리아는 두꺼비가 거대한 태반 같은 덩어리를 토해내게 해서 과제를 완수하는데, 그 덩어리 안에는 그녀가 가져와야 했던 열쇠가 들어있다. 분명히 이 나무 속 두꺼비 시퀀스는 어머니가 출산 중에 죽을지도 모른다는 오필리아의 공포를 연출하고 있다. 개구리와 두꺼비는 변태의 상징이다. 올챙이에서 개구리로의 변형은 인간의 변화, 특히 사춘기에 소년에서 남자로, 소녀에서 여자로의 신체적 변화를 상징한다. 〈판의 미로〉에서 두꺼비는 임신한 어머니에 대한 오필리아의 두려움을 나타내며 또한 월경, 성행위, 임신, 출산의 고통과 수모를 겪게 될 여자로 성숙해지는 것에 대한 그녀의 두려움을 나타내기도 한다. 토해내고 난 뒤의 두꺼비는 그저 텅 빈 죽은 가죽일 뿐인데, 이는 오필리아 어머니의 죽음을 암시한다. 그녀의 필사적인 노력의 산물인 그 열쇠는 태어나지 않은 남동생을 상징한다. 남동생이 오필리아 이야기의 결말에 열쇠와 같은 역할을 하게 될 것이기 때문이다.

오필리아의 두 번째 과제는 그 열쇠를 사용하여 페일 맨의 소굴에서 물건을 하나 가져오는 것인데, 그곳 역시 지하에 있으며 오직 마법을 통해서만 접근할 수 있다. 페일 맨이 잠들어 있기 때문에 물건을 가져오는 일은 쉽게 해내지만, 그녀는 페일 맨의 식탁 위에 차려진 엄청난 양의 맛있는 음식들의 **유혹**을 이겨내는 데는 실패한다. 유혹이라는 테마는 신화, 동화, 판타지 전반에 걸쳐 나타난다. 동화의 설정에서 유혹을 불러일으키는 대상은 에덴동산의 사과가 그렇듯 일반적으로 성행위를 상징한다. 위층에서는 비달과 그의 손님들, 그리고 오필리아의 어머니가 성대한 만찬을 즐기고 있는데, 그 자리에 오필리아는 배제되어 있다. 그녀의 환상 속에서 오필리아는 비달을페일 맨으로서 식탁의 상석에 앉히는데, 거기서도 그녀는 마찬가지로 아무것도 먹지 못하도록 금지당한다. 하지만 오필리아는 저녁을 먹지 못했기 때문에 굶주려 있고, 어머니의 사랑과 관심에도 굶주려 있다. 유혹에 굴복하여 단 두 알의 포도즉, '금단의 열매'를 먹는 행위는 오필리아가 완전히 순수하고 결백한 아이가 아닐 수도 있음을 드러낸다. 이 과제는 그리스 신화의 페르세포네 이야기를 재현하는데, 페일 맨이 하데스 역할을 하고 석류 씨 대신 포도가 유혹의 상징으로 쓰인다.

'로열' 패밀리

판타지 이야기가 아이에게 가족 드라마를 상상의 형태로 재연해 보인다면, 그 드라마의 캐스팅이야말로 지극히 중요하다. 현실의 애착 대상에 대한 연상을 두 판타지 인물로 나누는 무의식적 과정, 즉 **분열**은 선한 동시에 악한 모든 현실 인물과 같이 실제 부모를 심리적으로 다루는 하나의 수단이다. 실제 어머니를 여신 또는 요정 대모, 그리고 사악한 계모 또는 사악한 마녀라는 상반된 두 원형으로 분리하는 것은, 베텔하임이 언급했듯 우리가 사랑하는

CHAPTER 9 _ 판타지를 위한 글쓰기: 기예르모 델 토로의 〈판의 미로〉

어머니를 안전하게 보존하는 동시에 우리가 증오하는 어머니를 다룰 수 있게 해준다.

사악한 계모라는 환상은 선한 어머니를 온전히 보존할 뿐 아니라, 그녀에 대한 언짢은 생각과 소망 때문에 죄책감을 느끼지 않도록 해준다. 이러한 죄책감은 어머니와의 좋은 관계를 심각하게 방해할 것이다.

융도 마찬가지로 어머니 원형을 분리했는데, 두 부분이 아니라 세 부분으로 나누었다.

이것이 어머니의 본질적인 세 가지 측면이다. 보살피고 양육하는 선함, 광적인 감정 상태, 그리고 칠흑 같은 심연.

가운데 측면인 어머니의 '광적인 감정 상태'는 상황이나 기분에 따라 그녀의 행동이 사랑으로 나타날지 증오로 나타날지 좌우하는 변수다. 〈나니아 연대기: 사자, 마녀 그리고 옷장〉2005에서 하얀 마녀 제이디스틸다 스윈튼는, 영국 본토 항공전 동안 시골에 가서 살도록 아이들을 떠나보낸 현실의 어머니에게 현실 세계의 아이들이 버림받았다고 느끼는 바로 그 순간 판타지 세계에 등장한다. 나니아에서 제이디스는 어머니가 아니다. 그녀는 아이들을 낯선 사람들과 함께 살도록 보내버린 어머니의 한 면모일 뿐이다. 현실의 어머니는 여전히 런던에 있으며, 아이들을 그리워하고 걱정하고 있다. 나니아에서 제이디스는 그리스 신화의 고르곤 메두사처럼 사람을 돌로 바꾸는 마법의 능력을 가지고 있다. 누군가를 돌로 바꾸는 힘은, 어린아이들을 그토록 잔인하고 무정하게 대할 수 있다면 마녀 자신도 돌로 되어 있음에 틀림없다는 생각을 반영한다. 그녀의 감정적 냉혹함은 겨울의 여신이라는 지위로 나타난다.

오토 랭크는 영웅 설화에 대한 그의 분석에서 신화, 민담, 동화, 판타지 전반에 걸쳐 나타나는 공통된 주제를 지적했는데, 주인공이 신성하거나 고귀한 혈통을 지닌 친부모와 어떤 식으로든 분리되어 평범한 사람들 사이에서 살아가게 되었다가, 마침내 자신의 진정한 정체성을 발견한다는 것이다.

> 현실의 아버지를 더 훌륭한 아버지로 대체하려는 그 모든 노력은, 아버지가 여전히 가장 강하고 위대한 남자로, 어머니가 가장 사랑스럽고 아름다운 여자로 보였던, 지금은 사라져 버린 행복한 시절에 대한 아이의 그리움을 표현한 것일 뿐이다.

따라서 고전적 영웅의 '단일 신화' 주기에 맞추어 판타지 영웅 또한 자신의 진정한 정체성을 찾아 나서는데, 그 과정에서 이야기는 일종의 미스터리가 되고, 각 단계가 영웅의 진정한 자기 자신에 대한 단서를 드러낸다. 소년에서 남자가 되는 소년 영웅의 변화의 여정이 전통적으로 외부 세계의 장애물을 극복하는 시련이나 고난을 통해 완성되는 반면, 여성의 통과의례는 전통적으로 내적인 변신의 완성을 통해 이루어진다. 즉, 그녀의 몸 자체가 소녀에서 여자로 변하는 것이다. 좋든 싫든 그녀의 몸은 변하겠지만 처녀에서 아내로, 딸에서 어머니로, 순결한 아이에서 성적으로 성숙하고 적극적인 여자로 가는 이 중대한 전환에 있어 그녀는 준비가 되어 있는가? 일반적인 동화, 그리고 특히 〈판의 미로〉는 다가오는 변화초경에 대한 영웅의 불안뿐 아니라 그 변화가 예고하는 신체적 행위와 고난섹스, 임신, 출산에 대한 상징들을 제공한다.

나의 저서 『판타지 문학에서의 고대 상징학: 심리학적 연구』[2012]에서, 나는 판타지와 동화 이야기 속 소녀들이 생체 시계가 초경을 향해 흘러가는 것에 대해 드러내는 공포와 불안을 가리켜 '월경 불안'이라는 용어를 만들었다. 월경은 (롤로 메이가 그의 동화 연구에서 언급했듯) 라틴어 menses, 즉 '달[months]'에서 유래했다. 일상어에서도 우리는 월경을 시간적인 관점에서, 즉 '한 달에 한 번 있는 날'이라거나 '그날'이라고 표현한다. 〈오즈의 마법사〉에 나오는 사악한 마녀의 모래시계는 월경 불안을 특히 생생하게 보여주는 상징인데, 그 모래시계가 붉은 모래로 채워져 있기 때문이다. 그 모래시계는 도로시의 아이 같은 신체를 대체하게 될, 성적으로 성숙한 여성의 모습을 가리키며 붉은 모래는 생리혈의 전조다. 마지막 모래 알갱이가 떨어질 때, 소녀 도로시는 죽고 여자 도로시가 그 자리를 대신할 것이다. 유사한 비유가 〈판의 미로〉에서도 펼쳐지는데, 페일 맨을 만나는 과제에 대한 시간제한으로 오필리아가 모래시계를 받았을 때가 그렇다. 그녀는 마지막 모래 알갱이가 떨어지기 전에 마법의 문을 통해 페일 맨의 소굴을 빠져나가야 하며, 그러지 못하면 그곳에 영원히 갇히게 될 것이다. 판타지 세계의 시간제한은 현실 세계의 생체 시계를 떠올리게 한다. 여자가 된다는 것 자체가 두려워해야 할 일은 아니다. 두려운 것은 여자가 되면 예상되는 일들, 즉 월경, 섹스, 임신, 출산인데, 이는 사춘기 이전 소녀에게 모두 무서울 정도로 고통스럽고 피로 얼룩져 보이기 때문이다.

『빨간 모자』는 동화가 상징을 사용해 소녀의 정신 속에 존재하는 월경 불안, 특히 섹스와 섹스의 결과에 대한 두려움을 어떻게 묘사하는지 아마도 가장 명확하고 생생하게 보여주는 사례다. 이것이 의심할 여지 없이 이 이야기가 〈레드 라이딩 후드〉[2011]처럼 다소 충격적인 성심리적 공포영화들로 각색

된 이유인데, 이 작품에서는 아만다 사이프리드가 주인공 역할을 맡았다. 베텔하임은 여기서 정신분석학적 해석을 명시적으로 끌어낸다.

> '빨간 모자'라는 이름은… 그녀가 모자를 쓰기에는 너무 어리다는 뜻이 아니라, 이 빨간 모자가 상징하는 것, 그리고 그 모자를 쓰는 행위가 초래하는 것을 감당하기에 너무 어리다는 뜻이다. 빨간 모자에게 닥친 위험은 이제 막 싹트는 그녀의 성적 욕망인데, 그녀는 아직 그것을 받아들일 만큼 정서적으로 성숙하지 않다. 성적 경험을 할 심리적 준비가 된 사람은 그것을 다스릴 수 있고, 그로 인해 성장할 수 있다. 하지만 너무 이른 성생활은 퇴행적인 경험으로, 우리 안에 아직 원시적으로 남아 있는 모든 것과 우리를 집어삼키려 위협하는 모든 것을 자극한다.

그에 반해 크고 나쁜 늑대는 탐욕스럽고 매력적이며, 위험하면서도 유혹적이고, 교활하면서도 관능적인 존재로, 남성에 대한 양가적인 관점을 제시한다. 이야기 속의 명시적인 경고는 "크고 나쁜 늑대를 조심해. 그가 너를 속여 침대로 끌어들인 다음 잡아먹을 거야!"이다. 그리고 암묵적인 경고는 "네 안의 늑대를 자각해. 너 자신의 욕망에 너 스스로가 먹히도록 내버려 두지 마!"이다.

팀 버튼 버전의 〈이상한 나라의 앨리스〉2010에서, 앨리스는 아이가 아니라 성인의 문턱에 위태롭게 서 있는 젊은 여성이다. 그녀는 부자지만 멍청한, 겉멋 든 남자와 결혼함으로써 즉시 어른이 되어 성인 사회에서 자신의 자리를 차지하리라는 기대를 받는다. 그러나 앨리스는 최근 세상을 떠난 아버지를 여전히 애도하고 있는데, 아버지는 그녀의 잃어버린 어린 시절과 판타지 세계에 대한 애착을 동시에 상징한다. 그녀를 나무 구멍 아래 이상한 나라로 이끄는 토끼는 번식력의 상징이다. 시계를 들고 "늦었어! 늦었어!"라고 외치는 이 토끼는 그녀에게 성장해서 결혼하고 아이를 낳으라는 압박의 화신이다. 그녀가 이상한 나라에 들어서자마자 이러한 기대들은 마법처럼 뒤집힌다. 앨리스는 이상한 나라 주민들에게 그녀가 '가짜 앨리스', 즉 어렸을 때 판타지 세계를 방문했던 그 작은 앨리스가 아니라 다 자란 앨리스라는 말을 듣는다. 그녀는 자신의 '풍부함'을 잃어버렸다. 이는 판타지 이야기가 이야기 속 캐릭터와 관객 모두에게 제공하는 '탈출'과 '회복'의 한 유형을 보여주는 좋은 사례다. 당신이 판타지를 쓸 때, 영웅 스스로는 자신의 무의식적 두려움을 자각하지 못하고 있더라도, 당신은 영웅이 정확히 무엇을 두려워하고 있는지 정확히 인식하고 있어야 한다. 영웅을 판타지로 내모는 것이 바로 이 정확한 두려움들이고, 판타지 속에서 전복되고 상쇄되는 것도 바로 이 두려움들이며, 궁극적으로 이 두려움들과 마주하고 극복하는 것이 영웅의 문제 해결과 영웅 이야기의 결말 모두로 이어진다.

〈판의 미로〉에서 오필리아는 판에게 '선택의 책'을 받는다. 그 책은 오필리아가 서 있는 인생의 갈림길을 나타내며, 여자로 성장해 나아갈지 아니면 어린 시절로 퇴행할지에 대한 그녀의 선택을 나타낸다. 현실 세계는 이러한 선택지를 제시하지 않는데, 시간과 생체 시계가 예외 없이 앞으로만 나아가기 때문이다. 시간과 발달에 있어 거꾸로 가는 선택지는 오직 판타지라는 마법의 통로를 통해서만 제시된다. **왕족 혈통**에 대한 환상 역시 〈판의 미로〉에서 하나하나 빠짐없이 재현된다. 오필리아는 그녀가 '인간에게서 태어난' 것이 아니라 '달'에게서 태어났다는 말을 판에게 듣는다. 그녀의 진짜 아버지는 불멸의 왕이자 태양의 신이고, 그녀의 진짜 어머니는 불멸의 여왕이자 달의 여신이다. 모안나 공주라는 오필리아의 판타지 속 정체성은 그녀의 가장 깊은 소망들을 충족시키고 가장 깊은 두려움들을 잠재운다. 그녀가 판의 3가지 과제를 성공적으로 완수할 수만 있다면, 그녀는 아주 최근에 세상을 떠난 어머니, 그리고 오래전에 세상을 떠난 아버지와 재회하게 될 것이다. 게다가 그녀는 결코 어른이 되지 않을 것이고, 그들 모두 영원히 행복하게 살 것이며 결코 죽지 않을 것이다. 이러한 두려움과 욕망은 주로 무의식적인 것이기 때문에, 시나리오 작가는 그것을 마찬가지로 무의식적인 방식, 즉 아주 섬세한 방식으로 드러내야 한다. 예를 들어, 오필리아가 동정심 많은 하녀 메르세데스마리벨 베르두에게 어머니의 상태에 대한 두려움을 털어놓을 때, 메르세데스는 "아기를 갖는다는 건 복잡한 일이란다"라고 말하고, 이에 오필리아는 "그럼 난 절대 아기를 갖지 않을래요"라고 대답한다. 여기서 오필리아는 여자로 성장하기를 꺼리는 자신의 마음을 꽤 명확하게 진술하면서도 직접적이지 않고 의도적으로 모호한 방식으로 말하는데, 이는 그녀 자신조차 어른이 되는 것에 대한 자신의 두려움을 오직 잠재의식 수준에서만 인식하고 있음을 보여준다.

토테미즘과 인간 / 짐승 원형

우리는 반은 인간이고 반은 짐승인 존재가 있다는 관념이 어디서 유래했는지 알지 못한다. 우리가 아는 것은 유럽의 몇몇 동굴 벽에 그려진 이러한 존재들의 그림이 거의 3만 년 전으로 거슬러 올라가듯, 이것이 인류가 꿈꾸어온 가장 오래된 판타지 중 하나라는 점뿐이다. 조셉 캠벨은 이에 관해 훌륭한 설명을 제공한다.

> 검치호랑이, 매머드, 그리고 동물 왕국의 더 작은 존재들이 이질적인
> 무언가의 주된 출현이었던—동시에 위험의 근원이자 생계의 원천이
> 었던—인류사에서 가장 오래된 시기, 원시 수렵인들에게 있어 인류의
> 가장 큰 문제는 이 존재들과 야생을 공유하는 과업에 심리적으로 연결
> 되는 것이었다. 무의식적인 동일시가 일어났고, 이는 마침내 신화 속
> 토템-조상들의 반인반수 형상을 통해 의식화되었다.

영적 동물에 대한 문화적 숭배인 토테미즘은 오늘날에도 아주 생생하게 살아있는데, 세인트루이스 카디널스의 프리버드 같은 팀 마스코트나, 미국의 흰머리수리와 러시아의 곰 같은 국가 상징 동물, 전갈자리나 사자자리 같은 점성술/황도십이궁 동물, 그 밖의 수많은 표상들 속에서 찾아볼 수 있다. 〈황금 나침반〉2007에서 모든 등장인물은 그 인물의 정체성이나 정신의 특정 요소들이 외부로 투사된 반려동물 '데몬'을 가지고 있다. 『해리 포터』 소설과 영화에서 모든 마법사와 마녀는 '패트로누스'를 가지고 있는데, 이는 물리적이거나 영적인 존재라기보다 심리적인 이미지에 가깝다. 당연히 개인의 패트로누스는 심리적 차원에서 중요한 의미를 지닌다. 고아인 해리다니엘 래드클리프에게 있어 그의 패트로누스는 수사슴이었는데, 이는 그의 아버지의 패트로누스와 동일하다. 해리의 패트로누스는 (그 단어의 어원적 뿌리가 암시하듯) 문자 그대로 부성적 보호자였다.

켄타우로스, 사티로스, 미노타우로스, 스핑크스, 그리고 늑대인간이나 뱀파이어 같은 수인들, 이러한 피조물들은 모두 인간의 이중성을 나타낸다.

즉, 일부는 계몽된 인간이고 일부는 짐승이다. 〈판의 미로〉의 제목에 나오는 캐릭터는 반은 인간이고 반은 염소인 사티로스다. 그리스 신화 속 사티로스들은 디오니소스의 시종이었으며, 따라서 음주, 섹스, 방탕과 연관되었다. 그리스의 신 판은 가장 유명한 신화 속 사티로스다. 고대 그리스는 목축을 주로 하는 국가였기에, 반은 인간이고 반은 염소인 모습은 토테미즘적 희생 제의에 사용된 샤먼의 의상에서 유래했을 가능성도 있다. 판은 자연과 다산의 신이었고 따라서 범신론적 신앙이나 의식과 연결되어 있었기 때문에, 그의 이미지가 기독교 교리에 뒤섞여 흡수되면서 비기독교적이고 불경한 모든 것의 화신, 즉 적그리스도 사탄으로 변모했다. 판에 해당하는 로마의 신은 파우누스였으며, 이로부터 사티로스의 또 다른 명칭인 파운스페인어로는 파우노이라는 단어가 생겨났다. 〈나니아 연대기: 사자, 마녀 그리고 옷장〉2005에 나오는 파운 툼누스 씨제임스 맥어보이는 이야기 시작 부분에서 중요한 역할을 하며, 〈퍼시 잭슨과 번개도둑〉2010에 나오는 사티로스 그로버브랜든 잭슨 역시 그렇다. 두 이야기 모두 그들이 어린 영웅의 친구이자 전령 역할을 하지만, 동시에 다소 신뢰하기 어려운 면모도 지니고 있다. 판타지영화 〈판의 미로〉에 등장하는 판은 전령 역할로, 영화의 여러 지점마다 친절하거나 악의적인 모습으로 나타나지만 궁극적으로는 선한 존재다. 현대 판타지에서 파운과 사티로스가 보여주는 이 다소 모호한 성격은, 그리스-로마 전통과 유대-기독교 전통 속에서 판/사탄에 얽힌 양가적인 연상에서 비롯되었을 가능성이 크다.

'삼세번 만의 행운'

〈판의 미로〉에서 오필리아는 세 가지 과제를 떠안는다. 첫 번째 과제는 뚱

뚱한 두꺼비가 마법의 돌 3개를 삼키게 하는 것이다. 숫자 3은 '마법의 숫자'이기 때문에, 타고난 힘을 지닌 것으로 여겨져 판타지 이야기들 속에서 어디에나 나타난다. 이는 주문이나 저주를 반복할 때 종종 사용되는 숫자이기도 하다. '삼세번 만의 행운'이라는 문구는, 주문이나 마법의 부적이 효력을 발휘하려면 3번 반복되어야 한다는 고대의 믿음에서 유래했을 것이다. 심리적으로 볼 때 어떤 일이 처음 일어났을 때는 사고로 치부될 수 있고, 두 번째는 우연의 일치로 여겨질 수 있지만, 세 번째는 의도나 운명에 따른 것이라는 느낌을 준다. 각본에서 주제나 동기를 확립하기 위해 작가들은 종종 이 마법의 숫자에 의지하는데, 그것이 3번 언급된다면 설령 모호하더라도 그 주제는 성립된다. 이야기 속 사건이 일어나는 횟수로 볼 때, 어디에나 있는 테마로서 3은 표준이 되는 비유다. 지니나 요정이 소원을 들어줄 때도 대개 3가지다. 「아기 돼지 삼형제」, 「세 마리 눈먼 생쥐」, 골디락스가 침입한 집에 사는 곰 세 마리, 그리고 그녀가 시도한 세 가지 일—죽, 의자, 침대—등등 끝이 없다. "좋은 일은 세 번 일어난다"거나 "나쁜 일은 세 번 일어난다"고 흔히 언급된다. 베텔하임은 숫자 3에 성심리적 의미가 있음을 지적했다.

> 3은 신비로운 숫자이자 종종 성스럽게 여겨지는 숫자로, 이는 기독교의 삼위일체 교리 훨씬 이전부터 그러했다. 성서에 따르면 뱀, 이브, 아담 셋의 결합이 성적 개념을 낳는다. 무의식 속에서 숫자 3은 섹스를 상징하는데, 성별마다 3가지씩 눈에 띄는 성적 특징을 가지고 있기 때문이다. 남성의 경우 음경과 2개의 고환, 여성의 경우 질과 2개의 유방이 그러하다.

오필리아의 세 가지 과제는 각각 그녀의 삶 속의 중대한 가족적 갈등 및 두려움과 연관된다. 두꺼비는 어머니의 임신에 대한 두려움을, 페일 맨은 의붓아버지에 대한 두려움을, 그리고 마지막 과제는 유년기의 종말에 대한 두려움을 나타내는데, 사실상 이는 아이로 남고 싶다는 그녀의 바람에도 불구하고 성숙해지는 자신의 몸에 대한 두려움이다. 요정으로 변신하는 벌레나 거대 두꺼비 같은, 그녀가 마주치는 마법적 피조물들은 그녀의 뜻과 반대로 몸속에서 진행되고 있는 소녀에서 여자로의 변태를 상징한다. 마지막 과제에서 그녀는 갓 태어난 남동생을 미로 밑으로 데려가야 한다. 페일 맨의 소굴에서 회수한 면도날처럼 날카로운 단검을 든 판은, 그녀가 지하 왕국으로 이어지는 입구에 들어가려면 아기의 피—죄 없는 사람의 순결한 피—를 조금 흘리게 해야 한다고 그녀에게 말한다. 판이 희생 제의로 아기를 죽일 것을 두려워한 오필리아는 이를 거부하고, 남동생을 구하기 위해 왕족으로서의 권리와 자신의 불멸성을 희생한다. 이것이 그녀의 마지막 시험이며, 남동생의 희생을 거부한 것이 합격점이다. 비달이 그녀를 총으로 쏘고, 그녀 자신의 피—순결한 피—가 입구를 연다. 그녀는 자신이 아직 마음이 순수하다는 것그녀가 아직 아이라는 것을 증명해 냈고, 그래서 비록 지상에 있는 그녀의 몸은 피를 흘리며 죽어가지만, 그녀의 영혼은 어머니, 아버지와 함께 영원히 행복하게 살기 위해 지하 왕국으로 돌아간다.

'하이'판타지와 '로우'판타지

『프리데인 연대기』의 저자인 로이드 알렉산더는 현실 세계와 직접적인 연관이 없는 완전히 다른 세계… 즉, 완전히 판타지인 설정을 가리켜 '하이 판타지'라는 용어를 만들었다. 알렉산더의 '프리데인'과 톨킨의 '중간계'는 하이 판타지의 대표적인 사례다. 이와 대조적으로 '로우 판타지'란 현실 세계를 배경으로 하는 판타지 이야기를 가리키는데, 이때 판타지는 현실 세계와의 평행 차원에서 전개되며, 이 평행 차원은 일반적으로 어린 영웅의 상상력, 혹은 정신 내적인 평행 차원… 즉 꿈의 세계를 상징한다.『오즈의 마법사』는 로우 판타지의 가장 좋은 예인데, 도로시의 이야기가 현실 세계에서 시작하고 끝나기 때문이며, 오즈라는 판타지 세계를 향해 위로 올라가 바깥으로 나아가는 여정은 사실상 그녀 자신의 무의식적인 꿈속을 향해 아래로 내려가 안으로 들어가는 과정이기 때문이다.『나니아 연대기』또한 언제나 현실 세계에서 시작하고 끝나기 때문에 로우 판타지다.『판의 미로』또한 로우 판타지다. 이 이야기들은 심리적 트릭이 하나 추가된다. 판타지 세계가 상징적 형태의 무의식적 투사인 영웅의 현실 세계로 묘사되기 때문에, 현실 세계 속 중요 캐릭터와 테마는 각각 판타지 세계 속 유사한 캐릭터와 테마에 의해 상징적으로 반영된다. 이 모든 것이 주인공에게 무의식적으로 일어나기 때문에, 관객에게도 역시 무의식적으로 일어나야 한다. 즉, 현실과 판타지라는 평행 차원들 사이의 직접적인 연관은 존재하되, 완전히 눈에 띄지는 않도록 구조화되어 제시되어야 한다. 나는 이 견고하지만 거의 보이지 않는 연관성을 델 토로가 얼마나 능숙하고 정교하게 구축하는지 염두에 두면서 〈판의 미로〉를 보고 또 보기를 독자들에게 권한다.

오필리아의 판타지 생활은 비교적 온건하게 시작되지만, 그녀의 현실이 무서워질수록 점점 더 강렬해지고 더 현실적으로 변해 간다. 판타지에 대한 그녀의 욕구는 현실을 탈출하려는 욕구를 따라가므로, 현실이 나빠지면 나빠질수록 그녀는 판타지에 더 몰입하게 된다. 관객이 오필리아의 눈을 통해 판타지를 경험함에 따라 우리 또한 판타지 세계의 마법 주문에 홀리게 되어, 이 모든 것이 현실 세계가 아니라 사실은 그녀의 마음속에서 일어나고 있다는 무수한 단서들을 알아차리지 못한다. 단 한 번, 결말에서 델 토로는 오필리아가 아닌 다른 누군가의 객관적 시점에서 판타지 세계를 우리에게 보여준다. 비달이 미로에서 오필리아를 따라잡았을 때 우리는 그녀가 판과 이야기하는 모습을 보지만, 그는 그녀가 아무도 없는 허공에 대고 이야기하는 것을 본다. 그는 그녀를 죽여 현실로부터 완전히 해방시킨다. 『오즈의 마법사』에서 도로시가 마법사의 커튼을 젖혀 마블 교수의 정체를 드러내는 순간처럼, 마지막 순간에 드러나는 이 현실은 하이 판타지와 로우 판타지를 진정으로 구분 짓는 순간이다. 로우 판타지는 한 캐릭터의 마음속에 있는 두 평행 차원 사이의 심리-상징적 상호작용을 나타내기 때문에, 이러한 시나리오는 구조화하기에 더 많은 주의를 요할 수 있다. 예를 들어 〈판의 미로〉에서 현실 세계의 각 캐릭터가 판타지 속에서 어떻게 상징적으로 나타나는지 주목하라. 어머니는 두꺼비로, 비달은 페일 맨으로 나타난다. 의사 캐릭터알렉스 앙굴로는 오필리아와 판의 상호작용으로 나타난다. 의사가 오필리아의 어머니에게 "매일 밤 물에 두 방울" 넣는 약을 제공할 때, 판은 어머니를 치료하라며 마법의 치료법인 우유에 담근 만드레이크 뿌리를 알려주고, 여기에 오필리아는 자신의 피 "두 방울"을 더해야 한다. 결국 의사는 비달의 명령을 거역한 후 그의 총에 맞는다. 곧이어 오필리아 또한 비달의 명령을 거역했다는 이유로 그의 총에 맞는다.

하지만 가장 주된 평행관계는 오필리아와 메르세데스 사이에 있다. 오필리아가 현실 세계의 문제들에 맞서 판타지로 도피해 있는 동안, 메르세데스는 그녀의 오빠 페드로로저 카사마조가 이끄는, 숲속에 숨은 반군 무리를 몰래 돕는다. 두 사람 모두 폭압적인 파시스트에 맞서는 영웅이지만, 오필리아는 아이 영웅이 일반적으로 갈등에 대처하는 방식^{환상, 상상력}을 보여주는 반면, 메르세데스는 어른이 그것에 대처하는 방식^{직접적인 행동}을 보여준다. 그들의 유사한 플롯 라인은 나란히 전개되며, 공동의 적이 보여주는 악행이 악랄해질수록 그에 대응하여 그들의 영웅적 면모도 각 단계마다 성장해 간다. 3막에서 각 영웅은 악당에게 치명적인 타격을 입힌다. 오필리아는 그에게 약을 먹이고, 메르세데스는 그를 칼로 벤다. 매번 그들의 승리는 여성 혐오적이고 극도로 남성우월주의적인 대위가 자신의 적을 과소평가한 데서 직접적으로 비롯된 결과다—그는 어린 소녀나 하찮은 하녀 따위가 자신을 이기리라고는 상상조차 하지 못한다. 결국 오필리아는 남동생을 구하기 위해 자신을 희생함으로써 시간에 대한 승리를 거두고, 메르세데스는 그녀의 오빠 페드로와 그의 동료들을 구하기 위해 목숨을 걸어 비달에 대한 승리를 거둔다. 마지막에 페드로는 비달을 총으로 쏘아 죽이고 파시스트 정권에 중대한 승리를 거두는데, 이는 오필리아와 메르세데스가 수행한 용기 있는 반란 행위들 없이는 성취될 수 없었을 것이다.

당신의 각본에서 판타지의 상징들을 다룬다면

1. 당신의 영화는 톨킨이 제시한 판타지 시나리오의 4가지 주요 심리적 기능인 **환상**, **회복**, **탈출**, **위안**을 각각 어떻게 다루고 있는가?

2. 판타지 장르의 아이 캐릭터들은 일반적으로 유년기의 종말과 관련된 문제들을 대하지만, 이러한 문제들은 지나치게 직접적이기보다는 암시적으로 표현되어야 한다. 당신이 다루는 아이 캐릭터의 여정은 유년기의 종말이라는 테마와 어떻게 연관되며, 이 테마를 어떻

게 하면 강렬하면서 동시에 절제된 방식으로 표현할 수 있는가?

3. 판타지 시나리오는 마법의 힘, 그리고/또는 마법의 존재가 있는 것으로 정의된다. 당신의 시나리오에서 판타지 세계의 마법적인 요소는 무엇인가?

4. 당신의 동물 캐릭터는 인간처럼 보이도록 어떻게 '생동감'을 얻으며, 당신이 선택한 동물 유형은 어떻게 인간의 성격 특성(예: 용감한 사자, 비겁한 족제비, 충성스러운 개)을 나타내는 '지름길'이 되는가? 어쩌면 그 동물 캐릭터는 내면의 인간적 자아와 외면의 동물적 자아라는 이분법에서 비롯된 정체성 위기—『오즈의 마법사』의 겁쟁이 사자처럼—를 겪고 있을지도 모른다. 이러한 갈등이 당신의 아이 영웅이 극복해야 하는 유사한 갈등을 어떻게 나타낼 수 있는가?

5. 당신의 영화는 '하이' 판타지인가, 아니면 '로우' 판타지인가? 하이, 로우라는 용어는 어떠한 가치 판단도 아님을 기억하라. 사실 이 챕터에서 분석했던 작품과 같은 로우 판타지는 종종 하이 판타지보다 더 정교하고 심리적으로 더 복잡한데, 로우 판타지의 경우 판타지 세계와 현실 세계라는 두 평행 세계가 여러 수준에서 상호작용하는 경우가 많기 때문이다. 만약 당신의 판타지가 '로우'라면 그 평행 세계들은 어디에 위치하며, 언제 나타나고, 어떻게 상징적으로 평행하며, 어떻게 연결되어 있는가?

CHAPTER 10

**SF를 위한 글쓰기 :
기예르모 델 토로의
〈셰이프 오브 워터: 사랑의 모양〉**

Writing For The
Science Fiction Genre:

WRITING FOR THE SCIENCE FICTION GENRE:

SF를 위한 글쓰기:
기예르모 델 토로의 〈셰이프 오브 워터: 사랑의 모양〉

"충분히 발달한 과학기술은 마법과 구별할 수 없다."
— 아서 C. 클라크

SF는 그 자체로 정당한 하나의 장르로서 고유한 원형적 캐릭터들과 테마들, 그리고 그 장르 특유의 설정들로 이루어져 있다. 하지만 무無에서는 아무것도 나오지 않는다. 하나의 장르로서 SF는 판타지에 그 뿌리를 두고 있다. SF 이야기가 특정 유형의 판타지가 아니면 무엇이겠는가? 판타지 이야기가 대개 과거를, 혹은 먼 과거와 어느 정도 유사한 판타지 세계를 배경으로 하는 반면 SF 이야기는 대개 현재, 미래, 혹은 우주 공간처럼 완전히 다른 세계에서 일어난다. 물론 이러한 일반화는 절대적이지 않다. 〈스타워즈〉는 SF이지만 "아주 오래전"이라는 과거를 배경으로 한다. 그렇다면 판타지와 SF의 차이는 무엇일까? 본질적으로 SF는 판타지의 하위 장르지만, 캐릭터와 플롯을 움직이는 원동력이 **마법이 아니라 과학**이라는 점이 다르다. 일단 이 차이가 확립되고 나면 과거/미래, 지구/우주, 현실/허구 같은 배경 설정은 적용되는 과학을 단순히 따라갈 뿐이다. 마찬가지로 SF에 등장하는 원형적 캐릭터들—**미친 과학자, 비자발적 피실험자, 반항적인 영웅**—은 '현명한 노인', '어둠의 군주', '구원자 영웅', '순교자 영웅'과 같은 이미 확립된 원형들이 혼합되고 현대적으로 갱신된 결과물이다. 일단 SF 설정이라는 토양에 뿌려지면, 오래된 원형들은 단순히 새로운 원형으로 피어날 뿐이다.

기예르모 델 토로의 〈셰이프 오브 워터〉2017는, 〈판의 미로〉와 유사한 기본적인 판타지 구조를 가진 영화가 필수적인 플롯 메커니즘을 마법에서 과학으로 바꾸고, SF 시나리오에 맞게 캐릭터와 배경을 조정함으로써 어떻게 고전 SF 느낌을 줄 수 있는지 보여주는 훌륭한 사례다. 이 영화는 화면 밖 소리 내레이션으로 시작되며, 주인공을 "목소리를 잃은 공주"로 소개한다. 이는 필멸자인 인간들과 함께 걷기 위해 자신의 목소리를 포기했던, 〈인어공주〉1989의 말 못하는 공주 아리엘을 관객이 떠올리게 한다. 〈셰이프 오브 워터〉는 자신이 인어인 줄 모르는 인어에 관한 이야기다. 그녀는 한 인어 남성을 만나 사랑에 빠지고, 그를 통해 자신이 인어임을 깨닫고, 그와 함께 바다로 돌아간다. 하지만 영화 속에서는 '인어'나 '인어 남성'이라는 단어가 전혀 언급되지 않는다. 주인공 엘라이자샐리 호킨스는 말을 하지 못하며, 그녀의 목에는 흉터처럼 보이는 자국이 있는데, 이는 그녀가 인간 여성이 아니라 양서류 여성임을 설명하는 과학적 근거가 된다. 이 시대 최고의 과학적 발견인 괴생명체는 매번 '양서류 인간'이라 불리며, 공기와 물속에서 모두 호흡할 수 있는 그의 능력은 마법보다는 과학적 설명한 쌍의 폐와 접이식 아가미을 따른다. 이처럼 마법이 아닌 과학을 끌어오는 것만으로, 인어공주에 관한 고전적인 판타지 이야기는 SF 느낌을 더하게 된다.

SF의 배경

〈셰이프 오브 워터〉는 냉전이 절정에 달했던 1962년의 볼티모어를 배경으로 한다. 여기서 독자는 판타지 이야기가 전시를 배경으로 삼는 경향이 있음을 눈치챘을 것인데, 이는 바깥 세계의 실제 전쟁을 판타지 세계 속 상징적인 전쟁으로 알레고리화하는 방식이다. SF 이야기 역시 기본적으로 같은 이유에서 전시를 배경으로 삼는 경향이 있지만, 미묘한 차이가 있다. 판타지영화가 보통 상호작용하는 두 세계—현실 세계와 판타지 세계—로 구성된 두 가지 플롯을 가지는 반면 SF 영화는 일반적으로 하나의 세계, 즉 현실 세계만을 가진다. 이때 사용되는 과학은 물론 아주 강력하기 때문에, 양측 군사 세력은 승리를 위해 필요한 수단과 방법을 가리지 않고 눈앞의 과학기술에 대한 통제권을 얻으려 경쟁한다. 따라서 오필리아는 〈판의 미로〉에서 진행되는 전쟁 이야기의 중요한 부분이지만, 사악한 비달에 맞선 그녀의 승리는 애초에 상징적이며 거의 전적으로 그녀의 판타지 세계 속에서만 일어난다. 반면 엘라이자에게는 탈출할 판타지 세계가 없기 때문에, 사악한 스트릭랜드마이클 섀넌에 맞선 그녀의 승리는 현실 세계에서 일어나며, 그를 대하는 그녀의 행동들은 상징적이라기보다 모두 현실적이다. 따라서 오필리아의 여정이 그녀를 어둡고 섬뜩한 마법의 미로 속으로 끌어들이는 반면, 엘라이자의 여정은 그녀를 항공우주 연구센터 안에 있는 어둡고 섬뜩한 실험실의 미로 속으로 끌어들인다.

가장 흔한 SF 테마 중 하나는 강력한 과학적 발견에 관한 것인데, 이는 세계를 정복, 지배할 수 있는 대량살상무기로 바꾸려는 군대의 목적에 의해 보통 사악한 과학 실험의 **비자발적 피실험자**로 이용되는 인간이나 생명체 안에 캡슐화되어 있다. 이 플롯을 〈반지의 제왕〉 같은 고전 판타지의 플롯과 비교해 보라. 거기에는 위대한 마법의 힘을 지닌 물건반지이 있고, 그것을 원치 않게 소유한 인물호빗이 있으며, 호빗은 반지가 어둠의 군주에 의해 중간계를 정복하고 지배하는 데 쓰이지 못하도록 그것을 파괴해야 한다. 결정적인 차이는 단 하나, 힘의 원천이 지닌 성질이다. 그것이 만약 마법이라면 판타지 설정이 따라와야 하고, 만약 과학이라면 SF 설정이 따라와야 한다. 그것이 전부다. 마법과 과학은 플롯 장치에 불과하지만, 시나리오 전체의 분위기와 느낌을 구축한다. 게다가 마법이 선과 악 어느 쪽에든 쓰일 수 있는 자연의 힘인 것과 꼭 마찬가지로, 과학도 그렇다. SF에서 궁극의 적은 소련도 미국도 아니다. 적은 우리 자신이다… 과학이라는 프로메테우스의 불을 해방보다 지배를 위해 사용하려는 인간들 말이다. 그리고 마지막으로, 판타지 이야기가 마법의 힘을 믿거나 믿지 않는 인물들을 중심으로 돌아가는 경우가 많듯, SF 이야기는 과학을 선한 힘이라 믿거나 과학의 힘을 폭압의 도구로 이용하는 인물들을 중심으로 돌아가는 경향이 있다.

미 친 과 학 자 원 형

판타지 속 원형적인 적대자가 지배와 통제를 위해 어둠의 마법을 사용하는 어둠의 군주나 사악한 마녀인 것과 꼭 마찬가지로, SF 속 원형적인 적대자는 과학을 권력의 수단으로 이기적이고 무모하게 사용하는 '미친 과학자'다. 수많은 영화 속 묘사에서 프랑켄슈타인 박사는 미친 과학자 원형의 전형으로 손꼽힌다. 그의 광기는 정신병이 아니라 오만이다. 그는 인간을 부자연스럽게 창조하거나, 무모한 과학을 통해 자연의 힘을 자신의 의지대로 굴복시켜 신의 흉내를 낸다. 신 흉내를 낼 만큼 오만에 빠진 캐릭터는 몰락할 수밖에 없다. 미친 과학자에게 가장 아이러니하고 적절한 형태의 몰락은 그 자신의 악행들에서 자연스럽게 뒤따라오는 죽음이다. 따라서 거의 예외 없이 창조자는 그 자신이 창조한 피조물에 의해 죽는다.

〈셰이프 오브 워터〉에서 미친 과학자 원형은 상반된 두 캐릭터로 분리되어 나타나는데, 한 명은 악하고, 다른 한 명은 선하다. 스트릭랜드는 군인으로, 이 점은 SF 시나리오에서 거의 자동적으로 그를 적대적인 편에 서게 만든다. 그의 이름 자체가 그를 영웅과 대립시키는데, 그는 '엄격한스트릭' 군대 질서에 집착하고 있으며, 엘라이자가 물과 동일시되는 반면 그는 '땅랜드'과 동일시된다. 캐릭터로서 그는 〈판의 미로〉의 비달과 아주 흡사한데, 똑같은 파시즘적 태도, 똑같이 폭력적이고 가학적인 행동, 그리고 똑같이 무자비한 효율성으로 똑같이 폭압적인 목적을 향해 나아간다. 비달의 주요 통제 대상이 회중시계라서 '시간'의 폭압과 연관된다면, 스트릭랜드의 주요 통제 대상은 전기봉으로, 폭력과 고통을 사용하여 자신의 통제하에 있는 모든 비인간적 상대들을 지배, 착취하는 '인간'의 폭압과 연관된다. 비달의 주된 목표는 파시스트 정권하에서 스페인 전체를 지배하려는 더 큰 목적을 위해 모든 반군을 제거하는 것이다. 마찬가지로 스트릭랜드의 주된 목표는 소련에 맞서 냉전에서 승리하려는 더 큰 목적을 위해, 그가 아마존에서 발견한 '양서류 인간'더그 존스을 '생체 해부' 하여 그의 내부가 어떻게 작동하는지 알아내는 것이다.

영화가 진행될수록 스트릭랜드의 외모와 태도는 점점 더 어두워지고, 결국 그는 인간이라기보다 괴물에 가까워지는데 이는 〈판의 미로〉 속 페일 맨더그 존스의 모습을 상기시킨다. 판타지영화에서는 적대적 인물이 둘로 나뉘는현실의 비달과 비현실의 페일 맨 반면, SF영화에서 적대자는 하나의 캐릭터, 즉 괴물로 변해 가는 하나의 인간이다. 델 토로는 영화가 진행될수록 점점 더 혐오스러워지는 기형적 신체를 스트릭랜드에게 부여함으로써 그의 괴물 같은 측면을 점진적으로 강조해 나간다. 1막에서 스트릭랜드는 양서류 인간을 고문하던 중 그에게 물려 왼쪽 손가락 2개를 잃는다. 손가락은 봉합되지만 제대로 '낫지' 않고, 영화가 진행될수록 우리는 그 손가락들이 점점 더 검게 변하고 썩어 부패해 가는 모습을 보게 된다. 썩어가는 손가락들은 혐오스럽고 소름 끼치며, 그 캐릭터에게 명백하게 괴물 같은 요소를 더하는데 이는 페일 맨의 기형적인 눈 달린 손만큼이나 공포스럽다. 스트릭랜드와 비달의 또 다른 공통점은 각각의 아버지상이 거는 기대에 부응하고자 하는 그들의 강박적인 욕구다. 비달에게 인생에서 가장 중요한 일은 아버지처럼 군사 영웅이 되는 것이다. 그의 아버지는 자신의 정권을 위해 싸우면서 살고 죽은, 승리자이자 용감한 장교였다. 스트릭랜드에게 인생에서 가장 중요한 일은 지휘관인 호이트 장군닉 서시에게 깊은 인상을 남기는 것으로, 이를 위해 그는 양서류 인간이라는 기적 같은 존재에 숨겨진 과학적 비밀을 밝혀내려 한다. 장군은 스트릭랜드에게 아버지 같은 존재이며 비달의 죽은 아버지와 똑같은 기능을 수행한다. 그들은 둘 다 군사 파시즘—지배적인 가부장제—의 상징이며, 스트릭랜드와 비달 둘 다 그들과 자신을 동일시하고 그들을 닮고자 열망한다.

스트릭랜드와 대척점에 있는 인물은 호프스테틀러 박사마이클 스툴바그로, 실제 과학자이자 사실은 소련의 스파이다. 국가에 대한 그의 모호한 충성에도 불구하고 호프스테틀러는 과학이 지배하기보다 해방하는 데, 사람들을 통제하기보다 돕는 데 사용되어야 한다고 믿는 '선한 과학자'를 대표한다. 그는 또한 스트릭랜드가 그의 비자발적 피실험자에게 가하는 비윤리적이고 잔인하며 야만적인 고문에 반대한다. 호프스테틀러는 엘라이자가 양서류 인간을 구출하고 해방시키는 것을 도우면서, 소련 측 관리자들뿐 아니라 스트릭랜드에게도 공개적으로 반기를 들며 편을 바꾼다. 이러한 점에서 호프스테틀러는 〈판의 미로〉의 페레이로 박사와 유사한 역할을 수행한다. 호프스테틀

CHAPTER 10 _ SF를 위한 글쓰기: 기예르모 델 토로의 〈셰이프 오브 워터: 사랑의 모양〉

러는 나쁜 상황에 처한 좋은 사람이자 환자/피실험자들에게 친절하고 윤리적인 **과학계의 현명한 노인**으로, 살아남기 위해 악당의 편인 척해야만 하는 인물이다. 결국 두 캐릭터 모두 악당에 의해 살해당하며, 과학과 의학을 이용해 남을 해치려는 자들에게 불복하고 자신의 윤리에 충실했던 순교자로서 죽음을 맞이한다.

비자발적 피실험자 원형

미친 과학자가 과학을 남용해 신 흉내를 내며 뒤틀린 인조인간을 만들어내는 프랑켄슈타인 괴물 플롯은, 아마도 가장 오래되고 가장 원형적인 SF 시나리오일 것이다. 이 플롯은 장르와 연관된 핵심적인 불안—과학에 의한 지배가 궁극적으로 우리의 파멸을 초래할 자연의 힘을 해방시킬 것이라는 두려움—을 상기시킨다. 오늘날 지구 온난화, 과잉 인구, 독성 물질 오염, 그리고 인간이 만들어낸 수많은 다른 병폐들로 자멸적인 상태에 빠진 현대 세계를 얼핏 훑어봐도, SF가 우리 자신의 두려움을 반영한다는 점을 알 수 있다. 이 시나리오에서 '괴물'은 일반적으로 가해자라기보다 피해자다. 그는 자연 세계에 영향을 미치는 인간의 공격성을 반영하고, 자연 질서를 무모하게 어지럽히는 인간의 오만함을 상징하며, 심지어 자기 파괴에 이르는 지점까지 자연을 통제하려는 인간의 욕망에 대한 은유다. 미친 과학자의 오만은 〈프랑켄슈타인〉[1931]에서 창조물이 탄생하는 순간 그가 황홀경 속에서 외치는 고전적인 대사에 잘 드러난다. "살아있다! 살아있어! 살아있어… 신이 된다는 게 어떤 기분인지 이제 알겠군!" 만약 지구라는 행성의 관리자가 신이 아니라 인간이었음이 밝혀진다면, 우리는 지난 몇 세기 동안 거대한 과학 실험을 벌여

온 미친 과학자 역을 인간이 맡아왔고, 지구는 오랫동안 고통받아 온 비자발적 피실험자 역을 맡아왔음을 인정해야 한다.

〈셰이프 오브 워터〉의 양서류 인간은 창조된 존재가 아니라 발견된 존재다. 프랑켄슈타인의 괴물과 달리 그는 비자연적이라기보다 자연적이며, 창조물이라기보다 피조물이다. 과학적 발견이자 자연의 경이로서 그는 인간이 과학적 발견과 자연의 경이를 일반적으로 대하는 방식 그대로 취급된다… 그의 타고난 능력이 파괴의 무기로 악용되면서, 그에게서 뽑아낼 수 있는 유용성은 마지막 한 방울까지 착취당한다. 스트릭랜드와 양서류 인간의 관계는 프랑켄슈타인의 고전적인 구조를 되풀이하는데, 여기서 무모하고 미친 과학자는 비자발적 피실험체를 이용하여 윤리적으로 금지된 실험에 탐닉한다. 이 플롯 구조의 결말은, 과학의 이름으로 자연의 존재를 창조 그리고/또는 파괴하려 했던 악당이 바로 그 존재에 의해 죽음을 맞이하도록 정해져 있다. 플롯을 저 아이러니한 결말로 끌어당기는 드라마는 쇳가루를 끌어당기는 자석의 인력과 같다… 이는 불가피해 보이는데, 왜냐하면 그것만이 악당에게 그의 우월감에 대한 교훈을 주는 유일한 응보이기 때문이다. 영화 내내 스트릭랜드는 붙잡힌 죄인 위에 군림하는 분노한 신처럼, 그의 비자발적 피실험자에게 권력을 휘두르며 마치 자기가 지상의 신이라도 되는 양 스스로에 대해 말한다. 클라이맥스에서 스트릭랜드는 양서류 인간에게 여러 발을 쏘며 그를 죽였다고 여긴다. 그러나 양서류 인간은 스스로를 치유하는 기적 같은 힘을 보여준다. 그리고 그가 자신을 붙잡았던 자를 죽이기 직전의 순간, 스트릭랜드는 경외심에 찬 눈빛으로 그를 쳐다보며 인정한다. "네가 신이구나!"

반항적인 영웅

양서류 인간과 엘라이자의 관계는 〈판의 미로〉 속 오필리아와 판의 관계를 연상시킨다. 그는 저승사자, 즉 '영혼의 안내자' 역할을 수행하는데, 이는 죽은 자의 영혼을 내세의 지하 세계로 인도하는 신화 속 인물이다. 엘라이자와 오필리아 모두 필멸의 세상에 갇힌 불멸의 공주로 캐스팅되었고, 그들을 자신이 인간이라는 망상에서 깨어나게 하여 그들이 보지 못했던 내면의 진실—그들이 어딘가 다른 곳, 마법 같은 곳에 속해 있다는—을 다시 인식하게 만들려면 저승사자가 필요하다. 판의 역할은 오필리아를 지하 세계에 있는 그녀의 진짜 고향으로 인도하여 진짜 어머니, 아버지와 함께 살게 하고, 요정 왕국의 공주라는 진짜 정체성을 되찾게 하는 것이다. 양서류 인간의 역할은 단순한 저승사자를 넘어서는데, 왜냐하면 그는 엘라이자의 진짜 모습을 대변하며, 따라서 깊은 물 속에서 인어로 살아가게 될 그녀의 운명뿐 아니라 그녀의 배경 이야기까지 대변하기 때문이다. 엘라이자에게 양서류 인간은 그녀의 어두운 과거이자 동시에 밝은 미래다. 그는 그녀의 연인일 뿐 아니라 어머니의 포용적인 사랑, 아버지의 든든한 지지, 진정한 소울메이트에게서만 얻을 수 있는 자기 인식을 제공한다. 엘라이자는 인간의 성차별, 인종차별, 편견, 전쟁으로 얼룩진 세상에 살고 있지만, 양서류 인간을 향한 그녀의 사랑은 인종과 성별뿐 아니라 종마저 초월한다. 그가 그녀에게 모든 것이자 그 이상이기 때문에, 그를 향한 그녀의 사랑은 그녀 자신의 존재를 초월하고, 엘라이자가 그녀 자신을 초월하게 만드는 열정과 헌신을 불러일으킨다. 이는 엘라이자가 연인과 대화를 나눌 뿐 아니라 그와 함께 노래하고 춤추기까지 하는 낭만적인 판타지 시퀀스에서 훌륭하게 표현된다. 이 판타지 시퀀스는 그저 엘라이자의 사랑의 증명이 아니라 자신의 필멸성을 초월하여 본래 태어난 모습인 인어공주가 되는, 자신의 캐릭터 발달에 있어 마지막 국면을 암시한다.

엘라이자는 말 그대로 '물 밖에 난 고기'이다. 그녀의 약점들은 자신이 속한 환경에 잘 맞지 않는다는 사실에서 비롯되며, 그녀의 강점들은 그 환경에 반항하는 방식에서 드러난다. 델 토로는 그녀의 자아에 대한 상징으로 달걀을 사용한다. 매일 아침 엘라이자는 욕조에서 자위행위를 하며 오르가슴 시간을 재기 위해 달걀 타이머를 사용하고, 삶은 달걀을 양서류 인간에게 먹이면서 그와 최초의 연결 고리를 만든다. 상징으로서 달걀은 여성의 생식력과 성, 그리고 재탄생과 연관된다. 그녀의 여정 속에서 엘라이자는 자신의 성을 탐구하고, 자아를 찾고, 완전히 다른 존재로 다시 태어날 것이다. 달걀처럼 그녀는 처음에 절망적일 만큼 깨지기 쉬워 보이지만 고조되는 플롯, 즉 뜨거워지는 물속에서 '삶아' 질수록, 그녀는 더 '단단해' 진다. 소심하고 수줍으며 말 못하는 여성이 믿을 수 없을 만큼 강력하고 용감한 슈퍼히어로로 변모하면서, 그녀의 육체적 재탄생은 심리적 재탄생에 의해 예고된다. 그녀는 자신과 같은 여성들을 억압하고, 양서류 인간이나 그녀의 두 친구 젤다옥타비아 스펜서, 자일스리처드 젠킨스처럼 소외된 이들을 착취하는 가부장제에 반기를 든다. 말 못하는 그녀이지만, 스트릭랜드와 그가 대변하는 폭압적인 정권에 노골적인 경멸을 표현하기 위해 자신의 내면에서 강력한 목소리를 찾아낸다. 이러한 경멸과 반항은 그녀가 스트릭랜드의 면전에 대고 "엿 먹어!"라고 수화를 하는 장면에서 잘 드러난다. 그녀를 이해하지 못하는 스트릭랜드의 무능력은 그를 미치게 만들고, 그녀의 반항 행위에 담긴 불복종의 성격을 더욱 부각시킨다.

사랑의 첫 키스: 〈셰이프 오브 워터〉2017 에서 엘라이자셀리 호킨스와 양서류 인간더그 존스.

　모든 위대한 영웅들처럼 엘라이자의 용기는 다른 이들에게 영감을 준다. 그녀의 친구들도 그녀와 꼭 마찬가지로 '물 밖에 난 고기'들이다. 백인 남성의 세상 속 흑인 여성으로서 젤다는 끊임없이 하고 싶은 말을 참으며 가부장제에 대한 경멸을 억눌러야 한다. 이성애자 남성의 세상 속 게이 예술가로서 자일스 역시 비슷하게 권리를 박탈당했다. 모험을 감행하는 엘라이자의 부름에 귀를 기울이고 그녀를 도우면서, 이 캐릭터들은 영웅적 면모를 발휘하여 단순한 보조 캐릭터가 아닌 **서브히어로**가 되며, 각자의 여정에서 각자의 승리를 발견한다. 결말에서 엘라이자와 양서류 인간뿐 아니라 그녀의 서브히어로들, 그리고 물론 관객들에게도 위안이 주어진다. 스트릭랜드가 엘라이자와 그녀의 연인을 총으로 쏜 뒤, 양서류 인간은 스스로 재생하여 자신을 붙잡았던 사악한 자를 죽인다. 그런 다음 『백설공주』, 『잠자는 숲속의 미녀』, 『인어공주』 같은 동화들을 상기시키는 테마 그대로, 엘라이자는 '사랑의 첫 키스'

에 의해 땅 위의 필멸의 죽음에서 깨어나 바닷속 불멸의 삶으로 들어간다. 엘라이자가 다시 태어나게 되는 그 키스는 물 밑에서 이루어지며, 로맨틱하게 빛나는 이 마지막 순간이 페이드아웃될 때까지 화면은 물 밑에 머무른다. 그릇의 모양에 따라 변하는 물처럼, 사랑 또한 그렇다. 물처럼, 캐릭터의 모습 또한 그들이 놓인 배경에 의해 정의된다. 마법이든 과학이든, 배경은 동일한 기본적인 원형을 담는 그릇—수조—에 불과하다. 땅 위에서 엘라이자는 영웅이 된 피해자였다. 바다에서 그녀는 여신이 된다.

당신의 각본에서 SF 원형을 다룬다면

1. SF 장르는 중심적인 플롯 장치로서 과학이 마법을 대신하는, 판타지의 하위 장르로 간주될 수 있다. 당신의 SF 각본에서 과학은 어떻게 이용되고 있는가?

2. 과학을 마법의 힘이라 생각하고, 만약 당신이 전통적인 판타지 이야기를 쓰고 있다면 각본에서 마법의 역할을 과학이 어떻게 수행할지 상상해보라.

3. 미친 과학자 원형은 SF 시나리오에서 작용 중인 과학적인 힘을 창조하거나, 통제하거나, 활성화하는 캐릭터로 나타난다. 이런 의미에서 그 캐릭터는 반드시 '미쳐' 있을 필요도 없고, 또한 '과학자'일 필요도 없다. (〈셰이프 오브 워터〉의 스트릭랜드는 미친 과학자 역할을 수행하는 캐릭터의 아주 좋은 사례이지만, 미치지도 않았고 과학자도 아니다.) 당신의 SF영화에서 미친 과학자는 누구이며, 그 캐릭터는 미친 과학자의 원형적인 역할을 어떻게 수행하는가?

CONCLUSION
결론

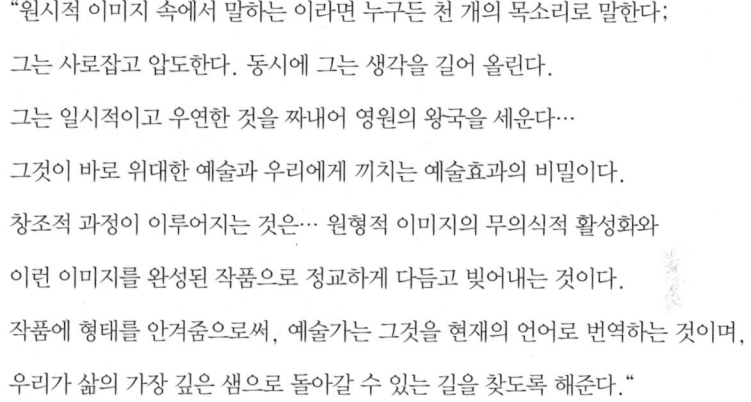

"원시적 이미지 속에서 말하는 이라면 누구든 천 개의 목소리로 말한다;

그는 사로잡고 압도한다. 동시에 그는 생각을 길어 올린다.

그는 일시적이고 우연한 것을 짜내어 영원의 왕국을 세운다…

그것이 바로 위대한 예술과 우리에게 끼치는 예술효과의 비밀이다.

창조적 과정이 이루어지는 것은… 원형적 이미지의 무의식적 활성화와

이런 이미지를 완성된 작품으로 정교하게 다듬고 빚어내는 것이다.

작품에 형태를 안겨줌으로써, 예술가는 그것을 현재의 언어로 번역하는 것이며,

우리가 삶의 가장 깊은 샘으로 돌아갈 수 있는 길을 찾도록 해준다."

- 칼 구스타브 융

'시와 분석 심리학의 관계에 대하여'[1922]

시나리오 쓰기는 일종의 창조적 시도다. 그리고 그것은 대체로 무의식의 과정이다. 이야기와 캐릭터에 관한 우리의 아이디어들은 어디에서 나왔을까? 그것들이 나온 곳은… 무의식의 기억, 정서, 그리고 우리가 단지 부분적으로 의식적 차원에서 인식하는 경험의 어두운 구석이다. 어떤 작가들과 예

술가들은 이미지 제작과 스토리텔링 이면의 무의식의 기능에 대한 합리적 이해는 창조적 과정에 해로울 수 있을 것이라고 믿는다. 나는 이보다 더 강력하게 반대할 수 없다!

개인적으로는 창조적 활동 뒤에 숨겨진 심리학적 원리에 대한 깊은 지식과 공감이 내게 큰 도움을 주었으며, 지금까지 내가 쓴 모든 문장에 길잡이, 구조, 아이디어, 그리고 기초를 제공해주었다는 것을 발견했다. 책에서 설명하는 심리학 이론들은 나의 일과 인생 모두에 있어서 매우 소중한 원천이며, 그런 의미에서 앞선 모든 챕터에서 내가 펼쳐 보인 아이디어들이 당신에게도 같은 종류의 영감을 제공할 수 있기를 희망할 뿐이다. 책에 등장하는 모든 이론은 당신의 각본에서 갈등 창조와 플롯 구조, 그리고 캐릭터 발달에 있어서 다소 다른 접근방식을 제공할 것이다. 그리고 그것이 나의 의도다. "고양이 가죽을 벗기는 방법은 여러 가지가 있다"라는 옛날부터 내려오는 말은 특히 시나리오 쓰기에도 적용되는데, 이 분야는 정형화된 플롯들, 진부한 캐릭터들, 식상한 대사들, 그리고 피곤하게 만들고 남용되는 시나리오들로 홍역을 치르기 때문이다. 나는 시나리오 쓰기에 있어서 다양한 심리학적 관점을 제공하도록 책을 구성했다. 당신의 작업에 다양한 접근방식을 제공하기 위한 것이다. 작가로서 당신의 팔레트가 넓을수록, 창작력은 더 큰 자유를 누리게 될 것이다.

어떤 의미에서, 구조와 창작은 시나리오 쓰기에서 상호보완적이면서 적대적인 요소다. 당신이 캐릭터와 플롯에 관한 아이디어를 일관된 이야기로 조직하는 구조가 필요한 동안, 너무 강한 구조가 독창적이고 유일한 캐릭터들과 플롯들로 가는 문을 닫으면서, 당신의 창작을 억압할 수도 있다. 바로 그런 이유로, 당신은 작가로서 당신의 작품에 접근하는 새로운 방식을 찾아야만 할 것이다. 만약 당신이 글쓰기에서 다른 관점이나 구조를 발견하고 적용한다면, 조셉 캠벨의 말처럼 "문들은 이전에 문들이 없던 곳에서 열릴 것이다." 이 책이 단지 하나의 기회를 제공하는 것이 아니라, 글을 쓰는 시나리오 작가들에게 창작의 많은 기회를 제공하기를 희망한다.

책에 나오는 이론들 중 어떤 것도 시나리오의 내적 갈등이나 플롯 구조 혹은 캐릭터 발달에 있어서 융통성 없는 견본은 아니라는 점은 주목할만하다. 영화 각본에서 '과자 찍는 틀cookie-cutter' 같은 견본은 그야말로 존재하지 않기 때문이다. 그렇다, 설정된 캐릭터 유형들과 이야기처럼 구조에도 공식들이 있지만, 단지 급하게 쏟아낸 공식들과 유형들은 어딘가 빨리 도달하게끔 해주지는 못할 것이다. 시나리오 쓰기는 창조적 과정이다. 당신은 그 영역에서 최소한 성공을 거두기 위해 제작자에게 새롭고 창의적이며, 독창적이고 유일한 이야기들과 캐릭터들을 제공해야만 한다. 그리하여 이 책은 주요 영화 장르에서 발견되는 구조와 이야기, 그리고 캐릭터 유형에 관한 대부분의 기본 공식을 심리학적 분석들로 제공하는데, 그런 분석들은 독창적이고 유일한 이야기들과 캐릭터들을 창조하는 발판으로 위에 언급한 요소들에 대한 당신의 이해력 향상에 도움이 될 것이다. 만약 당신이 시나리오 쓰기의 창조적 과정에 관심이 없다면, 심리학적 요소들에 관한 심층적 이해는 당신에게 도움이 되지 않을 것이다.

마지막으로, 내가 많이 받았던 질문에 관한 답을 드리고 싶다: "내가 지금 쓰고 있는 특별한 캐릭터들과 이야기에서 어떤 심리학적 접근을 선택하면 좋을까요?" 발달 심리학자로서, 내 작업에서 내가 일찍이 배운 것은 개인 심리학이나 인간 발달에 관한 어떤 질문에 대한 기본적 답은 위에서 물어본 질문처럼 기본적 수준이다. 불행하게도, 이것은 매우 만족할만한 답은 아니다. 그 답은 이렇다. "그것은 상황에 따라 다릅니다." 당신의 캐릭터와 이야기를 쓰는데 있어서 최상의 접근방식은 당신이 쓰고 있는 개인적 캐릭터와 이야기에 따라 다르다. 모든 캐릭터는 하나의 개별적 존재로, 모든 인간이 하나의 개별적 존재인 것과 마찬가지다. 모든 인간의 인생사가 유일한 것과 마찬가지로 모든 이야기는 유일하다. 나는 당신에게 어떤 접근방식이 최상이라고 말할 수 없다. 왜냐하면 수없이 많은 캐릭터와 이야기가 존재하고, 짐승의 진짜 본성을 아는 것은 당신뿐이기 때문이다.

　오래된 건축학 속담을 상기해보면, "형식은 기능을 따른다." 당신이 써나가는 중인 캐릭터와 플롯에 대한 접근방식은 당신의 특별한 이야기 속에서 그들이 갖는 기능에 전적으로 달려있다. 만약 당신이 당신의 이야기에서 캐릭터와 플롯의 기능을 세심하게 고려하지 않은 채, 당신의 캐릭터와 플롯에 어떤 이론이나 형식을 부과한다면, 그 각본은 당연히 좋지 않을 것이다. 책의 목적은 당신에게 심리학적으로 공명하는 다양한 이론과 주목할만한 형식들을 제공하여, 당신이 기능하길 원하는 방식으로 이야기를 창작할 때, 이런 형식들을 적용할 이해력을 제공하는 것이다. 결국, 이야기는 당신의 내면에 있다. 책에 등장하는 심리학 대가들의 이론은 자신의 내면에 감추고 있는 이야기를 드러내는 데 도움이 되는 도구에 불과할 뿐이다.

ILLUSTRATIONS

저자는 해설, 비평, 장학금을 목적으로 사용된 영화 속 단일한 프레임들을 인정한다. 저작권 소유자가 이 책을 지지하거나 후원한다는 내용의 주장과 암시는 없다.

Chapter 1
Harold & Maude, © 1971 Paramount Studios
Star Wars, © 1977 Twentieth Century Fox
Citizen Kane, © 1941 Warner Home Video
Psycho, © 1960 Universal Studios
The Searchers, © 1956 Warner Brothers Studios

Chapter 2
Ikiru, © 1952 The Criterion Collection

Chapter 3
Blazing Saddles, © 1974 Warner Brothers Studios

Chapter 4
Gladiator, © 2000 Universal Pictures

Chapter 5
Erin Brockovich, © 2000 Universal Pictures

Chapter 6
East of Eden, © 1955 Warner Home Video

Chapter 7
The Searchers, © 1956 Warner Brothers Studios
Dr. Jekyll and Mr. Hyde, © 1920 Gotham Distribution

Chapter 8
The Mandalorian, © 2019-2020 Lucasfilm

Chapter 9
Pan's Labyrinth, © 2006 Warner Bros. Pictures

Chapter 10
The Shape of Water, © 2017 Searchlight Pictures

FILMOGRAPHY

3 Godfathers (1948). *Directed by* John Ford. *Writing credits*: Frank S. Nugent, Laurence Stallings, Peter B. Kyne.

101 Dalmatians (1961). *Directed by* Hamilton S. Luske and Wolfgang Reitherman. *Writing credits*: Dodie Smith (novel *The One Hundred and One Dalmatians*), Bill Peet.

101 Dalmatians (1996). *Directed by* Stephen Herek. *Writing credits*: Dodie Smith, John Hughes.

About Schmidt (2002). *Directed by* Alexander Payne. *Writing credits*: Louis Begley, Alexander Payne, Jim Taylor.

African Queen, The (1951). Directed by John Huston. *Writing credits*: C. S. Forester, James Agee.

Age of Innocence, The (1993). *Directed by* Martin Scorsese. *Writing credits*: Edith Wharton, Jay Cocks, Martin Scorsese.

Alice (1990). *Directed and written by* Woody Allen.

Alice in Wonderland (1951). *Directed by* Clyde Geronimi, Wilfred Jackson. *Writing credits*: Lewis Carroll (novels), Winston Hibler.

Alice in Wonderland (2010). *Directed by* Tim Burton. *Writing credits*: Linda Woolverton, Lewis Carroll.

All the King's Men (1949). *Directed by* Robert Rossen. *Writing credits*: Robert Rossen, Robert Penn Warren.

Altered States (1980). *Directed by* Ken Russell. *Writing credits*: Paddy Chayefsky.

American Beauty (1999). *Directed by* Sam Mendes. *Writing credits*: Alan Ball.

American Pie (1999). *Directed by* Paul Weitz, Chris Weitz. *Writing credits*: Adam Herz.

Angel Heart (1987). *Directed by* Alan Parker. *Writing credits*: William Hjortsberg, Alan Parker.

Animal House (1978). *Directed by* John Landis. *Writing credits*: Harold Ramis, Douglas Kenney, Chris Miller.

Annie Hall (1977). *Directed by* Woody Allen. *Writing credits*: Woody Allen, Marshall Brickman.

Babe (1995). *Directed by* Chris Noonan. *Writing credits*: Dick King-Smith, George Miller, Chris Noonan.

Back to the Future (1985). *Directed by* Robert Zemeckis. *Writing credits*: Robert Zemeckis, Bob Gale.

Bad and the Beautiful, The (1952). *Directed by* Vincente Minnelli. *Writing credits*: George Bradshaw, Charles Schnee.

Bad Girls (1994). *Directed by* Jonathan Kaplan. *Writing credits*: Ken Friedman, Yolanda Turner.

Bad Lieutenant (1992). *Directed by* Abel Ferrara. *Writing credits*: Abel Ferrara, Zoë Lund.

Bad News Bears, The (1979). *Directed by* Norman Abbott. *Writing credits*: Bill Lancaster (characters).

Bambi (1942). *Directed by* David Hand. *Writing credits*: Felix Salten, Larry Morey (story adaptation), Perce Pearce (story direction).

Basic Instinct (1992). *Directed by* Paul Verhoeven. *Writing credits*: Joe Eszterhas.

Beautiful Mind, A (2001). *Directed by* Ron Howard. *Writing credits*: Sylvia Nasar, Akiva Goldsman.

Beauty and the Beast (1991). *Directed by* Gary Trousdale and Kirk Wise. *Writing credits*: Roger Allers, Kelly Asbury.

Big (1988). *Directed by* Penny Marshall. *Writing credits*: Gary Ross, Anne Spielberg.

Big Chill, The (1983). *Directed by* Lawrence Kasdan. *Writing credits*: Barbara Benedek, Lawrence Kasdan.

Big Lebowski, The (1998). *Directed by* Joel Coen. *Writing credits*: Ethan Coen, Joel Coen.

Big Sleep, The (1946). *Directed by* Howard Hawks. *Writing credits*: Raymond Chandler, William Faulkner, Leigh Brackett, Jules Furthman.

Blame It on Rio (1984). *Directed by* Stanley Donen. *Writing credits*: Charlie Peters, Larry Gelbart.

Blazing Saddles (1974). *Directed by* Mel Brooks. *Writing credits*: Andrew Bergman (also story), Mel Brooks, Richard Pryor, Norman Steinberg, Alan Uger.

Blob, The (1958). *Directed by* Irvin S. Yeaworth Jr. *Writing credits*: Kay Linaker (as Kate Phillips), Irving H. Millgate, Theodore Simonson.

Blue Velvet (1986). *Directed and written by* David Lynch.

Boogie Nights (1997). *Directed and written by* Paul Thomas Anderson.

Brave Little Toaster, The (1987). Directed by Jerry Rees. *Writing credits*: Thomas M. Disch.

Braveheart (1995). *Directed by* Mel Gibson. *Writing credits*: Randall Wallace.

Breakfast Club, The (1985). *Directed and written by* John Hughes.

Brewster's Millions (1985). *Directed by* Walter Hill. *Writing credits*: George Barr McCutcheon, Herschel Weingrod, Timothy Harris.

Butch Cassidy and the Sundance Kid (1969). *Directed by* George Roy Hill. *Writing credits*: William Goldman.

Cabinet of Dr. Caligari, The (1920). *Directed by* Robert Wiene. *Writing credits*: Hans Janowitz, Carl Mayer.

Cape Fear (1962). *Directed by* J. Lee Thompson. *Writing credits*: John D. MacDonald, James R. Webb.

Cape Fear (1991). *Directed by* Martin Scorsese. *Writing credits*: John D. MacDonald, James R. Webb, Wesley Strick.

Captain Kidd (1945). *Directed by* Rowland V. Lee. *Writing credits*: Robert N. Lee, Norman Reilly Raine.

Casablanca (1942). *Directed by* Michael Curtiz. *Writing credits*: Murray Burnett, Joan Alison, Julius J. Epstein, Philip G. Epstein, Howard Koch.

Cat Ballou (1965). *Directed by* Elliott Silverstein. *Writing credits*: Walter Newman, Frank Pierson, Roy Chanslor.

Changing Lanes (2002). *Directed by* Roger Michell. *Writing credits*: Chap Taylor, Michael Tolkin.

Charlie's Angels (2000). *Directed by* McG. *Writing credits*: Ivan Goff, Ben Roberts, Ryan Rowe, Ed Solomon, John August.

Chinatown (1974). *Directed by* Roman Polanski. *Writing credits*: Robert Towne.

Christmas Carol, A (1938). *Directed by* Edwin L. Marin. *Writing credits*: Charles Dickens, Hugo Butler.

Chronicles of Narnia: The Lion, the Witch, and the Wardrobe, The (2005). *Directed by* Andrew Adamson. *Writing credits*: Andrew Adamson, Christopher Markus, Stephen McFeely.

Chronicles of Narnia: Prince Caspian, The (2008). *Directed by* Andrew Adamson. *Writing credits*: Andrew Adamson, Christopher Markus, Stephen McFeely.

Cinderella (1950). *Directed by* Clyde Geronimi, Wilfred Jackson, Hamilton Luske. *Writing credits*: Ken Anderson, Homer Brightman.

Citizen Kane (1941). *Directed by* Orson Welles. *Writing credits*: Herman J. Mankiewicz, Orson Welles.

Cocoon (1985). *Directed by* Ron Howard. *Writing credits*: Tom Benedek, David Saperstein.

Cop Land (1997). *Directed and written by* James Mangold.

Cowboys, The (1972). *Directed by* Mark Rydell. *Writing credits*: William Dale Jennings, Irving Ravetch, Harriet Frank Jr.

Crimes and Misdemeanors (1989). *Directed and written by* Woody Allen.

Crush, The (1993). *Directed and written by* Alan Shapiro.

Dances with Wolves (1990). *Directed by* Kevin Costner. *Writing credits*: Michael Blake.

Dave (1993). *Directed by* Ivan Reitman. *Writing credits*: Gary Ross.

Deadwood (2004-6). Television series created by David Milch.

Dead Poets Society (1989). *Directed by* Peter Weir. *Writing credits*: Tom Schulman.

Death Wish (1974). *Directed by* Michael Winner. *Writing credits*: Brian Garfield, Wendell Mayes.

Die Hard (1988). *Directed by* John McTiernan. *Writing credits*: Roderick Thorp, Jeb Stuart, Steven E. de Souza.

Dirty Dozen, The (1967). *Directed by* Robert Aldrich. *Writing credits*: E. M. Nathanson, Nunnally Johnson, Lukas Heller.

Dirty Harry (1971). *Directed by* Don Siegel. *Writing credits*: Harry Julian Fink, Rita M. Fink.

Dr. Quinn, Medicine Woman (1993-98). Television series created by Beth Sullivan.

Dr. Strangelove (1964). *Directed by* Stanley Kubrick. *Writing credits*: Peter George, Stanley Kubrick.

Dracula (1931). *Directed by* Tod Browning. *Writing credits*: John L. Balderston, Hamilton Deane, Bram Stoker.

Drugstore Cowboy (1989). *Directed by* Gus Van Sant. *Writing credits*: James Fogle, Gus Van Sant, Daniel Yost.

Duel in the Sun (1946). *Directed by* King Vidor, Otto Brower. *Writing credits*: Niven Busch, Oliver H. P. Garrett.

Dumbo (1941). *Directed by* Ben Sharpsteen. *Writing credits*: Helen Aberson, Otto Englander.

East of Eden (1955). *Directed by* Elia Kazan. *Writing credits*: Paul Osborn.

Elephant Man, The (1980). *Directed by* David Lynch. *Writing credits*: Sir Frederick Treves, Ashley Montagu, Christopher De Vore, Eric Bergren.

Erin Brockovich (2000). *Directed by* Steven Soderbergh. *Writing credits*: Susannah Grant.

Escape from Alcatraz (1979). *Directed by* Don Siegel. *Writing credits*: J. Campbell Bruce, Richard Tuggle.

Excalibur (1981). *Directed by* John Boorman. *Writing credits*: Thomas Malory, Rospo Pallenberg, John Boorman.

Face in the Crowd, A (1957). *Directed by* Elia Kazan. *Writing credits*: Budd Schulberg.

Falling Down (1993). *Directed by* Joel Schumacher. *Writing credits*: Ebbe Roe Smith.

Fatal Attraction (1987). *Directed by* Adrian Lyne. *Writing credits*: James Dearden, Nicholas Meyer.

Fiddler on the Roof (1971). *Directed by* Norman Jewison. *Writing credits*: Sholom Aleichem, Joseph Stein.

Finding Forrester (2000). *Directed by* Gus Van Sant. *Writing credits*: Mike Rich.

Flowers in the Attic (1987). *Directed by* Jeffrey Bloom. *Writing credits*: Virginia C. Andrews, Jeffrey Bloom.

Frankenstein (1931). *Directed by* James Whale. *Writing credits*: Mary Shelley, Peggy Webling.

Freaky Friday (1976). *Directed by* Gary Nelson. *Writing credits*: Mary Rodgers.

Freaky Friday (2003). *Directed by* Mark S. Waters. *Writing credits*: Mary Rodgers, Heather Hach, Leslie Dixon.

French Connection, The (1971). *Directed by* William Friedkin. *Writing credits*: Robin Moore, Ernest Tidyman.

Friday the 13th (1980). *Directed by* Sean S. Cunningham. *Writing credits*: Victor Miller.

From Here to Eternity (1953). *Directed by* Fred Zinnemann. *Writing credits*: James Jones, Daniel Taradash.

G.I. Jane (1997). *Directed by* Ridley Scott. *Writing credits*: Danielle Alexandra, David Twohy, Danielle Alexandra.

Gaslight (1940). *Directed by* Thorold Dickinson. *Writing credits*: Patrick Hamilton, A. R. Rawlinson, Bridget Boland.

Gigli (2003). *Directed by* Martin Brest. *Writing credits*: Martin Brest.

Gladiator (2000). *Directed by* Ridley Scott. *Writing credits*: David Franzoni, John Logan, William Nicholson.

Godfather, The (1972). *Directed by* Francis Ford Coppola. *Writing credits*: Francis Ford Coppola, Mario Puzo.

Golden Compass, The (2007). *Directed by* Chris Weitz. *Writing credits*: Chris Weitz, Philip Pullman.

Gone with the Wind (1939). *Directed by* Victor Fleming. *Writing credits*: Margaret Mitchell, Sidney Howard.

Goodbye, Mr. Chips (1969). *Directed by* Herbert Ross. *Writing credits*: James Hilton, Terence Rattigan.

Goodfellas (1990). *Directed by* Martin Scorsese. *Writing credits*: Nicholas Pileggi, Martin Scorsese.

Gosford Park (2001). *Directed by* Robert Altman. *Writing credits*: Robert Altman, Bob Balaban, Julian Fellowes.

Graduate, The (1967). *Directed by* Mike Nichols. *Writing credits*: Charles Webb, Calder Willingham, Buck Henry.

Great Escape, The (1963). *Directed by* John Sturges. *Writing credits*: Paul Brickhill, James Clavell.

Greatest Story Ever Told, The (1965). *Directed by* George Stevens, David Lean. *Writing credits*: James Lee Barrett, Henry Denker.

Gypsy (1962). *Directed by* Mervyn LeRoy. *Writing credits*: Arthur Laurents, Gypsy Rose Lee, Leonard Spigelgass.

Halloween (1978). *Directed by* John Carpenter. *Writing credits*: John Carpenter, Debra Hill.

Hannibal (2001). *Directed by* Ridley Scott. *Writing credits*: Thomas Harris, David Mamet, Steven Zaillian.

Harold & Maude (1971). *Directed by* Hal Ashby. *Writing credits*: Colin Higgins.

Heaven's Gate (1980). *Directed by* Michael Cimino. *Writing credits*: Michael Cimino.

High Noon (1952). *Directed by* Fred Zinneman. *Writing credits*: Carl Foreman, John W. Cunningham.

Home Alone (1990). *Directed by* Chris Columbus. *Writing credits*: John Hughes.

Hoosiers (1986). *Directed by* David Anspaugh. *Writing credits*: Angelo Pizzo.

How Stella Got Her Groove Back (1998). *Directed by* Kevin Rodney Sullivan. *Writing credits*: Terry McMillan, Ronald Bass.

Husbands and Wives (1992). *Directed and written by* Woody Allen.

Ikiru (1952). *Directed by* Akira Kurosawa. *Writing credits*: Shinobu Hashimoto, Akira Kurosawa, Hideo Oguni.

In Dreams (1999). *Directed by* Neil Jordan. *Writing credits*: Bari Wood, Bruce Robinson.

Invasion of the Body Snatchers (1956). *Directed by* Don Siegel. *Writing credits*: Jack Finney, Daniel Mainwaring.

Invisible Man, The (1933). *Directed by* James Whale. *Writing credits*: R. C. Sherriff, H. G. Wells.

Island of Lost Souls, The (1933). *Directed by* Erle C. Kenton. *Writing credits*: H. G. Wells, Waldemar Young, Philip Wylie.

It Could Happen to You (1994). *Directed by* Andrew Bergman. *Writing credits*: Jane Anderson.

It Happened One Night (1934). *Directed by* Frank Capra. *Writing credits*: Samuel Hopkins Adams, Robert Riskin.

It's a Wonderful Life (1946). *Directed by* Frank Capra. *Writing credits*: Philip Van Doren Stern, Frances Goodrich, Albert Hackett, Frank Capra.

Jaws (1975). *Directed by* Steven Spielberg. *Writing credits*: Peter Benchley (also novel), Carl Gottlieb.

Jerry Maguire (1996). *Directed and written by* Cameron Crowe.

Jesse James (1939). *Directed by* Henry King, Irving Cummings. *Writing credits*: Nunnally Johnson.

Jungle Book, The (1967). *Directed by* Wolfgang Reitherman. *Writing credits*: Rudyard Kipling, Larry Clemmons.

Jurassic Park (1993). *Directed by* Steven Spielberg. *Writing credits*: Michael Crichton, David Koepp.

Karate Kid, The (1984). *Directed by* John G. Avildsen. *Writing credits*: Robert Mark Kamen.

King of Comedy, The (1983). *Directed by* Martin Scorsese. *Writing credits*: Paul D. Zimmerman.

Lady and the Tramp (1955). *Directed by* Clyde Geronimi, Wilfred Jackson. *Writing credits*: Ward Greene, Erdman Penner.

Lady from Shanghai, The (1947). *Directed by* Orson Welles. *Writing credits*: Sherwood King, Orson Welles.

Lara Croft: Tomb Raider (2001). *Directed* by Simon West. *Writing credits*: Sara B. Cooper, Mike Werb, Michael Colleary, Simon West, Patrick Massett, John Zinman.

Lethal Weapon (1987). *Directed by* Richard Donner. *Writing credits*: Shane Black.

Lightning Thief, The (2010). *Directed by* Chris Columbus. *Writing credits*: Craig Titley, Rick Riordan.

Like Father, Like Son (1987). *Directed by* Rod Daniel. *Writing credits*: Lorne Cameron, David Hoselton.

Like Water for Chocolate (1992). *Directed by* Alfonso Arau. *Writing credits*: Laura Esquivel.

Lion King, The (1994). *Directed by* Roger Allers, Rob Minkoff. *Writing credits*: Irene Mecchi, Jonathan Roberts.

Little Princess, The (1939). *Directed by* Walter Lang, William A. Seiter. *Writing credits*: Frances Hodgson Burnett, Ethel Hill, Walter Ferris.

Lolita (1962). *Directed by* Stanley Kubrick. *Writing credits*: Vladimir Nabokov.

Lonely Are the Brave (1962). *Directed by* David Miller. *Writing credits:* Dalton Trumbo, Edward Abbey.

Lord of the Rings: The Fellowship of the Ring (2001). *Directed by* Peter Jackson. *Writing credits*: J. R. R. Tolkien, Frances Walsh, Philippa Boyens, Peter Jackson.

Lord of the Rings: The Two Towers (2002). *Directed by* Peter Jackson. *Writing credits*: J. R. R. Tolkien, Frances Walsh, Philippa Boyens, Peter Jackson.

Lost Weekend, The (1945). *Directed by* Billy Wilder. *Writing credits*: Charles R. Jackson, Charles Brackett, Billy Wilder.

Love and Death (1975). *Directed and written by* Woody Allen.

Magnificent Seven, The (1960). *Directed by* John Sturges. *Writing credits*: William Roberts, Walter Newman.

Malcolm X (1992). *Directed by* Spike Lee. *Writing credits*: Alex Haley, Malcolm X, Arnold Perl, Spike Lee.

Maltese Falcon, The (1941). *Directed by* John Huston. *Writing credits*: Dashiell Hammett, John Huston.

Mandalorian, The (2019-present). *Created and written by* Jon Favreau.

Man without a Star (1955). *Directed by* King Vidor. *Writing credits*: Borden Chase, D. D. Beauchamp, Dee Linford.

Manhattan (1979). *Directed by* Woody Allen. *Writing credits*: Woody Allen, Marshall Brickman.

Memento (2000). *Directed by* Christopher Nolan. *Writing credits*: Christopher Nolan, Jonathan Nolan.

Metropolis (1927). *Directed by* Fritz Lang. *Writing credits*: Fritz Lang, Thea von Harbou.

Mighty Ducks, The (1992). *Directed by* Stephen Herek. *Writing credits*: Steven Brill.

Mildred Pierce (1945). *Directed by* Michael Curtiz. *Writing credits*: James M. Cain, Ranald MacDougall.

Misery (1990). *Directed by* Rob Reiner. *Writing credits*: Stephen King, William Goldman.

Misfits, The (1961). *Directed by* John Huston. *Writing credits*: Arthur Miller.

Mommie Dearest (1981). *Directed by* Frank Perry. *Writing credits*: Christina Crawford, Robert Getchell.

Monsters, Inc. (2001). *Directed by* Peter Docter, David Silverman. *Writing credits*: Robert L. Baird, Jill Culton.

Mothman Prophecies, The (2002). *Directed by* Mark Pellington. *Writing credits*: John A. Keel, Richard Hatem.

Mr. Deeds Goes to Town (1936). *Directed by* Frank Capra. *Writing credits*: Clarence Budington Kelland, Robert Riskin.

Mr. Smith Goes to Washington (1939). *Directed by* Frank Capra. *Writing credits*: Lewis R. Foster, Sidney Buchman.

Mummy, The (1932). *Directed by* Karl Freund. *Writing credits*: Nina Wilcox Putnam, Richard Schayer, John L. Balderston.

Mutiny on the Bounty (1935). *Directed by* Frank Lloyd. *Writing credits*: Charles Nordhoff, James Norman Hall, Talbot Jennings, Jules Furthman, Carey Wilson.

My Darling Clementine (1946). *Directed by* John Ford. *Writing credits*: Samuel G. Engel, Sam Hellman, Stuart N. Lake, Winston Miller.

My Life (1993). *Directed by* Bruce Joel Rubin. *Writing credits*: Bruce Joel Rubin.

Natural, The (1984). *Directed by* Barry Levinson. *Writing credits*: Bernard Malamud, Roger Towne, Phil Dusenberry.

Night of the Hunter, The (1955). *Directed by* Charles Laughton. *Writing credits*: James Agee, Davis Grubb.

Nightmare on Elm Street, A (1984). *Directed and written by* Wes Craven.

North by Northwest (1959). *Directed by* Alfred Hitchcock. *Writing credits*: Ernest Lehman.

Odd Couple, The (1968). *Directed by* Gene Saks. *Writing credits*: Neil Simon.

Of Human Hearts (1938). *Directed by* Clarence Brown. *Writing credits*: Honore Morrow, Bradbury Foote.

Officer and a Gentleman, An (1982). *Directed by* Taylor Hackford. *Writing credits*: Douglas Day Stewart.

One Hour Photo (2002). *Directed and written by* Mark Romanek.

Ordinary People (1980). *Directed by* Robert Redford. *Writing credits*: Judith Guest, Alvin Sargent.

Pan's Labyrinth (2006). *Directed and written by* Guillermo del Toro.

Papillon (1973). *Directed by* Franklin J. Schaffner. *Writing credits*: Henri Charrière, Dalton Trumbo, Lorenzo Semple Jr.

Parent Trap, The (1961). *Directed by* David Swift. *Writing credits*: Erich Kästner, David Swift.

Parent Trap, The (1998). *Directed by* Nancy Meyers. *Writing credits*: Erich Kästner, David Swift, Nancy Meyers, Charles Shyer.

Patriot, The (2000). *Directed by* Roland Emmerich. *Writing credits*: Robert Rodat.

Pee-wee's Big Adventure (1985). *Directed by* Tim Burton. *Writing credits*: Phil Hartman, Paul Reubens, Michael Varhol.

Peter Pan (1953). *Directed by* Clyde Geronimi, Wilfred Jackson, Hamilton Luske. *Writing credits*: J. M. Barrie, Ted Sears, Erdman Penner.

Pinocchio (1940). *Directed by* Hamilton Luske, Ben Sharpsteen. *Writing credits*: Aurelius Battaglia, Carlo Collodi.

Planes, Trains & Automobiles (1987). *Directed and written by* John Hughes.

Poison Ivy (1992). *Directed by* Katt Shea. *Writing credits*: Melissa Goddard, Andy Ruben, Katt Shea.

Poltergeist (1982). *Directed by* Tobe Hooper, Steven Spielberg. *Writing credits*: Steven Spielberg, Michael Grais, Mark Victor.

Porky's (1982). *Directed and written by* Bob Clark.

Power of the Dog, The (2021). *Directed and written by* Jane Campion.

Psycho (1960). *Directed by* Alfred Hitchcock. *Writing credits*: Robert Bloch, Joseph Stefano.

Public Enemy, The (1931). *Directed by* William A. Wellman. *Writing credits*: Kubec Glasmon, John Bright, Harvey F. Thew.

Quick and the Dead, The (1995). *Directed by* Sam Raimi. *Writing credits*: Simon Stone.

Quiet Man, The (1952). *Directed by* John Ford. *Writing credits*: Frank S. Nugent, Maurice Walsh.

Raging Bull (1980). *Directed by* Martin Scorsese. *Writing credits*: Jake LaMotta, Joseph Carter.

Raiders of the Lost Ark (1981). *Directed by* Steven Spielberg. *Writing credits*: George Lucas, Philip Kaufman, Lawrence Kasdan.

Rebel without a Cause (1955). *Directed by* Nicholas Ray. *Writing credits*: Nicholas Ray, Irving Shulman, Stewart Stern.

Red River (1948). *Directed by* Howard Hawks, Arthur Rosson. *Writing credits*: Borden Chase, Charles Schnee.

Remains of the Day, The (1993). *Directed by* James Ivory. *Writing credits*: Kazuo Ishiguro, Ruth Prawer Jhabvala.

Ride the High Country (1962). *Directed by* Sam Peckinpah. *Writing credits:* N. B. Stone.

Robe, The (1953). *Directed by* Henry Koster. *Writing credits*: Lloyd C. Douglas, Gina Kaus, Albert Maltz, Philip Dunne.

Rocky (1976). *Directed by* John G. Avildsen. *Writing credits*: Sylvester Stallone.

Rocky II (1979). *Directed and written by* Sylvester Stallone.

Rocky III (1982). *Directed and written by* Sylvester Stallone.

Rocky IV (1985). *Directed and written by* Sylvester Stallone.

Rocky V (1990). *Directed by* John G. Avildsen. *Writing credits*: Sylvester Stallone.

Romancing the Stone (1984). *Directed by* Robert Zemeckis. *Writing credits*: Diane Thomas.

Rosemary's Baby (1968). *Directed by* Roman Polanski. *Writing credits*: Ira Levin, Roman Polanski.

Royal Tenenbaums, The (2001). *Directed by* Wes Anderson. *Writing credits*: Wes Anderson, Owen Wilson.

Scarface (1983). *Directed by* Brian De Palma. *Writing credits*: Oliver Stone.

Schindler's List (1993). *Directed by* Steven Spielberg. *Writing credits*: Thomas Keneally, Steven Zaillian.

Searchers, The (1956). *Directed by* John Ford. *Writing credits*: Alan Le May, Frank S. Nugent.

Sergeant York (1941). *Directed by* Howard Hawks. *Writing credits*: Harry Chandlee, Abem Finkel.

Serpico (1973). *Directed by* Sidney Lumet. *Writing credits*: Peter Maas, Waldo Salt, Norman Wexler.

Seven Samurai (1954). *Directed by* Akira Kurosawa. *Writing credits*: Shinobu Hashimoto, Akira Kurosawa.

Shane (1953). *Directed by* George Stevens. *Writing credits*: Jack Schaefer, A. B. Guthrie Jr.

Shape of Water, The (2017). *Directed by* Guillermo del Toro. *Writing credits*: Guillermo del Toro, Vanessa Taylor.

Shining, The (1980). *Directed by* Stanley Kubrick. *Writing credits*: Stephen King, Stanley Kubrick, Diane Johnson.

Silence of the Lambs, The (1991). *Directed by* Jonathan Demme. *Writing credits*: Thomas Harris, Ted Tally.

Sleeping Beauty (1959). *Writing credits*: Charles Perrault, Erdman Penner, Milt Banta, Winston Hibler.

Snow White and the Seven Dwarfs (1937). *Writing credits*: Ted Sears, Richard Creedon.

Spanking the Monkey (1994). *Directed and written by* David O. Russell.

Spartacus (1960). *Directed by* Stanley Kubrick. *Writing credits*: Howard Fast, Dalton Trumbo.

Spellbound (1945). *Directed by* Alfred Hitchcock. *Writing credits*: Angus MacPhail, Ben Hecht.

Spider-Man (2002). *Directed by* Sam Raimi. *Writing credits*: Stan Lee, Steve Ditko, David Koepp.

Stagecoach (1939). *Directed by* John Ford. *Writing credits*: Dudley Nichols, Ernest Haycox.

Star Wars (1977). *Directed and written by* George Lucas.

Star Wars: Episode I – The Phantom Menace (1999). *Directed and written by* George Lucas.

Star Wars: Episode II – Attack of the Clones (2002). *Directed and written by* George Lucas.

Star Wars: Episode V – The Empire Strikes Back (1980). *Directed by* Irvin Kershner. *Writing credits*: George Lucas, Leigh Brackett, Lawrence Kasdan.

Star Wars: Episode VI – Return of the Jedi (1983). *Directed by* Richard Marquand. *Writing credits*: George Lucas, Lawrence Kasdan.

Stranger on the Third Floor (1940). *Directed by* Boris Ingster. *Writing credits*: Frank Partos.

Straw Dogs (1971). *Directed by* Sam Peckinpah. *Writing credits*: Gordon Williams, David Zelag Goodman, Sam Peckinpah.

Superman (1978). *Directed by* Richard Donner. *Writing credits*: Jerry Siegel, Joe Shuster.

Superman II (1980). *Directed by* Richard Lester, Richard Donner. *Writing credits*: Jerry Siegel, Joe Shuster.

Swimming Pool (2003). *Directed by* François Ozon. *Writing credits*: François Ozon, Emmanuèle Bernheim.

Sword in the Stone, The (1963). *Directed by* Wolfgang Reitherman. *Writing credits*: Bill Peet, T. H. White.

Tadpole (2002). *Directed by* Gary Winick. *Writing credits*: Heather McGowan, Niels Mueller, Gary Winick.

There's Something about Mary (1998). *Directed by* Bobby Farrelly and Peter Farrelly. *Writing credits*: Ed Decter, John J. Strauss, Peter Farrelly, Bobby Farrelly.

Time Machine, The (2002). *Directed by* Simon Wells. *Writing credits*: H. G. Wells, David Duncan, John Logan.

Tin Cup (1996). *Directed by* Ron Shelton. *Writing credits*: John Norville, Ron Shelton.

Titanic (1997). *Directed by* James Cameron. *Writing credits*: James Cameron.

Toy Story (1995). *Directed by* John Lasseter. *Writing credits*: John Lassete, Andrew Stanton.

Treasure of the Sierra Madre, The (1948). *Directed by* John Huston. *Writing credits*: B. Traven, John Huston.

Unfaithful (2002). *Directed by* Adrian Lyne. *Writing credits*: Claude Chabrol, Alvin Sargent, William Broyles Jr.

Unforgiven (1992). *Directed by* Clint Eastwood. *Writing credits*: David Webb Peoples.

Vertigo (1958). *Directed by* Alfred Hitchcock. *Writing credits*: Pierre Boileau, Thomas Narcejac, Samuel A. Taylor, Alec Coppel.

Virginian, The (1929). *Directed by* Victor Fleming. *Writing credits:* Howard Estabrook, Owen Wister.

Wall Street (1987). *Directed by* Oliver Stone. *Writing credits:* Stanley Weiser, Oliver Stone.

White Heat (1949). *Directed by* Raoul Walsh. *Writing credits:* Virginia Kellogg, Ivan Goff, Ben Roberts.

Where the Wild Things Are (2009). *Directed by* Spike Jonze. *Writing credits:* Spike Jonze, Dave Eggers.

Wild Bunch, The (1969). *Directed by* Sam Peckinpah. *Writing credits:* Sam Peckinpah, Walon Green.

Wild One, The (1953). *Directed by* László Benedek. *Writing credits:* John Paxton, Frank Rooney.

Wolf Man, The (1941). *Directed by* George Waggner. *Writing credits:* Curt Siodmak.

Yojimbo (1961). *Directed by* Akira Kurosawa. *Writing credits:* Ryuzo Kikushima, Akira Kurosawa.

Your Friends and Neighbors (1998). *Directed and written by* Neil LaBute.

BIBLIOGRAPHY

Adler, Alfred. (1927). *The Practice and Theory of Individual Psychology*. New York: Harcourt, Brace and World.

Adler, Alfred. (1931). *What Life Could Mean to You*. Boston: Little, Brown.

Adler, Alfred. (1939). *Social Interest*. New York: Putnam.

Adler, Alfred. (1954). *Understanding Human Nature*. New York: Fawcett.

Bettelheim, Bruno. (1976). *The Uses of Enchantment: The Meaning and Importance of Fairy Tales*. New York: Alfred A. Knopf.

Bettelheim, Bruno. (1982). *Freud and Man's Soul*. New York: Knopf.

Campbell, Joseph. (1949). *The Hero with a Thousand Faces*. Princeton, NJ: Princeton University Press.

Campbell, Joseph. (1959). *The Masks of God: Primitive Mythology*. New York: Viking.

Campbell, Joseph. (1974). *The Mythic Image*. Princeton, NJ: Princeton University Press.

Campbell, Joseph. (1982). *The Hero's Journey: Joseph Campbell on His Life and Work*. Phil Cousineau, ed. New York: Harper & Row.

Campbell, Joseph. (1986). *The Inner Reaches of Outer Space: Metaphor as Myth and as Religion*. Toronto: St. James.

Campbell, Joseph. (1988). *The Power of Myth*. New York: Doubleday.

Cawelti, John G. (1999). *The Six-Gun Mystique Sequel*. Bowling Green, OH: Bowling Green State University Popular Press.

Erikson, Erik. (1963). *Childhood and Society*. New York: Norton.

Erikson, Erik. (1968). *Identity, Youth, and Crisis*. New York: Norton.

Erikson, Erik. (1974). *Dimensions of a New Identity*. New York: Norton.

Erikson, Erik. (1982, 1997). *The Life Cycle Completed: A Review*. New York: Norton.

Estés, Clarissa Pinkola. (1992). *Women Who Run with the Wolves: Myths and Stories of the Wild Woman Archetype*. New York: Ballantine Books.

Freud, Anna. (1946). *The Ego and the Mechanisms of Defense*. New York: International Universities Press.

Freud, Anna. (1965). *The Writing of Anna Freud*. New York: International Universities Press.

Freud, Sigmund. (1956). *The Complete Psychological Works: Standard Edition*. 24 vols. J. Strachey, ed. London: Hogarth.

Indick, W. (2004). *Movies and the Mind: Theories of the Great Psychoanalysts Applied to Film*. Jefferson, NC: McFarland.

Indick, W. (2006). *Psycho Thrillers: Cinematic Explorations of the Mysteries of the Mind*. Jefferson, NC: McFarland.

Indick, W. (2008). *The Psychology of the Western: How the American Psyche Plays Out on Screen*. Jefferson, NC: McFarland.

Indick, W. (2012). *Ancient Symbology in Fantasy Literature: A Psychological Study*. Jefferson, NC: McFarland.

Izod, John. (2001). *Myth, Mind, and the Screen: Understanding the Heroes of Our Time*. Cambridge: Cambridge University Press.

Jung, Carl G. (1953). *Collected Works*. H. Read, M. Fordham, G. Adler, eds. Princeton, NJ: Princeton University Press.

Jung, Carl G. (1961). *Memories, Dreams, and Reflections*. New York: Random House.

Jung, Carl G. (1964). *Man and His Symbols*. New York: Doubleday.

Lawrence, D. H. (1966). *Studies in Classic American Literature*. 3rd ed. New York: Viking.

Lewis, C. S. (1967). *Of Other Worlds: Essays and Stories*. New York: Harcourt, Brace.

Lewis, C. S. (1967). *Studies in Worlds*. London: Cambridge University Press.

Malinowski, Bronisław. (1935). "The Language of Magic and Gardening." In *Coral Gardens and Their Magic*. New York: Dover.

May, Rollo. (1953). *Man's Search for Himself*. New York: Norton.

May, Rollo. (1975). *The Courage to Create*. New York: Norton.

May, Rollo. (1977). *The Meaning of Anxiety*. New York: Norton.

May, Rollo. (1983). *The Discovery of Being*. New York: Norton.

May, Rollo. (1991). *The Cry for Myth*. New York: Norton.

Murdock, Maureen. (1990). *The Heroine's Journey*. Boston: Shambhala Publications.

Raglan, Lord. (1956). *The Hero: A Study in Tradition, Myth, and Drama*. Reprinted in *In Quest of the Hero*. Princeton, NJ: Princeton University Press, 1990.

Rank, Otto. (1959). *The Myth of the Birth of the Hero*. New York: Random House.

Saunders, John. (2001). *The Western Genre*. New York: Wallflower.

Stone, Merlin. (1976). *When God Was a Woman*. New York: Dorset .

Tolkien, J. R. R. (1964). *Tree and Leaf*. Boston: Houghton Mifflin.

Tolkien, J. R. R. (1966). *The Tolkien Reader*. New York: Ballantine Books.

Vogler, Christopher. (1998). *The Writer's Journey*. Los Angeles: Michael Wiese Productions.

INDEX

시나리오 작가를 위한 심리학
〈개정판〉

펴낸이 유재영
펴낸곳 주식회사 동학사
지은이 윌리엄 인딕
옮긴이 유지나
기획 인벤션
편집 유정용
디자인 임수미

1판 1쇄 2017년 7월 28일
2판 1쇄 2026년 3월 20일

출판등록 1987년 11월 27일 제10 - 149
주소 04083 서울 마포구 토정로 53(합정동)
전화 324 - 6130, 324 - 6131
팩스 324 - 6135

E - 메일 dhsbook@hanmail.net
홈페이지 www.donghaksa.co.kr
         www.green - home.co.kr
페이스북 facebook.com/inventionbook

ISBN 978 - 89 - 7190 - 928-7 03680

Ͷ

인벤션은 인간과 세계 사이의 관계, 그 안에 살아 숨쉬는 실용 인문학을 지향합니다.